# 21世纪世界历史学探微

中国社会科学院世界历史研究所学术文集
(2004—2019)

汪朝光 罗文东 主编

## 第五卷 亚非拉美史研究

中国社会科学出版社

# 编　委　会

**主　　编**　汪朝光　罗文东

**编委会成员**（以姓氏拼音为序）

　　　　　　毕健康　高国荣　姜　南　刘　健
　　　　　　罗文东　孟庆龙　饶望京　任灵兰
　　　　　　汪朝光　俞金尧　张跃斌

**编辑组成员**　刘　健　任灵兰　刘　巍　马渝燕
　　　　　　张　然　张艳茹　张　丹　王　超
　　　　　　邢　颖　鲍宏铮　信美利　孙思萌
　　　　　　郑立菲　罗宇维　时伟通　杨　洁

# 目　　录

## （第五卷）

天皇制的起源及结构特征 …………………………… 武　寅（1）
日本《华夷通商考》及其增补本中的海上贸易……… 李文明（29）
第二次世界大战前日本救助犹太人的"河豚
　　计划" ……………………………………………… 文春美（41）
从世界反法西斯战争的视角论中国人民抗日战争…… 汤重南（60）
东京审判的回顾与再思考 …………………………… 沈永兴（77）
伊藤博文政党观的演变及政党实践的变迁 ………… 陈　伟（91）
对战后初期美国转变对日政策原因的再审视 ……… 张经纬（110）
日本史学史上的"昭和史论争" …………………… 张艳茹（122）
日本的近现代史研究：问题与挑战 ………………… 张跃斌（143）
驻韩美军对韩国社会的影响 ………………………… 许　亮（159）
浅析印度地方分权运动的发展及特征 ……………… 宋丽萍（179）
同强权博弈·谋略·胆量 …………………………… 李春放（191）
土耳其凯末尔世俗主义改革之反思 ………………… 毕健康（198）
以色列多党制民主制度的建立及其发展变化 ……… 赵云侠（212）
利益集团与美国的中东研究 ………………………… 姚惠娜（268）
埃及军政分歧与第三次中东战争 …………………… 朱泉钢（294）
论战后英美在英属撒哈拉以南非洲的经济伙伴关系
　　（1945—1964） …………………………………… 杭　聪（307）
南非种族隔离时期的教育制度与种族分层劳动力
　　市场的形成 ……………………………………… 刘　兰（325）

拉丁美洲与外部世界：历史解析 …………………… 郝名玮（341）
论威权政体在拉美现代化进程中的演变和作用 ……… 冯秀文（347）
冷战初期美国对拉美外交政策的转变 ………………… 杜　娟（362）
"墨西哥奇迹"与美国因素 ……………………………… 王文仙（379）

后　记 ……………………………………………………………（397）

# 天皇制的起源及结构特征

武 寅

天皇制是日本政治制度的标志。从古代天皇制到近代天皇制，直到今天的象征天皇制，作为日本政治制度史上贯穿始终的天皇制，其对日本政治生活的影响在持久性、独特性、重大性方面居于首位。这种制度是怎样产生的？它为什么能够长久占据历史舞台？它由哪些基本要素组成？这些要素对其影响力的形成具有怎样的作用？这些正是本文要探讨的问题。

关于日本天皇制的研究，始终受到国内外学术界的高度关注。在日本学术界，天皇制问题被视为"自明治以来直到今天仍未解决的巨大课题"[①]。虽然中日两国学者关于各个时代天皇制的研究成果已有很多，但是从总体上把握天皇制的通论性研究却十分薄弱。本文拟从源头入手，力求找出贯穿于各时代天皇制之中的、带有共性的、能够反映天皇制本质特征的基本要素。由于日本古代是天皇制基本要素开始形成的关键时期，因此本文对古代史涉猎较多，但又不限于古代，因为这些基本要素的影响直到今天依然存在。为了能看清楚天皇制的基本要素形成与发展的全过程，笔者对那些能够反映事物本质的重要现象，尝试进行跨领域、跨时代的延伸性考察，力求透过各种复杂的历史表象，揭示天皇制的本质。

---

① 『伝統と現代』編輯部編：『天皇制』，東京：现代传媒出版会1975年版，第8页。

## 一　皇统谱与皇位传承的唯一性

皇统谱和它所代表的皇位传承制度，是日本天皇制的第一个基本要素。皇统谱的形成经历了漫长而复杂的过程。

公元2世纪，日本列岛已步入阶级社会与国家的萌芽期。分布在列岛上的大大小小的部落经过长期的兼并战争，逐渐走向部落联盟和部落国家。第一个建立在阶级分化基础上的地域"大国"，是出现在北九州地区的邪马台国。邪马台国由近30个部落小国组成。其国家形态类似于一种联邦制。一方面，这些小国对邪马台中央政权表示"臣服"，对它派来巡察监督各国的官员——"大率"，"诸国畏惮之"[1]；另一方面，所辖的这些部落小国仍具有相对的独立性，它们在确定邪马台王位继承人的问题上起着决定性的作用。2世纪晚期，邪马台国发生内乱，围绕立谁为王的问题，众小国相互攻伐，战乱无法平息。最后经过协商，共同推举了一位女子为王。这位女子专司祭祀，能够通神，众人折服。女王即位后，由其弟辅佐治国，女王平日里深居简出，很少露面，宫室戒备森严。女王死后，立一男王继位，但国中不服，又开始内乱，死于战乱者近千人。最后经过协商，推举了女王的一位宗女为王。该女子虽然只有13岁，但是随着她登位为王，国内攻伐很快平息下来。[2]

这段记载于中国正史中的日本古代社会纪实至少说明了以下四个问题：一是，邪马台国的王位继承是诸多有力氏族协商的结果。二是，能够慑服众人登位为王的人并不是某个武力强大的氏族首领，而是一个"事鬼道，能惑众"[3]的宗教权威，她依凭的是对神祭祀

---

[1] 《三国志·魏志·倭人传》，《二十五史》第2卷，上海古籍出版社、上海书店1988年版，第103页。

[2] 《三国志·魏志·倭人传》，《二十五史》第2卷，上海古籍出版社、上海书店1988年版，第104页。

[3] 《三国志·魏志·倭人传》，《二十五史》第2卷，上海古籍出版社、上海书店1988年版，第103页。

的独占性和权威性。而众人选择了服从权威，则是经过血腥攻伐后才达成共识并得以实现的。或者说，在武力攻伐难以解决问题时，公认的权威起着平衡各个实力集团的作用。三是，"权威"本人并不直接临朝理政。邪马台国日常政务的处理都要经过女王的亲信，由他来接见下属，传达指令。四是，女王死后，继续推荐其族人（宗女）继位，似乎比另外推荐其他氏族部落的人更容易被众人认同。以上四点，即协商政治、服从权威、间接理政、族内传续，对以后日本皇权的形成和发展产生了极其深刻的影响。

在小国林立的状态下，邪马台国为了保住并加强自身的优势地位，进行了积极的对外交往。它不断向东亚最强大的国家——中国派遣使者，贡献方物，以寻求支持。238年第一次遣使赴魏，受到了魏明帝的高规格接待。魏帝回赠的礼品价值远远超过使节的献礼。更重要的是，魏明帝下诏，封倭女王卑弥呼为"亲魏倭王"，并在诏书中明确写道，所有这些礼遇"悉可以示汝国中人，使知国家哀汝，故郑重赐汝好物也"[①]。这一明确的表态，极大地增强了邪马台国对内对外的威慑力。此后，邪马台国一直保持着同中国的频繁交往。在交往中，中国先进的生产技术源源不断地传入日本列岛，加快了日本社会的发展。

到了3世纪，日本列岛上出现了一个比邪马台国更强大、发展程度更高的地域国家——大和国。大和政权的最高统治者称"大王"。大王最初只是众多部落国家中一个较强部落的首长，他凭借实力东征西讨，"东征毛人五十五国，西服众夷六十六国，渡平海北九十五国"[②]，大约到5世纪，统一了日本列岛上的大部分地区，基本结束了列岛上部落国家林立的状态。

在征服诸国之后，大王只把少数归服国纳入其直接统治之下，或者是赏给王族贵族，而多数情况下是采取间接统治的方式，即在

---

[①] 《三国志·魏志·倭人传》，《二十五史》第2卷，上海古籍出版社、上海书店1988年版，第104页。

[②] 《宋书·倭国传》，《二十五史》第3卷，上海古籍出版社、上海书店1988年版，第271页。

对方表示归服后，允许其国原有内部体制不变，原来的首领仍驻守自己的领地，只需向大王缴纳租税。大王则通过这些地方豪强对各自领地的统治而间接地统治全国。这种间接统治的方式使得被征服国保留了相对的独立性，同时也成为邪马台时期的协商政治在新的历史条件下得以延续的基础。

与邪马台国时期相比，大和王权的内部结构发生了明显变化，一方面，宗教权威仍占有重要的位置；另一方面，对神的祭祀在王位获得中所占的比重开始下降，而亲族血缘关系对于王位的传承开始发挥越来越大、实质性的作用。王位继承人的产生虽然仍需通过氏族集团协商推荐，但是推荐的范围和标准已经由邪马台国时期的各个部落原则上均有被推荐权，逐渐演变为只能在大王亲族内推荐。这时大和朝廷的政治结构是苏我氏、物部氏、大伴氏等强势氏族的联合体。[①] 联合体内的每一个成员都拥有自己的势力范围和政治经济上的独立性，他们以各自的实力为后盾，对朝廷事务拥有相应的发言权，凡重大事件均需由这些强势氏族协商决定。对于这些参与协商政治的强势氏族来说，王位只在王族内部传承的做法并不影响他们对王权所具有的约束力与影响力，只是使得各个实力集团对王位的直接觊觎演变为通过推荐对本集团有利的继承人来间接地操纵王权。于是，王族内部的王位争夺战与王族外部实力集团的代理人推选战交织在一起，使王位的传承变得异常复杂激烈。

412年，允恭大王即位。其在位42年，主要依靠大和地区的平群氏、葛城氏等强势氏族的支持。允恭死后，其子穴穗王子废黜了太子，登位为王，即安康大王。然而不到3年，安康即被刺身亡。其弟雄泊濑王子在大伴氏、物部氏等豪族的支持下，打击葛城氏势力及其支持的王族成员，先后杀死了对其登位构成直接或间接威胁的八钓白彦王子、坂合黑彦王子、眉轮王、安康指定的接班人市边押磐王子及其弟御马王子，以及并无直接关系的三轮君等人。457年，雄泊濑王子登上王位，是为雄略大王。

---

① 荒居英次编：『日本史諸問題』，東京：文化書房博文社1980年版，第44页。

王位在亲族内部传续的最大风险就是血统断绝。5世纪末，这一危机果然出现了。当时在位的武烈大王死后，没有留下子嗣，近亲中也没有合适的继位人选。在这种情况下怎么办？是乘此机会一举终止王族世袭而改由其他有力氏族取而代之，还是继续坚持王族世袭的做法？很显然，这是王权发展史上一个具有决定性意义的历史关头，它直接关系到今后王权发展的方向和模式。关键时刻，强势氏族集团最终选择了后者。正是这个在历史节点上的关键选择，使王族世袭模式得以继续下去。

在找不到大王近亲可以推荐的情况下，以大伴氏为首的强势氏族集团决定从大和地区之外的大王远亲中寻找王位继承人。他们选定了住在近江地方的一位王族远亲，号称应神大王的五世孙，将他迎立为新王，称继体大王。应神大王不但论辈分与武烈大王相隔多代，而且在代代相传中产生出众多王族分支，武烈大王只是诸多分支中一支的后裔。因此从血缘关系上说，新登位的继体大王与他所继承的先王武烈大王之间的血缘关系是非常淡薄的。

继体大王的即位并非一帆风顺。尽管得到强势氏族的支持，但反对派的阻挠使他不得不采取逐步推进的战术，在赴大和即位的过程中，他几度停下来安营扎寨，一边观察形势，一边就地处理政务，经过了近20年时间才最终在大和即位称王。[①]

继体大王执政时期，发生了历史上首次大规模的地方豪强叛乱。527年，筑紫国的首领磐井起兵，"阴谋叛逆""凭山险而称乱"[②]。朝廷震撼，派大军征讨。磐井凭借其地处与大陆联系的要冲之地，与朝鲜半岛的新罗遥相呼应，拥兵据守，坚持了一年零三个月才最终被镇压下去。

继体大王以自己的行动表明了他的实力。尽管这种实力足以证明：他并非一定要打着所谓血缘关系的旗号才有资格登位为王，但

---

① 水林彪：『天皇制史論』，東京：岩波書店2006年版，第99頁。
② 黒板勝美編：『日本書紀』十七（繼體天皇二十一年），『日本書紀』中巻，東京：岩波書店1943年版，第290頁。

是他丝毫不想否定拥立者刻意宣扬的所谓他与历代先王之间有血缘关系的说法。相反，他采取的种种措施都表明，他千方百计想要拉近他与先王之间的血缘距离。为了达到这一目的，他即位之后，迎娶了先王武烈大王的妹妹、仁贤大王的女儿为妻，从而实现了与既有王统之间的血缘衔接。他们的儿子钦明大王继位后，所做的最重要事情，就是继续沿着其父王的做法，确立继体大王所开创的王系在既有王统中的地位，以此来证明自己王朝的正统性。其具体做法就是编制王统谱。

所谓王统谱，就是以血缘关系为纽带，把历代大王连成一系，以证明历代大王相互之间都是有血缘关系的亲族，他们形成的血统是世代相传、连绵不断的，王位的传承是这一血统延续的自然结果，因而它只能在王族内部进行，不容许其他非王族血统的人染指。

在王统谱中，以继体和钦明为代表的继体王系所处的位置是：对下，成为既有王统的合法传承者；对上，成为既有王统的正统继承人，即承上启下的关键一环。由此往上追溯，因嫁女而成为继体父辈的仁贤大王，是履中大王之孙，而履中大王又是应神大王之孙，这样，从应神经履中、仁贤到继体，再到钦明，就成为血缘相连的一系王统。对继体来说，以"应神五世孙"身份扮演的这出"兴灭继绝"大戏，其历史作用已远远超出他自身的想象。

在王统谱中，应神大王之孙除履中外，还有反正大王、允恭大王，他们也都分别拥有自己的王系。如前面提到的允恭系，允恭大王死后，先后由其子孙安康、雄略、清宁继位。清宁死后，王位又轮到履中系，履中的子孙显宗、仁贤、武烈先后继位。

由此可见，所谓王统一系，并不等于直系、单线，而是由直系和旁系等多个王系共同编织而成。[1] 除父子传承之外，兄弟之间、叔侄之间、父女之间，甚至其他亲族关系之间的传承大量存在。把这些分支系谱加工整合，就成为一部连贯一系的王统谱。[2] 各个王系轮

---

[1] 『伝統と現代』编辑部编：『天皇制』，第47页。
[2] 水林彪：『天皇制史論』，第101—103页。

流产生继承人的做法，拓宽了王族继位的范围，降低了王统断绝的风险。

钦明死后的20年间，其4个子女——敏达、用明、崇峻、推古先后登位为王。到6世纪末7世纪初推古女王时期，开始出现"天皇"这一称谓。推古对皇统谱做了进一步的加工，除了续写钦明以来的皇统谱之外，一个最大的举措就是确立了皇统的源头。其具体做法是，根据当时中国流行的哲学思想——谶纬学，认定辛酉年国家要发生大变革。以推古九年（601）为基准，往上推1260年，即公元前660年，是一个辛酉年，这一年就作为日本第一代天皇的即位之年。① 这样一来，皇统谱上又增加了9代天皇，即第一代：神武；接下来是绥靖—安宁—懿德—孝昭—孝安—孝灵—孝元—开化。他们之间的关系均被定为父子之间的直系传承。

皇统谱的最大特点在于它的编制理念。它以皇统的连续为目的，以血统的不断为依托，皇统与血统二者互为表里，相辅相成，缺一不可。若皇统中断，就通过血统接上；若血统中断，就通过旁系支援直系，远亲替代近亲，必要时甚至采取模拟血缘关系的做法以确保血统的连续性。

皇统谱的建立是皇权发展进程中的一个里程碑。它通过对皇位传承史全面系统的追溯、梳理和制作，千方百计把皇位传承锁定在皇族内部，使之成为皇族专有的特权；它把已经出现并渐成惯例的皇位血缘继承模式固定化、规范化、制度化。这种具有制度性内涵的皇统谱成为日本天皇制的第一大基本要素。这种皇统谱世代相传，延续至今，奠定了皇位传承的家族唯一性。

## 二 模仿外来文化难以达到强化皇权的预期目标

皇统谱的建立虽然使皇位成为皇族的专有，但是却无法阻挡氏族首领通过协商政治的手段对朝政进行干预。氏族首领为了争夺对

---

① ［日］坂本太郎：《日本史概说》，汪向荣等译，商务印书馆1993年版，第61页。

朝政的控制权，打击异己，冒犯天皇，甚至直接威胁天皇的人身安全。由于拥立继体天皇而自恃有功的大伴氏，为了长期把持朝政，与苏我氏展开了激烈争斗。到钦明天皇时期，苏我氏逐渐占了上风。

苏我氏控制皇权的一个有力手段，就是与皇族联姻，即把本氏族的女子嫁给大王为妻，从而极大地增强了其在朝廷的影响力。585年继位的用明天皇，以及用明之后的崇峻天皇、推古天皇，均为苏我氏女子所生。正因为如此，苏我氏根本不把这些天皇放在眼里，要求天皇赐田赠地，私建宫室恣意僭越，甚至寻找借口诛杀对己不利的皇族成员，成为实际上的最高统治者。崇峻天皇当政时，不满苏我氏的所作所为，对其僭越无礼、专横跋扈更是难以容忍，表示有朝一日定要除掉这个朝廷的祸害，"断朕所嫌之人"①。擅权的苏我马子察觉到这一苗头后，竟在光天化日之下肆无忌惮地斩杀了崇峻天皇。之后，又强行推举自己的外甥女推古天皇继位。

氏族豪强之所以如此为所欲为，与大和政权的构成方式有着密切的关系。大和政权是氏族豪强的联合体，天皇只是其中势力较强的一个部族首领。各氏族集团作为合作伙伴，曾与天皇一样为统一事业东征西讨，出生入死。大和政权建立后，各氏族集团仍保有自己相对独立的势力范围，表示归服的地方首领对所辖地域仍拥有绝对控制权，中央政权只是通过收取赋税对这些地方实行间接统治。天皇对人的统治也跟对地域的统治一样，更多的是通过中央的和地方的各级氏族豪强而实行间接统治，真正的直接统治只占很小的一部分。

天皇在统一后并不是那种奄有四海的绝对统治者，而是和其他氏族一样，只拥有一部分土地和子民，即属于自己氏族的私有地和私有民，只不过天皇的那份儿比其他氏族的更多更大而已。天皇的直辖领地叫"屯仓"，分布在全国各个地方，一方面供应天皇所需的粮食和其他物资，一方面作为统治据点管控地方豪强势力。当天皇

---

① 黑板勝美编：『日本書紀』二十一（崇峻天皇五年），『日本書紀』下卷，1943年，第112页。

势力强盛的时候，地方豪强往往会割出自己的一部分领地献给天皇，以示恭顺。天皇即在此设置新的屯仓。如磐井之乱被平定后，磐井之子为表示归服，主动献上一部分领地，天皇在此设置了糟屋屯仓。① 而当天皇势力减弱的时候，地方豪强则觊觎僭越，滋生反意。另外，天皇还和其他地方豪强一样，千方百计开垦无主荒地，并在此设置屯仓，扩大自己的直辖领地。天皇及皇族的直属民叫"子代""名代"，同样分布在全国各个地方。

各氏族集团经济上的各自独立，以及大和国家联邦式的组织结构，决定了中央政权多元一体的组织形态以及天皇权力的非绝对性。核心权力层内部各豪强氏族对朝政主导权的争夺，以及他们对皇族事务特别是确定皇位继承人一事的干预，常常给皇权造成致命的威胁。因此，天皇及其家族为捍卫、强化和延续皇权而进行斗争，就是不可避免的了。公元 7 世纪初期推古朝的改革，就是这部斗争史的第一个高潮。

推古天皇继位后，启用圣德太子为摄政，将国家大事委任于他。圣德太子对氏族豪强的擅权僭越早已忍无可忍，他秘密联络各派反对势力，精心谋划，采取灵活策略，寻找最佳时机，在 603 年拉开了改革的序幕。改革的直接目标是打击氏族豪强势力，巩固并强化皇权。

圣德太子引进了中国政治理念中的君臣观念，作为改革的思想武器。他明确提出，天皇是君，而其他所有的氏族豪强都是臣，君和臣具有本质上的区别，臣不可犯君，君臣要有序，不可颠倒。他援引中国儒家学说，强调："君则天之，臣则地之"，"国靡二君，民无两主，率土兆民，以王为主，所任官司，皆是王臣"②。

为了把这种君臣关系制度化，圣德太子制定了"宪法十七条"。其中直接规定为臣之道的就占了 8 条。要求为臣者做到"承诏必谨"

---

① 黑板胜美编：『日本書紀』十七（継體天皇二十二年），『日本書紀』中卷，第 292 页。

② 黑板胜美编：『日本書紀』二十二（推古天皇十二年），『日本書紀』下卷，第 126 页。

"无忤为宗""以礼为本""背私向公""各司其职""早朝晏退""无有嫉妒""大事不可独断"。总之一句话，就是要求所有的氏族豪强时时处处认识到自己的身份是"臣"，因此要尽职尽责，为君效力，不能有非分之想，也不能懈怠谋私。规定为官之道的有5条，告诫各级官吏，要做一个让君主放心的好官。以道德教化的形式申明治国理念的有4条，提到要上下和睦，注重修养等。"宪法十七条"从各种角度反复重申：要治理好一个国家，必须有严格的制度，这一制度的核心，就是要君臣有序，各司其职。

607年和608年，在日本对华交往的两封国书中，先后写道："日出处天子致书日没处天子"[①]"东天皇敬白西皇帝"[②]。首次使用"天皇"这一称谓，旨在向国内外昭示，天皇是日本的最高统治者，在国际上，天皇的地位堪比中国至尊至上的"天子""皇帝"；在日本国内，天皇也是至尊至上、威慑群臣的君主。

作为巩固改革成果的一项措施，从推古朝开始，建立了修史制度。以继体天皇时代笔录的《帝纪》《旧辞》等书为原始资料，仿照中国官修正史的纪传体编写体例，编修了日本历史上第一部《天皇纪》。

圣德太子还制定了"冠位12阶"。用中国儒家学说的"德、仁、礼、信、义、智"来分别称呼各个位阶，每种称呼又分为大、小两个等级，如"德"又分为"大德""小德"，"礼"又分为"大礼""小礼"等。

制定冠位12阶的本意，是要打击世袭贵族势力，根据贡献大小授予官位，但是由于它既没有固定员额，也没有实质性权力，因此只是一种荣誉性爵位。尽管如此，其重要性不容低估，因为它第一次提出了位阶的概念，成为以后位阶制建立的出发点。

圣德太子以直接打击氏族豪强势力为目的的政治改革最终并未

---

[①] 《隋书·倭国传》，《二十五史》第5卷，上海古籍出版社、上海书店1988年版，第219页。

[②] 黑板胜美编：『日本書紀』二十二（推古天皇十六年），『日本書紀』下卷，第134页。

完全取得成功。世袭贵族势力极力抵制和反对削弱自身权力的改革，他们使出各种手段，使改革措施不能够有效地实行，豪强大族均超然于新制度之外，不受其限制。

圣德太子死后，氏族豪强势力很快卷土重来，重新控制了朝政大权。苏我马子死后，其子苏我虾夷接任最高宰辅，逼迫众人同意立自己选定的人继位为新皇，逼死圣德太子之子山背大兄皇子，成为国家权力的实际掌控者。

推古朝的改革虽未能完全实现强化皇权的最高目标，但改革中引进的君臣不同质、君臣有序不可颠倒的思想，却给日本传统意识形态领域以及此后皇权的发展带来了极其深远的影响。

645 年，由两个核心人物——皇族的中大兄皇子和朝廷的祭祀官中臣镰足领导的大化改新，把推古朝改革的未竟事业推向了新的高潮。

大化改新的直接目标仍然是打击氏族豪强势力，但它的最终目标是要建立以中国唐王朝为样板的中央集权制君主国家，实现圣德太子理想中的君臣秩序。这次改革吸取了推古朝改革的经验教训，不仅在上层建筑领域，而且在经济领域也全面模仿唐制，试图建立起能够与新型律令制国家相配套的新型经济基础。改革派仿照中国的年号法，以 645 年为大化元年，颁布了《改新之诏》。

经济领域的改革目标是彻底打破传统的私有地、私有民制度。《改新之诏》规定：包括皇族所拥有的屯仓和子代、名代，地方豪强自主统辖的世袭领地，统统收归公有。"往昔天皇和皇族设置的子代及各地屯仓，臣、连、伴造、国造、村首等各豪族支配的部曲及各地田庄，一律废除。"[①]《改新之诏》还规定，模仿中国的均田制，在全国范围内实行公地公民制，公民全部登记造册，直属国家，国家按公民人数班授口分田。公民向国家交纳租税。受田人死后，口分田一律交回。公民每 50 户为一里，由里长负责核查户口，督促农

---

① 黑板勝美编：『日本書紀』二十五（孝德天皇大化二年），『日本書紀』下卷，第 16 页。

桑，催缴赋役。国家每隔6年班田一次，每次班田前要重新制作户籍，并以里为单位，制成三份，两份上报中央政府，一份留在当地政府。[①] 650年，在全国范围内完成了第一次班田。

然而，这种形式上的模仿，很快就暴露出严重的不适应，有些措施甚至连形式上的维持都难以继续。

班田收授法仅实行了50多年，已经开始有农民因不堪重负而逃亡他乡躲避赋役。政府为扩大公田面积，激发农民种田的积极性，于723年颁布了"三世一身法"，鼓励农民开垦荒地，并给予政策优惠，允许开出的田地传三代以后再交公纳税。但往往是三代期满交公后，农民又没了积极性，土地复又撂荒。政府无奈，只好于749年又颁布了"永世私财法"，规定今后农民垦出的田地不再收公，永为私有。这两道法令犹如拉开了私有化的闸门，开垦私田的浪潮以不可阻挡之势，冲向已出现裂缝的公地公民制脆弱的围墙。

在私有化的浪潮中，地方官吏一方面利用手中的权力侵吞公田，截留租税；一方面私藏流民，垦殖私地，通过扩大私地私民，迅速成为富甲一方的地方豪强。这种做法很快蔓延到中央贵族层。贵族王臣不但私藏流民，垦荒扩大私有地，而且利用特权，接受日益增多的地方官吏和富裕农民的"寄进"。这些人为了使自己千方百计到手的大片私有土地不被收公，就把这些土地"献给"王臣贵族，即所谓"寄进"，求得他们特权的保护，并作为他们的"代理人"实际上掌握着这些私有地。最后，这种化公为私的汹涌浪潮把天皇和皇族也卷了进去。天皇下令开垦"敕旨田"，征用农民的徭役开垦和种植，收入归皇室所有，田地则成为皇室的私有田。敕旨田在8世纪末已开始出现，进入9世纪更是迅猛增加，仅831年一年开垦的敕旨田就达到1600町以上。[②] 而当时口分田的标准是男子每人二段。十段为一町。[③] 也就是说，一町田相当于5个男子的口分田。女子的

---

① 《令義解》第八篇戶令第一条，转引自笹山晴生等编『日本史史料集』，東京：山川出版社1994年版，第21页。

② ［日］坂本太郎：《日本史概说》，汪向荣等译，商务印书馆1993年版，第116页。

③ 『令義解』第九篇田令第三条，转引自笹山晴生等编『日本史史料集』，第21页。

口分田更少，只有男子的三分之一。

与私有化同步的是公地公民制的土崩瓦解。改革的标志性措施班田制变得越来越难以执行。按规定每6年要造一次户籍，造籍次年要核查田地，核查次年要进行班田，但是这种规范的班田只持续了半个多世纪，以后便开始出现各个环节的拖延，造籍后不能按时核田，核田后不能按时班田。拖延的时间越来越长，到801年，每6年执行一次的班田改为每12年执行一次。这一年的班田事实上成为全国范围内统一进行的最后一次班田，以后各地自行其是，任意延长班田间隔时间，很多地方甚至几十年也不班田一次。到9世纪末，班田制已经名存实亡。

班田制下的农户为了得到更多的口分田又不交或少交租税，想出了种种对策。登记户口时，有的户籍上一男十女，有的甚至无一男丁。能够交税的"正丁"人数少之又少。有的地方登记人口，女性占了三分之二以上，有的地方70岁以上的老人占了三分之一。①户口的虚假不实已成为普遍现象。不仅如此，各个地方还出现了享受免税的人数大幅度增加的现象。一些与王臣贵族沾亲带故的人，或者是找出种种理由可以享受优惠政策的人，都声称自己拥有免除赋役的权利。为了保证租庸调制度的执行，政府不得不对特权人的数量加以限制，比如规定近江国享受免除赋役的人数为100人，丹波国为50人，等等，但实际上各地都远远超出规定的人数。近江国上报的人数达337人，丹波国为136人。从859年到867年，仅这一项，两地就减少课税人3864人。不仅如此，若再往前追溯，从834年到847年，近江国的课税人口总数为14133人，丹波国为7058人，与这一时期相比，课税人数的减少更是惊人，达到了9028人。②

私地私民的大肆扩张，班田制的破坏，以及课税人口的急剧减少，给公地公民制造成了毁灭性打击。公地公民制改革的失败，宣

---

① 『類聚三代格』，转引自笠原一男等编『史料日本史』上卷，東京：山川出版社1979年版，第103頁。
② 『類聚三代格』，转引自笠原一男等编『史料日本史』上卷，第103頁。

告了在日本建立仿唐式君主制国家没有经济基础。

在政治领域，改革派模仿唐王朝，建立中央官僚机构和地方行政系统，中央机构设置二官、八省、一台等官僚机构，官员称"太政大臣""左大臣""右大臣"等。在地方上设置国、郡、里等统治机构，官员称"国司""郡司""里长"等。但是，在任命这些基层行政官员时，问题出现了。为了打破旧制度，官员的任命标准确定为能力主义，即根据能力大小、表现优劣来决定官员能否任命。但是这样任命的官员为所辖地区的民众所不服，致使政令难以推行，社会秩序难以保证。最后只好改为重新任命当地名门子弟，因为他们对农民具有绝对影响力，有深厚的传统根基，[1] 其中许多人就是原来传统制度中的国造、稻置、村首等地方首长。基层行政官员从地方豪族中选任并世代承袭的做法逐渐成为普遍现象。这些地方豪强成为支撑律令制国家的社会基础。[2]

至此，无论是在经济领域还是在政治领域，以唐王朝为样本强化皇权的预期目标都变得难以实现。

## 三 等级身份秩序与天皇至高无上

改革的实践使新政权认识到，要想真正在日本建立起天皇至上的国家制度，只能从现实出发，借助外来文化的力量，对本国的传统制度加以改造和利用。

日本传统社会秩序的基础是氏姓制度，氏姓制度是在古代社会特别是大和政权建立过程中逐渐形成的。"氏"的本意是指有着同一父系祖先的全体家族，以后则逐渐演化为以族长为核心聚集起来的具有政治意义的同族集团，如苏我氏、大伴氏、葛城氏、平群氏、三轮氏等。这些同族集团为了加强自身势力，谋求政治地位，已经

---

[1] 荒居英次编：『日本史诸问题』，第53页。
[2] 『令义解』第十二篇选叙令第十三条，转引自笠原一男等编『史料日本史』上卷，第52页。

不完全拘泥于是否真正拥有同一祖先，而是更看重于是否拥有很强的同族集团意识。联系的纽带既可以是血缘关系，也可以是虽无血缘关系，但以亲属相待的模拟血缘关系。在统一过程中已表示归服但仍保有独立性的众多地方小国，也都属于这类政治集团。6世纪末，这样的小国有120多个。①

类似的政治共同体还有"部"。如果说独立小国是以地域为单位组织起来的，那么"部"则是以人为纽带而组织的。"部"分为多种。从内容上看，主要是从事经济活动，如从事农业生产和手工业生产的田部、马饲部、陶部、锦织部等，也有负责某类事务的杂部、门部、水部、忌部等。从性质上看，有直属天皇或皇族成员的部，这些部有的直接以天皇、后妃、皇子女的名或宫号来称呼，如泊濑部、孔王部、春日部等。但更多的部是属于各氏族豪强的，其部民，有的称"部曲"，均为各氏族的私属民。另外，强势氏族在拥有私属部和私属民的同时，还通过担任有关公职而管理朝廷直属的各个部。

所谓"姓"，是加在"氏"之上表示尊卑的一种称呼和标志。天皇为了表示皇族的地位高于其他氏族，没有给皇族规定具体的"姓"。赐给其他氏族的姓有"臣""连""君""直""造"等。赐姓的标准是根据各氏的出身血统，以及他们在统一日本列岛进程中的功劳大小。如苏我氏拥有"臣"姓，大伴氏拥有"连"姓，他们是等级最高的中央贵族。"君"姓大多赐给了势力强大的地方首长，"直"姓则大多赐给了势力较小的地方首长。

"姓"除了表示各个氏族的尊卑等级关系之外，还有一个非常重要的作用，就是与各级官职直接挂钩。没有姓的氏族不得担任官职，高等级的姓担任高官，低等级的姓只能担任低级官职。朝廷最高的官职是"大臣"和"大连"，分别由"臣"姓和"连"姓的贵族担任。如苏我氏长期把持"大臣"一职，总揽朝廷事务，位居百官之首。大伴氏则担任"大连"一职，全面管理朝廷所属各部和部民。"臣"姓和"连"姓贵族包揽了朝廷的政治、经济、外交和军事大权。

---

① 《隋书·倭国传》，《二十五史》第5卷，第219页。

在地方上，设置了"国造""县主""稻置"等官职。"国造"一般都委任拥有"君""直"氏姓的贵族担任。他们大多是那些保有相对独立性的地方小国的首长。归服朝廷后，他们被赐予相应的氏姓，又担任了所辖地域的最高官职"国造"。但是这些并不能确保他们对大王的永远忠诚。527年反叛继体大王的"磐井之乱"，就是由筑紫国的国造、拥有"君"姓的氏族集团磐井氏发动的。

在氏姓制度中，除了人以姓排位，官与位挂钩之外，还有一个非常突出的特点，就是世袭。某个氏族集团一旦拥有了某个氏姓，并凭借这一氏姓获取了相应的官职之后，一般都是代代相传，固定不变的。如苏我氏在钦明天皇时期得势后，其首领世代承袭"大臣"一职。拥有"连"姓的大伴氏世袭"大连"一职，中臣氏世代承袭祭祀官职；管辖地域的"国造"、管辖部民的"伴造"等各级各类官职，也都由拥有相应氏姓的氏族集团世代相袭。

传统的氏姓制度已经成为统治阶级经过实践而认同的、成本最小而稳定性最高的统治秩序。这也正是5世纪末当皇族血统断绝、皇统出现危机时，氏族豪强集团宁可寻找替代品以接续皇统，而不愿意直接取而代之的根本原因。传统制度中的这些对强化天皇地位有利的因素在改革进程中逐渐被重新认识并有意利用起来。

664年，也就是《改新之诏》宣布20年之后，天智天皇开始对传统的氏姓制度进行大幅度的改造和利用。他宣布定"氏上、民部、家部"。就是说，根据情况的发展变化，天皇要对原有各氏姓集团的势力消长、贡献大小、忠顺程度等进行评估，并在此基础上重新确定各个氏族的首领及其部属。给大氏的"氏上"即首领赐大刀，小氏的"氏上"赐小刀，伴造等的"氏上"赐干盾、弓矢。在重新确认各氏姓等级身份的同时，把圣德太子开创的冠位12阶扩展为26阶，把荣誉爵位改为实质性位阶，即扩展后的26阶已经不仅仅是身份尊卑的标志，而且成为授官的实际依据，所授官职的大小要与本人所在的位阶相一致。这种做法与氏姓制度笼统地根据"姓"的高低授予官职的做法相比，等级划分更为精细，覆盖面更为广泛，包括了从中央到地方的各级氏族豪强。

另一项具有重大意义的举措是 670 年制定完成的《庚午年籍》。《庚午年籍》是最早的全国性户籍，它记载了全国各个阶层的所有人口。在制定过程中，重新确认了原有的氏姓，同时对许多原来没有"姓"的人赐予了广义的姓。规定凡没有氏姓的，包括连广义的姓也没有的人，一律定为贱民。《庚午年籍》不但重新承认了氏姓，而且还在全国范围内，为所有人口确定了等级身份。按规定，户籍每 6 年要重新制作一次，并且最多保持 30 年，之后必须用新制作的户籍去替换，但是《庚午年籍》例外，它被作为后世校验每个人等级身份的原始凭证而永久保存。《庚午年籍》的制定把以血统门第为内涵的等级身份秩序延伸到了整个社会。

天智天皇主导的"定氏上"、扩"26 阶"、制《庚午年籍》三大举措，是在律令制度框架下建立新型等级身份秩序的重要步骤。它在有效整合了社会各阶层秩序的同时，也极大地提高和保障了天皇的地位。

684 年，天武天皇制定"八色姓"，把天智朝的氏姓制度改革又向前推进了一大步。

所谓八色姓，是把原有的氏姓梳理整合之后，重新进行了命名，新命名的氏姓一共有 8 种，即"真人、朝臣、宿弥、忌寸、道师、臣、连、稻置"。这一次，天皇给王族也赐了姓，即排在八色姓首位的"真人"。而天皇自己仍不设姓，以此来明确天皇的实际位置是在居于首位的皇族之上，天皇是高于一切氏姓的权威性存在，是新秩序的缔造者，也是重新确认的所有氏姓得以存在的前提。排在第二位的"朝臣"一姓，赐给了原氏姓中等级最高的"臣"姓有力氏族；"宿弥"一姓赐给了原氏姓中的第二等级"连"姓有力氏族；"忌寸"一姓赐给了原来拥有"直""造"等姓，担任"国造"一级官职的有力氏族。[①]

根据同一理念，天武天皇在制定"八色姓"的同时，对位阶制

---

① 黑板胜美编：『日本書紀』二十九（天武天皇十三年），『日本書紀』下卷，第 387—388 頁。

也进行了实质性的改革,第一次把单线排列的位阶划分成天皇家族与诸臣两大不同的系列,从而使位阶制产生了一个质的飞跃。这种划分旨在重申天皇与诸臣之间具有本质区别,二者之间不仅仅是单一的上下关系,更重要的是不同性质的君与臣的关系,二者不可同日而语。

通过对位阶制的这种改造和完善,由圣德太子引进的君臣有别思想第一次有了制度上的保障。改造后的位阶制由 12 阶 + 48 阶两大系列组成。"12 阶"是专为皇族而设,包括亲王和诸王。亲王是指天皇的兄弟姐妹和皇子,诸王是指皇族的其他成员。"48 阶"是面向诸臣而设,位阶的增加使更多的中下级官吏能够获得晋升的机会,从而获得了统治集团更为广泛的拥护和支持。

"八色姓"的制定和位阶制的改良使以天皇为核心的等级身份秩序渐具雏形。

701 年,文武天皇对位阶制进行了第三次重大改革。他在保留两大系列的基础上,对各个系列又分别做了更深层次的调整和整合。第一系列的 12 阶整合为 4 阶,也称 4 品,只面向亲王,不再包括诸王。诸王被划入第二系列即诸臣系列。这种调整进一步缩小了天皇的圈子,从而更加凸显了天皇的特殊地位和一君万民的格局。第二系列由 48 阶浓缩为 30 阶,最高为"正一位",最低为"少初位下"。至此,位阶制改造基本完成。

就在这一年,文武天皇诏令编制《大宝律令》,对改革的主要措施进行整理和记录。这些律令特别是律法的制定和实行,对天皇的地位在法律上给予了确定和保障。天皇的法律地位远远高于处在位阶制首位的核心权力层。律法规定了"八虐""五罪""六议"。"八虐"是指八种最严重的罪行,8 条中直接与侵犯天皇有关的就占了 3 条:其中第一条就是对君主的谋杀和叛逆;第二条是企图损坏皇陵皇居;第六条是对天皇大不敬。"五罪"是指 5 种刑罚,最严重的是死罪,如犯了"八虐"中的罪行。"六议"是指 6 种情况下可以考虑减刑,其中有三种直接与天皇有关:第一种就是皇族;第二种是天皇的侧近;第五种是对天皇制国家有功勋者。另外,所有的刑罚都不针对天皇，天皇可以不受任何法律的制约，而只受法律的保护。律令的编制和天皇特殊的法律地位的确定，标志着等级身份秩序作为改革的重要成果被记入了史册。

在短短半个多世纪里，几代天皇对传统的制度进行了多次重大的改革和完善，从而使一个新型的等级身份秩序逐渐建立起来。这一秩序由三个紧密相连的环节构成。第一个环节：重新确认氏姓，把氏姓按大小排列。第二个环节：定位阶，大氏定上位，小氏定下位。第三个环节：授官职，上位授高官，下位授小官。在这三个环节中，第二个环节是关键。这一环节的核心是"位"。"位"在这里起着承接转换的枢纽作用。一方面，它把传统的氏姓制度转换成一种等级严密的阶梯式结构，使传统要素在外观上具有现代样式；另一方面，传统要素再通过它，与现代制度对接，外化为现代官僚制度。可见，这里"位"的内涵与唐朝官制中的"官位""官品"有着本质的不同，它代表的是"人位""人品"，即人的等级身份。它是获取一切物质利益的前提条件，它与"官"的因果关系与唐制正好相反，这里的"位"是因，而不是果，是授官的前提和依据，而"官"才是果，是有位以后的结果。正是这种本质的不同，决定了位阶制的最终发展形态是等级身份制，而不是官本位制。通过"位"的承接与转换作用，传统的内核进入了现代制度的躯体，并以一种适应时代变化的新形式继续散发着其内在的生命力。

新型等级身份秩序的缔造者是天皇与强势氏族。正因为如此，它一方面通过各种手段强化天皇的地位，另一方面最大限度地保证统治集团特别是核心层的利益，从而使统治集团特别是核心层与天皇结成了利益共同体、命运共同体。二者相互依存，相辅相成。统治集团要想保住自己的特权利益，就必须保住承载着这些利益的等级身份秩序，承认并维护作为这一秩序原点与前提的天皇，承认天皇既不可缺少又无可替代的特殊地位与作用。

在等级身份秩序构成的政治链条上，血统门第是起点，它是位阶的前提，位阶是官职的前提，官职是权力的前提，即血统门第—位阶—官职—权力。由链条终端向上追溯可以发现，权力与位阶并不直接挂钩，中间隔着一个环节：官职。同样，官职与血统门第之间也不直接挂钩，中间隔着一个环节：位阶。这样一来，血统门第最高贵的天皇一方面可以稳居政治链条的顶端，另一方面又因为他既无姓氏也无位阶。这使他可以不承担任何具体职权却又凌驾于一切权力之上，不参与链条上任何一个具体环节却又决定着整个链条的有序和稳定。

这种以传统的血统门第观念为内涵、以外来的先进制度为外在表现形式的新型等级身份秩序，构成了天皇制的第二大基本要素。这个要素保证了天皇地位的至高无上。

## 四　神化与类图腾

神化，是天皇制的第三大基本要素。神化是从天皇及其家族的自我神化开始的。

在6世纪继体天皇编制皇统谱时，已经有意识地把天皇家系与神话传说相结合。这一时期成书的《帝纪》《旧辞》等史书，可以清楚地看出这一点。[1] 到7世纪圣德太子改革时，更是以编撰国史为契机，系统地神化皇族的历史。在以谶纬说为依据确定皇统的源头时，直接把皇统的开端与"神统"相衔接，出现了从"神武"到"仁德"十几代神人不分的传奇天皇。在那个时代，人均寿命不到30岁，[2] 而这些天皇中寿命超过一百岁的就有12位。[3] 各代天皇之间均定为父子关系。这种亦人亦神、神人相继的手法把"神统"与皇统巧妙地嫁接在一起，从而实现了对皇统的神化。在这条神人一体、连绵不断的链条上，神与人是一元化的而不是二元式的存在，神不是超越于人之上的、区别于人的另一种独立性存在，而是与人融为一体的同一生命体，神是人的祖先和生命的源头，人是祖神在

---

[1] 笠原一男等编：『史料日本史』上卷，第32页。
[2] 赵晓春：《百代盛衰日本皇室》，社会科学文献出版社1998年版，第15页。
[3] 加藤友康等编：『日本史綜合年表』，東京：吉川弘文館2005年版，第1011頁。

自然界的延续。这是祖神崇拜正式进入国史的开端。

　　祖神崇拜是日本神祇崇拜的核心，也是天皇能够被神化的重要背景条件。在日本古代社会，每个氏族都有自己的氏神，每个自然村落都有自己的本土神，人们围绕各自的神社形成自己的祭祀圈。[①]祖神信仰成为共同体社会的首要基础，共同的祖神信仰对于家族意识和共同体意识的形成具有极强的统合作用和凝聚作用。[②] 祖神崇拜的要义就是把整个家族看成一个"超越个人生命的、祖孙一体的、永远的生命体"[③]。家族的核心是家长，而家长的重要使命是祭祖，"只有祭祖才表达了家族的本来面目与使命"[④]。对祖神的祭祀给予了作为祭祖执行人的家长最高的地位和权威，因为家族成员对家长的服从已不仅仅是一般意义上的对尊长的服从，同时也是对祖神的敬畏与服从，因此家长的地位与权威是继承来的，是他被置于祖孙纵列轴上的一点而自然获得的，离开了这一位置，就失去了权威，和普通成员几无区别。也正因为如此，当他处于这一位置即作为一家之长行使各种权力时，这些权力就更加具有威慑力和感召力。祖神崇拜很好地说明了皇统谱中的每一位天皇在神化后所处的位置和状态，以及他所具有的特殊作用和权威。

　　大化改新后，官修史书《日本书纪》继承并丰富了以往史书记载的肇国神话，强调天皇家族的氏神、祖神是天照大神，历代天皇都是天照大神的子嗣和后继者。

　　每当新天皇即位时，总要举行两种仪式。一种是面向人间社会的"即位典礼"，这是一种公开举行的政治仪式，一般是在初春举行。在太极殿设御座，天皇登座，接受百官朝贺，同时诏告海内外，以示新皇治世。另一种是面向神的世界的"大尝祭"，这是一种非公开的仪式，在旧历11月即冬季举行，是神化天皇的重要仪式。大尝

---

[①] 荒居英次编：『日本史諸問題』，第50页。
[②] 荻原秀三郎：『カミの発生　日本文化と信仰』，東京：大和書房2008年版，第242页。
[③] 福尾猛市郎：『日本家族制度概説』，東京：吉川弘文館1972年版，第1页。
[④] 磯野誠一：『家族制度』，東京：岩波書店1958年版，第76页。

祭最早始于天武天皇时,即 7 世纪后半叶。① 天武朝是律令国家建设的最盛期,也是神化天皇的高峰期。大尝祭过程十分复杂。首先要选出两个有代表性的地方小国,让他们把当地斋田里收获的新稻运到京城,专供大尝祭使用。此举寓意全国各地方的豪族都归服中央王权并为其效力。大尝祭的核心内容是卯日深夜开始的"神馔亲供"与"神人共食"。从深夜到次日黎明,天皇独自一人在专门建造的大尝宫内,把新稻做成的神馔神酒供奉给祖神天照大神,并与其共食。这是天皇与祖神之间单独对话并进行种种互动交流的神秘过程,正是在这一过程中,天皇与祖神天照大神融为一体,完成了神格的转换,获得了作为日神的后裔及成为新天皇的资格。仪式开始前,山野边民的代表在斋宫外献歌献舞。这是官修神话中记载的早在远古时代山野边民就已归服天皇家族的情景再现,寓意天皇神威源远流长,遍及遐迩。次日天亮后,秘仪结束。皇族百官齐聚大殿,祭祀官中臣氏献寿词,重申百官效忠誓言;忌部氏献上三种神器,新天皇正式诞生。②

天皇的神化强化了天皇家族对皇位的专有,使皇位的传承变成了一种超越自然规律的神秘过程,从而更加有效地遏制了非皇族成员觊觎皇位的可能性。8 世纪发生的"道镜事件"就是一个有力的例证。769 年孝谦天皇在位时,和尚道镜得宠,被授予法王称号,接受百官朝贺,权倾朝野。孝谦无子,为定后事,决定派心腹和气清麻吕作为特使,去宇佐八幡大神宫就皇位继承人一事听取"神谕"。行前道镜暗示清麻吕,所谓"神谕"就是让道镜继位。清麻吕不为所动,前往宇佐八幡神宫听取"神谕"后,回朝奏报天皇,神谕是:"我国家自开辟以来,君臣既定,以臣为君之事未曾有也,天之日嗣必立皇胤,无道之人宜早清除。"道镜闻知大怒,将清麻吕罢官流放。次年,在贵族集团的策划和拥戴下,天智天皇之孙光仁天皇继

---

① 中村生雄:『日本の神と王權』,京都:法藏館 1994 年版,第 191 頁。
② 中村生雄:『日本の神と王權』,第 192—194 頁。

位。道镜被贬，清麻吕官复原职。① 清麻吕坚持的信念是：只有特殊血统的日神后裔即皇族成员才能成为天皇，外人不得僭越。清麻吕传达的"神谕"反映了贵族集团对天皇与皇族的认同，以及对以天皇为代表的统治秩序的认同与维护。贵族集团脱离皇族独立存在的基础是很脆弱的，他们需要借助神的力量巩固以天皇为核心的统治秩序。对他们来说，如果历代奉侍的皇统崩溃了，他们自己的地位和靠山也将难以存在。

正是在这一大背景下，神化过程以天皇为中心，进一步延伸到整个民族、整个国家及其政治制度与社会秩序，形成了一个与现实世界的统治关系高度一致的神化的世界。这个神化的世界是对现实世界的强化和颂扬。随着历史的发展，神化成为培育国民的神国意识和民族归属感的有力武器。在这个神的世界里，每个氏族的祖神，每个村落共同体的本土神，都拥有自己的固定位置，他们的位置是与现实社会的等级身份秩序相一致的。在律令天皇制国家中占据统治地位的贵族集团的祖神，在高天原的众神世界里也同样是天照大神统率的"八百万神"中的佼佼者。如拥有高等级氏姓"朝臣"的中臣氏的祖神"津速魂命"神及其三世孙"天儿屋命"神；大伴氏的祖神"高御魂"神；拥有"连"姓的门部氏的祖神"安魂命"神；纪伊氏的祖神"神魂命"神；等等。有些氏神的系谱甚至可以追溯到"十三世孙""十五世孙"②。

672年，天武天皇对在其继位一事上"显灵"的三尊神授予爵位。这是对神授位的开始。851年，文德天皇对天下众神一律授予"正六位上"的位阶。859年，清和天皇给各地267家神社的众神授位。897年，醍醐天皇给五畿七道340家神社的众神每位晋升一级位阶。③ 所有这些神，最后都通过种种方式统一到天照大神的系统中，天照大神成为整个日本民族共同的氏神、祖神，同时也是日本国家

---

① 加藤友康等编：『日本史综合年表』，第68—70页。
② 谷省吾：『神道原论』，伊势市：皇学馆出版部2004年版，第49—50页。
③ 加藤友康等编：『日本史综合年表』，第93、96、106页。

的肇国之神，众神都是"天照大神的血脉"①。

官修神话中，天照大神命天孙率众神下凡时，对天孙说："苇原千五百秋之瑞穗国，是吾子孙可王之地，宜尔皇孙就而治焉，宝祚之隆，当与天壤无穷者矣。"这就是有名的"天壤无穷之神敕"②。它巧妙地把皇统的延续和国家的命脉合为一体，使皇统成为国运的同义语，天皇祖灵成为大和国魂。③ 皇统"天壤无穷"，等于国运千秋万代。那么，要想国家和民族昌盛，就要祈愿皇统绵绵无穷期，祈愿天皇永在。

天武天皇时期，将各地方豪族的祭祀权全部收归中央，从此由天皇代表国家统一祭祀天下众神。888年，宇多天皇进一步明确了祭神是作为天皇应尽的特殊职责，他说："我朝乃神国，每天清晨要敬拜四方大中小天神地祇，敬神之事从今往后，不可一日懈怠。"④

日本是以水稻种植为主的民族，以稻米为中心的祭祀是最主要的祭祀。稻米被说成天照大神赏给天孙天皇及众神万民的，因此天皇对稻魂的祭祀也同时是在祭祀天照大神。天皇一年中的重要祭祀活动是从初春二月的"祈年祭"开始的。祭祀的主要对象"御年神"本是民间信仰的农业神，7世纪后期上升为国家祭祀，由天皇来主持，祈祷一年风调雨顺，五谷丰饶。每年年底要举行"新尝祭"，这是稻作的收获祭，意味着一年的终结。天皇作为司祭者，把当年新收获的稻米与众神共享。新尝祭也是由民间祭祀提升而来，以后又进一步升格为"大尝祭"，成为与新皇即位紧密相连的最重要的国家祭祀活动。

除了每年例行的祭祀活动之外，天皇祭神的另一个重要目的是祈祷国家平安。特别是在国家遭到灾害瘟疫、外敌入侵等危机时刻，天皇的祈祷成了唤起民心、统一意志的精神武器。869年，新罗两艘海船袭击日本博多湾，抢掠货物。清和天皇向伊势神宫献贡品，上

---

① 谷省吾：『神道原論』，第90页。
② 谷省吾：『神道原論』，第169页。
③ 『伝統と現代』编辑部编：『天皇制』。
④ 鍛代敏雄：『神国論系譜』，京都：法藏館2006年版，第10页。

祈祷文，文中说："我日本朝乃神明之国，有神明加护，敌畏之不敢来。"① 1268 年，元朝忽必烈遣使向日本下书，令其臣服。天皇祈祷众神保日本平安；1274 年，元与高丽联军东征日本，在壹岐、对马岛登陆；1281 年，元军再度征日，元军屡犯使日本遭遇了未曾有过的重大危机。在国难当头的时刻，天皇倾其全部精力向众神祈祷，他一次次向伊势神宫及各大神社奉币上文，在龟山上皇给伊势神宫的祈愿文中甚至写道："当我治世，遇此祸乱，日本若受损，请以我命相抵。"②

外敌入侵和天皇祈祷唤醒了日本的神国思想，民众把抗敌胜利看作神风吹毁敌船所起的作用，是神的保佑。人们把愿以自己生命换取国家平安的龟山上皇奉为神圣的偶像。

随着历史的发展，祭神越来越成为天皇最重要的、专职的国事活动。天皇也逐渐被打造成为国家和民族的守护神。供奉天照大神的伊势神宫，成为祈祷国家命运的神圣之地。为了永葆祭神的灵力，7 世纪开始建立了定期迁宫制度，即以 20 年为一周期，对伊势神宫进行全面的翻新维修。第一次迁宫是在 690 年。③ 为了保持传统的连续性，体现祖先生命力的传承和永恒，重修后的神宫一切都保持初建时的古朴风格和式样，不置础石，不上瓦，草顶木柱，里面的物品也都是原样复制，不允许有任何变化。

天皇的神化对民间普遍存在的、分散、多样的神祇信仰起了一种整合、提升和导向的作用。随着社会历史的发展，这种作用逐渐显现，对天皇的崇拜不断增强，参拜伊势神宫的人数不断增多，至少从 9 世纪起，开始出现大规模集中参拜伊势神宫的现象，特别是每逢迁宫之年，或是在社会发生剧烈动荡的变革期和转型期，这种现象尤为突出。公元 934 年、1116 年、1171 年、1219 年、1227 年、1247 年，均出现了大规模集中参宫的现象。1614 年，在大规模参宫的同时，群众还跳

---

① 锻代敏雄：『神国論系譜』，第 9 页。
② 歴史科学協議會：『天皇と天皇制』，東京：東京大学出版会 2008 年版，第 132 页。
③ 皇学館大学神道博物館：『伝統日本諸神』，伊勢市：皇学館出版部 2005 年版，第 286 页。

起了一种奇异的舞蹈,被称为"伊势舞",此举迅速在全国流行开来。1615年、1624年,这种情况再次发生,反映了民众的某种不安情绪。这种爆发式参宫的同时伴有某种诉求举动的现象被称为"托福参拜"。从此,托福参拜成为大规模参宫的主要动因。

1705年,再次出现了托福参拜。从京都、畿内开始,迅速向外地蔓延。每天前往伊势神宫参拜的人数平均达到7.2万人,最多的一天达到18万人左右。1771年4—8月,120天内参宫人数达208万人。群众口中念着"托福、托福""平安、平安",成群结队前往伊势神宫参拜。1830年3月到8月,参拜人数近457万人。[①] 1855年的大规模参宫,缘于群众中流传着天降神符的说法,人们争相前往伊势神宫,希望能够讨得神符,祈求平安。1867年,德川幕府的统治到了末期,各种社会矛盾空前尖锐,人们要求改变现状的呼声日益高涨,在这种背景下,再次爆发了"托福参拜",人们唱着跳着自编自演的"还不好吗"歌舞,不分昼夜地涌向伊势神宫,沿路免费提供食宿,提供钱物,住在神宫附近的居民更是自发地倾力相助,不辞辛苦,为参拜者积极带路,提供各种方便。

特殊时期的大规模集中参宫反映了伊势神宫在人们心目中的位置,也反映了人们在不安、不幸、不满等的非常状态下,对神,对最高的神,对神圣天皇的一种期盼。

神化铸就了天皇的神圣、超越及权威性,同时,神化也为天皇功能的转变创造了条件,使天皇得以从现实世界权力争夺的主体之一,向虚拟世界的最高统治者和唯一精神领袖的角色转变。神化,成为天皇制的第三大基本要素,这个要素使天皇成为一种"永恒"的存在。

## 结　　论

综上所述,皇统谱、等级身份秩序以及天皇神化,这三大基本

---

[①] 谷省吾:『神道原論』,第114页。

要素决定了天皇制的本质特征，同时也把天皇对国家的统治定位为"无限伸缩的间接统治"。

所谓"间接统治"，含有两层意思。第一层意思是说天皇对政权始终具有实实在在的影响。天皇是社会秩序的创造者和体现者，他与秩序的实际执行者之间形成了一种相互依存、互为条件的矛盾统一体，只要这种秩序没有彻底消亡，那么无论它怎样变异，都不会消除天皇在其中的位置与影响。第二层意思是说天皇并不直接行使统治权，因为三大基本要素把天皇塑造成一种绝对的、超越的和永恒的存在，而这样一种存在是现实世界中任何一种政权和任何一个具体执政者都无法想象的。正因为如此，直接统治是不现实的。

所谓"无限伸缩"，是指间接统治的程度并不是一成不变的，它因时、地、人及条件而不断变化。最大时，它可以接近直接统治；最小时，则几乎感觉不到它的存在。其间的决定因素，是实际执政者在取得政权时对天皇的依赖程度。依赖度越高，则天皇与政权的距离越近，反之则越远。律令制国家创建时，天皇起了决定性的作用，因而天皇的地位、他在决策中的发言权以及他与直接统治的接近程度也都达到了历史的巅峰。在后来的幕府统治时期，由于武家政权的建立主要是靠武力实现的，执政者从天皇那里只是借了一个名号，依赖度是最小的，因而天皇的地位也是历史最低的，低到只是勉强维持了名义上的尊严，对现实政治和国家决策没有发言权。到了近代，明治维新时期，由于新生资产阶级的先天不足和维新势力的相对弱小，在推翻强大的封建幕府势力、解救外敌压境的民族危机时，极大地借助了天皇的威慑力、感召力和凝聚力，因而在新政权中，天皇也得到了相应的位置，成为宪法上的最高统治者。

三大基本要素所蕴含的核心理念，在经历了一次次历史的风雨后并没有消亡，而是以顺应时代变化的各种形式延续到今天，并且仍在发挥着影响。以这些理念为灵魂的天皇制，其核心是对天皇的敬畏。这种敬畏是在漫长的历史积淀中不断筛选、提炼、抽象、强化、灌输和浸润的结果。正是在这一过程中,它与民族习惯、社会结构、制度传统、行为心理相融合,成为一种政治文化。这种文化使天皇制成为日本政治制度的传统基因,而天皇则成为这种文化的类图腾。

(原载《历史研究》2012年第3期)

# 日本《华夷通商考》及其增补本中的海上贸易

李文明

有关日本海上贸易，中国古代文献记载很少。正史或方志中多以寥寥数语在"倭传""日本传"或"市舶"中言及中日贸易，几无涉及日本与其他国家、地区的古代贸易，对中国内陆商人前往日本贸易的记载更是少之又少。1695年西川如见编撰的《华夷通商考》在日本第一次系统记载了日本与中国、东南亚、南亚、西欧的主要航路里程，几乎包括完整的17世纪东西方贸易商路。1708年西川如见编撰《增补华夷通商考》又进行了大量增补。过去日本学界多将《华夷通商考》及其增补本作为"江户时期日本出版的最早介绍西洋地理的地志"进行研究，其研究多为版本与底本的文献学考证或地理学史的考察。[①] 虽然松浦章的《清代帆船与江户日本的航路》在研究中日间海上航路时，言及《华夷通商考》及其增补本，[②] 但总体而言，海上贸易史的研究对这部文献的重视尚显不足。本文从《华夷通商考》及其增补本的文本出发，从日本与中国的贸易、日本与亚洲其他地区的贸易、日本与荷兰的贸易三个方面挖掘《华夷通商考》及其增补本的史料价值。

---

[①] 谷地彩：「西川如見と『職方外紀』：『増補華夷通商考』を中心に」，『上智大学文化交渉学研究』2018年第6号。

[②] 松浦章：「清代帆船の江戸日本への航路：日本書に依拠して」，『関西大学文学論集』2017年第67号。

## 一 《华夷通商考》及其增补本成书的时代背景

1695 年（日本元禄八年），西川如见（1648—1724）在日本京都洛阳书林出版《华夷通商考》。该书分为上下两卷，共两册，上卷为“中华十五省之说”，下卷包含“外国”与“外夷”两篇。“外国”篇讲述了“朝鲜、琉球、东京、交趾”等国家和地区，“外夷”篇讲述了“占城、柬埔寨、太泥、六甲、暹罗、咬𠺕吧、爪哇、番旦、母罗伽、阿兰陀”等。“东京”“交趾”“占城”等为当时日本对越南及其重要地区的称谓，“柬埔寨”“太泥”“六甲”“暹罗”“咬𠺕吧”“爪哇”“番旦”指的是柬埔寨、泰国、印度尼西亚一带的东南亚国家或地区，“母罗伽”为莫卧儿帝国的印度，“阿兰陀”为荷兰。《华夷通商考》所述国家与地区绝大多数是当时与日本有贸易往来的地方。1708 年（日本宝永五年），西川如见在京都出版五卷五册本的《增补华夷通商考》，除对《华夷通商考》原有内容加以丰富外，又在第四卷、第五卷中增加了部分欧洲、美洲、亚洲内陆国家和地区。增补本中有关美洲的记述使《增补华夷通商考》成为日本第一部述及南美洲的书籍。① 但《华夷通商考》及其增补本并非纯粹的地理书籍。《增补华夷通商考》序文开篇便论述“华夷通商可谓能获利焉”，而“方物药产典籍珍器，异品胜帛，每岁赍至，如所谓聚宝盆相依百千货。东隅西陬、都鄙遐迩，亦莫咸不相济用”②。可见，《华夷通商考》和《增补华夷通商考》是为海上贸易之便而编撰的“轩辎之书”③。书中对外国商人往返日本的频率、海上商路沿线地区的物产、输入日本的商品种类等都有较为详细的记录，甚至对各地商船特征也多有描绘。

据细川润次郎在《西川如见传》中的记述，西川如见家族在日

① 岡田俊裕：『日本地理学人物事典（近世編）』，東京：原書房 2011 年版，第 47 頁。

② 西川如見：“序文”，『增補華夷通商考』，京都：洛陽甘節堂，1708 年。

③ 西川如見：“序文”，『增補華夷通商考』，京都：洛陽甘節堂，1708 年。

本战国末期由武士转为商人，自其祖父西川忠政（1601—1669）之代定居长崎，西川忠政多次出海贸易，最远曾到达吕宋、柬埔寨等地。① 西川如见在《华夷通商考》及其增补本中的部分记述可能直接来自其祖父的渡海见闻。据谷地彩的研究，西川如见曾师从儒学者南部草寿，南部草寿在"宽文八年奉长崎奉行之招，圣堂（孔子庙）祭酒"，西川如见也因此得到接触"唐船书物"的机会。也有学者认为西川如见还曾师从小林义信学习葡萄牙人传来的天文历学。另外，西川如见本人也担任过长崎的"通辞"（翻译）。② 西川如见生活时代的长崎是日本唯一的通商口岸。依幕府禁令，中国、东南亚、荷兰、英国的商人与水手，凡至日本皆汇集长崎。③ 所有输入日本的商品都集中于长崎，其中包括涉及中国及荷兰的航海、地理方面的书籍。在"锁国"背景下，长崎成为当时日本汇集海外信息量最多、最直接的港口。因此，海商的家庭背景、长崎特殊的地域背景都为西川如见编撰《华夷通商考》及其增补本创造了有利条件。

《华夷通商考》及其增补本问世之时，正值近代世界规模的"大航海"时代。1543年，一艘葡萄牙帆船因暴风雨漂流到日本种子岛，日本自此汇入大航海的时代浪潮。④ 1618年，池田好运据自身航海记录写成日本第一部有精确航线记载的《元和航海记》，而该书作者曾向葡萄牙水手学习过航海技术。⑤ 17世纪时，西方传教士在中国编撰的书籍通过中日海上贸易传入了日本。据鲇泽信太郎考证，西川如见的《华夷通商考》及其增补本中大量地理内容引自传教士艾儒略的《职方外纪》（明天启三年，1623）。尤其是《增补华夷通商考》中涉及西欧（除荷兰）、美洲的地理认识绝大多数来自《职

---

① 谷地彩：「西川如見と『職方外紀』：『増補華夷通商考』を中心に」，『上智大学文化交渉学研究』2018年第6号。
② 谷地彩：「西川如見と『職方外紀』：『増補華夷通商考』を中心に」，『上智大学文化交渉学研究』2018年第6号。
③ 赵德宇：《日本"江户锁国论"质疑》，《南开学报》2001年第4期。
④ 大槻如電原：『日本洋学編午史』，東京：錦正社1964年版，第2頁。
⑤ 開国百年記念文化事業会編：『鎖国時代日本人の海外知識』，東京：原書房1980年版，第14頁。

方外纪》。①但与《职方外纪》有着本质不同的是,《华夷通商考》是一部贸易书,全书内容以海上贸易为主。很显然,当时中国、东南亚、欧洲商船上的日本商人、水手所带来的航海知识、贸易见闻以及日本商人出海的见闻与记录都为西川如见编撰《华夷通商考》提供了素材。西川如见祖父是曾前往东南亚的商人,而西川如见曾居住在中国商人聚居的长崎"唐人屋敷"地区。②因此他在《华夷通商考》《增补华夷通商考》中有关海上贸易的记述一定程度上可以反映当时长崎商人对海外贸易的一般认识。

《华夷通商考》及增补本虽未言及书中记述事项的具体年代,但多次提及明清易代、日本禁教、荷兰殖民马六甲等历史事件,故可推断其所述内容就是17世纪日本与海外通商的情况。

## 二 有关中日贸易记述的文献价值

《华夷通商考》的上卷,《增补华夷通商考》的前两卷都是有关中日贸易的记述。其有关中日贸易的文献价值主要有三个方面:一是对中国内陆地区商人前往长崎贸易的记述;二是对中国沿海港口距长崎航海里程、方位的系统记述;三是对中国各省输往日本商品类目的记述。

长期以来,明清时期中日贸易的研究重点多放在闽、浙、粤等东南沿海地区。然而《华夷通商考》《增补华夷通商考》的记述显示,北京、山西、陕西、河南、湖广、江西、云南、贵州、四川等地也有商人前往长崎贸易。③各省哪些府、州、卫、司有商人前往长崎,他们从何处出海,在《华夷通商考》及其增补本中有着明晰的

---

① 鲇沢信太郎:『鎖国時代の世界地理学』,東京:原書房1980年版,第2—5頁。
② 谷地彩:「西川如見と『職方外紀』『増補華夷通商考』を中心に」,『上智大学文化交渉学研究』2018年第6号。
③ 引文中"北京"指明代北直隶,今河北省一带。《华夷通商考》与《增补华夷通商考》沿用中国明代的行政区划及地名,叙述顺序上先述"南京""北京"两京,后述其余十三省。"南京""北京"分别指南直隶(今苏皖沪一带)、北直隶(今京津冀一带),而南京城、北京城则以"应天府""顺天府"称谓。

记载。譬如，"北京"的"顺天府、保定府、顺德府、广平府、大名府、永平府、河涧府、保安府、延庆州、真定府、万全指挥司"有"商人来日本"，他们"携土产自南京出海来长崎"①。山西的"太原府、平阳府、大同府、潞安府、汾州府、辽州府、沁州府、泽州府"的商人"由南京船来"②。甚至云南的"云南府、大理府、楚雄府、征江府、临安府、蒙化府、广南府、广西府、景东府、镇沅府、永宁府、顺宁府、孟定府、孟良府、北胜州、新化州、威远州、镇康州、大侯州、湾甸州、鹤庆军民府、武定军民、曲靖军民、寻甸军民、丽江军民、永昌军民、元江军民……干崖宣抚司、陇川宣抚司、姚安军民府"也有商人"由广东、漳州、福州乘船来日本"③。陕西商人由"南京、浙江、福州"前往日本。河南商人多乘"南京船"前往长崎。湖广、江西商人"由南京、福州之船来长崎"。贵州商人"由广东、福建之船来长崎"。四川商人"由福州、浙江、广东之舟来长崎"④。内陆商人之所以前往日本贸易，主要是因为各地有不同的特产商品。以云南为例，蒙化、姚安虽然偏远，但其"所出麝香乃中华第一上好"⑤。而丽江、孟养的琥珀，澜沧的鹿茸，大理的玛瑙、花纹石（大理石），丽江的滑石，镇沅的孔雀等也多为当地所特有的商品。

《华夷通商考》及其增补本对中国沿海省份与日本贸易的记述更为详细。以《华夷通商考》《增补华夷通商考》开篇所述的"南京"（明代南直隶）为例，其距离"日本海上三百四十里"⑥。"方角当日本九州之正西。自南京至北京，陆地凡四十日程有之，或又以河舟往来。今来长崎之所云南京船，乃直乘此河舟而来也。故舟之型，

---

① 西川如见：『増補華夷通商考』卷一，第10丁。
② 西川如见：『増補華夷通商考』卷一，第14丁。
③ 西川如见：『増補華夷通商考』卷一，第18丁。
④ 西川如见：『増補華夷通商考』卷一，第16、18、19、22丁；卷二，第21、23丁。
⑤ 西川如见：『増補華夷通商考』卷二，第19丁。
⑥ 《增补华夷通商考》所用的"里"为日本里，该书序文中有"海上道规，日本三十六町之积以一里记之"。日本里大约相当于3.927公里。

底平长也。自何方吹风皆安乘无妨。故来日本之船四季共有之。"①从该段记述还可知，当时南直隶前往日本的商船与运河河舟的结构、形态相同，南直隶商人是"直乘此河舟"前往日本的。南直隶中，有的是府、县"有船来长崎"，有的是"少少船来有之"，有的则是"虽云无船来之事，然商人来长崎"。对有船前往日本的沿海府县，《华夷通商考》《增补华夷通商考》中记述了这些府县与长崎的航海里程。以南直隶为例，苏州府"自日本海上三百里"；松江府"由应天府凡四十里，亦以河舟往来，自日本海上三百里"；扬州府"自日本海上三百二十里"；常州府"自日本海上三百里"；崇明县"南京河口之岛也，自日本海上同前"；淮安府"自日本海上三百五十里"；镇江府"自日本海上三百里"；应天府"南京之城下（省府）也。至海边虽有间隔，然有大河连续，故大船往来不绝，其间四日路程有之，自日本海上三百四十里"②。可见，南直隶中前往长崎的不仅有应天府以及苏、松、常、镇等江南各府的商船，也有江北扬州、淮安的商船。南直隶外，"两京十三省"中有商船前往长崎港口的还有，浙江的宁波、台州、温州、杭州、舟山、普陀山，福建的福州、泉州、厦门、乌圻、沙里、漳州、安海，广东的广州、潮州、碣石卫、惠州、雷州、琼州、海南、高州，山东的登州等。

与内陆省份相比，南直隶出口日本的商品多为手工业品。如，应天府输入日本的商品有"书籍、丝线、书翰纸、扇子、金箔、银箔、线香、针、栉笓、白袋、造花、铸物道具、涂物道具、芡实、紫金锭、蜡药、琥珀丸、清心丸、益母丸、苏香丸、胀子人形（人偶）、角细工物（牛角制品）、缝物、新古字画"等；苏州府输往长崎的货物多为丝织品，如绫子、纱绫、绸纱、绫袜、罗、纥、云绢、里绢、绢等；此外，徽州的墨、砚石，宁国的笔，广德的土烧茶瓶、土烧物瓷器，庐州、池州、松江的茶等，也是南直隶输入日本的主

---

① 西川如见：『増補華夷通商考』卷一，第3丁。
② 西川如见：『増補華夷通商考』卷一，第5—7丁。

要商品。① 沿海地区之中，山东输入日本的商品主要为牛黄、人参（辽东）、阿胶、枸杞子、枣子、五味子（辽东）等名贵药材以及济南的黄丝、东昌的瓷器等手工业品；浙江、福建、广东以丝棉织物、笔墨纸砚、茶叶、药材以及手工业品、字画、工艺品为主。其中浙江"犹多与南京土产相同"。福建商人"自南京、浙江交易持来物亦多，故南京船、福州舟之荷物共同也"，福建商船中"山西、陕西、河南等土产持渡物亦多"，而广东的"丝织物、药种乃中华第一多"②。

## 三 有关日本与亚洲其他地区海上贸易的记述

据《增补华夷通商考》卷三记述，日本商人前往朝鲜釜山浦进行日朝贸易，并在此设有"日本馆"，长崎至釜山浦的海上距离为九十二日本里。而朝鲜商人常在朝日之间的对马岛贸易，对马与釜山浦的距离为四十八日本里。③ 釜山浦的日本商人从朝鲜买进"人参、药种、木棉、油、毛毡、油布、油纸、牛黄、笔、墨、扇、瓷器"等"土产"。朝鲜商人在对马进行"鹤、鸭、鳕、米"等商品的交易。④ 此外，朝鲜"都府至北京有陆路，往来不绝"，因此日本商人亦会从朝鲜间接买进"唐之土产"⑤。也就是说，中日之间商品贸易除中国东南沿海港口与日本长崎的直接商路外，还有一条"北京—汉城—釜山浦—长崎"的贸易路线。琉球与日本的贸易，主要在琉球商人与日本萨摩地区商人间进行。《增补华夷通商考》卷三记述："此国……萨摩往来有之也。海上自萨摩一二百余里。"⑥ 琉球与日本贸易的主要商品为"木棉、芭蕉布、黑砂糖、火酒、药种、蒟蒻、

---

① 西川如见：『増補華夷通商考』卷一，第7—9丁。
② 西川如见：『増補華夷通商考』卷二，第4、10、14丁。
③ 西川如见：『増補華夷通商考』卷三，第3—4丁。
④ 西川如见：『増補華夷通商考』卷三，第4丁。
⑤ 西川如见：『増補華夷通商考』卷三，第3—4丁。
⑥ 西川如见：『増補華夷通商考』卷三，第5丁。

竹器、骨柳、布、涂物道具、土烧物、米"①。土特产外，琉球人输往日本的货物还有"其与福州交易之物"②。可知，"福州—琉球—萨摩"也是中国商品间接输入日本的商路。

东南亚地区中，交趾（越南）、暹罗（泰国）、柬埔寨与日本有过直接的海上贸易往来。交趾船"以五月以后之南风来长崎"，其距离"自日本海上千四百里，唐之西南方"③。暹罗商船由国王派出，"每年大船二三艘到来"，其"自日本海上二千四百里，柬埔寨之西北，唐土之西南方"④。相比之下，柬埔寨赴日商船较为"稀少"⑤。《增补华夷通商考》对幕府锁国之前，日本京都、堺、长崎的商船频繁前往交趾、柬埔寨、暹罗贸易的情况也进行了记述。⑥ 该书还有关于暹罗、交趾日本侨民的记录，侨居交趾的日本人甚至还形成了一个"日本町"⑦。当时交趾、暹罗、柬埔寨三国输往日本的商品中，除交趾有"黄丝、纱、罗、王绢、丝头、丝线、柳条布、乌绫"，暹罗有"花毛毯、花布"等纺织品外，其余商品多为当地特有物产，如乳香、胡椒、牛角、象牙、攀枝花、蛇皮等。⑧ 学界一般认为，锁国之前的日本与东南亚的贸易是较为繁盛的，⑨ 而这一点，从《增补华夷通商考》中也可以得到佐证。

据《增补华夷通商考》，在日本与东南亚的贸易中，中国商人扮演了重要的角色。如，福州、漳州等地有专门从事交趾与日本间贸易的商船，这些商船甚至自称为"交趾船"，"唐人于此国（交趾）亦多居住。又福州、漳州之商船，行至此国，调达诸色来日本，自云交趾船也"。而暹罗"国主之船……船头役者乃此国居住之唐人

---

① 西川如见：『増補華夷通商考』卷三，第5—6丁。
② 西川如见：『増補華夷通商考』卷三，第6丁。
③ 西川如见：『増補華夷通商考』卷三，第10—11丁。
④ 西川如见：『増補華夷通商考』卷三，第21丁。
⑤ 西川如见：『増補華夷通商考』卷三，第18、26丁。
⑥ 西川如见：『増補華夷通商考』卷三，第18丁。
⑦ 西川如见：『増補華夷通商考』卷三，第12、23丁。
⑧ 西川如见：『増補華夷通商考』卷三，第12—13、18—19、23—24丁。
⑨ 李德霞：《日本朱印船在东南亚的贸易》，《东南亚南亚研究》2010年第4期。

也”。柬埔寨“人来日本之事稀也。唐人至此国，调诸物装船来也”[①]。在东南亚的爪哇（印尼）、麻六甲（马来西亚）一带，虽“无遣船来日本之事”，但通过中国商人与商船，爪哇的“苏木、椰子、龙脑、沉香、丁子、胡椒、槟榔子、紫檀、藤、藤席、砂糖”，麻六甲的“象牙、犀角、锡、鲛、燕窝、胡椒、朱、玳瑁”等商品仍可输入日本。[②] 而“咬嵧吧”（雅加达）当地人有时也会搭乘中国商船前往日本长崎。[③]

从《华夷通商考》《增补华夷通商考》的记述可见，在日本与亚洲其他国家（地区）的贸易中，都有中国元素参与其中。在东亚地区，中国商品经由朝鲜、琉球与日本的贸易商路输入日本；而在东南亚地区，中国商人、水手则直接参与了日本与该地区的海上贸易。

## 四　有关日本与荷兰海上贸易的记述

17 世纪中期，日本禁止葡萄牙、西班牙等天主教国家的商人、商船进入，荷兰获得定期停泊长崎从事贸易的许可。[④] 荷兰商人在“长崎构一馆以作住所，每年八月、九月商卖时分得出入之免许也”，荷兰商人甚至还定期至“江府参勤”[⑤]。

17 世纪的荷兰商船在世界范围内航海，其商人“乘船延回大海之上乃第一擅长之事也”，荷兰商船运至日本的商品“非仅荷兰国之土产，往来之诸国所出土产亦尤多也”[⑥]。东南亚、南亚、非洲、欧洲，甚至美洲的商品都被荷兰商船带到日本长崎。可以说，经由荷兰商船，日本汇入了近代世界贸易网之中。[⑦] 据《增补华夷通商考》

---

① 西川如見：『增補華夷通商考』卷三，第 18 丁。
② 西川如見：『增補華夷通商考』卷三，第 25、31 丁。
③ 西川如見：『增補華夷通商考』卷三，第 28 丁。
④ 陈奉林：《东方外交与古代西太平洋贸易网的兴衰》，《世界历史》2012 年第 6 期。
⑤ 西川如見：『增補華夷通商考』卷四，第 3—4 丁。
⑥ 西川如見：『增補華夷通商考』卷四，第 3—6 丁。
⑦ 岸本美緒：『アジアの「近代」』，東京：岩波書店 1999 年版，第 15 頁。

记述，苏门答腊的"猴枣、胡椒、金子、佳文席、藤、硫黄、鳖甲、丁子、沉香"，锡兰的"肉桂、象牙、槟榔、水牛角、水牛皮、珍珠、海椰子、水昌、金刚石、猫睛石"，巴丹的"沉香、丁子、胡椒、白檀、肉豆蔻、烟草"，孟加拉的"黄丝、金巾、金入织物、缝蒲团、丝织物、砂糖、丹土、硼砂、阿仙药、牛黄、麝香、阿片、天蚕丝"，帝汶的"丁子、胡椒、白檀、沉香、烟草"，马达加斯加的"黑檀、鸟兽、象牙、湖泊"，肯尼亚的"砂糖、象牙、金子"，波斯的"波斯丝、波斯革、乳香、甘草、苏香油、巴旦杏、葡萄酒、干葡萄、花之水、酒、金入织物、丝织物、花毛毯、马、羊"，巴西的"砂糖、生姜、烟草、黑檀、材木、绘具、鸟类"，西班牙的"船纲、麻苎、船碇、材木、石火矢、铜、铁"，丹麦的"船纲、碇、材木、麻苎、石火矢、铜、铁"，挪威的"帆柱、材木、铁、铜、刃"，德意志的"毛织物、木棉织物、金、银、五谷、水昌玉、水银、郁金、酒、药种、畜类之皮"，波兰的"琥珀、五谷、畜类之皮"，俄罗斯（莫斯科公国）的"琥珀、珊瑚树、香铺之银、五谷、畜类之皮、巾著革"，格陵兰的"鲸油"等经由荷兰商船输入日本。① 荷兰商船还给日本带来了荷兰出版的"升降图、星图、世界图、加留太图"等航海通商地图，以及"鼻眼镜、远眼镜、虫眼镜、数眼镜、五色眼镜、万力（杠杆滑轮原理的起重机）、磁针石"等航海工具，还有"外科道具""油药""痰药"等医药品。② 荷兰人转卖至日本的商品中，既有来自东南亚的苏门答腊、帝汶，南亚的锡兰，西亚的波斯的，也有来自欧洲的西班牙、德意志、波兰，甚至还有美洲的巴西的，非洲的马达加斯加等国家（地区）的物产。

欧洲商人在进入亚洲贸易网时，也有利用原有贸易网络的特征。③ 如，《增补华夷通商考》"东京"（越南北部）条目记述"阿兰陀人亦往商贸也"④，"暹罗"条目记述"唐人、阿兰陀人皆往办

---

① 西川如见：『増補華夷通商考』卷四，第7—22丁。
② 西川如见：『増補華夷通商考』卷四，第4—6丁。
③ 岸本美緒：『アジアの「近代」』，東京：岩波書店1999年版，第15頁。
④ 西川如见：『増補華夷通商考』卷三，第14丁。

诸物，积来日本"①。但在殖民地，荷兰人则排挤原来的亚洲商人，《增补华夷通商考》卷四"阿兰陀"（荷兰）条目记述，"此国主遣商船至诸方，本国在远方，故于咬��吧置代官"②。"咬��吧"即今印尼雅加达一带，"代官"指殖民总督。《增补华夷通商考》卷三"咬��吧"（雅加达）条目又有："咬��吧……自日本海上三千四百里，自南天竺亦遥远之南岛也。一国总名云爪哇。咬��吧其国之都也。阿兰陀人以地子借其地构城郭居住，遣商船至日本、其外之国。虽云阿兰陀国主在其本国，以诸方遥远。故置此国代官。下知诸国商船……此国近年皆从阿兰陀之下知。唐人行至此国之商船亦受阿兰陀免许。"③从这段记述可知，中国商船只有得到荷兰许可才可以进入其殖民地从事贸易。

荷兰商人在与日本贸易过程中，将非洲、美洲、欧洲的商品带到了日本。可以认为此时的日本已经开始汇入近代世界贸易体系之中，而《增补华夷通商考》正是这一历史转变过程的文献印证。

## 结　语

《华夷通商考》《增补华夷通商考》从日本人的视角记述了17世纪海上丝绸之路上的商品贸易，具有重要的文献价值。在中日海上贸易方面，《华夷通商考》及增补本对中国内陆商人直接前往日本贸易、中国沿海港口距长崎航海里程都有系统记述，这是其他同时期文献中所少有的。在日本与东南亚地区贸易方面，《华夷通商考》及增补本记述了日本与当地商人直接贸易，同时还记述了华商的重要作用。在日本与荷兰贸易方面，《华夷通商考》及增补本对荷兰商船从欧洲、非洲、美洲转贩至日本的商品进行了较为系统的记录。过去日本学术界多将《华夷通商考》及增补本作为世界地理书研究，

---

① 西川如见：『増補華夷通商考』卷三，第21丁。
② 西川如见：『増補華夷通商考』卷四，第1丁。
③ 西川如见：『増補華夷通商考』卷三，第27丁。

本文通过文本分析认为,《华夷通商考》及增补本在海上贸易史方面的史料价值也应为学界重视。

（原载《东北亚学刊》2018 年第 5 期）

# 第二次世界大战前日本救助犹太人的"河豚计划"

文春美

1934年至1940年期间，日本政府设计了一项秘密政策，后来被称为"河豚计划"（Fugu Plan）。"河豚计划"之所以会在中国犹太人研究领域产生巨大影响，就是因为马文·托克耶（Marvin Tokayer）根据第二次世界大战后发现的柯冈文件（Kogan Paper）而创作的纪实文学《河豚鱼计划——第二次世界大战期间日本人与犹太人的秘密交往史》[1]的出版。在这本书里，作者归纳了"河豚计划"的主要内容，募集有才能的欧洲犹太人及美国犹太人的资本、影响力，达到改善日美两国关系的政治目的，并构筑日本帝国的"大东亚共荣圈"[2]。如果这个计划最终得以成功，那么就可能会拯救上百万的犹太人逃到中国来免遭希特勒的大屠杀，甚至可事前阻止日本与美国的战争，然而该计划最终以失败告终。

从1934年至1940年，随着时间的推移，"河豚计划"的内容也更加详细和完善。在这一计划中，日本提出在中国的东北和上海（1937年占领后）建立一个犹太人居留地的构想。本文围绕着"河豚计划"出台的背景、经过、实施结果、实质、对哈尔滨和上海犹太人社区产生了怎样影响等问题，回溯日本在不断扩大

---

[1] ［美］马文·托克耶、玛丽·斯沃茨：《河豚鱼计划——第二次世界大战期间日本人与犹太人的秘密交往史》，龚方震、张乐天、卢海生译，上海三联书店1992年版。

[2] ［美］马文·托克耶、玛丽·斯沃茨：《河豚鱼计划——第二次世界大战期间日本人与犹太人的秘密交往史》，龚方震、张乐天、卢海生译，第1页。

战争的过程中，如何利用犹太人问题试图摆脱经济大危机和外交困境。

近 20 年来，中国学界对上海和哈尔滨犹太人的研究已有不少积累①，不过在借鉴外国相关研究方面仍有待加强，日文档案为基础的日本最新研究成果尤其值得关注。② 近几十年来，随着研究犹太问题的兴起，国内研究犹太和以色列问题的机构陆续出现，主要有黑龙江大学中国—以色列研究中心，上海社会科学院上海犹太研究中心、南京大学哲学系犹太—以色列研究所、河南大学犹太研究院、山东大学犹太教与跨宗教研究中心、四川外国语大学犹太—以色列研究中心等。涉及"河豚计划"的研究有何立波的《日本推行河豚鱼计划的始末》③、王志军的《哈尔滨犹太人与日本人的"河豚鱼计划"》等。④

---

① 万斯白：《日本在华的间谍活动：1932—1936》，康狄译，重庆出版社 2014 年版；王志军、李薇：《20 世纪上半期哈尔滨犹太人的宗教生活与政治生活》，人民出版社 2013 年版；张铁江：《揭秘哈尔滨犹太人历史之谜——哈尔滨犹太人社区考察研究》，黑龙江人民出版社 2005 年版；刘爽：《哈尔滨犹太侨民史》，方志出版社 2007 年版；韩天艳、程红泽、肖红：《哈尔滨犹太家族史》，黑龙江人民出版社 2010 年版；曲伟：《哈尔滨犹太人》，社会科学文献出版社 2004 年版；潘光主编：《犹太研究在中国——三十年回顾：1978—2008》，上海社会科学院出版社 2008 年版；唐培吉：《上海犹太人》，上海三联书店 1992 年版；潘光、王健：《犹太人与中国》，时事出版社 2009 年版。周万鹏：《试论战时日本对犹太人的政策》，硕士学位论文，苏州科技学院，2008 年；于德民：《二战期间中国犹太人、美国犹太人与日本犹太人的关系》，硕士学位论文，黑龙江大学，2011 年；姜杉：《反犹与亲犹：20 世纪日本人与犹太人的关系研究》，硕士学位论文，黑龙江大学，2016 年。

② 阪東宏：『日本のユダヤ人政策：1931—1945』，東京：未来社 2002 年版；高尾千津子：「アブラハム・カウフマンとハルビンユダヤ人社会：日本統治下ユダヤ人社会の一断面」，北海道大学スラブ研究センター編：『ロシアの中のアジア、アジアの中のロシアⅢ』，札幌：北海道大学スラブ研究センター，2006 年；高尾千津子：「戦前日本のユダヤ認識とハルビンユダヤ人社会」，『一神教学際研究』第 10 号，2015 年；中嶋毅：「カスペ事件をめぐる在ハルビンロシア人社会と日本」，『人文学報』第 490 号，2014 年；丸山直起：「1930 年代における日本の反ユダヤ主義」，『国際大学中東研究所紀要』第 3 号，1987—1988 年；大塚清恵：「日本・イスラエル比較文化研究―日猶同祖論」，『鹿児島大学教育学部研究紀要』第 58 巻，2006 年；二村宮国：「ジェイコブ・H・シフと日露戦争―アメリカのユダヤ人銀行家はなぜ日本を助けたか―」，『帝京国際文化』第 19 号，2006 年；阿部吉雄：「上海のユダヤ人ゲトー設置に関する考察」，『言語文化論究』第 15 号，2002 年。

③ 何立波：《日本推行河豚鱼计划的始末》，《百年潮》2015 年第 7 期。

④ 王志军：《哈尔滨犹太人与日本人的"河豚鱼计划"》，《犹太研究》2008 年第 6 期。

## 一 20世纪最初十年日本接触犹太人的契机

在19世纪上半叶之前日本人对犹太人知之甚少，不存在宗教、文化、领土等方面的现实冲突。19世纪80年代以后，长崎、神户、横滨等地开始有小规模的犹太人社区，然而日本人对犹太人的了解仍是很有限。犹太人给日本人留下深刻印象的契机是日俄战争。在1904—1905年的日俄战争中，美国犹太人富商雅各布·希夫（Jacob Schiff）贷款给日本，帮助日本获得胜利。

日俄战争是一场旷日持久的消耗战，为了打赢这场战争，日本于1904年4月派遣日本银行副总裁高桥是清前往国际金融中心伦敦筹款1000万英镑。英国投资银行家对此毫无兴趣，因为当时日本的实力显然处于劣势，并且此前尚无一个欧洲国家被非欧洲国家击败的先例，因此银行家们根本不相信日本能获得日俄战争的胜利。当美国犹太金融家雅各布·希夫（Jacob Schiff）[1]得知这一消息后，毫不犹豫地贷款给日本2000万美元。本已陷入窘境的日本通过希夫的库恩—洛布公司（Kuhn Loeb & Co.）得到急需的资金而解了燃眉之急，最终打败沙俄。希夫情愿为这项借款承担巨大风险，帮助日本的原因在于，他作为一名犹太人，对沙俄采取的反犹主义政策（特别是基希讷乌大屠杀[2]）极为愤怒，趁此机会报复沙俄。在第一次世界大战期间，雅各布·希夫还曾向自己的公司下达禁令，即一分钱也不借贷给俄国，因为俄国一贯严厉镇压犹太人。这次贷款引起全

---

[1] 雅各布·希夫（Jacob Henry Schiff，1847—1920），出生在德国的美国银行家和慈善家，在纽约经营库恩·洛布公司的董事长，同时他也是美国希伯来救济会的会长。曾经以巨额贷款资助日本政府击败沙皇俄国，赢得日俄战争。

[2] 基希讷乌（Kishinev）是东欧国家摩尔多瓦的首都及最大城市，也是该国的工业与商业中心，坐落在比克河上。19世纪时，由于俄罗斯与波兰等地日趋激烈的反犹主义，许多犹太人陆续迁居至基希讷乌，导致1900年的人口统计中，该市有高达43%的人口是犹太族裔。基希讷乌曾在1903年4月6—7日，和1905年10月19—20日发生两场大型的反犹骚乱事件，中称"基希讷乌反犹骚乱"。在这两场反犹暴动中，600多名犹太人在事件中死伤，有1500家住屋和商店被掠夺和毁坏，损失达数百万美元，导致隔年大批居住在东欧地区的犹太人移民至西欧或美国。

世界关注，产生了重大影响。日本人坦言，没有希夫的帮助，日本不会取得对俄作战的胜利。希夫成了日本的英雄，日本的报纸连篇累牍地颂扬他在日本取胜过程中所起的作用，甚至历史书上增加了整整一章来叙述他。明治天皇破例在皇宫邀请希夫共进晚餐并授予旭日勋章，其成为第一个获此殊荣的外国人。正是借希夫之助，日本为自己取得了新资源，并大大提高了在世界上的地位。此后日本政府深信犹太人在全世界拥有巨大的势力，甚至控制世界，这一思路后来发展成为"河豚计划"。

虽然此时日本人所能接触到的犹太人数量还极少，还远没有使日本人能够形成对犹太人的完整印象和看法，或者说对日本的决策者产生影响的程度，但是对犹太人能力还是有了一个初步认识。[①]

日本第二次向犹太人示好是对《贝尔福宣言》的善意表态。1917年11月，英国外务大臣亚瑟·贝尔福通过致函罗斯柴尔德勋爵（Lord Lionel Walter Rothschild）的形式发表关于英国对巴勒斯坦的政策宣言，称为《贝尔福宣言》。该宣言宣称支持犹太复国主义者在巴勒斯坦建立犹太民族之家，条件是不伤害当地已有民族的权利。虽然日本政府还没有形成对犹太人的政策，但在外交方面已经表示出对有关犹太民族问题的关注，并且对犹太复国主义持同情的态度。

《贝尔福宣言》发表后，犹太复国主义者积极寻求各国的支持。上海犹太复国主义协会会长埃利·嘉道理（Sir Elly Kadoorie）于1918年7月以度假为名来到日本。其间，嘉道理尽力去争取日本政府对《贝尔福宣言》的支持，但是日本政府对此问题没有明确答复。日本政府在1920年4月召开的土耳其和谈会议上，第一次对有关犹太人问题明确表态，宣称支持犹太复国主义运动。同年11月，内田康哉外相向法国驻日本大使馆递交了对《贝尔福宣言》正式承认的

---

① 周万鹏：《试论战时日本对犹太人的政策》，第8页。

书简。① 当时上海最有影响的一份英文报纸《字林西报》(North China Herald) 1919年1月25日刊登了《犹太民族运动》一文,报道了日本政府对犹太复国主义的支持。"上海犹太复国主义协会"高度评价日本政府,尤其是内田康哉外相对犹太复国主义的贡献,决定将他的名字记录在犹太民族基金(Jewish National Fund)的金书(Gold Book)中以表达尊敬之意和纪念他的功绩。这样一来,内田外相成为第一个被载入金书的日本人,② 其功绩被犹太人广为颂扬。

## 二 "河豚计划"出台背景与哈尔滨"马迭尔宾馆绑架案"

日本人的反犹思潮来源于出兵西伯利亚。1918年日本出兵西伯利亚与白俄军队共同对付苏联红军,开始接触反犹思潮并受此影响。就是在西伯利亚,一些日本军人如安江仙弘、犬塚惟重、樋口季一郎等受到白俄军队中强烈的反犹主义的影响,而且他们也第一次接触由俄国秘密警察编造处理的、恶毒的反犹书籍《锡安长老会纪要》③,并接受了这本小册子的结论,即犹太领袖召开秘密会议,图谋夺取整个世界。白俄军队中的反犹思想对日本军人产生重要影响,这其中包括后来成为日本政府对犹政策制定者的"犹太问题专家"。

日本出兵西伯利亚,共投入10万军队,花费9亿日元的战费,

---

① 丸山直起:「バルフォア宣言と日本」,『一橋論叢』第90卷第1号,1983年,第86页。
② 载入犹太民族基金的"金书"中的日本人共有四名,分别是内田康哉、樋口季一郎、安江仙弘、手岛郁郎。
③ 《锡安长老会纪要》(The Protocols of the Elders of Zion,以下简称为《纪要》,又称《犹太人议定书》)是1903年在沙俄首度出版的一本反犹太主题的小册子,原始语言为俄语,作者不详,其内容为描述所谓"犹太人征服世界"阴谋的具体计划。随着十月革命中大量俄国贵族阶层出逃,该书也随之流传到西方。十月革命之被解释为《纪要》中"犹太人阴谋"的一部分。在20世纪上半叶席卷欧洲的纳粹灭犹浪潮中,该书被希特勒要求进入德国课本并广为流传,至今仍是各种阴谋论原始来源。学者们一般相信这些文字是俄罗斯帝国秘密警察组织奥克瑞那在19世纪90年代末或20世纪初虚构出来的。这本《犹太人议定书》被广泛认为是现代阴谋文学的开端。

三千人阵亡却无任何战绩，不得不于 1922 年撤兵。这一年安江仙弘①和犬塚惟重②回到了日本。犬塚惟重回国后开始在东京海军司令部聚集一些受到反犹思想影响的官员共同讨论和研究"犹太人的阴谋"。而安江仙弘则在陆军情报局开始将《锡安长老会纪要》译成日文。几年之后，这些被称为"犹太问题专家"的军人派越来越庞大和公开，他们开始在各种杂志上发表关于犹太人的文章。此外，又陆续出现了一些非正式的讲座和论坛。日本的犹太问题专家们完全相信《锡安长老会纪要》中的概念和记载，认为犹太人是秘密主张世界革命的中坚人物，认为日俄战争时期筹款给日本的美国犹太富商雅各布·希夫利用其名望、巨额财富和权势，参与各种国际事件和组织。事实上，雅各布·希夫确实在 1912 年托马斯·伍德罗·威尔逊（Thomas Woodrow Wilson）的美国总统选举中扮演重要角色，他也曾经数次直接与伍德罗·威尔逊和狄奥多·罗斯福（Theodore Roosevelt）两位总统交谈，也与英国国王爱德华七世和日本明治天皇进行个人会面。他和罗斯柴尔德家族（Rothschild Family）、沃伯格家族（Warburgs Family）③、奥本海默家族（Oppenheimer Family）④等一起，被指为用神秘的阴谋控制世界经济和各国政府的几个关键人物。雅各布·希夫成为各种阴谋论现成的目标，日本的犹太问题专家受《纪要》影响，观点带有充满敌意的反犹太主义色彩。

---

① 安江仙弘，（1886—1950）是日本的"犹太专家"，同时他又是一位俄语专家，被派到格里高利·谢米诺夫（Gregorii Semenov）将军的参谋部，这位将军是一位激烈的反犹主义分子，将《犹太人议定书》连同武器和口粮一同散发给所有军队。安江仙弘和其他一些日本士兵，阅读并且接受了《锡安长老会纪要》的观点，以此指导他在第二次世界大战开始时的许多观点与行动。

② 犬塚惟重（1890—1965）是大日本帝国海军军人、犹太问题专家。第一次世界大战时在地中海度过，远征西伯利亚时驻守在距海参崴（今符拉迪沃斯托克）不远的战舰上。1936 年在国际政经学会发行的《国际秘密力研究》上以宇都宫希洋的笔名执笔，以反犹色彩的论文、评论为主。从 1939 年 3 月到 1942 年 4 月止，指挥日本海军的犹太人问题机关"犬塚机关"。

③ 沃伯格家族是一个著名的德国犹太人后裔的美国银行家族。沃伯格家族源于一个来自威尼斯的犹太银行家族，此家族为 16 世纪最富有的威尼斯家族之一。

④ 奥本海默家族是一个财富传承超过三代的家族，这一家族曾一度垄断世界钻石市场 90% 的份额。

1927年外务省向陆军借调安江仙弘，并派他和酒井胜军①去中东调查巴勒斯坦的犹太人，并与犹太人领袖哈伊姆·魏茨曼（Chaim Azriel Weizmann）和大卫-本-古理昂（David Ben-Gurion）等交谈。安江饶有兴趣地关注到基布兹，②并且深信犹太人以后会用这一形式在他们所征服的国家殖民。外务省情报部门还向世界各地的每一个大使馆和领事馆发出备忘录，要求得到全球犹太人和犹太社区活动的情报，而且要连续不断的报告。

　　1929年爆发的世界经济大危机以及随之而来的世界性大萧条的打击，促使日本政府决策者希望通过占领中国东北来解决国内土地不足、人口过剩等严重问题。中国东北并未像当初关东军设想的那样吸引大批的日本移民，任何劝诱都不能说服日本的过剩人口迁移到中国东北。广阔的中国东北储备着大量的煤、铁、木材等原料，但要获得这些宝贵原料需要投入大量资金开采。关东军认为建设"满洲国"需要有经验的犹太人企业家和技术人员来定居，帮助日本在那里建立工业和基础设施，从而建立一个安全的缓冲区以抵制苏联的威胁。在大萧条的年代中，日本缺乏资金，他们想方设法吸引外资，特别是来自美国的投资。但随着1931年关东军单独行动，占领了60多万平方公里的中国东北地区，并于1932年建立"满洲国"，美国与日本的外交关系日益紧张。日本寻求改善它在世界上的负面形象，以改变西方各国特别是美国外交政策。

　　日本利用犹太人还有一个有力的外部环境，欧洲正兴起一股愈演愈烈的反犹浪潮。1933年1月希特勒担任德国总理，到了10月就开始禁止犹太人在德国政府机关、专门机构以及社会、文化、教育机构中任职。在这种情况下，犹太人的处境日益艰难，大批有知识、有技术、有资金的犹太人被迫背井离乡，而肯接纳犹太人的国家并

---

① 酒井胜军（1874—1940），基督教传道人、"日犹同祖论"倡导者、神秘主义者（occultism），发现了日本的金字塔。1918年作为俄语翻译从军去了西伯利亚，在那里接触了《锡安长老会纪要》。

② 基布兹（Kibbutz）：希伯来语意为"聚集"，是以色列的一种常见的集体社区体制，传统上以务农为主，现在则历经转型，兼做工业和高科技产业。

不多。这就为日本制订吸引和利用犹太人的计划提供了有利条件。

促成犹太问题专家和关东军"满洲派"① 联合起来的并非政府官员，也非军人，而是钢铁商人鲇川义介。② 他是第二次世界大战前日本的主要企业家之一，曾在美国学到制铁的先进技术，回到日本后建立了一个庞大的日产企业。鲇川对犹太人有很深的了解和很高的评价，而且他在美国时与犹太钢铁商人也有过交往。1934年鲇川义介发表《关于五万德国犹太人的满洲移住计划》，主张把五万德国犹太人吸引到"满洲国"，同时吸纳犹太系美国资本以此促进中国东北开发，作为防御苏联的屏障。③ 他认为如果能把犹太人从欧洲吸引过来，他们会提供创造性的能量、工业技术等。这样，中国东北的潜力就能得到发挥。如果犹太人在中国东北建立了移民点，那在世界金融中占有重要地位的英美犹太人自然会有兴趣投资。他还指出，在幕后秘密操纵美国政府的犹太人，为了保护他们的宗教信仰者的利益，就会停止对日本侵略行为的大肆攻击，也不会使日本再受到"抵制日货"的威胁。他的这一构想得到陆军大佐安江仙弘、海军大佐犬塚惟重等犹太问题专家和关东军"满洲派"的支持。

"河豚计划"的推出，与1933年8月发生的震惊海内外的哈尔滨"马迭尔宾馆绑架案"（又称"卡斯普事件"）有着直接的联系。马迭尔宾馆老板约瑟夫·卡斯普④的长子西蒙·卡斯普是一位高水平的钢琴家，同他的母亲和弟弟住在巴黎，1933年从巴黎音乐学校毕业。西蒙一毕业他的父亲就让他回哈尔滨，事先为他安排了巡回演出。就在赴大连演出前的8月24日他遭到绑架，绑匪索要30万日

---

① "满洲派"以关东军两名军官为首：一个是板垣征四郎，另一个是石原莞尔。1931年，两人说服了他们的上司，认为控制中国东北对于挽救日本至关重要。

② 鲇川义介（1880—1967），日本实业家、政治家。历任"满洲"重工业开发株式会社总裁、贵族院议员、帝国石油株式会社社长、石油资源开发株式会社社长、参议院议员等职。他还兼任"满洲国"顾问、贵族院敕选议员、内阁顾问。鲇川义介与岸信介（总务厅次长）、松冈洋右（满铁总裁）三人被称为"满洲三角同盟"。

③ 周万鹏：《试论战时日本对犹太人的政策》，第18页。

④ 约瑟夫·卡斯普1903年以俄国流亡者身份来到哈尔滨定居，拥有马迭尔公司旗下的几个大公司，包括帕拉斯公司、东方电影院和声名显赫的马迭尔宾馆。

元，而马迭尔老板约瑟夫·卡斯普坚决拒绝支付。一个月后，西蒙·卡斯普的耳朵被割下来送给老卡斯普。1933年12月，在被绑架95天后，警方宣布找到了西蒙·卡斯普的尸体。他受尽饥饿、拷打和酷刑。这位钢琴家手指上的指甲已被拔掉，双耳都被割去。数万人参加了他的葬礼，以此表达对哈尔滨当局的不满。

哈尔滨犹太人社区向日本总领事馆抗议，指责俄国法西斯党迫害和绑架哈尔滨犹太人。上海犹太刊物《以色列信使报》主编埃兹拉就这一事件给日本外务省次官重光葵致信："卡斯普事件是白俄输入欧洲反犹思想煽动的结果。白俄的《我们的道路》是野蛮反犹的，它将犹太人等同于共产主义，并责难犹太人是杀死沙皇的凶手。"[1] 1934年8月，重光葵向埃兹拉保证禁止在哈尔滨开展非法的反犹煽动活动，但仅是口头承诺。1933年的"卡斯普事件"不仅影响了哈尔滨，而且也影响了整个世界。

从1933年到1936年，由白俄流民于1931年5月成立的有着明确反犹倾向的"俄国法西斯党"勒索高额赎金的绑架屡见不鲜，日本人常与他们合作，[2] 或者是作为日本警方默认他们的活动。万斯白（Amleto Vespa）[3] 还提供了一些西蒙·卡斯普绑架事件和其他一些类似事件的细节，并提供了一个很长的名单。名单中的人包括犹太人、中国人以及其他国家的人，遭绑架的12人中有8名犹太人。几起绑架都要求高额的赎金，但是卡斯普绑架案索要的赎金最多。[4]

---

[1] 王志军、李薇：《20世纪上半期哈尔滨犹太人的宗教生活与政治生活》，第213页。
[2] 1932年日本占领哈尔滨后，为了将分散的白俄团体组织成一个能够为其反苏效力的统一体，他们利用俄国法西斯党党首罗扎耶夫的亲日将该党培植成反苏工具。俄国法西斯党也就成为日本人在白俄事务局之外支持的又一个团体。1932—1936年采取放任、纵容的态度，而1936年以后开始限制和打击，直到1940年年初采取取缔措施。
[3] 万斯白（Amleto Vespa，1884—1941）为20世纪20—30年代著名的国际间谍。原籍意大利，后来入籍中国，曾经参加多次战争，为多国间谍机关效力。第一次世界大战期间在哈尔滨为协约国情报机关工作，后来又成为张作霖对付白俄的得力干将。1931年后被日本特务机关胁迫，专门替关东军收集苏联情报。他在1938年出版《日本在华的间谍活动》一书，向世界揭露日本残忍的战争暴行和在"满洲国"的法西斯统治。
[4] ［以］丹·本－卡南：《卡斯普事件：1932—1945年发生在哈尔滨的文化与种族冲突》，尹铁超、孙晗译，黑龙江人民出版社2009年版，第371页。

日本警察当局实际上是有能力通过调查，弄清"卡斯普事件"到底是有组织犯罪还是俄国法西斯党的流氓行为，并向国际社会展示"满洲国"是一个对破坏公共秩序的犯罪分子坚决予以惩罚的法治区域，很可惜最后却给人留下"满洲国"的整个法律体系纯粹是用来给人作秀的印象。在整个调查过程中，日本控制的媒体不停地刊登反犹的文章，还把犯罪分子描绘成俄国的爱国人士，案件一直拖到1937年宣判，绑匪全部无罪释放免遭惩罚。

20世纪20年代中期，超过13000名的俄裔犹太人居住在哈尔滨及其周边地区。这个相对来讲的"天堂"随着日本占领中国东北突然消失了。犹太人的生意被别人侵占，犹太人遭到敲诈勒索、绑架和其他形式的恐吓。受"卡斯普事件"影响，感到人身安全受到威胁的几千名犹太人离开了哈尔滨。有的到上海的公共租界，有的到中国其他城市。到30年代中期，差不多有70%的哈尔滨犹太人离开了那里。

"卡斯普事件"引起日本政府的高度重视。为此，外务省于1934年年初设置"回教及犹太问题研究会"，专门指导和处理与犹太人有关的问题。"河豚计划"的策划者明白，要顺利实施"河豚计划"，必须重新将哈尔滨乃至中国东北变为犹太人的天堂。负责此事的是安江仙弘，他多次拜访哈尔滨犹太人社区，与亚伯拉罕·考夫曼[①]建立友谊。考夫曼抓住这个机会与日本人合作，为那些逃难来到哈尔滨的犹太人争取生存空间。

## 三 "河豚计划"产生的经过、影响

1937年，哈尔滨犹太人社区组成以考夫曼为首的"远东犹太民族协议会"，其目的是促进该地区加强日本统治下对犹太人实行保

---

① 亚伯拉罕·考夫曼（Abraham Josevich Kaufman，1885—1971），哈尔滨著名医生、哈尔滨犹太宗教公会领袖、哈尔滨犹太复国主义和远东地区犹太复国主义组织最重要的领导人之一。

护。1937年12月至1939年12月,在哈尔滨召开了三次远东犹太民族大会。第一次大会出席者有700多名犹太人代表及观察员,关东军派遣"犹太通"陆军大佐安江仙弘和哈尔滨陆军特务机关长樋口季一郎①参加此会。樋口季一郎在会上发表的祝词中抨击了纳粹德国的反犹政策,并指出:"日本人没有种族偏见,日本人民珍视它同犹太人民的友谊,日本正准备和犹太人民合作……保持密切关系。"②随即,德国外交部长对樋口季一郎的发言表示强烈抗议,但是关东军参谋长东条英机采取无视的做法,最后也不了了之。考夫曼还以大会的名义向纽约美国犹太人会议、伦敦犹太代表协议会、日内瓦世界犹太会议等世界各地犹太组织发送电文。连续三年举办的"远东犹太民族大会"成为日本向欧美宣传"日满人种平等政策"的范本,并标榜日本和"满洲国"的善意和真诚对待,才得以让颠沛流离的犹太人在"满洲国"的土地上"安居乐业"。

日本外务省一方面设置"回教及犹太问题研究会",专门指导和处理与犹太人有关问题;另一方面建立了比较倾向于反犹的"国际政经学会"③。这个学会是理论研究犹太问题的外务省外廓机构,还得到驻日德国大使馆的资助。"国际政经学会"出版月刊《犹太研究》和不定期刊物《国际秘密力的研究》。④"国际政经学会"有组织地进行反犹政治宣传,认为日本在国际上日益孤立,

---

① 樋口季一郎(1888—1970),日本陆军中将,参加1919年西伯利亚出兵。1920年担任哈巴罗夫斯克特务机关长,1937年8月,出任哈尔滨特务机关长。
② 何立波:《日本推行"河豚计划"始末》,第44页。
③ "国际政经学会"成立于1935年,它的学会成员有增田正雄、四天王延孝(陆军中将)、赤池浓(贵族院议员)、上原虎重(《每日新闻》主笔)、白鸟敏夫(外交官)等。
④ 国際政経学会編:『国際秘密力の研究』(1—6冊),東京:国際政経学会,1936年;宇都宮希洋:「支那幣制改革の隠れたる指導勢力」,『国際秘密力の研究』第1冊;宇都宮希洋:「支那を第一線とする抗日経済戦の進展」,『国際秘密力の研究』第2冊;犬塚惟重:「支那経済制覇を完成しつつある国際猶太財閥の活躍」;犬塚惟重:「支那事変をめぐるユダヤ民族の動向」;宇都宮希洋:「国際猶太財閥の支那経済制覇まさに完成せんとす」;宇都宮希洋:「猶太勢力の動向より見たる北支問題の予想」;赤池濃:「支那経済制覇に躍る上海猶太要人銘々伝」,『国際秘密力の研究』第3冊;宇都宮希洋:「支那事変は猶太問題を暴露す」,『国際秘密力の研究』第4冊;宇都宮希洋:「世界的反猶運動激化に対決する猶太の国際的策動」,『国際秘密力の研究』第5冊。

源于西方有意阻止日本的发展,而幕后黑手就是犹太人。

从以上论述可知,日本政府利用军方、外务省、民间等多层次积极搜集犹太人的各种资料,主要出于军事和外交目的。欧洲反犹主义是把犹太人看成出卖耶稣的魔鬼,试图通过排犹来解决犹太人问题。日本则单纯是想利用犹太人的财富和技能来为日本殖民统治服务。①

具有讽刺意味的是,在研究犹太人问题的专家中,还出现了像佐伯好郎②、小谷部全一郎③、川守田英二④等亲犹人士。他们提出日本人和犹太人拥有同一祖先的"日犹同祖论"⑤,认为日本文化与犹太文化同源,日本人是公元前8世纪犹太历史上失踪的10个部落中的某一个的后裔。

1937年11月日本占领上海,这给了"河豚计划"的策划者极大鼓舞。上海聚居着4700多名塞法迪犹太人(Sefardí)⑥,其中有许多富有和有权力的家族和个人,如哈同家族(Hardoon Family)、沙逊家族(Sassoon Family)、亚伯拉罕家族(Abrahams)、嘉道理家族(Kadoorie Family)等,上海金融交易所主席和99家会员中三分之一以上都是塞法迪犹太人。日本占领上海后,"河豚计划"不仅包括哈尔滨,而且扩展到上海,其重心离开了关东军控制的中国东北,甚至犹太人会议也不再在大连或哈尔滨举行,基本移到了上海。

---

① [以]丹·本-卡南:《卡斯普事件:1932—1945年发生在哈尔滨的文化与种族冲突》,第400页。

② 佐伯好郎(1871—1965),日本的宗教与法律学者,著名的国际景教研究者,有"景教博士"之称。他通过考证景教碑文认为,日本人就是犹太人失散的十个部落之一。

③ 小谷部全一郎(1868—1941),牧师、北海道阿伊努族研究专家,而且是"日犹同祖论"的主张者。

④ 川守田英二(1891—1960),美国日本人教会牧师,作为希伯来语诗篇的研究家而闻名,他的著作《日本希伯来诗歌的研究》被作为"日犹同祖论"的根据。

⑤ "日犹同祖论"是日本人与犹太人同一来源的理论。主要根据是古代以色列十二支派中失去踪迹的以色列十支派,在北国以色列被亚述摧毁以后,便消失于《圣经》的记载。他们主张消失的支派渡来日本,成为日本民族之一。

⑥ 塞法迪一词意思为"西班牙的",指在15世纪从伊比利亚半岛被驱逐出来的犹太人,后来泛指从地中海沿岸,特别是西亚、北非移居世界各地的犹太人。因此,他们有时也被称为东方犹太人,占犹太人总数大约20%。

犬塚惟重在1938年7月的演说中谈及犹太人的经济力和政治影响力时，不忘提醒参会的日本人，接纳犹太人对于日本来说非常有利，但是稍有不慎就会变成毁灭的导火索。他把犹太人的两面性比喻为鲜美但含有剧毒的河豚（Fugu）。烹调得好就可以大饱口福，稍有闪失就将丧命。只有参与策划的几个日本人了解"河豚计划"的内情，日本对外只宣称愿意接纳欧洲逃难犹太人来"满洲国"和上海，为他们设立定居点，以彰显日本人道主义关怀之温情。

1938年11月，德国发生"水晶之夜事件"[1]，犹太人被迫大量逃亡，其中2万人来到远东地区，绝大多数到达上海。犹太难民问题已成为重大的国际问题，而且大量犹太难民选择远东作为避难所，日本政府感到有必要对犹太问题出台统一政策。[2] 于是，在同年的12月，近卫文磨内阁召开五相会议（首相、藏相、外相、陆相、海相）讨论犹太人政策和犹太专家提出的"河豚计划"。这次会议是应陆军大臣板垣征四郎的要求召集的，参加会议的五大臣分别是首相近卫文磨、外相有田八郎、通产大臣池田成彬、陆军大臣板垣征四郎、海军大臣米内光政。五位大臣意见并非一致，他们争论的焦点包括是否应该与犹太人合作，定居点应该设在哈尔滨还是上海（前者是陆军的地盘，后者是海军的地盘），还有如何处理与德国、美国的微妙关系等。

大臣们面临两难选择。一方面，日本与纳粹德国结盟，任何帮助犹太人的做法都会危及这一同盟关系；另一方面，1938年11月德国爆发"水晶之夜"事件后，美国犹太人率先对德国产品发起了抵制运动，显示了犹太人的经济实力和团结一致，给日本留下了极为深刻的印象。如果日本希望得到犹太人的好感，这是一个绝佳的机会。因为许多犹太人逃离欧洲，正在寻找避难的去处。经过漫长的

---

[1] "水晶之夜"事件指1938年11月9日至10日夜晚，纳粹党徒在德国各地对犹太人发动大规模迫害。成百上千的犹太教堂与犹太人商店惨遭破坏，破碎的玻璃铺满大街，在月光下映射出凄凉的光芒，"水晶之夜"由此得名。

[2] 周万鹏：《试论战时日本对犹太人的政策》，第21页。

讨价还价，内阁最终达成一致意见，推出称为《犹太人对策纲要》的对犹太人政策，并批准实施"河豚计划"。

《犹太人对策纲要》包括如下内容："保持与德、意两国的亲善关系是目前帝国外交的核心，我们不能公开欢迎犹太人，因为他们被我们的盟邦所排斥，但是如果采取同德国一样的极端态度，又与帝国多年来主张的人种平等之精神不一致。现在帝国面临战争局势，尤其是经济建设需要引入资金，不能与美国的关系恶化。一、对现在居住在日本、'满洲'、中国的犹太人，采取对其他国家人民同样的公正对待政策；二、对于新来的犹太人，按照一般外国人入境规则公正处置；三、避免招致大量犹太人的到来，但是资本家和技术人员等有利用价值的人等不受限制。"[1]

从《犹太人对策纲要》内容来看，日本对犹太人政策不是出于单纯的人道主义考虑，而是在日美关系日益恶化的背景下，出于改善日美关系的现实利益的目的。与此同时，在中日战争进入胶着状态之下，日本迫切需要犹太人的资金来开发中国东北，这些因素最终促成了"河豚计划"的出台。

陆军大佐安江仙弘和海军大佐犬塚惟重以及上海总领事石黑四郎负责制定详细方案。于是他们在1939年6月和7月推出了两个具体实施方案，即《关于利用在中国握有实权的犹太人促成美国的远东外交政策和舆论向对日友好方向转变的具体措施》和《关于引入犹太资金的研究和分析》。[2] 这些文件不仅包括吸收上海富裕犹太人的手段，而且有影响美国公众舆论和好莱坞影视圈的方法，因为他们相信犹太人强烈影响着这两个领域。具体方法有：派遣代表团前往美国，向美国的犹太教拉比[3]介绍犹太教与神

---

[1] 関根真保：『日本占領下の上海ユダヤ人ゲットー』，京都：昭和堂2010年版，第29页。

[2] [美] 马文·托克耶、玛丽·斯沃茨：《河豚鱼计划——第二次世界大战期间日本人与犹太人的秘密交往史》，龚方震、张乐天、卢海生译，第50页。

[3] 拉比，是犹太人的特别阶层，主要为有学问的学者，是老师，也是智者的象征。拉比的社会功能广泛，在宗教中担当重要角色，为许多犹太教仪式的主持。

道教的类似之处，并将这些拉比带到日本，向日本人介绍犹太人和犹太教。

报告的核心还是围绕建立犹太难民居留地问题展开，地点包括中国东北各地和上海。这些计划允许犹太移民的人数从1.8万人增加到60万人，还包括居留地土地规模的详细资料，以及学校、医院等设施的安排。"河豚计划"承认犹太人居留地将享有完全的宗教自由，以及文化和教育实行自治。官员们直言不讳地讲居留地表面上实行自治，但同时必须将犹太人置于密切监视与控制之下。他们害怕犹太人如同《锡安长老会纪要》所描述的那样，会逐渐进入日本的主流政界和经济界甚至控制整个日本。

为了推展"河豚计划"，犬塚惟重与欧洲犹太人社区建立起联系，到1939年初显成效。由日本人、中国人、欧洲犹太人和塞法迪犹太人共同筹资的太平洋贸易公司成立。这个公司成立的象征意义远大于经济意义，它公开表明日本人与犹太人开始合作。犹太问题专家还希望通过建立与美国犹太人社区的联系，改善日美日益紧张的关系。1940年年初，日本通过田村光三联系到美国犹太人大会（American Jewish Congress）主席斯蒂芬·怀斯（Stephen Wise）。[1] 由于怀斯与威尔逊和罗斯福都是密友，日本政府相信他对美国政府的决策有相当影响。怀斯还是犹太教改革派和犹太复国主义的主要发言人之一，他积极从事救助世界各地犹太人活动，同时他也激烈反对日本。[2] 他与田村光三会面时，明确表示任何与日本合作的犹太人都是卖国分子，违反了美国对日本的道义禁运。

"河豚计划"的具体方案得到落实的很少，受到很多因素的干扰，最为重要的原因有以下几点。首先，美国的犹太人组织负责人怀斯非常强硬的反日态度，导致日本无法通过犹太人的影响力来缓和日美紧张关系。其次，这一时期外务省亲纳粹德国的倾向性更加

---

[1] 斯蒂芬·塞缪尔·怀斯（Stephen Samuel Wise，1874—1949），匈牙利裔的美国宗教领袖，激进的犹太复国主义者，是世界犹太人协会的创始人。
[2] 周万鹏：《试论战时日本对犹太人的政策》，第25页。

露骨，外务省在 1938 年 10 月 7 日，发布《关于犹太避难民入国之件》的外务大臣训令，宣布对犹太难民的接收进行限制。与此同时，由于上海犹太人难民的接收能力已经达到极限，所以 1939 年 8 月，上海犹太人也请求不要再允许犹太难民进入上海，日本不得不严格限制犹太难民进入上海。最后，纳粹德国向日本政府施压，对他们和犹太人的合作感到十分不满，这给日本政府造成很大困扰。如果按照德国的要求处置犹太人，日本本来已经十分孤立的国际环境将更加恶化，这是日本所不愿见到的。

## 四 1940 年日德结盟后的"河豚计划"

1940 年，东条英机上台担任陆军大臣后，实际掌控了日本军政大权。东条一上任便免去了安江仙弘的一切职务。与此同时，9 月日本正式与德国、意大利签订三国军事同盟。这些迹象表明，过去的亲犹政策已无法顺利进行。1941 年 6 月德国违反了《苏德互不侵犯条约》，对苏宣战，使得日本也成为苏联的敌人，因此结束了从符拉迪沃斯托克到敦贺的航线。12 月，日本袭击珍珠港之后，迅速夺取了上海租界，后又占领整个上海。随着日本同美国的交流中断，来自美国犹太人的金钱帮助甚至通信全部停止。富有的塞法迪犹太人，其中许多人是英国公民，被作为敌对国公民逮捕。对日本来说，犹太人便失去了利用价值。1942 年，日本外相东乡茂德宣布犹太人不再享有特权，这就意味着"河豚计划"的彻底失败。

1942 年 2 月，日本当局发布了《限制无国籍难民居住、营业的公告》，主要内容有：第一，除了特殊事由之外，禁止一切犹太人的渡来；第二，对其居住、营业严密监视的同时，对其敌对性行动排斥及镇压之；第三，禁止一切如犹太人民族运动的支援等。命令所有在 1937 年 1 月 1 日之后到达上海的无国籍难民，必须在两个月内转移到虹口区的指定地点。紧接着颁布的另一个命令要求所有同盟国公民都必须向日本当局上交他们住所的钥匙，并到平民战俘营报到。① 全上海大约有 20 个这种集中营，这些集中营被委婉地称作"平民集合中心"。日本帝国陆军和海军宣称，采取这一措施是出于"军事需要"。所有仍居住在"指定区域"外的难民都必须持有日本当局颁发的许可证，才能转售、购买或出租目前由无国籍难民居住或使用的房屋、商店或任何其他产业，这就意味着日本人可以以"军事需要"为由征用任何财产。这项命令看似针对的是"无国籍"难民，而非犹太难民，但事实上，绝大多数于 1937 年 1 月 1 日之后抵达上海的难民都是犹太人或者犹太人的配偶。

随着太平洋战争的爆发，航运业基本陷于瘫痪，依赖于进出口贸易的上海经济遭受致命打击，大部分公司破产倒闭，存活下来的也被日本接收。雪上加霜的是，1942 年 7 月，人称"华沙屠夫"的德国盖世太保首领约瑟夫·梅辛格（Josef Meisinger）上校从东京来到上海，他提出"上海最后解决方案"（"梅辛格计划"），要求日本当局清除上海犹太难民。也就是说，把希特勒的最终解决方案带到亚洲。当时盛行的传说是日本人正计划将犹太人装上驳船，然后将船沉入公海或者把他们送到附近的岛上饿死。日本对德国的灭绝犹太人的"梅辛格计划"进行了部分过滤，并没有全部屠杀，而是在上海建立"隔都"，把犹太人隔离在虹口两公里的狭小空间里，直到战争结束。

1945 年战局早已对日本不利，为了讨好美国以争取停战，日本人于是又重新提起"河豚计划"。日本政府特使中村海军大将与犹太医生卡尔·琼特曼（Karl Kindermann）交涉，希望他能说服美国犹太人社区对罗斯福政府施加影响，从而达到停战和谈的目的。作为回报，上海的 2 万犹太人将获准离开可怕的生存环境，迁往中国东北。琼特曼听到"满洲解决方案"后，立即同意设法相助。他写信给美国犹太人人会主席斯蒂芬·怀斯，向他介绍了再版的"河豚计划"。怀斯对此计划仍然表示坚决反对，并说："看到日本

---

① ［美］马文·托克耶、玛丽·斯沃茨：《河豚鱼计划——第二次世界大战期间日本人与犹太人的秘密交往史》，龚方震、张乐天、卢海生译，第 50 页。

人在其他国家所干的一切恶行，我的心在滴血。美国犹太人大会未得到国务院认可，不会与日本进行任何谈判。"[1] 日本政府的复活"河豚计划"的尝试也因为斯蒂芬·怀斯的坚决反对而告吹。

## 结　　语

在1904—1905年的日俄战争期间，美国犹太富商雅各布·希夫对日本的巨额贷款让日本最终赢得了这场看似不利于日本的战争，从而使日本对犹太人的能力有了最直观的认识。1908—1922年日本出兵西伯利亚期间，通过白俄接受了反犹思想。这两次历史事件都对20世纪30年代"河豚计划"的制定产生了深远影响。日本对河豚（比喻犹太人）的"既爱又怕"的复杂心情，也反映在日本政府对犹政策的摇摆不定上。日本人不像德国人那样要斩尽杀绝犹太人，而是认为犹太人虽然可恨但可利用的地方也不少。[2] "河豚计划"的策划者如陆军大佐安江仙弘、海军大佐犬塚惟重等犹太问题专家都有军方背景，而且他们在军中具有相当影响力。

为了"河豚计划"的制订、实施，从军队的犹太问题专家、大企业家（鲇川义介），直到政府的最高决策层耗费了大量的人力和精力。然而，"河豚计划"最终没有取得任何预期的效果，既没有引进欧美犹太人的资本，也没有改善日益恶化的日美关系。犹太人没有得到日本政府的大规模或正式的帮助。更让"河豚计划"的策划者感到失望的是，那些住在神户和上海的犹太人对日本经济几乎没有起到复兴和支持的作用。

虽然"河豚计划"作为日本的"对犹政策"是彻底失败了，但还是给日本留下了一些正面遗产，得到救助的犹太人战后向日本表达了

---

[1] ［美］马文·托克耶、玛丽·斯沃茨：《河豚鱼计划——第二次世界大战期间日本人与犹太人的秘密交往史》，龚方震、张乐天、卢海生译，第240—241页。

[2] 王志军、李薇：《20世纪上半期哈尔滨犹太人的宗教生活与政治生活》，第259页。

感激之情。1985 年，以色列政府授予杉原千亩①国际义人（Righteous Among the Nations）的荣誉。正是由于日本临时的亲犹政策以及杉原千亩的努力，使大约 24000 名犹太人得以逃脱欧洲大屠杀。此外，位于波兰的密尔经学院（Mir Yeshiva）②是世界上最大的犹太教经学院，它能够在欧洲犹太人大屠杀之后幸存下来，也是因为日本同意他们经日本逃到上海的缘故。对于旅居中国的犹太人而言，"河豚计划"在保存犹太人的生存权，并为犹太人在日本占领的"满洲国"争取生存空间方面起了作用。这也是为什么以考夫曼为首的哈尔滨犹太人社区参与其中，与日本人合作的原因。

"河豚计划"的实质是日本与美国的关系问题，是日本自相矛盾的外交政策的反映。马文·托克耶在他的纪实文学《河豚鱼计划——第二次世界大战期间日本人与犹太人的秘密交往史》中尖锐地指出了这一计划的致命缺陷："日本人大大误解了作为整体的犹太民族的本质，误解了有关犹太人在西方世界作为经济因素和政策设计者的重要性。"③正因为"河豚计划"是建立在日本对犹太人的上述错误判断之上，所以只能说是"非理性"和一厢情愿式的。

（原载《外国问题研究》2019 年第 4 期）

---

① 杉原千亩（1900—1986），日本外交官，第二次世界大战期间，曾任日本驻立陶宛代领事，其间大量发出过境签证给逃避纳粹德国的犹太人，有"日本的辛德勒"之称。
② 密尔经学院（Mir Yeshiva）是一个犹太教正统派经学院。在第二次世界大战期间，密尔经学院历经数次搬迁，包括日本神户和中国上海。1940 年秋天，密尔经学院全校师生经过西伯利亚铁路到达太平洋港口符拉迪沃斯托克，然后乘船到达日本敦贺市。1941 年 3 月，学院在日本神户重新开学。1941 年夏天 300 人的学生和老师乘坐"浅间号"日本船来到上海，在虹口区阿哈龙犹太会堂生活和学习一直到 1947 年。
③ ［美］马文·托克耶、玛丽·斯沃茨：《河豚鱼计划——第二次世界大战期间日本人与犹太人的秘密交往史》，龚方震、张乐天、卢海生译，第 2 页。

# 从世界反法西斯战争的视角论中国人民抗日战争

汤重南

第二次世界大战的战火硝烟，早已消散；那段战争岁月，也已远去。而世界人民却记忆犹新，难以忘怀，并且在不断地进行着日益深刻的思考。

2015年5月8日和9月2日，是德国、日本战败，签署无条件投降书70周年纪念日。由德、日、意法西斯"轴心国"发动的第二次世界大战，是全人类和世界文明所遭受的旷古未有的大浩劫。这场战争，是人类有史以来规模最大、卷入军民人数最多、人员损失最惨重、物资财产损失最严重、强度最烈的战争。德、日、意法西斯对外进行疯狂的侵略扩张，妄图通过战争称霸全世界，奴役、统治全人类，从而成为世界各国、各民族的人类公敌。因此，第二次世界大战从开始就是一场由德、日、意法西斯发动的反和平、反人类、反文明、反民主的侵略战争。

而被侵略和受威胁的国家和民族，面对法西斯致命的毁灭性的战争和威胁，面临着生死存亡的抉择，以中、美、英、苏、法等国为代表的国家和民族，尽管其社会制度、意识形态、内外政策差异巨大，但有一个共同的目标，就是维护和保卫和平，维护和保持人类的生存和尊严，反对德、日、意法西斯的侵略。为此，结成了世界大同盟。所以，对世界人民来说，第二次世界大战从一开始又是一场正义的、伟大的世界反法西斯战争。

1945年，经过世界人民长年的共同浴血奋战，第二次世界大战以法西斯"轴心国"的败亡投降和反法西斯盟国的最后胜利宣告结束。准确、科学地把握历史真实,本文在惊叹第二次世界大战这场空前浩劫之时,拟尽力还原中国人民抗日战争与世界反法西斯战争的息息相关、相互支援的互动关系,从世界人民反法西斯的视角审视中国人民抗日战争,对中国抗日战争进行应有的准确定位,彰显中国抗日战争对世界反法西斯战争的伟大贡献,以作纪念。

## 一 伟大胜利的重要意义

在正义的、反侵略的反法西斯战争中,遭受侵略的世界各国共同经历了空前的惨祸和浩劫,作出了惨重的流血牺牲和付出了巨大而沉重的代价,经过长达14年(中国)、9年(埃塞俄比亚)、6年(英法等西欧国家)、4年(苏联、美国以及东南亚、太平洋等国家)长期艰苦卓绝的奋战,终于赢得了世界反法西斯战争的最后胜利。

恩格斯有句充满哲理的话:"没有哪一次巨大的历史灾难不是以历史的进步为补偿的。"[①] 第二次世界大战的确是人类史上的一次巨大和空前的浩劫和灾难。但也正是这场战争,深刻教育了人们。法西斯的凶残,从反面动员了世界各国人民,迫使一切热爱和平、民主和进步的人们团结奋起,投入世界反法西斯战争中,经过艰苦的英勇奋战,最终赢得了战争,赢得了和平、进步和发展。[②]

世界反法西斯战争的胜利,在人类历史上的意义、作用和影响,亦最为巨大、广泛而深远,应该给予充分的肯定和高度的评价。毛泽东在70多年前就曾经警告说:"对于第二次世界大战的胜利的意义估计不足,将是一个极大的错误。"[③] 中国人民抗日战争的胜利,是从1840年中英鸦片战争以来的100多年中,中国备受列强侵略欺凌,屡遭挫折和失败后,第一次彻底战胜日本侵略者,取得完全的

---

[①] 《致尼·弗·丹尼尔逊的信》,《马克思恩格斯全集》第39卷,人民出版社1974年版,第149页。

[②] 《毛泽东选集》第4卷,人民出版社1967年版,第932页。

[③] 《毛泽东选集》第4卷,第1250页。

最为辉煌的伟大胜利。中国人民抗日战争及其胜利也彻底改变了中国历史发展的进程。正因为中国全民族持久抗击日本法西斯，才在1943年"开罗会议"上取得了世界抗击法西斯四大国（中、美、英、苏）的地位，也是从1943年起，英美及其他国家与中国签订新条约，宣布放弃治外法权等特权，废除了不平等条约，使中国摆脱了半殖民地的地位，中国迎来了独立。抗日战争及其胜利，加速了中国的现代化进程，特别是战后中华人民共和国的诞生，使中国走上了独立解放，建设繁荣富强的社会主义现代化国家的康庄大道。总之，中国抗日战争的胜利，使中国社会取得了巨大进步，开始了中华民族的伟大觉醒与复兴，而这一切，又极大地推动了战后世界性的社会进步。"战后时期，人类社会在政治上的进步、国际关系方面的稳定、社会经济的飞跃发展和科学技术的日新月异等等，构成了战后世界性社会进步，而这种进步是与二次大战的胜利密切相关的。"①

中国人民抗日战争暨世界人民反法西斯战争胜利的伟大意义，怎么估计都不过分。今天，我们纪念抗日战争胜利70周年之时，更深感毛泽东"警告"的正确；重温恩格斯的话语，更备感真切。这里仅就最主要的意义，归纳概括为简单的九点。

第一，这场战争的胜利，宣告了德、日、意"轴心国"的败亡和无条件投降，标志着反人类、反和平、反民主的法西斯的覆灭；昭示了正义战胜邪恶、文明战胜野蛮、进步战胜反动、光明战胜黑暗的必然和法西斯必败、人民必胜的真理。

第二，反法西斯战争的胜利，是20世纪世界历史的重大转折的标志。它结束了世界性的战争和动荡的旧时期，世界开始进入和平与发展的新时代。这次战争的空前规模和残酷程度已将人类武力推向极致，核武器及高科技生化武器已达到可以摧毁地球、毁灭全人类及一切文明成果的惊人破坏力的极限，迫使一切国家和民族及

---

① 胡德坤、罗志刚：《第二次世界大战与战后世界性社会进步》，湖北人民出版社1993年版，第1页。

有识之士认真思考战争与和平、人类生死存亡的问题，从而促使制约和控制世界性战争爆发的因素迅速增长并逐步上升至主导地位，和平与发展迅速发展成为时代的主题和潮流。纵观战后 70 年的风云变幻，我们应该进一步肯定地说：第二次世界大战的胜利结束，宣告了人类世界性大战时代的终结，全球性和平发展时代的开始和到来。

第三，苏联在反法西斯战争中的中坚地位和所作出的不可磨灭的伟大贡献，充分显示了社会主义的优越性；战争后期和战后初期，一系列社会主义国家相继诞生；中华人民共和国的成立；等等，促进了共产主义运动的行进。战后不久，社会主义世界体系迅速建立，随着中国社会主义革命政权的诞生，社会主义阵营最终形成。

第四，战争后期开始并在战后迅速确立的以开罗会议、《波茨坦公告》为依据的战后国际秩序，奠定了以雅尔塔会议及其体系为标志、为基础的美苏对峙的国际关系新格局。战后国际新秩序和新格局，是世界反法西斯战争胜利留给世界的极其珍贵的历史遗产，对战后世界发展无疑具有积极作用。因为这一体系规定了两种社会制度国家的和平共处及建立、维护战后世界和平的总目标，从而保证了世界范围的大战得以长期避免。

第五，"二战"时期由反法西斯盟国筹建并在胜利后诞生的联合国，对促进战后世界的和平与发展，作出了积极的贡献。而中国从其开始筹建到现在，一直是五大常任理事国之一，具有举足轻重的地位和作用。对联合国的建立，我国领导人曾高度评价道：联合国，"适应了时代进步的客观需要，体现了各国人民要求消除战争劫难的强烈愿望，反映了人类要求建立一个和平、平等、合作与繁荣的新世界的美好理想"[①]。

第六，反法西斯战争的胜利，"给全世界工人阶级和被压迫民族的解放事业开辟了更加广大的可能性和更加现实的道路"[②]。这一胜

---

① 转引自《人民日报》1995 年 10 月 25 日。
② 《毛泽东选集》第 4 卷，人民出版社 1967 年版，第 1249—1250 页。

利，使"国家要独立，民族要解放"亦成为战后的历史潮流，为发展中国家民族解放运动的蓬勃兴起创造了条件。数十亿人民砸碎了数百年来的殖民枷锁，一百多个民族独立国家的建立，使帝国主义殖民体系轰然倒塌、彻底崩溃。特别是中华人民共和国的诞生，为战后的和平发展奠定了基石，提供了坚强的保证；中华人民共和国的成立，又进一步推动、促进了战后民族解放运动的高涨。

第七，反法西斯战争的胜利，将"旧世界打得落花流水"，迫使法西斯国家彻底改弦更张、脱胎换骨，进行了战后改革，消解了东西方战争的策源地。日本、东西德国推行了改革，走上了和平发展的道路，取得了积极成果。而其他主要资本主义国家也进行了社会改革，取得了社会发展和进步。

第八，反法西斯战争实践，促进和推动了世界经济和科技的发展。胜利后迅速兴起了一场新的科技革命。第三次技术革命、产业革命浪潮冲击着全世界，经济全球化亦席卷了世界，新的科技革命方兴未艾，影响巨大而深远。

第九，"二战"导致了世界近现代军事史上第五次军事改革运动的兴起。其中中国抗日战争中的游击战、人民战争理论体系化及伟大的实践，成为反法西斯战争的一种重要的战争方式。苏联、南斯拉夫等国也程度不同地有此实践。特别是在中国抗日战争中，游击战、人民战争更是战争的主要形式之一，其战略地位和作用，尤为显著和巨大，成为世界战争史及战争理论方面的光彩夺目的重要篇章。

## 二 中国人民抗日战争是世界反法西斯战争的重要组成部分

首先，中国开辟了世界上第一个反法西斯战争的战场——东方主战场，在世界反法西斯战争中具有十分重要的地位、极其巨大的作用和深远的影响。

1931年日本军国主义发动"九·一八"事变，点燃了法西斯侵略的战火，也拉开了世界法西斯对外侵略战争的序幕。中国军民也正是从"九·一八"起，开始了伟大的抗日战争，拉开了世界人民反法西斯战争的序幕。中国人民抗日战争，经历了从局部抗战到全面抗战两个阶段。中国人民在极其险恶、艰难的国内外环境和条件下，从"九·一八"当晚沈阳北大营东北军将士奋起抗击日军、英勇突围，到齐齐哈尔马占山领导的江桥抗战，打响了世界反法西斯战争的第一枪、第一仗，最早开始抗击法西斯的武装侵略；在世界东方开辟了反法西斯战争的第一个战场。从此，中国战场成为世界反法西斯战争的东方主战场，肩负起抗击日本法西斯的历史重任。

其次，中国人民抗日战争，规模宏大、时间最长、坚持最久。从1931年"九·一八"局部抗战算起为14年，从1937年"七七"全民族抗战算起亦长达8年，比英国、苏联、美国等大国抗击法西斯侵略的时间都长得多。中国抗日战场规模巨大，抗击和歼灭日本侵略军人数最多。

1937年日本法西斯发动"七七"事变，开始了全面侵华战争。中国人民抗日战争亦进入全民族抗战阶段，这标志着世界反法西斯战争在东方全面爆发和正式开始。

在中国共产党的积极倡导和推动、领导下，中国很快结成了全民族的抗日民族统一战线，开展了正面战场和敌后战场相互协同、密切配合的持久战。正面战场对日本侵略军的大会战达22次，大战役为1117次，小战斗为38931次。在广阔的敌后战场，从1931年至1937年，中国共产党领导的东北抗日联军歼灭敌军17万多人，从1937年至1945年，中国共产党领导的人民武装作战12.5万次，歼灭日军52.7万多人，歼灭伪军118.6万余人，缴获各种炮1800多门，各种枪支69万多支。中国共产党领导的人民武装，在全国19个省开辟、创建十多个抗日根据地。在敌后，开展了人民抗战，以地道战、地雷战等各种方式打击日军，使之陷入了人民战争的天罗地网和汪洋大海。特别是进行了举世闻名的百团大战和中国战场的局部反攻。

以中国共产党为中流砥柱的中国人民抗日战争，是世界战争史，更是世界反法西斯战争史上的奇观。中国不仅独立承担世界反法西斯战争重任达七八年之久，而且坚持持久战，始终把日本法西斯陆军主力牵制在中国战场上。在 1941 年 12 月太平洋战争爆发前，中国抗日战场是抗击日本法西斯的唯一战场，抗击和牵制日军陆军总兵力的 78%—94%，其中 1937 年年末为 88%，1938 年为 94%，1939 年为 83%，1940 年年末为 78%；太平洋战争爆发后的四年中，中国仍是抗击日本法西斯的主战场，抗击着日军总兵力的 34%—69%。

在中国战场，歼灭的日本法西斯军队也是最多的。据日方统计，日军共伤亡 195 万人，其中在中国战场伤亡 133 万人，占 70%。击毙日军也以中国战场最多。据日方统计，在中国战场，日军被击毙 44.6 万人，在太平洋和东南亚战场击毙 19 万人，苏联军队在远东战役中击毙关东军 8 万人。而据中国的资料，在整个抗日战争期间，中国共毙、伤、俘日军 154.7 万人；日本法西斯败亡后，向中国投降的日军共 128.3 万多人，约占在海外投降日军的 50%。

最后，中国战场是亚太地区世界反法西斯盟国军队的战略支柱和稳固可靠的后方基地。中国战场在美国军事战略设想中地位十分重要，中国的持久抗战是美英盟国制定和实施"先欧后亚"军事战略的先决条件和重要保证。而且中国战场也是盟国军队对日作战的空军基地和进行反攻直至进攻日本本土的重要军事基地。中国在援助缅甸作战中，派出远征军 30 万人，历时 3 年多，与盟军协同作战，打通中印公路，挽救了盟军在东南亚战场的危局，为盟军收复缅甸奠定了坚实基础。这一切，不容置疑使中国战场当之无愧地成为亚太地区盟军重要的战略支柱。

以上三点，既是对中国抗战在世界反法西斯战争中的定位，也是从总体上对中国抗战对世界反法西斯战争伟大贡献的阐述和概括。

## 三 中国抗日战争的伟大贡献

中国作为世界反法西斯战争盟国的四大国之一，作为在反法西斯战争的东方主战场抗击日本法西斯的主要国家，中国抗日军民作为战胜日本法西斯军队的决定性力量，为赢得世界反法西斯战争的最后胜利，作出了巨大的民族牺牲和不可磨灭的伟大贡献。世界反法西斯战争的战场，分为东西两个大战场：1941年后的东方战场是中国战场和亚洲太平洋战场；西方战场则有西欧、北非和苏德三个战场。

中国军民艰苦卓绝的14年英勇浴血抗战，有力地支援和协同配合了世界反法西斯战争的西方战场。

毛泽东在《论联合政府》报告中准确概括和评价了中国抗战的伟大贡献："中国是全世界参加反法西斯战争的五个最大国家之一，是在亚洲大陆上反对日本侵略者的主要国家。""中国在八年抗日战争中，为了自己的解放，为了帮助各同盟国，曾经作了伟大的努力。"①

下面，从以下五个方面，较为具体地进行一些概括和阐述。

第一，中国抗日战场的开辟和中国全民族奋勇、持久的抗击日军，打乱、打破了日本各项对外侵略计划，推迟了西方战场和亚洲太平洋战场的全面形成，为世界反法西斯盟国赢得了较为充分的进行准备的宝贵时间。

中国对日本法西斯侵略军的全面抗击，打乱了日本法西斯北进苏联、南进东南亚的狂妄的对外扩张计划，使"北进计划夭折破产"，南进计划受到严重阻滞。日军陷入中国持久战的战争"泥潭"而不能自拔，延迟了日本法西斯"轴心国"的东西配合的计划和侵略行动，打破了德国、日本法西斯会师中东，妄图称霸世界的图谋；为英、苏、美各主要反法西斯国家及其他诸多国家和广大地区赢得了极为珍贵的准备时间。

第二，中国军民的英勇抗战，为在苏德战场上，苏联军队抗击德国法西斯，最后战而胜之提供了有力的、巨大的支援。众所周知，苏德战场，是世界反法西斯战争的西方主战场，苏联在卫国战争中对世界反法西斯战争作出了伟大的贡献。

上述的中国抗战粉碎日本"北进"计划，就是对苏联的一项重

---

① 《毛泽东选集》，人民出版社1967年版，第934页。

要支持。另外，是在提供关键情报方面的一项贡献：毛泽东在1941年6月16日（在德国发动突然袭击苏联的6月22日之前整整六天），命令将中国情报人员阎宝航（共产党员）获取的德国进攻苏联的情报电告共产国际，并通过季米特洛夫转交斯大林。对此，苏联共产党于6月30日，向中国共产党中央致电表示感谢。

  1941年6月，德国法西斯疯狂进攻苏联，苏联军民开始了伟大的反法西斯卫国战争。这期间，中国抗战的正面战场正抗击大量日军，进行着第二次长沙会战，在中国敌后战场刚进行了著称于世的"百团大战"，使日军遭到沉重打击，被迫集中兵力对中国进行疯狂的"大扫荡""清乡"和"蚕食"。从而中国战场完全拖住和牵制了三分之二以上的日军兵力，使日本法西斯无法实施"北进计划"配合德国法西斯夹击苏联。这样，苏联才放心地得以从东线防范日军的军队中调走大部分兵力支援西线，所调总兵力高达54万之多，从而使苏军避免腹背受敌、东西两线作战的被动，很快取得莫斯科保卫战的胜利，接着得以集中兵力于1943年2月取得斯大林格勒血战的胜利，使苏德战争发生战略转折，最终于在1945年5月，与英美盟军相配合，取得对德国法西斯战争的最后胜利。试想，如果中国战场不能拖住日本法西斯的100多万军队，德日东西夹击苏联，结果将会怎样呢，真是不堪设想！苏联著名史学家、科学院院士E.茹科夫说得实在："使日本帝国主义不敢在第二次世界大战期间进攻苏联远东的原因之一，是中国人民及其军队八路军和新四军以及人数众多的游击队的英勇斗争，他们在中国捆住了日军的双手。中国人民从而给予苏联人民以很大的帮助，使苏联人民易于在反对德国法西斯侵略的正义的伟大卫国战争中进行巨大的斗争。"苏联在《伟大卫国战争史》一书中也写道："虽然日本占领了中国的大片领土，但是战争也给日本造成了严重的经济危机……牵制住相当大的日本兵力。""中国共产党领导人民进行的正义战争，在第二次世界大战时期起了重大作用。"1940年年底，斯大林在派苏军元帅崔可夫率军事代表团来中国时，对崔可夫说："只有当日本侵略者的手脚被捆住的时候，我们才能在德国侵略者一旦进攻我国的时候避免两线作战。"事实正是如此,确实是中国战场紧紧地捆住了日军的手脚,才使苏军免受两线作战兵力分散和德日夹击之苦,从而集中兵力对西线作战,保证了苏联抗击德国法西斯的胜利。

第三,中国人民抗日战争,为盟军在亚洲太平洋战场的抗击日军,最后战胜日本法西斯作出了极大的贡献。

中国抗日战争,坚持十数年,拖住了日军的主要兵力,中国成为盟军亚太战场的支柱、基地和榜样。

必须指出的是,中国抗日军队还在世界反法西斯战争中,直接派出远征军,参与进攻缅甸北部日军、打通中印公路的一系列战役。这是中国抗日战争的国际战场。其中最为著名的是刘放吾将军在缅甸仁安羌地区,率一团将士,解救了被日军围困的英缅军第一师及装甲第七旅7000名多英军,至今传为佳话。仁安羌大捷当时即受到英国各报的赞扬,认为是缅甸境内盟军首次大捷。刘将军亦在1992年受到英国首相撒切尔夫人的会见和致谢。[①] 中国精锐部队反攻缅北,开辟摧毁日本法西斯军队的新战场并取得仁安羌大捷,加速了日本法西斯的覆灭,这是自清朝中叶以来,中国在境外首次挫败日军的辉煌战役。后来,中国驻印军和远征军在缅北、滇西反攻作战,收复城镇50多座,为世界反法西斯战争作出重大贡献,在战争史上书写了极其辉煌的不朽篇章。

1941年12月初,日本发动太平洋战争前夕,中国情报人员池步洲就破译了日本拟偷袭珍珠港的密电,中国政府告知了美国。也是在太平洋战争前,日本法西斯军部制订了与德军会师中近东的计划,即日军占领新加坡,海军出兵印度洋,与从北非及中亚南下的德军会师。如果这一计划得逞,对英国、美国都是致命的打击,亦将严重影响世界反法西斯战争的结局。

对此,美国总统罗斯福十分清楚中国长期坚持抗战对亚太战场的作用。他对他儿子说过:"假如没有中国,假如中国被打垮了,你

---

[①] 刘伟民:《刘放吾将军与缅甸仁安羌大捷》,上海书店出版社1995年版,书前图版照片。

想一想有多少师团的日本兵可以因此调到其他方面来作战？他们马上可以打下澳洲，打下印度……并且可以一直冲向中东……和德国配合起来，举行一个大规模的反攻，在近东会师，把俄国完全隔离起来，吞并埃及，斩断通向地中海的一切交通线。"罗斯福还说过："中国对日本坚决抗击所表现出来的顽强，乃是对其他联合国家军队和全体人民的鼓舞。"在1945年1月，他公正地评价和带有感情地说："我们也忘不了中国人民在七年多的长时间里怎样顶住了日本人的野蛮进攻和在亚洲大陆广大地区牵制住大量的敌军。"①

曾对中国人民抗日战争不以为然的英国首相丘吉尔，在1940年8月后德国狂轰滥炸英国时，为激励英国人民抗击德国法西斯，提出了"效法中国"的口号。苏军统帅和最高领导人斯大林，在1941年10月当德国法西斯军队兵临苏联首都莫斯科城下时为鼓舞苏联人民抗敌士气，也曾提出"效法中国"的口号。正是中国军民长期坚持抗战，才使中国在大国元首心目中成为其鼓舞人民抗击法西斯的楷模和榜样。

对此，连英国首相丘吉尔也讲过："我们必须指出，中国一崩溃，至少会使日军15个师团，也许会有20个师团腾出手来。其后，大举进攻印度，就确实可能了。""如果中国停止抵抗，我们将面临巨大困难。"②斯大林亦不止一次地肯定："中国人民及其解放军的斗争，大大便利了击溃日本侵略力量的事业。"③

正是中国抗日战争对牵制日军、迟滞日本"南进和粉碎日德会师狂妄计划的巨大而切实的贡献，才得到反法西斯主要国家元首们的称赞和肯定"。应该说，事实表明，中国人民抗日战争确实对世界反法西斯战争作出了突出的重要贡献。

第四，中国主张建立世界反法西斯统一战线，并积极倡导和推

---

① ［美］富兰克林·罗斯福：《罗斯福选集》，关在汉编译，商务印书馆1982年版，第345、480页。
② ［英］温斯顿·丘吉尔：《第二次世界大战回忆录》第4卷上，第一分册，北京编译社译，商务印书馆1975年版，第266页。
③ 转引自《人民日报》1951年9月3日。

动国际反法西斯的统一战线的结成。

在抗战期间,中国共产党倡导并坚持建立中国抗日民族统一战线,开创了中国全民族抗战的新局面,而且进一步提出了中国的抗日民族统一战线与世界和平阵线紧密结合,迅速建立国际反法西斯统一战线,联合全球一切和平、民主、进步力量共同抗击法西斯的侵略。1936年7—9月,毛泽东在延安与美国记者埃德加·斯诺的多次谈话中,已明确指出日本帝国主义不仅是中国,而且也是美国、英国、法国和苏联等国人民的敌人;半年后的1937年3月1日,毛泽东在与美国记者史沫特莱的谈话中,更具体地提出,我们主张中国、美国、英国、法国建立太平洋联合战线。日本发动太平洋战争后的1941年12月9日,中国共产党发表宣言、中共中央发出了开展太平洋反抗日本民族统一战线及华侨工作的指示;1942年1月1日,中国和苏联、美国、英国四国领衔的26国,在美国华盛顿签署了《联合国家宣言》。这一宣言的签订则标志国际反法西斯统一战线的正式形成。在倡导、促成世界反法西斯统一战线建立的过程中,中国始终发挥了重要的作用。

第五,参与构筑、建立战后国际秩序,积极参与联合国的创建。中国抗日战场的东方主战场地位和中国人民持久坚持抗战的行动和精神,赢得了世界的尊重和肯定,从而使中国摆脱了一百多年的半殖民地地位,成为国际社会中的平等一员。1943年10月30日,中、美、英、苏在莫斯科签署了《关于普遍安全的宣言》,这是中国在国际舞台上,首次以世界反法西斯战争的四大强国之一的形象和身份亮相;仅仅不到一个月后的11月22—26日,中、美、英三国首脑蒋介石、罗斯福、丘吉尔在埃及举行开罗会议,会后联合发表了《开罗宣言》;1945年7月17日至8月2日,苏联、美国、英国三国在德国柏林的波茨坦举行会议。7月26日,以中、美、英三国名义发表了促令日本无条件投降的《波茨坦公告》。《开罗宣言》和《波茨坦公告》成为构筑、建立战后国际秩序的标志性文件。中国作为建立国际组织的四个发起国之一,对联合国的创建也作出了积极的历史性贡献。1944年八九月,中、美、英、苏四国代表在美国敦巴顿橡树园召开会议。10月9日，四国同时发表《关于建立普遍性国际组织的建议案》，提出了联合国的蓝图；1945年4月25日至6月25日，中国代表团出席了在美国旧金山举行的联合国制宪会议，会议通过了《联合国宪章》。中国代表团在《联合国宪章》签字，从此成为联合国安理会常任理事国。

## 四 反法西斯各国、各民族及世界各阶层人民对中国抗战的同情、支持和无私援助

中国人民抗日战争是与世界反法西斯战争紧密联系、息息相关的，因而受到反法西斯各国政府的重视，也得到各民族和世界广大人民的深切同情、大力支持和无私援助。对此，中国政府和人民是永远不会忘记的。

中国人民抗日战争，主要是依靠中国军民与日本法西斯军队进行殊死搏斗、浴血奋战而争得最后胜利的。但是，若没有世界各国人民无条件的无私的大力援助和各国政府在不同阶段的有条件的支持及援助，定将更加困难，要取得最后胜利也必将大大推迟。

现仅从以下三个方面进行概要的阐述。

第一，不同类型国家以不同方式在不同时期进行不同内容的支持和援助。

首先是苏联和共产国际的对华援助。在日本法西斯于1937年发动"七七"事变，进行全面侵华战争时，苏联和共产国际即对中国的全面抗战进行舆论和道义上的声援，1937年8月，苏联与中国签订了《中苏互不侵犯条约》，并支持中国在国联中的申诉。苏联也是在经济上最早、最多对中国进行物资援助的国家。从1937年至1941年，苏联还是直接向中国提供军事援助的唯一国家。1938—1939年，苏向中国提供3笔共2.5亿美元贷款，中国以此向苏购买了共600架飞机及其他军用物资。加上1942年还签订了两项贷款，总额达3.63亿美元。苏联共向中国提供飞机1235架，各类火炮16000门，坦克等1850辆。尤其是在空军方面的援华是举世闻名的。从1937

年11月至1941年年初，苏联派遣空军志愿队援华空军人员达2000多人，有200多人血洒蓝天，永逝于中国大地。在武汉会战、徐州会战等空战中，苏联空军共击落击伤日机986架，震慑了骄横、不可一世的日本侵华空军。苏联还长期派遣军事顾问团和技术人员来华进行指导帮助。最后于1945年8月，直接出兵中国东北，歼灭日本关东军，为我光复和解放东北作出贡献。

其次是美、英、法及其他各国的对华援助。美国是随着战局发展和形势变化而逐渐由消极转向积极，最后与中国全面合作，共同抗日。1942年3月，中美签订了美国向中国提供5亿美元贷款的协定书，这是中国接受数目最大的一笔外援。中美合作抗日体现在联合指挥中国战区的作战方面。中国战区由蒋介石任战区盟军最高统帅，而参谋长则由史迪威将军担任。史迪威坚持主张并实际进行了对中国共产党领导的敌后人民武装的物资、药品和军事的援助。最为著名的是美国空军志愿队即陈纳德将军募集组织和率领的飞虎队。从1941年12月开始援华对日作战起，至抗日战争取得最后胜利期间，飞虎队及其后纳入现役改称美国驻华空军特遣队、扩编为美国第十四航空队，共击落日机2091架，超过日本三年生产飞机的总和，还击沉日舰共110万吨位，击毁日军机车1079辆，卡车4800多辆，为中国抗战作出贡献。美国还帮助中国开辟空中航线，开辟了世界战争史上规模最大的空运行动，对中国抗战发挥了积极作用。著名的"驼峰航线"的开辟是航空史上的奇观。美国空军以每月数万吨，最高时达7万吨的空运量往返于印度和昆明之间。后来的飞行员不需要看航线，只要看已坠落的飞机残骸闪闪的银光即可飞行，美国共损失400多架飞机，牺牲1500名飞行员。

此外，法国、英国及加拿大、奥地利、荷兰、比利时、丹麦、挪威、西班牙、瑞士、瑞典、印度、菲律宾、印度尼西亚、南非、澳大利亚、新西兰、墨西哥、阿根廷等国家和地区，均广泛开展了声援中国人民抗日战争、抵制日货、捐助赠款等各种形式的对华支援。

特别值得一提的是，越南人民组织了各种抗日援华团体，广泛开展了募捐、筹款、筹物等群众性支援中国人民抗日战争的活动。更有大批抗日志士，特别是以胡志明为首的越南共产党系统的革命战士，直接与中国抗日军民并肩战斗，抗击日本法西斯军队。

最后，是日本人民的反战组织和反战活动对中国抗日战争的支援。"七七"事变后，在日本共产党领导下，日本人民开展了反对日本侵华的反战斗争。日共组织日本士兵家属从事反战活动，号召日本士兵哗变，掉转枪口，在日本结成了数十个反战团体。在东京就有早年由片山潜领导组织的日本人民反战同盟。特别是在中国共产党抗日民族统一战线政策和俘虏政策的感召下，1939年11月，在延安成立了日本士兵的反战组织"觉醒联盟"，其后该组织迅速发展，陆续在华北敌后解放区建立了五个支部。1940年7月，在延安创建了在华日本人民反战同盟延安支部，1944年1月，日本人民反战同盟解散，12月日本人民解放同盟成立。1942年6月又创建了在华日本共产主义同盟。同盟成立后，很快在各抗日根据地发展支部，到日本法西斯覆灭时共有17个支部，数百名成员。1940年10月，由日共领导人冈野进（野坂参三）创建了"延安日本工农学校"，后来又在八路军、新四军等军队中设立了分校。在武汉、重庆等国统区，由日本无产阶级文化同盟书记鹿地亘和夫人池田幸子等人领导的在华日本人民反战同盟十分活跃。这些日本反战组织对宣传抗日、瓦解日军做了大量工作。朱德总司令在中国共产党第七次代表大会上高度评价说：在许多方面，尤其在瓦解日军和教育被俘日本士兵的工作中，"我们特别感谢日本共产党领导人之一冈野进同志领导的日本人民解放同盟，他们在崇高的国际主义的精神下工作，在这方面给了我们很大的极有价值的帮助"。还有值得大书一笔的是，日本反战女战士绿川英子，她在电台向日本国民及日军广播，发表诗文揭露日本法西斯侵略，被日本法西斯恨之入骨，称其为"娇声卖国贼"。绿川长眠于中国大地，其墓地在佳木斯烈士陵园。

第二，国际群众组织对中国人民抗日战争的支持和帮助。

主要有国际反侵略运动、国际工人援华运动在中国抗战期间的蓬勃开展，其中英国工人开展了援助中国、保卫远东和平运动，苏联、朝鲜、印度以及其他亚洲、欧洲、大洋洲、拉丁美洲的多国工人亦声援中国抗战。1937年7月后，国际工会联合会通过决议，建议国联制裁日本，并发起会员国抵制日货、募捐援华等。国际劳工局亦开展了援华活动。国际运输总工会亦于1937年10月通告各国运输工会，禁运军火到日本；1938年又通过提案，停运军火、汽油等物资到日本。特别是一个特殊国际群体，即被关押在法国边境古尔斯集中营的原援助西班牙反佛朗哥法西斯上台的国际纵队的各国反法西斯志士，他们身陷囹圄，仍勇敢热忱地开展了集中营内的援助中国抗战活动。1939年，在中国全民族抗战两周年之际，国际纵队十数个国家的反法西斯战士，在集中营内纷纷写信声援中国人民，表达了他们对中国抗日战争的关切、同情和支援。这批国际主义战士中有20位医护人员在出集中营后不久便来到中国，投身到中国抗战的队伍中。在以孙中山夫人宋庆龄为主席的"保卫中国同盟"的呼吁和联络下，许多著名的国际人士参加了援华工作。还有大量的国际援华组织和许多国际、国家的慈善团体，亦用实际行动对中国人民抗日战争进行了切实有效的无私援助。

第三，国际友人对中国人民抗日战争的同情、声援和无私援助。

大量的国际友好人士，主持正义，同情中国抗战。他们在政治上、道义上和物质上给中国以大量的无私支援。他们之中，既有政府领导人及部门官员，也有社会贤达之士；既有教授、博士等教育工作者，也有作家、记者及艺术家；既有医生、护士等医务工作者，也有工商界、宗教界人士。这些国际人士，尽管政见不同、信仰各异、价值观相左等歧异和分歧，但他们在世界反法西斯战争和中国人民抗日战争中，与中国军民站在了同一个战壕内，为中国抗击日本法西斯的斗争作出了不可磨灭的巨大贡献。还有一批国际主义志士甚至献出了宝贵的生命。最为著名的就有以下多位：加拿大国际主义战士白求恩，印度的柯棣华，美国的史沫特莱、安娜·路易斯·斯特朗，苏联的李莎、库里申科，等等。

正是世界人民的援助，为中国抗日战争的胜利奠定了基础，也将中国抗战与世界反法西斯战争紧密地联系在了一起。岁月悠悠，中国人民抗日战争暨世界反法西斯战争胜利已 70 周年。我们今天的纪念，绝不仅仅是再一次重温当年胜利的欢欣与激动，更不是如日本右翼势力诬蔑的要"报复日本""要复仇"！而是为了总结和汲取历史经验教训，使今天的中国社会更加和谐，使时代潮流汹涌向前，使时代主题更加凸显，呼唤和平，维护和平，促进发展。

最后，让我们以习近平主席在 7 月 7 日在纪念全民族抗战爆发 77 周年仪式上的两段讲话作为全文的结束语："伟大的中国人民抗日战争，开辟了世界反法西斯战争的东方主战场，为挽救民族危亡、实现民族独立和人民解放，为争取世界和平的伟大事业，作出了彪炳史册的贡献。"

"历史是最好的教科书，也是最好的清醒剂。中国人民对战争带来的苦难有着刻骨铭心的记忆，对和平有着孜孜不倦的追求。纵观世界历史，依靠武力对外侵略扩张最终都是要失败的。这是历史规律。中国将坚定不移走和平发展道路，并且希望世界各国共同走和平发展道路，让和平的阳光永远普照人类生活的星球。"[1]

(原载《抗战史料研究》2015 年第 1 期)

---

[1] 习近平：《在纪念全民族抗战爆发七十七周年仪式上的讲话》(2014 年 7 月 7 日)，《人民日报》2014 年 7 月 8 日第 2 版。

# 东京审判的回顾与再思考

沈永兴

## 一 东京审判的回顾与再思考很有必要

坦率地说，我写这篇文章并非为了翻历史老账，发思古之幽情。但听到2013年12月26日日本首相安倍晋三在上台一周年之际，居然敢冒天下之大不韪，参拜了靖国神社，[①] 公然再次挑战第二次世界大战的胜利成果，否定东京审判，为甲级战犯和日本军国主义的侵略罪行翻案，深深刺痛和伤害了亚洲受害国家人民的感情，亵渎和践踏了人类良知。我更感到重温东京审判的历史事实，给这些日本右翼政客上一堂正视历史的普及课，实属必要。看看安倍上台以来的种种表演：否定东京审判，提出"侵略定义"未定论；叫嚣要修改和平宪法、把自卫队改成国防军、突破武器出口三原则；修改防卫大纲、通过特别保密法，扩军备战；购买各类先进武器；行使"集体自卫权"，部署西南方向的离岛作战、夺岛作战；访遍东盟、印度各国，拉帮结派、构筑遏制中国的包围圈；狂言遏制中国是对和平的贡献，欲充当亚洲领袖；等等。安倍的种种表演，足以表明安倍在复活日本军国主义的道路上越走越远。这不能不引起人们高度的警惕。

再看看第二次世界大战结束以后的日本历届政府的行为，我们

---

[①] 《日本首相安倍参拜靖国神社》，新华网，2013年12月26日，http://www.xinhuanet.com/photo/2013-12/26/c_125919024.htm。

可以这样说，除少数明智的政治家和友好人士之外（例如村山富市和河野洋平等）①，历届政府中的大多数官员对于第二次世界大战中犯下的侵略罪行及强征慰安妇和掳掠劳工、实施细菌战、活体试验（731部队）等，都是采取三不政策：不认罪、不道歉、不赔偿。这与德国相比，有天壤之别。1970年，德国总理勃兰特访问波兰时，在纳粹集中营纪念馆下跪以表谢罪，这一跪，赢得世界的理解和尊重。德国每年还向受害的犹太人作巨额赔偿，禁止国内一切宣扬和复活纳粹的行为。相比之下日本的种种否定侵略历史的做法，人们除了表示怀疑和警惕还能有什么呢？韩国媒体说得好，"勃兰特一跪，让德国站了起来，而安倍一站，让日本趴下来了"。

另外再看看钓鱼岛的争端，这场争端是由日本政府所谓购买钓鱼岛即"国有化"而引发的。日本置中日建交时两国领导人达成的"搁置争议、共同开发"的默契于不顾，公然欲将钓鱼岛攫为己有，在钓鱼岛问题上一直持强硬态度与中国对抗。其目的很清楚，就是借钓鱼岛争端，大肆炒作"中国威胁论"，在国内赢得右翼势力的支持，从而一步步地达到其修宪、扩军的目的，走军国主义扩张道路。故而，日本一意孤行，罔顾钓鱼岛自古以来是中国固有领土这一历史事实，妄想欺骗世界舆论。在2013年纪念《开罗宣言》70周年时，北京和台北的台湾会馆都展出了"开罗会议"的重要和真实的文件，在《开罗宣言》短短的数百字中，其最主要的内容有：一是日本自1914年以来侵占的太平洋上所有岛屿，一律予以剥夺；二是日本必须归还侵占中国的台湾、东北四省、澎湖列岛等领土。在罗斯福与蒋介石1943年11月23日和25日私下会晤中，还两次提到琉球群岛问题，罗斯福总统说："琉球有许多岛屿组成，是一个环形群岛，日本用不正当手段抢夺该岛，应该予以剥夺。我考虑，琉球在位置上离贵国很近，历史上与贵国有密切联系，如果贵国想要得到

---

① 1995年8月15日时任首相的村山富市发表谈话，承认日本的侵略，并表示反省、道歉。1993年8月4日，时任官房长官河野洋平发表谈话，承认据调查存在慰安妇问题，并致歉。

该岛，可以交给贵国管理。"蒋介石考虑之后，回答说，"希望与美国共同占领、共同管理"①。可见，不仅是台湾、澎湖列岛，连琉球也要交给中国管理。汤重南先生8月初在《人民日报》上发表过一篇关于钓鱼岛历史的文章，文中曾提到，从历史上看琉球群岛并不属于日本。② 此言一出，引起外媒关注，惊呼中国官方报纸刊登社科院研究员文章，指出琉球不属于日本。但是读读上述罗斯福与蒋介石的谈话内容，汤教授的论述不是有根有据吗？不过后来由于美国在冷战中扶植日本，私相授受，琉球才被置于日本管辖之下，更何况钓鱼岛不属琉球，而由台湾宜兰县管辖。

综上所述三个方面，可以清楚看到日本一贯罔顾历史事实，颠倒黑白，否认其侵略历史，冥顽不化，不肯反省，究其根源就是当时对日本军国主义的清算不彻底，没有斩草除根，美国对一些战犯加以包庇和开脱，甚至对一些甲级战犯如岸信介、重光葵等加以重用，使其爬上首相、副首相高位，导致军国主义阴魂长期不散，处心积虑想为侵略历史翻案，这是有其历史渊源的。所以今天重温"东京审判"并予以再思考，是十分必要的。

## 二 远东国际军事法庭的设立合理又合法

第二次世界大战结束后，为了惩罚战犯，消除战争策源地，维护世界和平，在德国纽伦堡和日本东京，分别举行了两场世纪大审判。而设在东京的远东国际军事法庭（简称"东京审判"），审判的正是发动亚洲和太平洋战争的，犯有"破坏和平罪""发动战争罪"和"违反人道罪"的28名甲级战犯。但长期以来，日本右翼一直耿耿于怀，妄图翻案。他们抛出的一个主要论调，就是"远东国际军事法庭非法论"。安倍上台后也是同样抛出"'东京审判'是非法"的滥调。

---

① 关于罗斯福与蒋介石谈话，参阅1957年台湾据美国国务院档案文件的中译本，转见朱庭光《外国历史大事集》现代部分第二分册，重庆出版社1987年版，第537页。
② 汤重南：《从国际条约视角论钓鱼岛主权归属中国》，《人民日报》2013年8月15日第3版。

早在 1983 年 8 月 15 日，日本《产经新闻》发表社论说："不可否认，'东京审判'是错误的，东京审判的历史观给日本留下了不必要的毒害。"一家日本杂志还登载了参加审判的荷兰法官伯·利林克的说法，认为"在国际法和裁判手续上有很多错误"，又说："天皇只是扩音机，日本的军事行动是自卫，是反对殖民侵略，是为了使中国和日本免遭苏联共产主义的威胁，在摆脱欧美殖民统治的历史潮流中起到积极作用。"大家都知道，日本为侵略中国和亚洲而辩护的一个借口，就是把侵略说成"解放殖民地"，我们不否认欧美国家对亚洲进行过殖民统治，但日本的侵略难道是为了这些国家的民族独立和解放吗？事实恰恰相反，日本侵略是为了与欧美抢夺地盘和势力范围，带来的是烧杀掳掠、掠夺资源，是奴役与惨无人道的屠杀。所以，这种论调是强盗逻辑，不值一驳。还有一名印度法官叫塔诺比·巴尔，他认为"由战胜国单方面惩办战败国领导人，是违反文明国家法律的，在政治上是不明智的"，东京审判"不应以法律与正义的名义实施报复"。他主张"全体无罪论"。正因为这位印度法官为战犯鸣冤叫屈有功，2005 年 6 月 25 日，日本为巴尔法官树立了"功德碑"。

关于设立远东国际军事法庭是否合法，这本来不是问题。因为世界上没有任何法律规定犯罪后可以不受惩罚的条文。在第二次世界大战中日本与纳粹德国一样，侵略了许多国家，屠杀了数千万平民，犯下了诸如"南京大屠杀"、掠夺大量资源、掳掠劳工、强征慰安妇、用人体作细菌战活体试验（731 部队）等滔天罪行，对此类犯有战争罪和违反人道罪的战犯，难道不应该用法律制裁吗？

其实，当战争刚刚结束时，当人们看到一个个美丽的城市成为一片废墟、万人坑中的累累白骨时，有人主张，正当的复仇比软弱与烦琐的法律更加简单可行。甚至连丘吉尔首相也这样想过。但当时有一位叫弗朗亚斯·比德尔的美国人给罗斯福总统写了一封信，指出一次审判的历史意义要远大于一场报复性屠杀。他说："公正有效地解决问题的方式在于使用法律手段，在审判之后宣布有罪，才能最大限度地赢得我们这个时代的公众的支持，并且赢得历史的尊重。还将使全人类在未来的岁月里获取研究纳粹罪行与犯罪程度的真实记录。"这一明智的建议打动了罗斯福并且被盟国采纳,这才有了后来的纽伦堡与东京审判。这难道不正是体现了对战犯依法处理的公正、人道吗？远东国际军事法庭的设立决非由某一国家或某一个人所为,而是被侵略国家和人民意志的体现,因此它的合法与公正性是毋庸置疑的。

事实证明,远东国际军事法庭的设立是有充分依据的,既合法又合理,为国际所公认。举几例为证：在1943年召开的莫斯科美、苏、英三国外长会议上,宣布犯下暴行和罪恶的人犯,将被解回他们犯下罪行的国家加以审判和惩处。同年10月,中、美、英、荷、澳等国协商设立战争罪犯调查委员会。12月,中、美、英在《开罗宣言》中指出："三大盟国之目的,在于制止和惩罚日本之侵略。"请注意这里有"惩罚"一词,指的就是要惩办战犯。1945年雅尔塔会议公报宣布："要使一切战争罪犯受到公正而迅速的惩办。"在波茨坦会议上,三国首脑签署了议定书,其中就包括设立军事法庭审判战犯的条款。同年8月8日缔结了惩处轴心国主要战犯的协定《关于控诉和惩处欧洲轴心国主要战犯的协定》(简称《伦敦协定》),有20个国家加入,其中明确规定设立军事法庭的目的、任务、机构、管辖权等。7月26日《波茨坦公告》第10条规定："吾人无意奴役日本民族和消灭其国家,但对于战罪人犯,包括虐待吾人俘虏在内,将处以法律之裁判。"正是根据上述具有国际法律效力的条约、议定书、公告和宣言等一系列文件所作出的决定,经盟国授权,驻日盟军最高司令麦克阿瑟才于1946年1月19日颁布了《远东国际军事法庭宪章》,共五章17条。

上述材料充分说明,远东国际军事法庭的设立并非某个人的主张,而是经盟国多次国际会议商讨后一致同意设立,具有权威性和国际法律效力,因此东京审判既合理又合法,决非日本右翼想否定就能否定得了的。

## 三　参与东京审判的中国法律代表团的组成

由于中国是世界反法西斯战争在东方的主战场，是抗击日本侵略的主力军，为罗斯福的"先欧后亚"战略的顺利实施起到了重要支持作用，为抗日战争与世界反法西斯战争的胜利作出了不可磨灭的贡献，所以中国政府理所当然地受邀派遣代表团，参加了远东国际军事法庭的审理工作。

东京审判与纽伦堡审判并不一样。在"纽伦堡审判"中，法庭的组成是根据苏、美、英、法四国平等的原则，法官与检察官经选举与表决产生。但当时的日本是由美国单独占领，所以在东京审判中，法官和检察官都由盟军最高司令麦克阿瑟任命，一切由美国人说了算，以便贯彻美国的意图。在接到驻日盟军统帅部的通知和邀请后，当时的中国政府便指示外交部和司法部遴选派往远东国际军事法庭的司法人员。当时中国代表团的人员大体由法官、检察官、顾问、翻译、助手等人员组成。中国法官是42岁的梅汝璈博士，当时是立法委员兼外交委员会主席，也是上海复旦大学教授。检察官是向哲濬，当时是上海特区首席检察官，也是东吴大学法律系教授。他们有几位助手：杨寿林、方福枢、裘劭恒、刘子健；又聘请了几位顾问：倪征燠、吴学义（武汉大学教授）、鄂森、桂裕，倪先生为首席顾问。另外还有多名精通英、日两种语言的翻译：周锡卿、张培基、郑鲁达、高文斌、刘继盛。代表团人数虽然不多，但多数是法律专家、著名律师或精通外语的学者，阵容整齐精干。

参加远东国际军事法庭的人员并非一批去的，而是分批去的。例如，梅汝璈法官是1946年3月19日，在距离复旦大学附近不远的江湾军用机场乘坐美国军用飞机飞往东京的，而周锡卿等几位翻译是在5月初从上海出发的。由于梅汝璈博士当时还任复旦大学教授，故在出发前还有一段趣闻。1946年1月9日晚7时，复旦大学政治学会在大礼堂召开了欢送会，欢送梅博士任中国法官参与"东京审判"。1月31日，梅汝璈教授致信当时的复旦大学校长章益请求辞职:"弟因奉派参加审判远东战犯即将赴日一行,短期内恐不能返校,所任政治系教授职务,拟请自二月份起准予辞职。事非得已,至希俯允,并有谅是幸。专此敬请大安。"章益校长批复:"作为告假,冀返国后仍回复旦。"当时的上海《大公报》《申报》等均以醒目标题刊载新闻。

## 四 中国法律代表团艰苦工作、据理力争

参加东京审判的中国代表团一行,都意识到责任重大而努力工作。从1946年6月到1948年11月长达两年半的时间里,他们克服重重困难,做了大量令人钦佩的工作,据理力争,维护了国家的尊严。原民革中央监察部秘书长、北京第二外国语学院教授周锡卿先生,是我在二外进修时的老师,他是亲自参加东京审判的工作人员,当时任翻译。我采访过他,并作了详细的采访纪录。[①] 据他回忆说:"我们去的人大多曾在上海工作,精通英美法律,外语也很好,在这方面能应付裕如。但是他们还是给我们带来了有碍于法庭正常工作的种种障碍和麻烦。如每一个战犯除可以聘请一名日本律师外,还必须配一名美国辩护律师,而这些律师往往节外生枝。我们原以为,抗战时我们与美国一起抵抗日本侵略,现在美国理应与中国站在一起,严肃审判日本战犯,实际上却不是那么一回事。在法庭工作期间,我们经常受到歧视,心里很不痛快。"第一次交锋就是关于法官座位次序,按正式规矩,应该按照日本投降时受降签字仪式上的次序,但首席法官韦伯想在自己的左右安排英美法官各一名,这显然是对中国的侮辱与歧视。梅汝璈先生正义凛然地提出了抗议,开庭前预演时,他拒绝出席,以免被拍照登报,造成既成事实。最后美国不得不按受降仪式的次序排座位。正式开庭那天,梅先生威严地坐在审判席中间,他的右边是首席法官韦伯,左边是苏联法官叶

---

[①] 关于采访东京审判亲历者周锡卿教授情况,参见荣欣《历史的审判岂容篡改——访原远国际东军事法庭参加者周锡卿教授》,《求是》1995年第16期。

扬诺夫，使美国企图受挫。

还有一个例子，战犯板垣征四郎曾在中国犯下了累累罪行，但法庭却将他分给菲律宾负责审理。经过中国检察官向先生和首席顾问倪先生等据理力争，最后终于同意归中国负责审理。当时参加"东京审判"工作的人员遇到的最大困难是材料少，证据不足。蒋介石方面虽派了代表团，但对我们的支持却很少，带去的材料远远不够。政府原以为只要法官、检察官金口一开，大笔一挥，就能对罪犯定罪。但是，依照英美法的诉讼程序，既要让战犯在法庭上作充分的辩护和说话，又要有大量具体的证人、证言、材料，否则就不能定罪。正如倪先生在回忆中所说："这使我们陷入一种有苦难言、有冤难伸的境地，我们当时确有一种如主要战犯得不到严惩，就无脸见江东父老的心情。"周教授又举了一个例子：原国民党政府军政部次长秦德纯，曾在29军任职，他出庭作证时，只会讲日军在中国"杀人放火，无所不为"等，却拿不出令人信服的证据，令人十分失望，被辩护方面的人看作笑话。周先生感叹地说："这恐怕不是他一个人的疏忽，而是反映了当时政府的无能，真是'弱国无外交'啊！"

为了摆脱这种困境，争取主动，代表团只有四处找证据。为了找有用的材料，"那几个月我们非常辛苦，可以说废寝忘食，日夜奋战。我们决定到盟军总部查阅日本内阁和军部、外务省的有关材料，其中包括天皇御前会议、五相会议、关东军报告、汪伪档案等，甚至要翻阅过去的报纸，夜以继日地摘抄、翻译、整理，饿了就啃几片三明治。梅先生、向先生等还经常召集我们一起研究情况，商讨对策，筛选、取证材料。为了防止泄密与窃听，我们用上海话把土肥原称作'土老二'，把板垣称作'板完'。就这样，我们苦干了几个月，才弄出一个头绪，对控告战犯罪行作了充分准备。"周教授还特意向我提到吴文藻先生（作家冰心的丈夫）的帮助。"吴先生当时是国民政府驻日代表处的第二组组长。他在交涉、搜集战犯材料方面，给我们很大帮助，我们合作得很好。"

中国代表团主要负责审理的战犯是松井石根、土肥原贤二和板垣征四郎，他们都是屠杀中国人民、罪恶累累的刽子手。松井石根是华中派遣军总司令、南京大屠杀惨案的制造者。为了制服他，检察官助手裘劭恒经法庭同意，带了两名美国人专程回国调查取证，取得了大量的人证、物证，还带回了"南京大屠杀"中的幸存者伍长德和许传鲁，还有目击者金陵大学的美籍教授贝斯蒂、传教士史密斯，英国人罗伦斯、牧师约·梅奇等人，向法庭提供了确切无疑的证词。

中国法庭还搜集到一件德国驻南京大使馆发给德国外交部关于日军侵占南京时施暴的一份秘密电报。这份报告真实地描述了日军在南京杀人放火、强奸抢劫的情况。电报结尾说："犯罪的不是这个日本人，或者那个日本人，而是整个日本皇军——它是一部正在开动的野兽的机器。""纳粹德国提供的材料是非常有用的证据。因为日本的盟国提供的材料更有说服力，那些受害者与目击者真实确切的血泪控诉，引起了法官们的极大重视，终于使当年耀武扬威的松井石根在法庭上惊慌失色，两腿瘫软，最后在法庭宪兵的扶持下，拖出法庭。当然，代表团收集整理的材料不止这三名战犯，还有梅津美治郎、荒木贞夫、畑俊六、南次郎、木村兵太郎、武藤章、广田弘毅、东条英机、重光葵等。"

1946年5月3—4日，由远东国际军事法庭检察官约瑟夫·季南在法庭上宣读了起诉书，共列出55条罪状，控告日本28名甲级战犯所犯的三大罪状：破坏和平罪；违反战争法规及惯例罪；违反人道罪。检察方面提出了大量证据，主要是书证、人证，也有照片、影片等。这一工作大约进行了半年之久，传唤出庭作证的证人也进行了半年之久，传唤出庭作证的证人有100多名。在这些证人中，给人印象最深的有2人，有一位是溥仪，当向哲濬陪同季南去看望溥仪时，溥仪紧紧握着向检察官的手，失声痛哭，看到溥仪有悔罪之心，他们便动员他出庭作证。出庭那一天，溥仪穿一套蓝色西装，系一条浓茶色领带，立即引起了全场的注意。溥仪激动地控诉了日本侵略东北，板垣征四郎派人威胁他在东北成立伪满洲国，毒死他的妻子谭玉玲，以及土肥原挟持他离开天津到伪满洲国当皇帝等罪行。在法庭，溥仪当面斥责土肥原。

另一位印象深刻的证人是伍长德。他出庭控诉说，在日军进行"南京大屠杀"的血腥日子里，他被日军押送到汉中门，当时有两千多人，大多是精壮男子，被分批带到城外，用机枪射杀，伍被押到尸体堆旁边扑倒在地，免遭枪击，但他还是挨了一刺刀，因为日军在尸堆中乱刺那些尚未绝气的人。伍的证词使在场的人听得毛骨悚然。

在控方提出诉状和举证后，接着由被告方提出辩护与举证。这一工作大概从1947年2月下旬起，一直拖到1948年年初。参加辩护的日、美律师达90余名，传唤证人300余人，超过控方。令人气愤的是，这些律师明目张胆地袒护战犯，为他们开脱罪行，而且在法庭上故意拖延时间，进行捣乱。因为当时国际形势发生了变化，冷战已经开始，美国有意扶植日本，搞反共反苏。

例如在举证时，往往先由美国律师出头宣读辩护词，与法官争辩，为战犯开脱。许多美国律师还身穿美军制服，在法庭上口口声声称战犯左一个"将军"、右一个"大臣"，听了让人既肉麻又气愤，好像这些人不是战犯。总辩护人兼东条英机的辩护人是清濑一郎，这个人原来就是为日军侵略出谋划策的"国策研究会"成员，战前还是日本国会议员。他公然否认被告的一切，搬出诸如"中国排日""为了防共""为了建设大东亚共荣圈"等谎言来粉饰侵略。他钻英、美法律烦琐的空子，胡搅蛮缠，还精心为战犯挑选律师，如让板垣手下的奉天独立步兵守备第二大队队长岛本正一中将为板垣辩护，陆军参谋长梅津美治郎的部下池田中将为梅津辩护。土肥原与美国律师瓦伦中校、日本律师大田金次郎策划，让他的部下爱泽诚为其辩护。出庭辩护的还有关东军伪满"大使"植田谦吉等，有的本人就是日军联队长或师团长，实际上是让小战犯为大战犯辩护，实在令人憎恶。

有的日美律师常常在反询问时，各种刁难，例如土肥原的律师拿出一幅宋哲元送给土肥原的画作证说，他是中国人的好朋友，是无罪的。后来幸亏秦德纯出庭作证说，这幅画上的字，是其秘书长杨镇南的笔迹,"一件小小的纪念品,不能用以证明国家之间的外交关系",才使他们哑口无言。

还有一次,中国公诉人倪征燠向法庭提出一份证据,即1935年的《奉天特务机关报》,其中有一段话:"华南人士一闻土肥原、板垣之名,即有'谈虎色变'之慨。"文章作者正是土肥原的部下爱泽诚,这是土肥原与板垣屠杀、残害中国人民的真实写照,是一份有力的证据。但美国律师瓦伦中校却捣乱:"审判长,这是在谈老虎,与本案无关。"倪征燠严肃而又鄙夷地对这句中国成语作了冷静的解释:"谈虎色变,是说土肥原、板垣两人凶狠如虎,人们听到他俩的名字,就像提到老虎一般,害怕得脸色都变了。"法庭上的人听了倪先生的解释恍然大悟,法官与听众无不哈哈大笑,嘲弄瓦伦律师的无知和无理狡辩。

经过双方反复辩论,终于在1948年11月4日开始作出宣判,判定全体被告有罪,被告中罪状最少的也有25项,最多的达54项。但在5月6日,当时在法庭受审的全体被告27人竟都声辩自己"无罪"。东条英机竟说:"对一切诉因,我声明无罪。"

审理期间共开庭818次,法官内部会议131次,有419位证人出庭作证,779位证人提供述书和宣誓口供,受理证据4336份,英文审判记录48412页。整个审判长达两年半,耗资750万美元。1948年4月16日,法庭宣布休会,以作出判决。从1948年11月4日开始,宣读长达1231页的判决书,到12日才读完。

被告最初是28人,但前外交大臣松冈洋右和前海军大将永野修身病死,为日本侵略炮制理论根据的大川昭明因发狂而中止受审。结果只对25人进行了审判和判决。对7人处以绞刑(东条英机、广田弘毅、土肥原贤二、板垣征四郎、木村兵太郎、松井石根、武藤章),对16人处以无期徒刑(荒木贞夫、桥本欣五郎、畑俊六、平沼骐一郎、星野直树、贺屋兴宣、木户幸一、小矶国昭、南次郎、冈敬纯、大岛浩、佐藤贤了、岛田繁太郎、白鸟敏夫、梅津美治郎、铃木贞一),宣判2人有期徒刑(东乡茂德20年,重光葵7年)。参加审判的中国代表团为中国人民伸张了正义,尤其在审判土肥原贤

二、松井石根、板垣征四郎的审理过程中起到了重要作用。正如著名教育家顾毓琇对梅汝璈的赠言所说："代表四万万五千万中国人民的千百万死难同胞，到侵略国首都来惩罚元凶祸首。天下之壮烈事，以此为最。"

## 五　对比纽伦堡审判，东京审判有许多缺点

纽伦堡审判从 1945 年 11 月 20 日开庭到 1946 年 9 月 30 日宣判，时间不到一年，宣判被告 22 人（缺席 1 人），判死刑 12 人，无期徒刑 3 人，20 年徒刑 2 人，15 年徒刑 1 人，10 年徒刑 1 人。从时间上说，审判比较及时，时间较短。量刑虽有不妥之处（如巴本、沙赫特、弗里彻被判无罪释放），但总体上是恰当的、比较严厉的。同时，美、英等盟国方面并没有表现出对被告明显的包庇。

但与此相比，东京审判就暴露出明显不足和缺点：首先，纽伦堡审判的法庭（及有关事项），都是根据四国平等的原则，由平等选举和表决而产生的。而东京审判的法官和检察官却是由盟国最高统帅麦克阿瑟任命的，这就保证了美国意图的贯彻。纽伦堡审判、宣判德国政治领袖集团、秘密警察、党卫队等为非法的犯罪集团，东京审判却没有。

其次，由于东京审判拖延的时间很长（从 1946 年 4 月到 1948 年 11 月，长达两年半），当时的国际形势已经发生很大变化。最大的不同就是冷战已经开始，美国抛出了杜鲁门主义，实施"马歇尔计划"，乔治·凯南提出了对苏的"遏制"政策和对日的"新方针"，这使美国的对外政策明显转向反苏反共和反对中国革命。尤其是中国革命发生了历史性转折，使美国加速扶植日本。这反映在东京审判中，就是其带有不彻底性和对战犯蓄意包庇、袒护的地方很多。

例如，当时有人建议，参与战争的财阀应同时受审，如鲇川、岩崎、中岛、藤原、池田等，但是遭到否决。有些财阀头目，即使被捕了，又很快被释放，免于受审。原先被捕在押的甲级战犯还不

止这些，后来除28人外，全都被释放，其中包括直接与侵华战争有关的派遣军总司令西尾寿造、华北派遣军司令多田骏，还有伪满总务厅长岸信介以及贺屋兴宣等，这是麦克阿瑟在对7人处以绞刑的第二天下令释放的。臭名昭著的冈村宁次则一直逍遥法外。对中国俘虏进行生物武器试验（即731部队）的战犯被捕后在美国受到包庇。美国人答应，只要他们说出实施自己的犯罪行为所使用的全部知识，就不予起诉。美国后来确实就没有起诉。

另外，关于国家元首的战争责任问题，东京审判也与纽伦堡审判不同，即东京法庭作了回避。纽伦堡国际军事法庭宪章第七条规定："无论系国家元首或政府各部之负责官吏，均不得为免除责任或减轻刑罚之理由。"但是在远东国际军事法庭宪章第六条中，却回避了国家元首的罪责。

有些判决太轻，如畑俊六、梅津美治郎、南次郎等。他们在中国犯下滔天罪行，但均未被判处死刑。重光葵曾在1931—1932年、1942—1943年先后任驻中国公使和汪伪政权大使，进行了大量罪恶活动，但仅判处了有期徒刑7年。至1949年10月，东京法庭又宣布对乙、丙级战犯也结束审判，不再逮捕。到1950年3月7日，颁布"第5号指令"规定，所有据判决书仍在日本服刑的战犯，都可以在刑满前"宣誓释放"，这等于废除了远东国际军事法庭的判决。不久，重光葵、荒木贞夫、畑俊六、贺屋兴宣等战犯都被释放，有的重新回到政界，爬上高位，如岸信介、重光葵等。此外，在审判过程中，有两名战犯即前外交大臣松冈洋右和海军大将永野修身病死，美军律师居然去参加吊唁，并送了花圈。还有一件事也相当令人生气，为替战犯辩护，有些证人竟是美国将领，有的辩护文件竟来自美国国务院，其中还有马歇尔签署的。还有，1948年11月22日，麦克阿瑟批准了判决书，但对死刑犯的判决却没有立即执行，反而允许把广田弘毅和土肥原的上诉书转给美国最高法院，美国最高法院居然以5∶4同意被告上诉。世界舆论纷纷谴责。

当时东京法庭的中国法官梅汝璈表示："如果代表11国的国际法庭所作的决定要由某一国的法庭来重新审理，不管它是多么高的法院，都当然会使人担心，任何国际决定和行动都要同样受到一个国家的重审和改变。"在世界舆论的压力下，美国司法部副部长致函美国最高法院，指出它无权干涉东京法庭的判决。12月20日，美国最高法院终于以六票对一票拒绝重新审理。这样，判决后拖延了40天，到12月23日东京时间0点至0点30分，才在东京巢鸭监狱院中对东条英机等七名主要战犯执行了绞刑。

除东京审判外，南京、马尼拉、新加坡、仰光、西贡以及苏联的伯力等地也为次要战犯设立了军事法庭。美、英、荷等国慑于各地受难人民的激愤，审判虐待俘虏和屠杀平民的战犯共5416人，其中937人被处以死刑。

尽管东京审判存在上述种种缺陷，但东京审判总的来说是严肃的、正义的，因为通过东京审判，伸张了正义，严惩了战犯。判决书庄严指出，发动侵略战争就是犯罪。"不可设想还有什么比阴谋发动战争和实行侵略战争更严重的罪行。"在审判中，还强调了违反战争法规罪和违反人道罪亦应负刑事责任，直至判处死刑。而且确认，不管上述罪行在哪一地区犯的，可以不受地区限制，一起清算。上述这些原则都是很对的，对后世也有警示作用。所以远东国际军事法庭虽有缺点，但有其重大历史意义，值得肯定。它的判决，铁证如山，是任何人不能篡改和抹杀的。

（原载《中日关系史研究》2014年第1期）

# 伊藤博文政党观的演变及政党实践的变迁*

陈 伟

伊藤博文（以下简称"伊藤"）是日本明治时期最有影响的政治家之一，也是近代日本立宪政治制度的主要奠基人，他的政党观及政党实践与近代日本政治从藩阀政治向政党政治形态转变关系甚大。据笔者所知，近年来，中国的日本史学者开始关注于研究伊藤的政党观及政党实践，有的主要着眼于考察明治宪法颁布初期伊藤提出的"超然主义"理念，[①] 有的简要阐述了伊藤的政党观，[②] 有的从伊藤在近代日本政党改造中发挥的作用视角分析伊藤的政党实践。[③] 但对其政党观的演变和政党实践的变迁以及这种演变、变迁与近代日本政治形态转变关系的研究却关注不够。本文拟在已有研究成果的基础上从近代日本政治形态演进的视角，对伊藤政党观的演变及政党实践的变迁进行探讨分析。

---

\* 本文系中国社会科学院青年科研启动基金项目"伊藤博文的政党观与其政党实践研究"的最终研究成果。

① 武寅：《近代日本政治体制研究》，中国社会科学出版社1997年版；魏晓阳：《制度突破与文化变迁——透视日本宪政的百年历程》，北京大学出版社2006年版；陈伟：《试析黑田清隆和伊藤博文的政党观——以其"超然主义"演说为中心》，《日本学论坛》2008年第3期。

② 杨爱芹：《伊藤博文政体思想剖析》，《河北师范大学学报》（哲学社会科学版）2001年第1期。

③ 林尚立：《政党政治与现代化——日本的历史与现实》，上海人民出版社1998年版。

## 一

　　明治政府建立之后，迫于自由民权运动要求制定宪法、开设国会的压力，同时，政府高层也一直希望采取渐进方针、通过构建立宪体制来巩固以萨长藩阀①为核心的强大的中央集权统治，推行政府主导的自上而下的近代化方针，修正与西方列强之间缔结的不平等条约，以实现国家独立，建设与欧美列强齐肩的近代国家，在这两方面的共同作用下，以明治十四年政变为契机，政府开始将停留在理论上的立宪构想付诸实践。首先，明治天皇于1881年10月颁布诏书，宣布将于十年后（1890年）开设国会，颁布宪法。接着，1882年3月，时任参议兼内务卿的伊藤受天皇之命，踏上了为期一年两个月的渡欧考察宪法之路，他在柏林和维也纳分别向德国法学家格耐斯特和奥地利法学家施泰因请教了宪法学的有关知识，并对英国立宪政治的历史和现状进行考察。通过考察学习，伊藤进一步明确了其否定英国式政党议会制度的态度，愈加坚定了以普鲁士式君主立宪制为模式制定宪法的决心。伊藤归国之后，在井上毅、伊东巳代治、金子坚太郎的辅助下主持起草宪法草案和皇室典范，经过多次修改，并经枢密院三次审议，最终于1889年2月11日，以天皇钦定方式颁布了《大日本帝国宪法》（通称《明治宪法》）和议院法、众议院议员选举法、会计法、贵族院令等宪法附属法令，皇室典范也于同一日制定（未公开颁布）。至此，以明治宪法为核心确立了以天皇为核心的近代日本政治体制——明治宪法体制。由于天皇被神化并被奉为"现人神"，天皇本人不亲自处理政务，因此，辅弼天皇的萨长藩阀官僚实际上掌握了国家大权，他们通过被授予"元勋优遇"特权和奉诏"匡辅大政"，组成超越宪法之外的元老集团，负责国家最高决策和推荐继任首相，第一代集团

---

①　萨长藩阀是指在倒幕维新过程中立下功勋，并在明治政府建立之后居于中枢地位的极少数旧萨摩、长州二藩的中下级武士出身的军阀与官僚集团。

成员包括出身于长州藩的伊藤博文、山县有朋、井上馨和出身于萨摩藩的黑田清隆、松方正义、西乡从道、大山岩。明治宪法的颁布,实质上使得通过明治十四年(1881)政变确立的萨长藩阀统治以法律形式固定下来,由此形成了所谓藩阀政治形态。

2月12日,黑田清隆内阁总理大臣在鹿鸣馆招待地方长官的午餐会上发表演说,阐述政府对待议会的施政方针,指出:"宪法不得不包容所有臣民的意见。但对于如何施政,人们主张各异,有相同主张的人结成所谓的政党也是社会现状不能避免的。然而,政府则必须常取一定之方向,超然立于政党之外,居于至公至正之道。各位阁员应以此为意,持不偏不党之心以对国民,奉行上命,为国家繁荣昌盛而努力。"[1] 因其演说中有"超然"一语,故史称"超然主义"演说。之后,"超然"一语不胫而走,超然主义作为体现藩阀政府的基本政治理念的用语逐渐为社会各界所熟知。黑田清隆在演说中,虽然承认政党的出现是不可避免的现实,但强调政府应有一定方针,超然于政党之外进行施政,其实质就是否认政党内阁,期望由藩阀官僚永远垄断政权。

2月13日,伊藤作为枢密院议长,设宴招待地方长官,发表了简短的宪法演说,认为:"国务大臣唯对天皇负责,对帝国议会以及臣民不应负责。宪法第55条规定各国务大臣辅弼天皇并负其责即此义也。……故无论遭到议会任何反对,只要得到天皇的信任,国务大臣就不应轻易更替。"[2] 强调政府进退由天皇决定,对天皇负责。由于政府不以议会中占据多数的政党为基础组成,故与议会的信任无关,不以民意为内阁更替标准。虽然伊藤在演说中没有提出超然主义,但其宪法理念和黑田清隆并无二致。2月15日,伊藤又召集在京府县会议长发表详细的宪法演说,他首先强调:"政府乃天皇陛下之政府……宰相独归天皇陛下任免,不容其他之干预。而宰相在行使国政上不得不负其责,即责任宰相制。这在宪法学上虽然有种

---

[1] 指原安三编:『明治政史』下篇,東京:日本評論新社1956年版,第37页。
[2] 尾佐竹猛:『日本憲政史大綱』,東京:日本評論社1939年版,第803页。

种议论，然在我国未来之政体上责任宰相已经明确、更无怀疑之余地。"① 进一步明确政府实行的是由天皇任免、对天皇负责的责任内阁制。接着，伊藤阐释了超然主义，指出："盖君主位于臣民之上，必须立于各政党之外，故不能施行给予某一政党利益而给其他政党带来害处的政治，即必须保持不偏不党。"② 同黑田清隆在演说中承认政党出现是不可回避的现实一样，伊藤也承认政党的存在，他认为"由于彼此意见差异，势必会产生党派。盖议会或社会中党派兴起虽难以避免，但政府为党派左右甚为不可"。③ 在这里，伊藤把政党区分为作为一种社会现象的政党和组织政府的政党，认为前者的存在是不可避免的，而对于后者则坚决要予以否认，将政党和政党政治分割开来。

伊藤在演说中，一方面赞同黑田清隆的演说中关于政府超然于政党之外的理念，主张政府应该立于政党之外，站在不偏不党的立场上进行施政；另一方面又指出"今后开设议会将政事诉诸于公议舆论之时，不免将出现议会政府即企图以政党组织内阁之类最危险情事"④，对于将来日本实现政党政治的可能性，则予以保留，并没有全面予以否定，这充分体现出伊藤内心对政党政治并非期盼，而是抱有一种对未来政治如何发展的担忧心理。

当时，在政府内部，对于黑田清隆和伊藤的"超然主义"演说就有各种不同意见，尤其是围绕伊藤演说的争论尤为激烈。其中在宪法起草中作为伊藤助手的井上毅、伊东巳代治、金子坚太郎就宪法政治与政党的关系向伊藤质疑。他们认为就当时政情来说，政府超然于政党之外实施宪法政治是不可能的。当时，政府虽然可以依托作为政府屏藩的贵族院，但宪法赋予预算审议权、立法权以及上奏权的众议院的情况却恰恰相反。众议院由民选产生，其中自由党和改进党自自由民权运动以来已在地方构建起自己的稳固基础，

---

① 指原安三编：『明治政史』下篇，第38—39页。
② 指原安三编：『明治政史』下篇，第40—41页。
③ 指原安三编：『明治政史』下篇，第40—41页。
④ 指原安三编：『明治政史』下篇，第41页。

从而势必在即将开设的众议院里形成多数党。但由于两党之间缺乏团结，这就给政府通过建立以皇室中心主义为基础的第三党操纵议会留下了余地。为此，三人建议为了对抗被称为民党的自由党和改进党，应该组织第三党来援助政府进行施政，但伊藤不以为然，他以德国为例，认为："德国的议会里，既有激进党又有保守党，既有极左党又有社会党，还有旧宗教派。然而，俾斯麦不是也超然立于各政党之外，操纵这么多的党派而实行着宪法政治吗？"① 金子坚太郎等人反驳道："因为是俾斯麦，所以才能做到，而日本并没有俾斯麦。没有俾斯麦这样的英杰而实行俾斯麦的政策，那是自不量力。"② 伊藤表示："正如诸君所说，建立政府党是一件不容易的事。因此，政府才在今天这样的形势下，先以超然主义前进，以观察今后的形势。"③ 另外，伊藤主张："如果政府对于议会不抱有丝毫恶意和阴谋，以诚心诚意处理政事的话，任何政党也不会一味地加以反对。"④ 即伊藤认为，依靠诚心诚意和操纵政党是可以实现"超然主义"方针的。在这里，伊藤又一次提出视未来形势如何发展政府再作出相应对策，从中可以看出其对"超然主义"理念能否在议会政治实践中得到顺利实施抱有担忧，也从一个侧面反映出他所提倡的"超然主义"理念实质上是一种不彻底的"超然主义"理念。

总之，伊藤一方面坚持内阁阁僚的任命权属于天皇，由宰相辅弼君主行使行政权，天皇位于臣民之上，代表全体国民的利益进行施政，作为实际担任辅弼重责的内阁宰相也必须深受天皇信任，要以日本国民利益的代言人的面目出现；另一方面，他认为当时的政党只是某一阶层、某一团体、某一地方私利的代表，怀疑其不能代表全体国民的利益，因此，作为当时能够代表全体国

---

① 升味准之辅：《日本政治史》第三册，董果良译，商务印书馆1997年版，第262页。
② 升味准之辅：《日本政治史》第三册，董果良译，第262页。
③ 升味准之辅：《日本政治史》第三册，董果良译，第262页。
④ 升味準之輔：《日本政党史論》第二卷，東京：東京大学出版会1966年版，第229页。

民利益的势力唯有深受天皇信任、在明治维新及明治政权建立过程中立有殊勋的萨长藩阀。伊藤强调，代表私利的政党进入政府，会影响政府的公正性。当然，这只是表面上的借口，其真正目的是否定政党的政治价值和政治存在，阻止当时以反对藩阀政府的民党为基础组成的内阁出现，在宪法颁布、议会开设的新形势下能够继续强化藩阀政府的统治。故为达此目的，唯有坚决否认政党内阁的出现，甚至公开声明拒绝政党进入政府。伊藤在坚持所谓公平施政的同时，对于政党的出现又抱有容许态度，认为党派的出现是一种不可避免的社会现象，将来党派如何发展则要视时势演变再作出相应对策，从中又体现出伊藤的思想具有一定程度上的灵活性。

从某种程度上说，"超然主义"是否能够在议会政治实践中得到顺利实施，不仅社会各界对此深表担忧和疑惑，就连藩阀政治家也是心中无底、毫无把握，因此，在公开场合，藩阀内阁虽然表面上鼓吹"超然主义"理念，但在现实中面对强大的民党势力，也不得不采取具体措施予以应对。在伊藤第一次组阁时期，采取的应对方法是将政党首领引进政府的做法，大隈重信入阁即是其典型事例。然而，大隈重信当时入阁并非作为政党首领入阁，而是以维新元勋的身份入阁。不过，不难看出，伊藤邀请大隈重信入阁实际上是倚重其作为政党首领的身份。在其后的黑田内阁中，伊藤又与黑田清隆进一步实施了元勋网罗策，实质上是广泛地寻求民党支持，因为像板垣退助、后藤象二郎等维新元勋无一不是民党领袖或者与民党关系密切的人士。这一切都表明伊藤在实践中并未顽固坚持"超然主义"理念，而是采取灵活态度以图巩固和加强藩阀政府的统治基础与扩大其支持群体的广泛性，同时也更反映出他的"超然主义"理念的不彻底性。

综上所述，伊藤在宪法颁布之初认为如果和特定的党派相结合则会损害国家利益，强调政府为了进行公正且合理的政治需要保持不偏不党性，提倡"超然主义"理念，对政党和政党政治抱持怀疑和不信任的态度。① 并认为在议会中占据多数的政党领袖如果进入甚至组织政府，就会否定天皇的主权原则，动摇宪法的基础，因此，自己无意组织政党以与反对党抗衡，只希望通过说服和操纵政党的手段来实施宪法政治。

## 二

继第一届山县内阁之后，围绕着预算案，众议院中的民党和松方内阁之间的冲突达到顶点，最终于1891年12月25日，日本宪政史上议会首度被解散。议会开设之后，尤其经历前两届议会中与民党对抗的实践，面对政府在众议院中的孤立处境，伊藤感到依靠诚心诚意和操纵政党对策很难实现"超然主义"方针，要对付民党，必须采取实质性的行动，他想到的对策是自己组织新党在立宪政治的框架内援助政府。1892年1月22日，伊藤上奏天皇，强调："今日之计，唯有博文自身辞职，下至民间，以大成会（第一届议会以来的吏党）为基础，组织一个标榜天皇主权主义的政党，压倒自由民权主义的党派以援助内阁，而别无他途。"② 但由于遭到天皇及藩阀元老的坚决反对，伊藤的第一次组党计划未能开始实施即告流产。伊藤决意亲自组党的原因之一是对民党不满，认为民党虽然表面上标榜自由民权主义，但其目的仅在于"热衷政论、博取功名……破坏政府"③。此时，伊藤所欲组建的政党实际上还是接近藩阀政府的所谓"吏党"，组党目的在于借此压倒民党，援助松方内阁。从伊藤的第一次组党计划可以看出他的政党观开始发生变化，表现为他开始认识到作为立宪政治运作核心的政党的重要性。另外，伊藤计划下野亲自组建政党，来摆脱明治政府所面临的执政危机，也体现出他开始试图改变藩阀政治的动向。

---

① 参见陈伟《试析黑田清隆和伊藤博文的政党观——以其"超然主义"演说为中心》，《日本学论坛》2008年第3期，第39页。
② 春畝公追頌会编：『伊藤博文伝』中卷，東京：原書房1970年版，第822頁。
③ 春畝公追頌会编：『伊藤博文伝』中卷，第811頁。

1894—1895年的甲午战争，使得日本的经济结构发生了巨大变化。战争赔款、海外殖民地的占有、新的市场的拓展，都促进了日本以重工业为中心的资本主义产业的确立和发展。资产阶级的经济实力开始增强，在其经济力量增强的同时，通过其政治上的代言人——政党扩大在政治上的发言权的要求也愈加强烈。为了取得资产阶级势力的支持以扩大自己的选举基础，作为一向以扩张党势为重要目标的民党第一大党——自由党也开始吸纳资产阶级提出的政治要求。同时，甲午战后，随着资本主义的发展和城市人口的增加，稻米需求增大，米价也随之高涨。由于地税缴纳不是纳物而是纳钱，而且课税标准是土地价格，税率与丰歉无关，是固定税率。因此，作为自由党主要支持基础的农村地主的地税负担，实际上已有相当程度的减轻。在此基础上，地主的利益诉求也发生了变化，他们不再仅仅关注于减轻地税这一点，而是对地方利益的实现开始抱有浓厚兴趣。自由党为了回应这种利益诉求，政策开始从消极的"休养民力"向积极的"富国强兵"方向转化，而要实现这种利益诉求，只有通过与藩阀合作或进入政府才能够实现。另外，面对甲午战后由三国干涉引起的帝国主义列强在东亚地区对立的激化和俄国的严重威胁，自由党明确提出"上下一致、扩充军备、抵御外难"[1]才是当时的首要课题，表示支持政府提出的以实现急剧的军备扩张和实施产业培养为目标的战后经营计划。

在初期议会时期，虽然藩阀政府提出"富国强兵"，民党以"休养民力"与之对抗，但两者之间并不是不相容的矛盾关系，只是藩阀政府主张扩军计划是当下的第一要务，至于"休养民力"则是将来要实现的课题，而民党则把"休养民力"放在第一位，为此就要节减政费、削减扩军费，实际上并非否定扩军计划，两者之间的激烈对立，只不过是在以作为国是的富国强兵的共同前提和目标上的

---

[1] 林田龟太郎：『日本政党史』上卷，東京：大空社1991年版，第436頁。

当下政策的优先顺位而已。① 同时，自由党充分认识到，虽然在初期议会时期以"节约政费""休养民力"为口号，拒不通过藩阀政府提出的预算案，利用预算审议权和弹劾上奏权作为武器，使政府数度处于解散议会还是停止宪法的两难抉择的十字路口，但作为自由党来说并未实现其进入政权的直接目标。而要实现这个目标，只依靠对抗显然没有出路，所以，综合各种因素来看，民党寻求与藩阀政府实现妥协和合作才是其唯一出路。

从藩阀政府来看，促使其与民党合作的原因有两方面。一方面，面对三国干涉还辽和国内反对政府接受三国要求的巨大压力，第二届伊藤内阁在归还辽东半岛问题上陷入了严重危机，为谋求取得民党支持以摆脱危机，伊藤将目光投向了自第四届议会以后就开始接近政府、对政府在还辽问题上的决策表示理解并支持政府战后经营计划的自由党，公开表示只有和自由党实现合作，别无他法。加之伊藤认识到在现行宪法体制下，如果过分疏远政党则很难实现宪法政治的有效运作。另一方面，藩阀政府要完成规模庞大的战后经营计划，就需要编制庞大的预算，而这只有通过增税才可以达到目的。依据明治宪法第71条规定：在帝国议会，如未议定预算，或预算不能成立时，政府应按上年度之预算施行。但是，战后预算膨胀超过战前数倍之时，依靠单纯的上年度预算执行权对于藩阀政府来说则没有任何意义。如果施行上年度预算，战后经营计划就不可能实现。因此，从某种意义上说，在战后，上年度预算执行权规定只是一句空文而已。作为藩阀政府来说，只有从否定宪法或与政党合作两条道路中任选其一。如果中止或否定颁布仅数年的钦定宪法，则会损害天皇的权威。剩下的唯一道路就是与政党合作。因此，伊藤一向固守的超然主义理念不得不发生动摇，开始推行与民党合作的政策。

1895年11月，自由党公布合作宣言书，宣布与伊藤内阁合作。依靠与自由党的合作，第九届议会顺利通过政府提出的战后经营预

---

① 大薮龍介：『明治国家論：近代日本政治体制の原構造』，東京：社会評論社2010年版，第218頁。

算案和其他总计达93件之多的法律案，议会闭会之后，作为与自由党达成的合作条件之一，伊藤以自由党领袖板垣退助脱离党籍为前提，邀请他担任内务大臣。为进一步巩固与自由党的合作关系，伊藤还任命自由党员三崎龟之助为内务省县治局长，栗原亮一为内相秘书官，星亨为驻美公使。这一系列人事安排标志着政党猎官的开始，与此后第二届松方内阁时期大批进步党员未脱离党籍就官不同的是，此次政党成员就官，由于伊藤的强烈要求，包括板垣退助等诸人均退出党籍。作为伊藤内阁给予自由党合作的具体回报除板垣退助等诸人任官之外，还包括通过伊东巳代治赠予自由党所谓补助金以及承诺扩大政治自由和实现民主化等政策要求。这一系列举措从客观上表明伊藤对从宪法之初一直标榜的政府超然于政党之外、拒绝与政党合作、排斥政党进入政府的"超然主义"理念进行了修正，并由此开启了政府与民党合作的先河。

## 三

1898年1月，伊藤第三次组阁。在组阁之前，他先后与进步党①和自由党进行谈判，但因对方所提条件伊藤无法接受，谈判破裂。伊藤只好组成了未以政党为基础、以伊藤系官僚为主的超然内阁。3月15日，第五次大选的选举结果，自由党成为众议院第一大党，势力大增。自由党向伊藤提出板垣退助入阁要求，由于伊藤拒绝而导致与自由党的合作破裂，在第十二届议会上，伊藤内阁提出的地税增征法案遭到否决。6月10日，伊藤解散议会。随着与民党合作的深入，伊藤逐渐认识到，由于藩阀与民党的合作是以一定的代价来换取民党在议会采取支持政府的行为。而这种代价即与民党事先商定的条件不可能固定不变，随着合作次数的增加，这种条件就会提高。尤其是合作条件中许诺提供官职给民党，即猎官条件，也会进

---

① 1896年3月，改进党联合革新党、中国进步党、帝国财政改进会、大手俱乐部重新组成进步党。

一步增大。而当民党所提条件超过藩阀所能接受的极限时，因政府无法接受民党的官职要求，最终必然会导致藩阀与民党合作关系的破裂，伊藤与自由党的合作关系破裂也充分证明了这一点。伊藤深感"雇佣兵不足恃，非亲兵不可也"①，于是，心中又一次萌生了自己组建政党的想法。

伊藤的组党计划是以伊藤直系官僚为核心，以大学出身的知识阶层和实业界人物为基础。他派遣渡边洪基联系知识阶层，委托井上馨与实业界和修改地价派②进行谈判。

元老山县有朋获悉伊藤组党计划后，强烈反对，表示："明治政府之历史和宪法之精神绝不允许吾人组织政党内阁，如果组织政党内阁，则我国将陷于与西班牙或希腊相同之命运，此理至明，甚于观火。……今若组织勤王党则须由政府以外之人士为首领，又若以政府内部人士为其首领，则应退出公职。在民间与政府内外支援，以努力贯彻吾人之主义。"③ 随着立宪政治的展开，山县有朋也逐渐认识到议会中政党之出现是不可避免的现象，离开政党的支持则藩阀政府难以为继。但应该看到的是，他虽然从表面上放弃了以武断手段压迫政党来实现其一贯坚持的"超然主义"理念，但其承认政党的限度只限于为操纵议会而利用政党，即以第一届议会之前为应对议会中的民党势力而临时提出的"三分鼎立之策"来操纵议会，排斥建立两党竞争的政党内阁制度，通过构建三分鼎立的政党格局来操纵议会，实现维护藩阀统治的目的。同时，山县有朋认为，政府对任何一个政党均应以公平为本义，如首相直接组织政党，则不能在政党之间保持光明正大的态度。

井上馨在与实业界和修改地价派的谈判工作中遭遇阻碍，在6月19日井上馨致伊藤的信中详细叙述了其与修改地价派和实业界谈判的困境。首先，修改地价派表示："如果能够达到修改地价的目

---

① 林田龟太郎：『日本政党史』下卷，第2页。
② 所谓修改地价派是代表先进地区的地主和农民利益的议员，他们从甲午之战前即不断要求修改地价，并在众议院组织山下俱乐部作为交涉团体。
③ 春畝公追颂会编：『伊藤博文传』下卷，第371—372页。

的，则无必要加入政府党，从维护选区人缘的必要性来说，也不愿意过多参与。其内心是眼中只有修改地价之利。"① 其次，"实业界的动向最终似与岩崎弥之助的意向有关。由于岩崎与大隈的关系牵连数年来之情谊，且进步的实业界人士多出身于福泽门下。而福泽（谕吉）与岩崎之交情……以自然之联结情谊仅凭一堂道理恐难说服，其没有勇气将数年连续之情谊一朝断绝，加入新党"②。故实业界仅约定不偏不党。再次，大学知识阶层与贵族院的关系密切，其中有些人甚至是贵族院议员，他们一致认为伊藤组建政党，并亲自担任政党首领会破坏贵众两院的均衡，使得众议院的势力凌驾于贵族院之上，因此，对伊藤组党计划表示反对。

恰当此时，风波突起，6月22日，自由党和进步党联合组成的宪政党正式成立。以山县有朋为首的山县系官僚派面对众议院中出现的一大反对党——宪政党，提出了非妥协的强硬对策——停止宪法论。伊藤坚决反对山县系官僚派提出的强硬主张，认为停止宪法违反立宪政治的本义，同时对政党内阁的出现抱有清醒认识，进一步感到藩阀政治形态的改变势在必行。

6月24日，伊藤在御前会议上率先分析了当时急剧变化的政局形势，详细阐述了自己组建政党的理由，并提出三项对策。第一策是自己以现职组织一大政党，率领此一政党与反对党对抗，来运作议会政治。第二策为自己断然下野组织一政党，与反对党对抗。如前两策皆不可行，所采取的第三策就应将内阁让予宪政党，由大隈重信、板垣退助组织政党内阁。最终，由于遭到山县有朋等诸元老的反对，加上在谈判过程中实业界和其他各方的消极态度，另外，6月22日宪政党的成立也使得组党计划变得更加不现实，这一切都迫使伊藤不得不放弃第二次组党计划。

总之，从伊藤提出的三项对策来看，他的政党观进一步发生变化，体现在他更多地站在议会政治的角度看待政党，而且通过其政

---

① 春畝公追頌会編：『伊藤博文伝』下卷，第374页。
② 春畝公追頌会編：『伊藤博文伝』下卷，第374—375页。

党构想，可以看出他对建党的社会基础有了比较明确的认识。随着资产阶级势力的增强，伊藤更加关注知识阶层和实业家阶层，希望以他们作为自己组党的主要社会基础。此时，伊藤的建党目的与第一次建党相比，也有显著不同，不仅是要依靠组建政党来援助政府，更重要的是要通过与反对党对抗、组建政党内阁来运作议会政治。另外，通过推荐大隈重信、板垣退助组织宪政党内阁，伊藤实际上"充当了政党政治的助产婆"[①]，促成了日本宪政史上首届政党内阁的诞生，这也进一步突破了其"超然主义"理念。

## 四

虽然两次组党失败，但伊藤并未放弃其建党计划。宪政党内阁因内讧而导致瓦解的结局，使伊藤进一步认识到现有政党的弊端。同时，伊藤的政党观也开始从不得已、不自觉向自觉转化。面对甲午战后数年间急剧变化的国内外形势——三国干涉还辽引起的国内及东亚地区的严重危机、战后经营的实施、日本资本主义的迅速发展、资产阶级力量的逐步增强、民党的社会政治影响力的日益提高等，都使得伊藤洞察到近代日本政治发展的走向，深刻认识到传统的藩阀政治形态很难适应新的形势，迫切需要进行政治变革。特别是，伊藤在1898年9月经朝鲜赴中国旅行之时，通过考察中国政治、经济以及社会状况和亲眼看到中国变法自强运动的失败，深感清朝统治集团的腐朽无能，由此引起的列强瓜分中国的严峻局势，也促使伊藤对于东亚危机的严重性有了更切身的感受。为了避免日本在帝国主义列强的东亚竞争中处于落后局面，伊藤迫切希望在政治体制方面进行变革，实现举国一致体制，组建横跨政界的政、官、财联合的政党。

为了完成其组建政党的夙愿，作为组建政党的宣传准备工作，

---

[①] 杨爱芹：《伊藤博文政体思想剖析》，《河北师范大学学报》（哲学社会科学版）2001年第1期，第136页。

也为了取得实业家阶层的支持，1899年4—12月，伊藤开展了全国规模的政党游说活动。起先，伊藤于4月10日赴长野市，在城山馆出席有志欢迎会，发表演说，阐述宪法政治的本义。随后奔赴大阪、神户、下关、大分、福冈、山口、广岛、名古屋等地，共发表了20余场演讲。

在以上演讲中，首先，伊藤以自己的视角对政党作出定义，强调："所谓政党者只不过是政见的异同而已。……唯解释为意见之异同即可。"[①] "凡政党者即在一国的政治利害上人们皆拥有其观念。这只不过是相同学说的人集中组织的党派而已。"[②] 在伊藤看来，政党是具有相同意见的一类人群自然聚集在一起所构成的组织。其次，伊藤指出，"从吾辈眼中看来，讨厌政党者终究可以将其看作讨厌政党的一党派。……由于政党的建立是不得已之事，故我不惮断言政党者也会不得不出现"[③]，明确肯定政党的存在。但同时，伊藤又批评了当前日本现有政党所具有的弊害，"在今日之日本……恰如源平之争，或如新田、足利之争……唯着眼于政党争夺一点……政党之观念过于强大"[④]，抨击现有政党只是一味进行党派倾轧，并不以国家经营为其目的，只为自己一党谋求利益。并进一步指出，"如果一党派执掌政权时，只实施为自己党派谋利益的政治的话，那么政党也会灭亡"[⑤]，强调了现有政党的利己性和其严重后果。那么如何纠正这种弊害呢？伊藤提出的办法是要对现有政党进行改造，当然只依靠现有政党难以达到目的，必须组建新党。此时，亟须的是要完成党派统一，"完全信任其首领，一党之进退必须委托于首领的才能、能力"[⑥]，即赋予政党首领以绝对权限。伊藤的这种首领独断制

---

[①] 小野绿编：『伊藤公全集』第二卷，東京：伊藤公全集刊行会1927年版，第172—173頁。

[②] 伊藤博邦监修／平塚筐编：『統伊藤博文秘録』，東京：原書房1982年版，第118頁。

[③] 伊藤博邦监修／平塚筐编：『統伊藤博文秘録』，第98—99頁。

[④] 伊藤博邦监修／平塚筐编：『統伊藤博文秘録』，第98頁。

[⑤] 伊藤博邦监修／平塚筐编：『統伊藤博文秘録』，第99頁。

[⑥] 林茂辻清明编集：『日本内閣史録』1，東京：第一法規出版株式会社1981年版，第346頁。

的观点为其后伊藤建立政友会之时强调总裁专断埋下了伏笔。首领独断制的观点源于伊藤对英国宪政的理解。他系统考察了当时政党政治发展比较成熟的英国，发现自英国资产阶级革命以来其政党政治经历了四个阶段，即"议会政府""党派政府""内阁政府"和"一个人的政府"①。政党政治呈现两种发展趋势：一是权力逐渐从议会转向政府，执政党党首掌握国家主导权，行政和立法合为一体，形成党首统制的"一个人的政府"；二是随着执政党权力的扩大，各政党为了争夺权力，竞争日趋激烈。因此，各政党作为选举团体，势必要加强组织性，在党首的绝对领导下，形成决定迅速、命令统一、纪律严格的组织。② 基于英国的宪政发展经验，伊藤认为在政党和政党政治发展还不成熟的日本，很难实现"一个人的政府"，但建立"党派政府"或者"内阁政府"还是可能的，只是这种政府要实现行政机构和立法机构一体化。③ 从而，伊藤推导出政党政治和天皇统治是可以并存的观点，他强调政党政治只要运用得当，不仅不会与天皇大权相抵触，反而会有利于甚至加强天皇统治。之所以日本难以建立"一个人的政府"，政党政治不成熟的一个重要原因就是如他之前所指出的作为主体的现有政党的弊病。伊藤认为要实现真正的政党政治，就要对政党进行改造，其目标有二：一是强化政党组织，按伊藤的说法，就是要实现总裁独断；二是政党掌握实务能力，担当国家所赋予的重任。④ 伊藤强调政党要优先考虑国家全体的利益，不要拘泥于党派利益，一味以党争为务，要改变政党作为斗争集团的特点。⑤ 最后，伊藤指出，"有人说身在政党者不能担任官吏，此是极大的误解。发出此种议论，等于束缚和限制了天皇大权。由于天子在使用任何人上都具有自由大权"⑥，明确表示党人参加政府

---

① 小野绿编：『伊藤公全集』第二卷，第110頁。
② 本山幸彦：『政党政治の始動』，東京：ミネルヴァ書房1983年版，第257—259頁。
③ 本山幸彦：『政党政治の始動』，第260頁。
④ 本山幸彦：『政党政治の始動』，第262—263頁。
⑤ 本山幸彦：『政党政治の始動』，第263頁。
⑥ 伊藤博邦監修、平塚篤編：『續伊藤博文秘録』，第99頁。

并不违背天皇统治大权。就政党组织内阁问题，伊藤强调："君主任用何人、不用何人皆属于其固有大权，既然如此，虽党派之人以党员组织政府也无妨。唯其党派无论何时必须要加以考虑的是由于天皇不偏、不党，所以内心要深藏运用不偏不党的天皇大权的作用，必须有责任为了日本国民施行如春风化雨一样的政治。"① 在这里，伊藤再一次强调任命阁僚属于天皇固有大权，因此，任命政党党员组阁也不违背宪法本义，只是党员施政必须保持不偏不党，即不是为了本政党的个人利益，而是要以全体国民为着眼点。

综上所述，伊藤在全国进行的大规模的建党游说活动的演讲中，系统地阐述了他的政党观，特别是明确承认在宪法政治下政党党员参与政权以及政党内阁的合法性。至此，伊藤实现了他对政党认识的自觉转化。

伊藤的第三次组党计划最初始于1900年6月。当时，一向主张与伊藤合作以掌握政权的宪政党②听闻伊藤在各地游说、意欲组建政党的消息后，为了在伊藤组建新党中占据有利地位，主动派代表面见伊藤，就组建新党事宜进行商谈。双方经过近一个月的谈判，8月23日，宪政党决定向伊藤无条件献党。

在宪政党决定无条件献党之后，伊藤遂开始着手新党的筹备工作。关于新组建的政党，伊藤主张废除党名，名称定为立宪政友会，改总部组织为俱乐部，在各地方也同样设置俱乐部。关于废除党名、改称为会的理由，伊藤表示："废除党名是为了避免官海或实业家的疑忌，不外是使之容易加入的手段而已。……党名毕竟来源于支那的朋党一语，世俗之见最忌讳之语。"③

在取得以山县有朋为首的诸元老谅解后，8月25日，伊藤公布了政友会的宣言和纲领。宣言体现了伊藤希望组建何种政党以及实现政党改造的目的。首先，宣言提出："夫阁臣之任免乃属宪法之大

---

① 伊藤博邦监修、平塚笃编：『続伊藤博文秘録』，第101页。
② 1898年10月，宪政党分裂为由前自由党组成的宪政党和由前进步党组成的宪政本党。
③ 春畝公追頌会编：『伊藤博文伝』下卷，第446—447页。

权,其选拔择用,或以政党党员,或以党外志士,皆在于元首之自由意志。其所举荐以就辅弼之职,或行献替之事,则虽党员政友,亦决不许从外部容喙。"① 即阁僚任免属于天皇固有大权,任用阁僚并非因其出身而有所不同。一方面驳斥了以山县有朋为代表的保守藩阀势力的顽固坚持政党成员组织内阁违反宪法的成见,另一方面也并没有明确主张内阁必须由政党组成。实际上,伊藤以一种模棱两可的说法承认了政党可以组阁且不违反宪法,为政党入阁或组阁开启了大门,表明其彻底放弃了"超然主义"理念。其次,伊藤批评现有政党的弊病,指出:"各政党的言行有的不免与宪法已经规定的原则相抵触,有的流于以国务殉党派私情之弊,或呈现与相对于宇内之大势的维新宏谟不相容的陋习。"② 为了防止现有政党的猎官陋习,需要"按照一定之资格,不问党内党外,务必广泛延揽具备相当学识经验之人才。以其党员之故而考虑能否授予其地位之观点则断非应采取之道"③。最后,伊藤提出了自己理想的政党模式,即伊藤所欲组建政党的应有状态,伊藤强调说:"凡政党对于国家必须以竭尽全力一意奉公为己任。……政党如欲成为国民之领导,首先必须自我告诫、言明纪律、整顿秩序、专意以奉公之职从事事业。"④ 需要注意的是,在宣言中没有出现如1892年伊藤第一次组党时在上奏天皇中提出的"以大成会(第一届议会以来的吏党)为基础……压倒自由民权主义的党派"等内容。另外,伊藤接受宪政党加入政友会,并邀请星亨、松田正久、林有造等前宪政党领袖担任立宪政友会创立委员会委员。这些都充分体现出伊藤政党观的重大转变。伊藤作为总裁,发表了创立政友会宗旨的演说,在演说中,伊藤首先指出,在当今世界上宪法政治是最佳的政治制度,政党的最重要职责是为了进一步促进宪政的发展,引导从事农工商业者的国民领

---

① 小池靖一監修、小林雄吾編輯:『立憲政友会史』第一巻,東京:日本図書センター1990年版,第10頁。
② 小池靖一監修、小林雄吾編輯:『立憲政友会史』第一巻,第10頁。
③ 小池靖一監修、小林雄吾編輯:『立憲政友会史』第一巻,第10—11頁。
④ 小池靖一監修、小林雄吾編輯:『立憲政友会史』第一巻,第10—11頁。

会宪政的本义。其次，伊藤提出理想的政党应具备一定的组织和纪律。最后，伊藤呼吁社会各界对自己组建政友会予以支持，特别是实业家阶层的参与。但最终，多数实业家虽然表示赞同政友会的宗旨、纲领，但还是决定拒绝入党，理由是不希望由于政治斗争波及私交、营业。这样，伊藤希望实业家入党的初衷落空，未能实现。9月13日，宪政党宣布正式解散，并决定全体加入政友会。9月14日，伊藤组织政友会计划得到天皇许可。

9月15日，伊藤在帝国饭店举行立宪政友会成立仪式，通过政友会会则，会则由13条构成，会则中没有出现关于总裁的规定。从表面上说，总裁是超越于会则权限之上。换言之，政友会采取的是总裁专断制。但是，伊藤的俱乐部计划未体现在会则中。至此，作为伊藤政党观发展演变的最终归结点，以宪政党为基础、包括部分伊藤系官僚参加的立宪政友会正式成立，标志着伊藤的第三次组党计划最终得以实现。

不过，需要指出的是，在政友会的成立宣言中，伊藤并没有公开明确承认必须要建立政党内阁制度。政友会采取总裁专断主义原则。另外，他宣称自己组建的政党是敕许政党，即奉天皇之命建立的政党。这一切都表明伊藤对政党和政党政治的认识还存在某种程度的不彻底性。

伊藤创立政友会不久，第二届山县内阁辞职，伊藤于1900年10月19日受命组阁，是为第四届伊藤内阁。内阁阁僚中，除加藤高明外相和山本权兵卫海相、桂太郎陆相留任外，其余九名阁僚均为政友会党员，并且内阁书记官长、各省官房长、各省大臣秘书官多为政友会党员。然而，伊藤内阁并非真正意义上的政党内阁，这不仅由于伊藤是拥有爵位的元老，且不是众议员，更由于大部分阁僚均为刚刚加入政友会的伊藤系官僚，九名阁僚中作为众议员入阁的仅有前宪政党领袖松田正久（文部大臣）、林有造（农商务大臣）、星亨（邮政大臣）和其后接替星亨任职的原敬。伊藤政友会内阁的出现，标志着替代萨长藩阀元老轮流执政（执政仅四个月的宪政党内阁为特例）的以伊藤创立的政友会和以山县有朋为首的山县系官僚派交替执政的政治格局开始逐步形成，日本近代史学者坂野润治将这种政治格局称为"1900年体制"①。"1900年体制"的出现加速了藩阀政治的解体，使得伊藤改变藩阀政治形态的构想变为现实。作为官僚和政党联合执政的过渡性内阁，伊藤内阁实际上开启了通向政党政治的道路。在伊藤内阁于1901年5月宣布辞职后，元老退居幕后操控政权，再未出面组阁，这从客观上也有利于政党内阁的诞生和政党政治的出现。

## 结　语

综上所述，伊藤作为藩阀政治家中开明势力的代表人物，经历了与议会中民党的妥协和多次对抗，依据其与政党之间的势力对比和变化了的形势，作出顺应时势的判断，实现了其政党观的转变。可以说，一方面，政党观的变化促使伊藤作出相应的决策，同时又进一步促进了其政党实践；另一方面，政党实践的发展又加速了其政党观的转变。正是由于这两者之间的相互促进，使伊藤从宪法颁布之初的坚持"超然主义"、拒绝和怀疑政党，到甲午战后与民党合作、修正"超然主义"理念、接受和承认政党，进而发展到推荐成立宪政党内阁，再到最终彻底放弃"超然主义"理念，建立政友会，并组建政友会内阁，沟通了藩阀与政党，实现了自身由藩阀政治家向政党政治家的身份转换。伊藤政党观的演变及政党实践的变迁，推动了近代日本由藩阀政治向政党政治的转变，为近代日本政党政治的形成和发展奠定了基础。

（原载《史林》2014年第5期）

---

① 坂野潤治：『明治憲法体制の確立：富国強兵と民力休養』，東京：東京大学出版会1971年版。

# 对战后初期美国转变对日
# 政策原因的再审视

张经纬

战后美日关系的变动,始终是影响东亚地区稳定的重要因素。尤其在战后初期(1945年8月15日日本宣布投降至1952年4月28日美日交换合约批准书、"旧金山体制"形成)这一历史阶段,美国对日政策的重心经历了从改造到扶持的转变过程。这一转变有着复杂的历史背景和原因,经历了曲折的转变过程,转变的直接结果奠定了之后的美日关系,对之后东亚地区国际政治格局的变化产生了深远的影响。在东亚局势复杂多变的今天,弄清楚这一问题的历史背景和原因及演化脉络和过程,对于预判目前东亚地区国际政治格局的走向和趋势、对于确立处理该地区国际事务的基调和对策是有重要现实意义的。

第二次世界大战结束之后,在美国占领军的主导下,日本实行了民主改革。在政治方面,废除了1889年制定的《大日本帝国宪法》,颁布了新的《日本国宪法》,天皇由总揽统治大权的国家元首变为"日本国民整体的象征"[1],从而确立了立法、司法、行政三权分立的资产阶级政治体制,建立起和资产阶级共和国相近的君主立宪制。这是近代日本继明治维新之后第二次重大的社会政治变革。在经济方面,推行了解散财阀和农地改革。解散财阀摒弃了资本主义生产关系中以血缘家族为纽带的封建主义因素,建立起资本

---

[1] 時事通信社編:『日本国憲法』,東京:時事通信社1946年版,第2頁。

与经营相对分离的新体制，为之后日本产业结构的变化奠定了体制基础。农地改革以和平方式自上而下地消灭了明治时期建立起来的寄生地主土地所有制，废除了农村的半封建生产关系，解放了生产力，为之后农业的恢复和发展创造了体制条件。

美国主导的战后民主改革总体看是成功的。但是这里必须指出的是，美国主导的战后改革具有双重性：一方面，它反映了《波茨坦公告》①反法西斯联盟铲除日本法西斯军国主义，将日本变为和平民主国家的共同愿望；另一方面，也实现了美国消灭其西太平洋竞争对手，大霸权消灭小霸权的战略目的。这两者具有截然不同的性质，只是在那个特定的历史节点上出现了契合，而这种特定历史节点上出现的契合，也会在另外的特定历史节点上出现分离或者新的形式，美国之后对日政策的转变就说明了这一点。

## 一 冷战局面的形成和美国亚太战略利益是美国对日政策转变的根本原因

在战后德国分区占领之后，苏联势力范围和影响不断扩大，由此导致关苏在战后欧洲事务安排等一系列问题上的猜疑和矛盾加深。双方都在谋求各自更大的势力范围和国家利益。意识形态的分歧加剧了这种国家利益的冲撞。由此，冷战局面已经在悄悄酝酿，美国不得不重新考虑其全球战略和东亚战略。杜鲁门已经预感到"在今

---

① 1945年7月17日，苏美英三国首脑在柏林近郊波茨坦举行会议，会议期间发表对日最后通牒式公告。由美国起草，英国同意。中国没有参加会议，但公告发表前征得了蒋介石的同意。苏联于1945年8月8日对日宣战后加入该公告。《波茨坦公告》共13条，主要内容有：盟国将予日本以最后打击，直至停止抵抗；日本政府应立即宣布所有武装部队无条件投降；重申《开罗宣言》的条件必须实施，日本投降后，其主权只限于本州、北海道、九州、四国及由盟国指定的岛屿；军队完全解除武装；战犯交付审判；日本政府必须尊重人权，保障宗教、言论和思想自由；不得保有可供重新武装作战的工业，但容许保持其经济所需和能偿付货物赔款之工业，准其获得原料和资源，参加国际贸易；在上述目的达到、成立和平责任政府后，盟国占领军立即撤退。1945年8月14日，日本天皇宣布接受《波茨坦公告》，向盟军投降。

后的世界上,自由世界和苏维埃世界的竞争将压倒一切"①。

关于冷战局面的形成,有三个大的历史事件需要交代清楚。即凯南的"八千字电报"为美国提供了冷战的思想理论基础,丘吉尔的"铁幕讲话"拉开了冷战的序幕,杜鲁门主义的出笼标志着冷战的正式开始。

凯南多年在驻苏使馆工作,是美国外交界的苏联通。1946年2月22日,凯南奉美国国务院之命拟就的"八千字"电报发回国内,该电报描述了苏联对战后世界的看法,分析了苏联的外交政策,提出了美国对苏政策的设想。关于苏联对战后世界的看法,凯南认为苏联依然信仰马克思主义教条,觉得自己处于帝国主义的包围之中,不可能同帝国主义和平共处。资本主义国家间的固有矛盾,不可避免地会引起战争,这就为社会主义"提供了巨大的可能性",苏联要加深和利用这些矛盾。关于苏联的外交政策,凯南认为,苏联将通过提高国家实力和加强对外宣传,扩大自己的疆域和势力范围,削弱西方国家在殖民地和落后国家的影响。关于美国的应对策略,凯南认为,世界共产主义运动就像恶性寄生虫一样,它只靠患病的肌体组织来养活自己。美国先要解决好自己的社会问题,不给苏联及共产主义浑水摸鱼的机会,不仅如此,美国还要为世界制定出建设性的蓝图,为世界的发展发挥引领作用。凯南的上述看法,与美国国内的对苏强硬立场是吻合的,因而成为美国冷战思维萌发的逻辑依据,凯南也由此成为美国外交决策的重要智囊人物。

1946年3月5日,丘吉尔在美国密苏里州富尔顿小镇的威斯敏斯特学院发表"铁幕讲话",也称"富尔顿演说"。内容有五个方面:第一,美国应该肩负起领导自由世界的历史责任;第二,建立英美特殊关系,实现英语民族对世界的统治;第三,一条从波罗的海的什切青到亚德里亚海边里雅斯特的铁幕已经降落下来,铁幕东

---

① [法]戴高乐:《战争回忆录》第3卷,北京编译社译,世界知识出版社1964年版,第202页。

边受到苏联高压控制,苏联还在世界各地建立起第五纵队①,构成对基督教文明的挑战和威胁;第四,攻击苏联在国内实施暴政;第五,鼓动对苏联采取强硬政策。斯大林认为"丘吉尔先生的方针就是进行战争的方针,即号召同苏联开战"②。丘吉尔的铁幕讲话说出了杜鲁门想说又不方便说的话,与凯南的八千字电报所表达的意思是一脉相承的,就是要遏制苏联和共产主义的扩张。因此,史学界一般认为丘吉尔的铁幕讲话拉开了冷战的序幕。

时隔一年后的1947年3月12日,杜鲁门向参众两院联席会议发表演说,标志着"杜鲁门主义"出笼。"杜鲁门主义"主要包含两项内容:第一,希腊和土耳其出现共产主义革命的动向,这影响到美国的战略目标和安全,因此美国必须给予经济和军事援助;第二,世界上存在资本主义和社会主义两种生活方式的斗争,美国必须支持各国选择资本主义的生活方式。如果说凯南的"八千字电报"和丘吉尔的铁幕讲话仅仅是舆论鼓噪,那么,"杜鲁门主义"则是以前者为理论基础的行动纲领和实际举措,因此可以说,"杜鲁门主义"的出笼标志着冷战正式开始。

美苏两国都把资本主义和社会主义看作水火不容、你死我活的对立物,并以此为意识形态基础决定各自的外交战略。那么,他们的外交战略是否反映了他们推行这种外交战略的真实目的?意识形态与国家利益到底是一种什么样关系?在这方面,马克思主义者与西方资产阶级学者之间有着相同的认识。列宁曾指出:"我国的对内和对外政策归根结底是由我国统治阶级的经济利益和经济地位决定的。这个原理是马克思主义者整个世界观的基础。"③ 美国现实主义学派代表人物之一的汉斯·摩根索认为:只要世界在政治上还是由

---

① 《第五纵队》是美国作家海明威于1936—1939年西班牙内战期间以记者身份亲临前线,在炮火中写出的剧本。剧中人物西班牙一叛军将领扬言有四个纵队围攻马德里,同时城内有一批同情者将配合部队里应外合,他名之为第五纵队。后国际上常称活动于敌方内部的叛徒、间谍和破坏分子为"第五纵队"。
② 《斯大林文选(1934—1952)》,人民出版社1985年版,第498页。
③ 《列宁全集》第34卷,人民出版社1985年版,第306页。

国家所构成的,那么国际政治中实际上最后的语言就是国家利益。一个国家外交的基本动因是国家利益,它关系到外交政策的本质及其全部政治学的基本问题,任何试图阐释、预测和规范国际行为的各种努力都离不开国家利益。[①]

战后初期美苏双方的外交战略就是这样,都是用意识形态来掩盖自己对内对外政策的真实目的与需求,都是在"高尚"的口号下,或隐晦、或赤裸地表达自己的利益诉求。他们把意识形态斗争同争夺战略优势与利益结合起来,从而具有更强的攻击性和欺骗性。意识形态的分歧和对立,为双方建立势力范围提供了框架和正当理由。

冷战开始之后,在欧洲的铁幕两边两种制度、两种生活方式、两个阵营的对垒已具雏形,而在当时的东亚地区这种局面尚不明朗,局势的发展仍存在变数。战后欧洲分区占领的前车之鉴,迫使美国从占领日本那一天起,就在考虑未来的东亚盟友问题,其核心目的是使其亚太战略不能受到威胁,必须保证实现其亚太地区战略利益的最大化。这样,美国自19世纪中叶开始构建的西太平洋岛链梦想如何实现?选择谁为战略盟友?如何阻止苏联势力扩张等便成为题中之义。这一切都要求美国时刻关注中国国共两党的争斗,以选择东亚战略盟友,对于美国的国家利益而言,中国到底会成为战略盟友还是未来假想敌至关重要。

## 二 中国国共两党实力的消长转换是美国对日政策转变的关键因素

从雅尔塔体系建立直至战后最初几年,美苏对中国形势的判断及态度经历了一个复杂的演变过程,演变的结果成为美国转变对日政策的关键因素。简单说就是,在中国问题上最初美苏两个大国,

---

[①] 汉斯·摩根索(1904—1980),美国最著名的国际关系理论家,代表作有《国家间政治》等。作为当代最权威的现实主义学派代表人物,他的理论学说博大精深,学术影响深刻广远,被誉为西方国际关系理论的"奠基之父"。

为了各自的国家利益，心照不宣地一致拥蒋，然后随着中国国共两党势力的消长转换，又一致转向弃蒋。在这一过程中，意识形态纷争时隐时现，与各自的地缘政治利益紧密结合，两国都把政治理想与现实手段巧妙地结合起来。

在雅尔塔会议上，苏联答应在欧战结束2—3个月后出兵对日作战。但出兵的条件是中国出让一系列主权，包括维持外蒙古现状，大连商港国际化并保证苏联的优惠权益，恢复租借旅顺港为苏联海军基地，设立中苏合营公司经营中东铁路和南满铁路并保证苏联的优惠权益等。1945年5月28日，苏联对来访的美国总统特使表示，中国答应上述条件，苏联就支持蒋介石统一中国。在美苏两个大国的压力下，8月14日，国民党政府与苏联签订了《中苏友好同盟条约》，苏联实现了它在雅尔塔会议上提出的对中国的权益，国民党政府也由此得到了苏联的支持。苏联的态度和行为表明，在其尚不具实力与美国抗衡、独霸中国为自己的势力范围的情况下，先捞取实实在在的好处静观中国形势的变化乃为上策。

1947年5月，中共中央提出"大举出击，经略中原"的战略计划，中国人民解放军三军挺进中原，并不断取得局部性胜利，由此中国共产党进入战略反攻阶段。在这种情况下，苏联对中国局势的研判逐渐发生了变化。1948年2月，斯大林看到国共两党势力的消长将发生转换，中国革命的发展趋势将朝着有利于中国共产党的方向演变，因此检讨了对中国革命的错误认识与冷淡态度，将对华政策由拥蒋统一调整为弃蒋扶共。①

在美国方面，罗斯福当政时曾力劝蒋介石联共抗日，但到抗日战争后期，美国的对华政策由扶蒋限共转变为扶蒋反共。为此毛泽

---

① 斯大林说："战后，我不相信中国共产党人能取胜，我那时认为美国人将会全力以赴地扑灭中国的起义。我曾劝说毛泽东，最好是与蒋介石和解，与蒋介石建立某种联合政府。我甚至把中国代表团召到莫斯科来。代表团来了，听取了我对他们讲的一切，照中国的习惯，他们都面带笑容，directly点头，然后走了。但以后毛泽东发动了一场大攻势，最后取得了胜利。你们看，我也会犯错误。"[南斯拉夫]卡德尔：《卡德尔回忆录》，李代军等译，新华出版社1981年版，第130页。

东曾对美国提出警告,认为美国的行为是"安放下中国大规模内战的地雷,从而也破坏美国人民及其他同盟国人民的反法西斯战争和战后和平共处的共同利益"①。第二次世界大战结束之后,当政的杜鲁门总统谋求在中国建立霸权,以中国取代日本作为东亚的稳定力量,唯有此美国才能获取巨大的市场和经济利益,才能实现其西太平洋地区的战略利益,而实现上述目标的关键是扶持蒋介石的国民党政府。然而,美国政府看到了国民党的腐败,同时也感觉到中国共产党的势力不可小觑,又由于苏联得到实在利益后表示支持蒋介石政府,因此,对华政策又调整为敦促蒋介石容共统一。1945年11月,杜鲁门派马歇尔来华调停。1947年1月,马歇尔承认调停失败,美国对华政策又退回到扶蒋反共。如上所述,1947年5月中国共产党进入战略反攻并取得节节胜利之后,10月美国调整政策全力阻止中国共产党取得全国政权。一年之后的1948年9月,美国看到扶蒋无望,对华政策再度调整为阻止中国共产党取胜并成为苏联的附庸,东亚的战略重心也彻底从中国转到日本。

美国对日政策由"博顿草案"②到PPS/10号文件的转变,从时间节点上看与上述中国战场的形势变化也是吻合的。1946年年底至1947年年初,对日媾和的"博顿草案"出笼,这个草案是罗斯福时期的外交班底搞出来的,延续了罗斯福的外交思维,认为远东稳定的关键是中国,对日本必须给予严惩,因此,拟定对日政策的基础仍以中国为中心。1947年10月14日,凯南领导的国务院政策设计委员会出台了PPS/10号文件,这个文件的核心指导思想是把日本和菲律宾变为美国西太平洋战略利益的基石,为达此目的须停止承担对中国的不合理义务,恢复对中国的超然姿态和行动自由,同时通过调整对日政策,使日本成为东亚的稳定力量。这个文件标志着美国的东亚战略重心开始由中国转向日本,这是对"博顿草案"的否

---

① 《毛泽东选集》第3卷,人民出版社1991年版,第1111页。
② 博顿草案:全文未公布,内容散见于美国对草案的评论、分析及博顿解释性备忘录。内容有6章58条,包括领土条款、盟国权限、解除武装和非军事化、一般改革计划、赔偿与归还、战争清算等。

定，是对战后对日政策原则的挑战。

正是在上述中国国共两党的势力消长发生转换的过程中，美国开始考虑它的东亚盟友问题，也正是在这种情况下，日本经济形势的恶化和美国亲日集团的鼓噪才显得那么迫切和重要。

## 三 日本经济社会形势的恶化和美国利益集团的鼓噪对美国转变政策提出迫切要求

在中国战局形势逆转的同时，日本国内的经济社会状况也日渐恶化，如果说中国战局的形势逆转是美国转变对日政策的关键因素的话，那么，日本经济社会状况的恶化则是对美国转变对日政策提出了迫切要求。如果没有中国战局的形势逆转，美国主导的民主改革还可能照原样推行下去，也会采取一些技术性措施阻止经济社会状况的继续恶化。但现在情况不同了，原来的盟友有可能变成未来的假想敌，原来的宿敌需要塑造成新的盟友，这就需要对原有的对日政策进行改弦更张的调整。

日本国土狭小资源贫乏，和平时期靠进出口贸易尚能支撑其经济发展，战争时期一旦被切断贸易通道其经济运行立现危机。战争末期的1944年，日本的军需支出占其政府岁出的78.7%，[1] 而军需工业所需原料资源大多依赖进口，这样的经济结构在当时自身条件和周边环境双重压力下走向崩溃便成为必然。战后初期的日本一片废墟，经济凋敝，民不聊生。稻米减产三分之一，工业生产指数若以战前的1935—1937年为100的话，战争结束时的1945年8月则降为8.7。煤炭减产60%，能源短缺导致工厂停工，同时1300万复员和归国人口又造成巨大的就业压力。[2] 经过战后民主改革，特别是在经济方面通过解散财阀，在某种程度上实现资本与经营分离，对工

---

[1] ［日］楫西光速等：《日本资本主义的发展》，闫静先译，商务印书馆1963年版，第309页。

[2] ［日］中村隆英编：《日本经济史》第7卷，胡企林等译，生活·读书·新知三联书店1997年版，第47—48页。

业生产的恢复产生了积极影响。通过农地改革，用非暴力方式消灭了寄生地主土地所有制，对解放农村生产力也产生了积极作用。

然而改革并不顺利，改革目标的实现更非一蹴而就。解散财阀遭到日本政府内保守势力的抵制，他们动用临时军费支付数额巨大的军需品生产合同和复员军人的退职金，由此导致通货膨胀，致使零售物价增长两倍。通货膨胀和物价上涨又导致劳资矛盾日趋激化，1946年春季开始，从东京到地方，罢工和示威运动此起彼伏。日本共产党和社会党也趁机发动群众壮大力量，不断通过工会组织发起要求提高工资、反对解雇的工人斗争。1947年1月，"全国工会临时斗争委员会"发表《二·一总罢工宣言》，1月31日，麦克阿瑟签署了禁止"二·一总罢工"的命令。经济危机演化为社会危机，其间恢复自由的日本共产党表现活跃，影响颇大，这使美国占领当局深感恐惧。他们担心日本共产党势力坐大，一旦受到苏共的渗透和控制后果将不堪设想，这对于决心转变亚洲战略重心塑造新盟友的美国人来说是不能忍受的。因此，必须在关键时刻对日本施以援手，从经济上扶持日本，使日本社会尽快恢复稳定。

也是在上述形势下，战前战中一直亲日、战后又反对解散财阀的美国利益集团看到了转机，因而他们更加活跃，通过各种方式对政府施加压力，为了自身的利益力促美国改变对日政策。"美国日本理事会"（The American Council on Japan）是一个重要的亲日利益集团，该集团成员在战前或与日本上层政治人士过从甚密，或与日本一些大企业有商业往来，因此在战后初期极力反对解散财阀政策，认为解散财阀会导致日本经济崩溃，会直接影响美国在日本的商业活动，若从地缘政治考虑，最终将削弱日本作为美国抵御共产主义扩张的"远东堡垒"的潜力。1948年年初，美国即着手微调对日政策，然而执行起来摇摇摆摆，裹足不前。"美国日本理事会"趁机攻击解散财阀政策，向占领当局施加压力。美国政府在3月份之后先后派出以与亲日利益集团有密切关系的凯南为团长和以陆军部副部长德雷珀为团长的两个代表团赴日，他们都向麦克阿瑟表达了这样的意见：战后改革已经结束，若继续解散财阀将会阻碍日本成为一个自给自足的国家，阻碍日本成为美国实现太平洋目标的基础。另外，美国当时的保守主义思潮和势力的抬头也对美国对日政策的转变产生了促进作用。许多保守派议员是孤立主义者，他们希望减税和缩减开支，不愿意长期背负援助日本的负担。

正是在上述这些因果链条的综合作用下，美国才开始转变其战后初期的对日政策。

战后美国对日政策的转变涉及政治、经济、外交诸方面，有些转变的过程和内容在讨论转变原因时已有所涉及，这里仅就以下三方面的内容作一简单介绍。

第一，减缓日本战争赔款。战后初期，美国制定日本战争赔款政策的初衷是根除日本的战争潜力。1946年1—8月，占领当局曾指定1100个工厂为拆迁赔偿对象。1947年4月7日，美国三部协调委员会根据新的形势要求出台了新的SWNCC236/43赔偿文件，这个文件比过去严厉赔偿文件所规定的数额后退许多，但美国陆军部仍然不满意。7月份，美国众议院外交委员会建议停止德国和日本的战争赔偿。1948年2月26日，以斯特瑞克为首的赴日调查团提出《日本工业赔偿调查报告》，该报告建议除军工企业外，不再拆除工业设备作为赔偿，确定拆除赔偿总额为16.48亿日元（1939年价格）。美国陆军部对一退再退的调整方案仍感不满，陆军部长罗亚尔表示，东亚事态的发展要求尽快把日本"培养成为非常强大且具有稳定自主经济的民主国家……而且与此同时作为一种抑制力量，有助于对抗今后也许会在远东发生的极权主义势力的战争威胁"[①]。时隔两个月后的4月26日，以陆军部副部长德雷珀为团长的赴日调查团提出《日韩经济形势及展望》报告书，该报告书对之前的赔偿计划又做了大幅度削减，建议私人军工企业不再拆除赔偿，国有军工企业若有助于经济复兴也可保留，这样拆除赔偿总额降为前述SWNCC236/43号文件的1/4。1949年5月，美国国家安全委员会颁布NSC13/3号

---

① 齊藤眞、永井陽之助、山本滿編：『日米関係：戰後資料』，東京：日本評論社1970年版，第7—8頁。

文件，彻底终止了拆除赔偿计划。结果，应拆迁的工厂大部分保留下来，拆除赔偿完成额仅相当于原计划的7%。[①]

第二，中止解散财阀。1947年12月，依据盟军统帅部的指令，日本国会通过了《限制经济力过度集中法》。该法规定任何企业有垄断行为或可能对其他企业构成垄断威胁时，须予以解散或改组，根据这一法律，325家大企业被日本控股公司清理委员会列入清查名单。至1948年年初，随着东亚国际局势的变化，这一法律不断遭到美国对外贸易委员会的质疑和抨击。1948年9月，以陆军部副部长德雷珀为团长的分散经营检查委员会，提出一份分散经营解释报告，其实质是限制分散经营的实施。其结果是被列入清查名单的300多家企业被豁免，只有11家大企业被分解为若干小企业，6家大企业奉命改变了结构和活动方式。至次年8月，麦克阿瑟正式宣告解散财阀、排除垄断的工作结束。

第三，放宽战犯整肃。美国对日政策的转变在政治方面的一个突出表现是，指使日本政府的整肃运动向右转，整肃对象由法西斯势力转向日共和左翼团体。至1951年10月，初期被整肃的20万前日军军官和法西斯头目，95%以上都相继解除了整肃。这是战后右翼势力越来越猖獗、日本内阁越来越保守化的历史原因。与此同时，随着东亚国际局势的变化，出于塑造新盟友的需要，日本政府在盟军统帅部的指使下，又开始了对日本共产党及其他左派团体的"赤色整肃"。他们下令禁止政府雇员参加一切政治活动，向各大学施加压力要求解雇教职员中的日共党员。1950年6月6日，日本政府奉最高统帅部之命解除24名日共中央委员的公职。朝鲜战争爆发后，麦克阿瑟又下令关闭了日共的机关报《赤旗报》。这些对日共和左翼势力的整肃活动，显然有助于日本这个新盟友成为一个干净的反共堡垒。

美国转变对日政策的总目标是在西太平洋地区建立霸权，转变的具体目标是在中国这个老盟友行将衰亡之时，努力塑造日本这个

---

[①] 小林義雄：『戰後日本經濟史』，東京：日本評論社1970年版，第30頁。

新盟友，因此要在政治上把日本塑造为反对社会主义的"反共堡垒"，在军事上把日本塑造为抵御共产主义扩张的前哨阵地。为达成上述总目标和具体目标，对日本的政策就要变打压为扶植。在对日政策的转变过程中，其总目标和具体目标始终没变，对日具体政策则有保有变。凡是符合总目标和具体目标的政策就保留下来，继续执行；反之，凡是不利于总目标和具体目标实现的政策就调整改变。总起来看，战后美国对日政策的转变不是彻底地改弦更张，而是围绕总目标和具体目标的局部调整。然而，这种局部调整或者说局部转变，却是影响之后东亚国际政治秩序的关键一步。因为它改变了美国的东亚战略重心和盟友，确立了美国未来东亚政策和对日政策的发展趋势。1951年"旧金山体制"的形成和"美日安保条约"的签订，就是这一发展趋势的必然结果。所有这些，都对战后东亚国际政治格局的演变产生了深远的影响，对中日关系的发展也埋下了隐患。

（原载《日本问题研究》2016年第5期）

# 日本史学史上的"昭和史论争"

张艳茹

近代以来日本史学史上发生过多次论争,"昭和史论争"是其中的一次。1955年11月,岩波书店出版了远山茂树、藤原彰、今井清一三人共著的《昭和史》[1]一书。1956年围绕该书在著者和文艺评论家龟井胜一郎等之间展开了论争,史称"昭和史论争"。

在日本史学史研究中,"昭和史论争"一直被看作一个重要片段,特别是战后历史学发展的一个重要节点。自论争发生伊始直至今日,除论争的参与者就当时争论的问题不断加深思考,还有很多学者在不同时期从不同角度对其进行分析研究。永原庆二在《历史学叙说》《岩波讲座日本历史24》别卷1、《20世纪日本历史学》[2]等著作中都简要叙述了论争的过程和论争的问题点。永原庆二在《历史学叙说》的"历史认识、历史叙述中人的问题"一节中,以"昭和史论争"作为例子,认为论争的最大焦点是"对历史中'人'的捕捉方法、描写方法"[3]问题。小谷汪之在《关于历史的方法》[4]一书中列举了龟井胜一郎在论争中的主要观点,分析了龟井对历史学家的主体性等问题的看法。近年来,学者大门正克等结合目前日

---

[1] 遠山茂樹、藤原彰、今井清一:『昭和史』,東京:岩波新書1955年版。
[2] 文中提到的永原庆二的著述分别是:永原慶二:『歴史学叙説』,東京:東京大学出版会1978年初版、2013年再版;『20世紀日本の歴史学』,東京:吉川弘文館2003年版;永原慶二:『戦後日本史学の展開と諸潮流』,朝尾直弘[ほか]編:『岩波講座日本歴史24』別卷1,東京:岩波書店1981年版。
[3] 永原慶二:『歴史学叙説』,東京:東京大学出版会2013年版,第207頁。
[4] 小谷汪之:『歴史の方法について』,東京:東京大学出版会1985年初版。

本史学界现状对这一问题进行了再探讨。2006年，他组织对这一问题有所关注的学者，共同撰写了《追问昭和史论争——叙述历史的可能性》[①]一书，收录了大门正克、户邉秀明等学者的论文，并收集刊载了论争中一些有代表性的文章。该书认为"昭和史论争"触及"历史到底是什么"这一根本问题。2008年，大门在他的著作《问询历史、问询现在》[②]一书中，用一章的篇幅分析了"昭和史论争"，探讨该论争所涉问题点及该如何在史学史中进行定位等论题。2012年，《历史学研究》杂志做了一个关于远山茂树和远山史学的特辑，[③]其中收录了一篇大门的《昭和史论争后的远山茂树》，主要论述远山是如何接受并继续就论争提出的问题进行研究的。

中国史学界对战后日本的历史学发展关注还十分不够，对于"昭和史论争"尚未有专门研究成果出版。笔者在此拟从《昭和史》一书的内容特点、论争的背景、涉及的主要问题点及其影响等几个方面浅析这一问题，以期引起大家对日本战后历史学中一些重要问题的关注。

## 一 《昭和史》的写作出版及其特点

《昭和史》是由当时岩波书店的中岛义胜策划编辑的。他回忆说，昭和三十年（1955）是战后十周年，因此在1954年夏开始策划以此题材组织写一本书，准备在1955年8月15日前后出版。中岛开始联络作者们写作是在1955年年初，写作过程非常艰难和紧张，因此出版时间推迟到了1955年11月。编辑部组织编写该书的目的是希望以对战时体验的反省为基础书写现代史。[④] 从编辑部的立意来

---

① 大門正克编著：『昭和史論争を問う——歴史を叙述することの可能性』，東京：日本経済評論社2006年版。
② 大門正克：『歴史への問い、現在への問い』，東京：校倉書房2008年版。
③ 歴史学研究会编：「特集遠山茂樹と現代歴史学の課題」，『歴史学研究』第895号，2012年8月。
④ 参见中島義勝「『昭和史』の出版と昭和史論争」，大門正克编著：『昭和史論争を問う——歴史を叙述する可能性』，第319頁。

看，有希望出版揭露战争实质和防止战争再起的面向大众的历史书的一面。

《昭和史》一书将"为何我们的国民被卷入战争、随波逐流？为何未能凭借自身之力阻止这一切"①设定为主题，叙述了从1926年昭和时代开始到1954年的昭和时期的历史。该书尝试运用马克思主义的经济基础与上层建筑关系的理论及阶级分析的方法描述历史，回答自己提出的问题。作者认为，日本的统治阶级为了扩大自己的权益，侵略中国、发动了帝国主义战争。这个统治层主要包括天皇、军部、官僚、垄断财阀、大地主等。同时，日本的"右翼虽然有反资本主义的言行，但本质上是为统治阶级效力的，他们的生活费、活动经费都来自官僚的机密费和军需产业财阀"，②右翼为日本军国主义的发展推波助澜。上述这些人应负战争的主要责任。战争的原动力是资本扩张，通过对外战争掠夺殖民地，这也是帝国主义的本性使然。与统治阶级相对，贫困的劳动者是被压迫的对象，也是战争的最大受害者。书中用较多笔墨描述了日本共产党在国内的反战运动和受镇压的状况，将共产党与垄断资本和地主制支撑的天皇制政治体系的对抗作为贯穿全书的主线。

《昭和史》一书的三位作者是"二战"后脱颖而出的马克思主义史学家，在三人中起主导作用的是远山茂树。远山出生于1914年，大学就读于东京帝国大学文学部国史科，1938年毕业后进入文部省维新史料编纂事务局工作，1942年转入东京帝国大学史料编纂所工作。远山学生时代深受20世纪二三十年代的日本资本主义论争诸文献及《日本资本主义发展史讲座》③的影响，马克思主

---

① 遠山茂樹、藤原彰、今井清一：『昭和史』，「前言」第2页。
② 遠山茂樹、藤原彰、今井清一：『昭和史』，第53—54页。
③ 《日本资本主义发展史讲座》由野吕荣太郎主编，1932—1933年岩波书店出版发行，该书集中了当时日本马克思主义历史学、经济学的研究力量，系统地阐述日本资本主义发展的历史和现状，野吕荣太郎虽然作为核心对全书发挥指导性作用，但因健康原因未能执笔。羽仁五郎、服部之总、平野义太郎、山田盛太郎等都写了若干篇论文收入其中。

义史学家中属于讲座派①的羽仁五郎、服部之总对他的治学影响很大。"羽仁、服部两先学对远山的影响可概括为以下几点：一是立足于马克思主义唯物史观，将明治维新看作世界史发展的一个阶段，作为从封建社会向资本主义社会转变的变革来把握。二是认为这种转换的原动力是中、下层民众（羽仁认为是城市平民和农民，服部认为是工厂手工业阶段的资产阶级），并且高度评价了这股力量。三是和帝国主义对抗，批判帝国主义。"② 关于明治维新的原动力，远山更倾向于羽仁的观点。远山在东京帝国大学国史学科读书时大概一个月拜访羽仁一次，"以羽仁的门下生自居"③。当然远山并不是单纯接受战前马克思主义史学的影响，而是有更进一步的思考。"远山反省作为唯物史观史学缺陷的理论和实证的分离以及和学院派实证史学的不相容，致力于实现和学院派史学的合作关系，他还摆脱了讲座派、劳农派共有的经济主义的狭隘视野（虽然这有其在当时的政治情势下迫不得已的一面），指出要总体把握历史过程就有必要进行政治史考察。"④ 相较于战前的马克思主义史学，远山在史学研究中更注重理论研究和实证研究相结合，并开始侧重政治史研究。1951年远山发表了他的成名作《明治维新》，"该书在回顾和整理服部之总、羽仁五郎、尾佐竹猛等人维新史研究的基础上，以阶级斗争为轴心，对明治维新作了政治史叙述"⑤。《昭和史》实际上承袭了远山明治维新研究中以阶级对立线索为主

---

① 1927年至20世纪30年代中期，马克思主义史学内部围绕日本资本主义和明治维新的性质展开过大大小小的论争，被称为"日本资本主义论争"。在这些论争中，马克思主义史学家和经济学家大致被分为了"讲座派"和"劳农派"。"讲座派"以参加《日本资本主义发展史讲座》的人为主，在观点上强调日本资本主义的性质是军事的、半封建性质，提倡进行资产阶级民主主义革命。讲座派的代表性人物有野吕荣太郎、羽仁五郎、服部之总、平野义太郎、山田盛太郎等。"劳农派"以山川均主持的杂志《劳农》的编辑人员为核心，在观点上，是对日本资本主义发展给予了很高评价，认为日本未来的革命应该是社会主义革命。代表性人物有枥田民藏、猪俣津南雄、土屋乔雄、堺利彦、山川均等。
② 原口清：「遠山茂樹さんを偲ぶ」，『日本歴史』2015年1月号，第73頁。
③ 神田文人：「解説」，遠山茂樹：『遠山茂樹著作集』第8卷，東京：岩波書店1992年版，第398頁。
④ 原口清：『遠山茂樹さんを偲ぶ』，第73頁。
⑤ 荣颂安：《远山茂树和远山史学》，《世界历史》1994年第4期，第94页。

轴的思想。

《昭和史》的第二位作者藤原彰1922年生，早年毕业于日本陆军士官学校，1941—1945年参加侵华战争，1946年考取东京帝国大学文学部史学科，1949年毕业。他在接触史学后受马克思主义史学家石母田正和井上清影响较大，在石母田正的建议下他从日本中世史转攻现代史，在研究方法上主要受井上清的影响。《昭和史》的第三位作者今井清一生于1924年，曾与远山等一起参与在《昭和史》之前出版的《太平洋战争史》《日本资本主义讲座》等的集体写作。三位学者在继《昭和史》之后，又共著了《日本近代史》。

从远山、藤原、今井三人写作《昭和史》时的年龄、在学术界的地位、学术积累等几方面来看，远山无疑占主导地位，远山的史学思想对该书在史观和方法论的选择上有很大影响。今井清一在后来的采访中回忆说："用岩波新书的那种简洁形式写《昭和史》是非常困难的。我们也没有太多的写书经验，经常感觉很难进行归纳和总结。所以到最后远山做了很多修改，也有相当一部分是由他重新写作的，这才使其终于成型。是由于远山的努力才使一些重复的短文组合起来成为了简洁的文章。"[1] 书名取《昭和史》也是远山强烈主张的。[2]

从远山等三人的学术背景和之前的学术活动来看，《昭和史》的书写基本是基于当时的马克思主义历史理论。另外，历史学研究会[3]的反权威主义和反纯实证史学的倾向对远山的写作影响也很大。远山在20世纪40年代就加入了历史学研究会，1942—1944年任研究会干事。1944年，在严酷的战时统制下，历史学研究会不得不停止

---

[1] 今井清一：「昭和史論争と私」，大門正克編著：『昭和史論争を問う——歴史を叙述する可能性』，第311頁。

[2] 今井清一：「昭和史論争と私」，大門正克編著：『昭和史論争を問う——歴史を叙述する可能性』，第312頁。

[3] 日本核心的历史学民间研究团体。最初创立于1931年，成立之初致力于批判和反对当时的学院派权威主义和反动的国粹主义。1933年11月创刊了机关杂志《历史学研究》。在战争期间反对皇国史观，后因当局压制于1944年停止活动。战后1946年重新开始运行。

活动。战争结束后，马克思主义史学复兴，远山致力于重建历史学研究会并新建民主主义科学协会历史部会，"战后著者（远山）的足迹基本和历史学研究会一体化了"①。

1952—1953 年历史学研究会组织过《太平洋战史》的集体写作，其目的是"明确十五年战争的历史在整个世界历史中的位置，解明军事、外交、政治、经济、文化间的相互关联，考察这一时期相继出版的给社会舆论以不小影响的回忆录类书籍中为自己辩护的一面，对这种迎合社会逆潮的一面进行批判"②。当时"执笔者大半都是刚从大学出来的 20 多岁的年轻人，39 岁的著者（远山）作为编集委员主持政治分册，调整共同写作者的原稿，经常要进行改写。著者在之后将这一时期的问题汇总为《近、现代史研究和共同研究的问题》"③。这种作为编委主持政治分册编写的工作对远山书写《昭和史》的思路及史料的选择也是有影响的。

在《昭和史》出版前，历史学研究会还领导了"国民的历史学运动"，提倡书写"母亲的历史、职场的历史"等，引导民众记录自己的生活和工作，但在该活动中就发现有缺乏理论指导和过于细碎化的问题，远山也曾提到这些问题。后来《昭和史》尝试运用唯物史观的理论体系和明确的线索来使叙述清晰和体系化，或许与这种认识有关。

另外，当时历史学研究会的活动也受国际共产主义运动的影响。今井清 1958 年 7 月 2 日发表在《东京大学新闻》上的文章中说："在《昭和史》中，把握那个时代的坐标轴是依据'二七年纲领'④

---

① 神田文人：「解説」，遠山茂樹：『遠山茂樹著作集』第 8 卷，第 398 頁。
② 遠山茂樹：「戰後歷史學と歷史意識」，『遠山茂樹著作集』第 8 卷，第 124 頁。
③ 今井清：「解説」，遠山茂樹：『遠山茂樹著作集』第 6 卷，東京・岩波書店 1992 年版，第 400 頁。
④ 1927 年共产国际即第三国际决定的《日本问题相关纲领》，通称"二七年纲领"。这个纲领将日本当时的阶段定性为半封建的、未成熟的近代国家。强调日本现阶段的革命是资产阶级民主革命，革命的主要任务是废除天皇制和半封建地主土地所有制。强调反对日本帝国主义发动侵华战争。并在批判山川均的右倾机会主义、福本和夫的"左"倾机会主义的基础上，将福本和夫和德田球一排除在日本共产党的领导核心外。

'三二年纲领'①而设置的。之所以如此设置是基于两者特别是'三二年纲领'对战争的预测是正确的这一点基础上的，但对为何这些纲领未能取得大多数国民的认同，则没有进行充分考虑。"②

在写作《昭和史》的时期，远山还很欣赏福泽谕吉、山路爱山等的史论史学，甚至做过刻意模仿，所以在《昭和史》中多少能够看到史论史学的影子，在1959年改版后这种痕迹就少了很多。

由于上述写作背景，相较于同时期其他史学著作，《昭和史》一书有自己的特点。该书所描写的是刚刚过去的，甚至是还在发展中的历史，也是日本历史上最为特殊的一段，并尝试概括那个时代的全貌，在此之前还没有类似著作出版；该书侧重于政治史叙述，对经济及文化涉及较少；该书运用了阶级分析方法，贯穿全书的基本线索是天皇制反动势力和以共产党为首的进步势力的对抗；叙事风格高度简洁，概括性极强，使用了很多小标题，让读者能很容易抓住整本书的时间线索；有明确的写作目的，想通过此书揭露战争的本质以及被掩盖的真相，让人们认识过去并更好地思索当前和未来。

虽然1955年版《昭和史》全书正文仅238页，且是岩波新书那种口袋书大小的版本，但它一经出版就在社会上引起了极大反响，很快成为居首位的畅销书，一本薄薄的历史书竟然能引起那么多人的关注，这甚至出乎作者以及出版该书的岩波书店的意料。③受大众关注的同时，该书很快也在学术界引起了不少的质疑，1956年学界围绕该书产生了激烈论争。

---

① 1932年5月共产国际决定的《关于日本形势和日本共产党的任务的纲领》，通称"三二年纲领"。这个纲领指出，日本当时的统治体制是专制主义天皇制、地主土地所有制和垄断资本主义相结合的体制，天皇制是具有专制主义性质的政体，是地主和垄断资本的代言人。因此日本当前的革命是打倒专制主义天皇制的资产阶级民主主义革命，无产阶级革命是下一阶段，即"两阶段革命论"。这个纲领还提出了当前的政治任务，如推翻天皇制、消灭寄生土地所有制、反对帝国主义战争等。

② 今井清一：「論争は実ったか3」，大門正克编著：『昭和史論争を問う——歴史を叙述する可能性』，第260页。该文最初发表于『東京大学新聞』第340号，1958年7月2日。

③ 参见今井清一「昭和史論争と私」，大門正克编著：『昭和史論争を問う——歴史を叙述する可能性』，第312页。

## 二 "昭和史论争"产生的背景

三个年轻学者合写的一本薄薄的历史小册子为何能成为极畅销的书,并在学界引起了那么大的争论呢?这也是日本学者在研究"昭和史"论争时都会提及的问题。

学者人门正克认为,《昭和史》能够引发读者关注的背景是20世纪50年代历史学在各学科中拥有很高的地位。"二战"期间的思想钳制,使日本学术研究的很多领域处于倒退或是停滞状态。"在政治学、社会学、近代经济学等人文社会科学百废待兴的日本,人们寄希望于历史学能成为阐明现代的学问。当时的历史学拥有在现在看来不可思议的地位,在回顾包含战争体验在内的同时代即现代时,作为阐明现代的方法,人们对历史学寄予了厚望。"①

在史学领域,马克思主义史学在当时尤其占有重要地位。在1956年11月出版的久野收、鹤见俊辅著《现代日本的思想》一书中,曾说:"天皇的理念深植日本大众的意识之中。与之相似,日本共产党的思想也深植于日本知识分子的意识之中。这两件事是欧美人难以理解的特殊事物。"② 此语虽有夸张,但也从侧面说明了日本共产党在知识分子中的影响。当然这里所说的影响并不是说知识分子都持马克思主义思想,而是马克思主义思想在日本知识分子中受到特别广泛的关注。马克思主义历史学影响非常大。"特别是将历史观问题放在首位的唯物史观史学在学界确乎握有公民权……即在战后历史学界作为科学的唯物史观史学是确乎不移的存在,这是大前提。"③ 在这种大前提下,《昭和史》一书能够引起广泛关注也就不难理解了。

大门正克在他的文章中指出的另一个学界比较公认的背景,是

---

① 大門正克:『歴史への問い、現在への問い』,第180頁。
② 久野収、鶴見俊輔:『現代日本の思想』,東京:岩波書店1956年版,第55頁。
③ 神田文人:「解説」,遠山茂樹:『遠山茂樹著作集』第8卷,第399頁。

人们对刚刚经历过的那段历史的关心。"到 1955 年左右，杂志上开始刊载回顾战争的手记，读了那些后人们的心底会产生'那场战争到底是什么'的疑问和迷惑，想探求战争发生的因由。"① 1955 年，日本社会在经历"二战"结束后最初的动荡和变革后逐渐稳定下来，经历过战争的国民开始反思那段历史，希望能够看清历史的真相和全貌，同时在这种大历史之中找到自己的位置。《昭和史》写的正是人们最关注的刚刚过去的那段历史，并用经济基础决定上层建筑、社会的阶级分析方法等理论和方法框架式地解析历史全貌，给出明确的结论，指出战争的必然性和统治阶层应承担主要战争责任，这些特别契合民众的心理需求。

对于《昭和史》为何会在学界引起论争，学者永原庆二着重提到了 1955—1956 年日本共产党内部路线的调整和"斯大林批判"这一背景。"在《昭和史》出版前的同年 7 月的'六全协'② 上，日本共产党对以汽油弹事件为代表的极左冒险主义和左翼派别主义进行了自我批判。之后的 1956 年 2 月，苏共二十大对斯大林进行了批判，开启了对已经固定化的斯大林式的马克思主义解释的批判。通过这次批判，产生了对马克思主义进行自由解释基础上的多元化倾向，与此相应，在现实问题中，也开始寻求通向社会主义革命的道路的多样性。这件事对像日本这样在历史学界马克思主义理论占很大比重的国家来说，冲击尤其剧烈。如果离开了这样的国际国内环境就不能理解昭和史论争。"③

1955 年前后，日本的共产主义运动在国内遭遇了挫折。日本共产党在 1951 年举行的第四届全国协议会（以下简称"四全协"）上，提出要派农村、山村工作队深入农村去发动群众，以期武装夺取政权，这一运动并未得到农民的广泛支持，在日本共产党内部争议也很大，日共内部派别林立。在这种情况下，1955 年日共在"六

---

① 大門正克：『歴史への問い、現在への問い』，第 181 頁。
② 日本共产党第六届全国协议会的简称。
③ 朝尾直弘〔ほか〕編：『岩波講座日本歴史 24』別巻 1，第 19 頁。

全协"上，修订了"四全协"和"五全协"的路线，宣布自己犯了左倾盲动主义错误，从此放弃武装斗争，搞合法的议会斗争，对"父家长式"的领导方式也展开了自我批评。

在马克思主义史学家中，这一事件影响非常大，内部的分裂显在化，对自身的质疑增多。在1956年度的历史学研究会的总会上，祢津正志就指责总会的运营不民主，大会设定的主题对一部分人来说是硬性要求，并指出在"国民的历史学"运动、对民族的理解、封建文化遗产评价、"书写母亲的历史、职场的历史"等活动中，居于领导地位的石母田（正）、藤间（生大）、松本新八郎犯有错误，并且还没有明确其责任，以上这些与被共产党的大众团体牵着鼻子走有关。① 大概正因为马克思主义史学家内部的分化，在《昭和史》论争中除井上清和和歌森太郎外，马克思主义史学家真正参与论争者较少。

"六全协"和"斯大林批判"之后，来自马克思主义史学家外部的批评也大幅增加。日本学界对"斯大林批判"等极其关注，《中央公论》《世界》等杂志1955—1957年刊登了多篇介绍"斯大林批判"的文章和围绕这些事件的讨论文章，丸山真男写了《对斯大林批判的批判》《斯大林批判的逻辑》等文章，龟井胜一郎也写有《革命家的伦理》《关于独裁者》等。部分学者开始更鲜明地对"二战"后占主流地位的马克思主义史学的学术研究提出质疑。

在这些质疑中，提及最多的两点：一是马克思主义历史学在理论上、实证上存在弱点；二是政治和学问的关系，政治压迫学问的自由或让学问成为其从属。"特别是后者，在斯大林批判中，因为斯大林的权威使史家曲笔的苏联历史学家的情况被传达，对马克思主义史学家来说是深刻的问题。"② 前文提到的久野收、鹤见俊辅的《现代日本的思想》一书中也指出日本共产党缺乏自主性，易被外部

---

① 遠山茂樹：『遠山茂樹著作集』第8卷，第168—169頁。
② 遠山茂樹：『遠山茂樹著作集』第8卷，第168頁。

政治牵引,就像战前受"二七年纲领"和"三二年纲领"影响一样。①

《昭和史》引起关注和质疑的另一个背景是政治学、社会学的发展以及史学领域中多种史观的兴起。《昭和史》出版时,正是日本学术界开始对战后十年间的研究成果进行重新审视的时期。不断发展的政治学、社会学等学科还有一个特点,就是受欧美学术思想的影响很大。史学中的一些西方新兴史观也被介绍进日本,当时杂志上刊登的关于大众社会等话题的讨论非常活跃。由于政治学等学科的发展,马克思主义史学在当时的地位受到挑战。在这种背景下,就可以看到参与论争的这些主要相关学科的学者,纷纷从自己的研究视角和方法论角度对《昭和史》提出了质疑。

另外,也正因为《昭和史》是对刚刚发生的历史的描述和判断,在引起读者关注的同时,也容易与读者自身的时代体验产生违和感,从而引发一些普通读者的质疑,整个论争也因此颇受关注。

总之,"昭和史论争"能够产生,除了《昭和史》一书在问题意识、写作方法、所运用史观等方面存在自身因素外,也与当时社会的大背景、学术界自身的发展和反思、民众对现代史特别是刚过去的战争的关注等息息相关。

## 三 "昭和史论争"涉及的主要问题

《昭和史》出版后,率先对其提出质疑的是从战前马克思主义者转向浪漫派的文艺评论家龟井胜一郎,他在《文艺春秋》1956年3月号上发表了题为《对现代历史学家的质疑》②的文章,对《昭和史》率先发难。在远山等对他的批判做出回应后,龟井又在《中央公论》7—10月号上连续发文陈述自己的观点。在论争期间,文艺

---

① 参见久野收、鹤见俊辅『現代日本の思想』,第69頁。
② 亀井勝一郎:「現代歴史家への疑問——歴史家に「総合的」能力を要求することは果たして無理だろうか」,『文芸春秋』1956年3月号。

评论家松田道雄、政治学家篠原一等人也撰文发表了对《昭和史》的质疑，史学家中的丸山真男、和歌森太郎、山室静、久野收等也相继参加了论争。从中可以看出，参与论争的除历史学家外还有政治学家、文学家、社会学家、评论家等，参与者的研究领域非常广泛。

刊载双方论争文章的杂志主要有《文艺春秋》《中央公论》《世界》《思想》《历史学研究》《日本读书新闻》《图书新闻》等。[①] 在论争过程中还组织了"历史和人——以现代史问题为中心""现代史的书写方法"等座谈会，可见《昭和史》所引起的讨论十分热烈。

中岛义胜在回忆中曾说他读到的关于"昭和史论争"的书及论文、短评等加起来应该有60篇左右。[②] 实际上在论争过程中直接提到《昭和史》并和远山茂树等互有应答的主要有龟井胜一郎、松田道雄、篠原一、丸山真男等，他们的文章针对性更强。论争中有代表性的文章有龟井胜一郎的《对现代历史学家的质疑》、篠原一的《历史的深和重》、松田道雄的《贯穿昭和的痛楚》、丸山真男的《战争责任论的盲点》等。远山茂树回应的文章主要有《现代史研究的问题点》等。龟井还在《中央公论》7—10月号上连续发文陈述了自己对于现代史书写的看法，后来龟井将他1956年在《中央公论》上的几篇文章集结成书出版，题名为《现代史的课题》。[③]

永原庆二将龟井胜一郎对《昭和史》的批判总结为以下三个方面："（1）《昭和史》所展现的典型的唯物史观的历史认识，缺乏对那个时代的共感及苦恼的体现，读之味同嚼蜡。（2）该书认为是军部及政治家、实业家强行推进战争，只有共产主义者和自由主义者反对他们并遭到镇压，而没有描写在两者间动摇的国民的身影。只用阶级斗争这一抽象概念将两者进行分类，排除了历史的复杂性。

---

[①] 参见大门正克『歴史への問い、現在への問い』，第177頁。
[②] 中島義勝：「『昭和史』の出版と昭和史論争」，大門正克編著：『昭和史論争を問う——歴史を叙述する可能性』，第323頁。
[③] 亀井勝一郎：『現代史の課題』，東京：中央公論社1957年版。

(3) 该书缺乏对单个个人的描写,例如简单地将东条英机看作体现'军阀'这一概念的代表性人物等。"①

龟井在《对现代历史学家的质疑》一文中提出人类为什么需要历史的问题,并在此基础上讨论历史学与人自身的关系问题。他批判《昭和史》是缺失了对"人"的描述的历史。龟井还对《昭和史》一书的阶级分析方法提出质疑,并对远山等在历史书写中所主张的"客观性""科学性"也提出了质疑,批判左翼历史学家的历史叙述带有意识形态色彩。"我认为所谓的'客观性'或据此进行的解释,即使自己心中如此认为,也不能狂妄地对他人进行说教。自己极力强调只有这种历史才具有'客观性',不是一种夸张的妄想吗?为什么这样说呢,因为那种'客观性'只是要求别人相信。远山氏如果相信第三国际的纲领的话,我可以将这看作是一种'信仰',但并不是可以据此肆意说教。"②他还批判《昭和史》的语言缺乏文学性,认为其文体类似某种审判记录,是典型的八股文章。

龟井不认同《昭和史》所归结的战争原因,认为基于阶级分析方法的原因归结过于简单,他认为应该深刻剖析国民内心深处的情感或欲望。他在《对现代历史学家的质疑》中写道:"为什么要侵略中国呢?如果真的只是'统治阶级'的罪恶就简单了。实际上与此相辅相成的,是从日清战争开始在国民间慢慢深化的蔑视东洋人的感情……一个国家的政治,无论是保守派还是进步派,也无论善恶,都是国民性及那个时代的国民情感的反映。"③龟井认为应关注近代以来培养的对"东洋"的蔑视、对天皇的"个人崇拜"以及日本人的传统文化和"民族性"等涉及国民自身局限性的问题。④

相较于文学评论家龟井,更侧重于历史评论的松田道雄的批判

---

① 永原慶二:『歴史学叙説』,第69頁。
② 亀井勝一郎:「歴史家の主観性について」,『中央公論』1956年7月号,第73頁。
③ 亀井勝一郎:「現代歴史家への疑問——歴史家に「総合的」能力を要求することは果たして無理だろうか」,第63—64頁。
④ 参见小谷汪之『歴史の方法について』(新装版),東京:東京大学出版会2014年版,第28頁。

则直指《昭和史》作为马克思主义史学作品易受外部政治影响的一面。"我最近刚刚读完苏联出版的艾多斯（音译）的《近代·现代日本史概说》，感觉和《昭和史》是如此相似，被惊到了。贯穿昭和的我们的痛楚在其中没有反映出来。这或许是立足于同一种方法论，从实存的世界中抽出同一个客观法则的缘故，但生活在日本，呼吸过昭和空气的人，和生活在不同的社会制度下的海那边的人只能书写相同的历史，是多么重大的缺陷啊！"① 松田接着对《昭和史》一书将日本共产党代表的进步势力与天皇制统治阶层对立作为线索来把握昭和时代提出质疑。他对龟井的一些说法表示赞同："龟井氏说'共产主义者虽然表现出了战斗的姿态，但并不完全都是正确的吧？没有和国民的密切而广泛的接触，只是因为遭镇压，那也是战略和战术的重大失误之故吧，或是人员上的缺陷吧。这些重大问题好像昭和史都不想触及'，这样的说法我完全赞成。"②

政治学出身的篠原一在批判中更侧重于对方法论的探讨，并指出《昭和史》一书的结构缺陷等。他在《历史的深和重》一文中说："现在的论争与其说是琐细的史料批判的问题，不如说更多的是和现代史研究的方法论相关的问题……"③ 篠原一在论述中提出了应如何对待经济构造和如何处理历史中的政治精英的描写等问题。他同时提及了大众社会的问题，"政治中大众的抬头这一现象，确实是现代的更为重要的政治问题"④。他还指出，《昭和史》中缺少对现代政治的研究，特别是法西斯形态研究中不可或缺的大众宣传及教育问题等均没有提到。⑤

---

① 松田道雄：「昭和をつらぬく疼痛を——『昭和史』をめぐって歴史家への注文」，大門正克編著：『昭和史論争を問う——歴史を叙述する可能性』，第228頁。
② 松田道雄：「昭和をつらぬく疼痛を——『昭和史』をめぐって歴史家への注文」，大門正克編著：『昭和史論争を問う——歴史を叙述する可能性』，第229頁。
③ 篠原一：「現代史の深さと重さ——欧州現代史研究者の立場から」，大門正克編著：『昭和史論争を問う——歴史を叙述する可能性』，第244頁。
④ 篠原一：「現代史の深さと重さ——欧州現代史研究者の立場から」，大門正克編著：『昭和史論争を問う——歴史を叙述する可能性』，第252頁。
⑤ 篠原一：「現代史の深さと重さ——欧州現代史研究者の立場から」，大門正克編著：『昭和史論争を問う——歴史を叙述する可能性』，第256頁。

面对龟井等人的批判,远山茂树作了回应。他在《现代史研究的问题点》一文中,分为四个部分做了阐述。这四个部分分别是"否定科学性的动向""历史和国民体验的感觉间的差异""回应批判""现代史研究的客观性"[1]。

关于文体问题,远山茂树指出,历史学不是文学,二者对文体要求的标准是不同的,在历史的科学研究中不可能达到龟井那样的对于"美"的要求。对于历史叙述的方式、在历史上登场的人物的作用等,远山认为历史和文学不同,历史并不强调个人的特异性,而是在差异性中寻找共通的东西。在谈到历史叙述中如何定位"人"以及人在历史发展中的作用时,远山阐述了历史发展偶然性和必然性的关系的理论,指出历史发展有其必然性,历史中的个人难以抗拒这种必然性,应该重视人的社会性的一面。"虽然有个体差别,但人是作为阶级存在的,只有透过偶然性探寻到必然性才能认清问题。"[2] 远山在回应中重申了他所主张的历史的科学认识和历史学的科学性,同时他还强调了历史学家应该站在变革的立场、民众的立场上看待问题的重要性。除远山茂树写了一系列文章做了正面回应外,持唯物史观的井上清、江口朴郎等也对批判进行了一些反驳。

除上述内容外,关于战争责任问题也引起了讨论。这些讨论与远山的阶级分析方法有关,远山的阶级划分将国民定位为战争受害者,认为国民是被统治阶级蒙蔽而卷入战争的。《昭和史》出版后,松泽弘阳在书评中就指出:"通过将国民的责任转嫁给第三者从而解除其责任的叙述方式,对国民来说在心理上就不会产生抵触感。"[3] 但松泽认为这种处理方式是有问题的。

作为战后日本史学翘楚之一的丸山真男也关注到了《昭和史》一书,中岛义胜在1955年年末曾有一次和丸山会面,"12月30日和

---

[1] 参见遠山茂樹「現代史研究の問題点——『昭和史』の批判に関連して」,『中央公論』1956年6月号。

[2] 遠山茂樹:「現代史研究の問題点——『昭和史』の批判に関連して」,第56頁。

[3] 松沢弘陽:「書評『昭和史』新版」,大門正克編著:『昭和史論争を問う——歴史を叙述する可能性』,第269頁。

丸山真男在西荻窪站前的咖啡馆闲谈了近两个小时。不知怎么就聊起了《昭和史》，就此谈了很多，第二年《思想》3月号（第381号）的《思想的语言》基本重现了谈话的内容（还有后来的《战争责任的盲点》）"①。丸山真男在《思想》1956年3月号上发表了《战争责任论的盲点》一文，讲到了国民的战争责任问题。他指出战后提出的"一亿总忏悔说"有统治层为了模糊自己的战争责任而放出的烟幕弹的性质，但如果用非黑即白的两分法来看待战争责任也是有很大问题的。"将'黑白'逻辑用于对集权主义和总体战的分析上是过于简单化了，不仅往往带来四十九步就可以免责，五十一步就要被谴责的结果，还会使一方在心理上容易获得自己的正义感而认为另一方是明火执仗的强盗这样的恶性循环。"他认为："比起问题非黑即白来，更应探讨日本的各个阶层、集团、职业以及身居其中的每个个人，在1931年到1945年间日本的（侵略）过程中是通过怎样的作为和不作为起到了辅助作用。应该从这个观点出发甄别个人的谬误、过失、错误的性质和程度。"②

除丸山外，后来还有一些学者提出应讨论新闻工作者的战争责任、知识分子的战争责任、日本共产党的战争责任等。这些批判包含大家对国民是否是战争主体、是否要负战争责任这样的疑问。丸山当时对战争责任问题没有做直接回应，但在后来的研究中也将此作为了一个重点。

由以上内容可以看出，围绕《昭和史》的论争涉及很多方面，包括历史观和方法论的讨论，也有对历史学家的主体性、历史叙述的主体问题的讨论，有对日本共产党的政治影响的直接质疑，还有对战争责任的讨论等。论争到1956年年底逐渐平息，在持续近一年的论争中，双方都没有真正认同对方的观点，在对对方观点的理解上也多少有些错位，论争没有具体结果。

---

① 中島義勝：「『昭和史』の出版と昭和史論争」，大門正克編著：『昭和史論争を問う——歷史を叙述する可能性』，第322頁。
② 丸山真男：「戦争責任の盲点」，『丸山真男全集』第6卷，東京：岩波書店1995年版，第160頁。

## 四 "昭和史论争"的影响及意义

1959年8月《昭和史》再版时，远山等对1955年的版本做了很大修改。《昭和史》改版后主要有以下几个方面的变化：一是篇幅增加了不少，正文由238页增加到了310页，包括了参考文献和简略年表，这两项在旧版中是没有的；二是所有章节名称都发生了变化，并增设了一章"第一次世界大战后的日本"，实际上是从"一战"后开始写起了；三是新版还加入了对重要政治事件的具体描述和对统治层各势力动向的分析，尽量多地介绍史实，增加了实证的色彩；四是新版在叙述中缩减了对日本共产党的描写篇幅，对以前的两极对立模式做了部分修改，但其中统治阶级与国民对抗的模式还是继续保留。新版可以说虽接受了部分批评，但在史观上没有太大改变。《昭和史》经过修改再版后依然是畅销不衰的经典。尽管如此，当时对改版后的《昭和史》仍有不少的批评声音，主要集中在新版依然欠缺对国民的具体描述、未述及国民的战争责任问题等。[①]

在"昭和史论争"逐渐平息后，史学界对于马克思主义史学的历史理论、研究方法的讨论逐渐增多。1957年岩波书店旗下的《思想》杂志组了一期专稿，撰稿人包括林健太郎、小松茂夫、井上清、家永三郎、石母田正、丸山真男等持不同史观的史学家。文稿内容均与"昭和史论争"相关。在对马克思主义史学的史观和方法论提出疑问方面，比较有代表性的文章有林健太郎的《现代历史学的根本问题——给马克思主义历史学家的建议》、矢田俊隆的《关于历史认识的方法》等。

1957年11月，古室哲夫在《历史学研究》第213号上发表了《历史学的成果和课题（3）》一文，在谈到近代史研究的不充分，特别是政治史研究的不足时指出，这种研究的不充分一方面是由于

---

① 参见今井清一「昭和史論爭と私」，大門正克編著：『昭和史論爭を問う——歷史を叙述する可能性』，第315頁。

研究刚刚起步以及很多资料还有待整理；另一方面，"究其原因，我认为与更深层次的'方法'问题有关。即问题是指导战后日本近代史学的马克思主义历史学作为政治分析方法的不足"①。文章认为，战后马克思历史学在解决具体问题时存在局限性，提倡应借鉴相关学科的研究理论和研究方法。

通过"昭和史论争"，日本马克思主义史学内部对理论问题的探讨进一步增多，也更加开放。"争论中虽不乏对进步史学的攻击和歪曲，但也确实在一定程度上反映了阶级斗争史观本身的局限性，表明随着日本步出战败低谷走上经济高速增长的道路，以'讲座派'理论为基础的进步史学已经无法适应急剧变化的形势。"② 马克思主义史学家也开始反省自身存在的不足，在1957年5月号《思想》杂志上井上清发表的文章是《现代史研究方法的问题点——一个史学唯物论者的反省》，提出了尖锐的自我批评，开始思考研究方法的改进等问题。③ 论争促进了日本马克思主义史学本身的发展，虽然论争多是对马克思主义史学的质疑，但马克思主义史学的影响还是扩大了。

《昭和史》论争对远山个人来说有很大影响，以至于他后来反复提及。在他的《战后历史学和历史意识》一书中专门有一节讲述"昭和史论争"的意义，其中远山提到，龟井批判的唯物史观和皇国史观一样容易为党派性所左右，以及昭和史中看不到动摇于军部、政治家、实业家与被镇压的共产主义者、自由主义者之间的国民的身影这两点。还有松田道雄提出的用"阶级斗争"这一抽象概念将人类型化这一点，没有体现生活于那个时代的人的痛楚等。以及山室静批评的"至少在那里看不到对人的爱""对历史的关注方式还是过于政治化"等。远山还在文中特意引用了篠原一的螺旋式政治过程的描述。④《战后历史学和历史意识》出版是在1968年，距离

---

① 古室哲夫：「歴史学の成果と課題 3」，『歴史学研究』第213号，第75页。
② 荣颂安：《远山茂树和远山史学》，第97页。
③ 参见《思想》1957年5月号。
④ 遠山茂樹：『戦後歴史学と歴史意識』，第173—174頁。

"昭和史论争"已过去十多年时间,远山对论争的理解应该会有变化,但从这些描述中仍可看出远山对哪些评论比较在意,在论争后的十几年间都关注了哪些方面。"远山在坚持阶级斗争史观的同时,也开始正视其局限性。60年代后,远山关于日本帝国主义形成问题和近代天皇制的研究,以及对在70年代民众史潮流中发展起来的地方民权运动史、日本妇女史的关注等等,多少表明了远山在试图克服阶级斗争史观自身局限性方面所作的努力探索。"[1]

"昭和史论争"也引发了学界对于历史学的科学性、历史学研究方法的规范、历史学家的立场及作用等问题的广泛思考。社会学、政治学等领域的学者对论争的广泛参与,刺激了学术的活跃和发展,同时这些学科的关注点和研究方法也部分被纳入史学研究中,可以说论争促进了相关学科间的交流。篠原一在《历史的深和重》一文中说:"历史的动向并不是由一小撮政治家恣意决定的,也不是下部构造的单纯反映,是从社会的深层向政治社会的顶点发挥作用的诸势力相互作用的结果。某种'政治决定'实施,这个政策渗透到社会的深层所产生的反映会影响新的'政治决定',现实的政治及历史就是这样一个历史的、螺旋的循环过程。"[2] 篠原一的这种对政治过程的思考,与远山等在社会发展动力、方向等方面的认识不尽相同,他关注到了社会中各种势力的相互作用对社会发展的影响。应该说这些理论思考与彼时对马克思主义史学理论的思考不无关系。

远山茂树曾提到,伴随对马克思主义理论质疑的增加,取而代之的是介绍美国及欧洲的政治学、社会学理论。大众社会论也是这种理论之一,其理论的主旨就是,在高度的产业社会,即垄断资本主义的社会中,阶级的两极分化反而没有加剧,从劳动者阶层中产生了新的中间层,伴随教育的普及,收音机、电视机、电影等媒体的发达,大众文化得以形成,随着"社会阶层的平均化",劳动者阶级的意识形态没有如马克思及列宁所预期的那样发生变化。1956—

---

[1] 荣颂安:《远山茂树和远山史学》,第97页。
[2] 大門正克:『歴史への問い、現在への問い』,第188—189頁。

1957年，在支持大众社会论的政治学、社会学的学者和马克思主义者之间，展开了所谓大众社会的讨论。如何应对当时的社会现实，对马克思主义史学来说也是必须思考的问题。20世纪50年代后半期，日本史学界开始关注政治学、社会学领域的研究成果，作为历史主体的民众及作为个体的"人"的问题亦开始受到关注，色川大吉的民众史、篠原一的政治学的政治史研究逐渐兴起，安丸良夫等的民众思想史研究也开始进入人们视野。

另外，正因为"昭和史论争"参与者的广泛，进一步增强了人们对历史的兴趣，勾起了一部分人对个人战争体验的回忆。《昭和史》虽然不能完全满足个体寻找不同战争体验的诉求，但通过论争让人思索社会和人、战争和人等问题，这本身就是有意义的。

从远山等著的《昭和史》一书的结构和内容来看，它基本反映了那个时期马克思主义史学家的史观和史学研究方法，以及他们集中关心的问题。从"二战"结束到该书出版前，日本马克思主义史学内部讨论最多的是天皇制问题、太平洋战争问题以及历史时期的划分问题等。同时也在不断进行唯物史观和方法论方面的探讨，涉及对阶级分析方法、经济基础和上层建筑的关系、偶然性和必然性的关系的讨论等。开始放弃战前马克思主义史学的专注经济史分析、进行还原经济基础的研究模式，对政治史的研究大幅增加，同时关注史学对现实政治、社会发展的推动作用，强调史学的社会意义等。当然，这些新的探讨中也存在很多问题，当时的马克思主义史学家的研究确实受国际共产主义运动影响较大，对待马克思主义史学理论和方法论有简单化、机械化的倾向，这些在《昭和史》中同样也反映出来。

另外，《昭和史》书写的是特别敏感的当代史，其结构简明清晰，非常容易阅读，涉及的问题点极多，这种大胆的尝试易引起关注也易受质疑。《昭和史》出版的时间节点也使其成为学界关注的焦点。《昭和史》出版时，正是"六全协"和"斯大林批判"之后，马克思主义史学家内部产生分化和其他学者对马克思主义质疑增多的时期，同时也是战后政治学、社会学、文学等领域复兴并开始有一定积累之时，这些学科的兴起对史学特别是马克思主义史学的地位形成挑战。《昭和史》也因此受到了诸多史学以外的学者的质疑。质疑马克思主义史学家缺少对"人"的关注、主体性缺失、阶级分析方法抹杀了历史书写的多样性等，这些批判不单是针对《昭和史》一书，多是针对整个马克思主义史学的。

"昭和史论争"能够出现也是那个时代状况的一种反映。作为著者之一的今井清一也说："回顾一下的话，'昭和史论争'中包含着很多未分化的问题。论争中很多都是之前想说但淤积起来的问题，还没有找到一个明确的表现方式，好不容易找到一个发泄口，一下子就跳了出来。《昭和史》的刊行就是那个契机吧。"① 应该说"昭和史论争"不仅反映了当时日本历史研究的状况，也引导了后来日本学界的诸多理论思考。同时，论争中很多具体问题也成为学界经久不衰的讨论热点，如近代天皇制、战争责任问题等。正因为如此，日本史学理论领域对于"昭和史论争"的研究从未停止过，直至今日它仍在各种不同场合被反复论及。

（原载《史学理论研究》2017年第1期）

---

① 今井清一：「論争は実ったか3」，大門正克編著：『昭和史論争を問う——歴史を叙述する可能性』，第260頁。

# 日本的近现代史研究：问题与挑战

张跃斌

日本的历史研究十分发达，其中的近现代历史研究占据了相当大的比例。如果翻翻该国史学界每年在《史学杂志》上对上一年度研究状况的综述，就可以发现其研究成果的数量十分可观。不言而喻，历史研究的基本前提就是尊重史实，以史实作为论证的出发点。正因为如此，日本学者永原庆二曾经乐观地认为，在战后的日本，由于大量史料的公开，对历史的歪曲已经没有了市场，"从系统的史料群中，挑选若干中意的材料，恣意炮制历史的研究手法，已经行不通了"。[①] 因此，一个简单的逻辑结论就是：鉴于历史研究的盛行，对于近现代史的一些重大问题，日本社会理应有着正确的、客观的认识。

但是，实际情况却并没有这么乐观。近些年来，各种错误的历史观在日本大行其道，正义和良知的声音遭遇越来越大的压力。时不时地，一些否认侵略历史的言行见诸杂志、报端，在社会上颇有一些市场，甚至还受到某些势力的极力吹捧。对于这样一种现象，我们作何解释呢？是历史研究无法在社会上产生应有的影响，还是历史研究本身出现了什么问题，抑或二者兼而有之？

一个社会的历史认识，并不仅仅与历史研究有关，其所面临的政治环境和社会环境亦十分重要。就日本而言，政治家的历史认识——这种认识很可能不是建立在科学研究基础之上的——对整个

---

[①] 永原慶二：『永原慶二著作選集』第9卷，東京：吉川弘文館2008年版，第93頁。

社会形成强大的影响。同时，极端的民族主义——强调民族自豪感而忽视或者歪曲历史事实——也很有市场。这些领域，国内学术界进行了大量而充分的分析和研究。不过，关于近现代史研究本身的不足和问题以及遭遇的困境和挑战，国内学术界关注得还不够，分析和研究得也不够。鉴于近现代史研究的极端重要性，它不仅提供真相，更提供伴随着真相的精神，从而间接影响国家的前途和命运，本文试图通过梳理日本学界的相关研究情况，探讨其不足和问题，以及遭遇的困难和挑战，从而有助于更加全面地认识日本的"历史认识问题"。

## 一 实证主义史学的逃避和变质

日本的近现代史研究，所谓的实证主义最为盛行。

早在明治维新之时，日本就从西方引入了兰克的实证主义史学，并奉为学界的圭臬，可以说"实证主义史学的方法是明治以来的主流"[1]。"二战"后初期，马克思主义历史研究风靡一时，在某种程度上为战后日本民主政治奠定了坚实的基础。但遗憾的是，马克思主义史学在20世纪七八十年代之后，影响力式微。相反，许多日本历史学家标榜实证主义，实证主义研究再度盛行。

所谓实证，就是"根据事实来进行论证"[2]。因而，作为一种研究方法，实证主义本来是无可厚非的。历史学建立在史实的基础之上，对历史事实的挖掘和考证是历史学的第一步，也是基础性的一步。不过，历史研究并不就此停步，而是要继续向前，寻找更为宏大的目标，并赋予其意义。

不过，具有日本特色的实证主义史学，却有着特别的含义。也就是说，实证主义史学在日本的发展，超越了方法的范围，在很大程度上成为一种研究目的。对此，永原庆二有精辟的论述。他说：

---

[1] 永原慶二：『永原慶二著作選集』第9卷，第126頁。
[2] 新村出編：『広辞苑』第四版，東京：岩波書店1991年版，第1150頁。

"'实证主义'的研究者视个别认识为历史学压倒一切的任务,坚韧不拔地埋头于史料的收集和考证,无所畏惧地不懈努力,力图搞清楚史实的每一个细节。"① 这样的语言描述了实证主义令人敬佩的一面,但其却止步于此,并反对再向前一步。"实证主义的历史学方法积累了具体的事实,并使史实的认识材料得到了丰富和深化,但其对于基于一定的评价标准、从中得出整体印象,或者思考时代和事件的意义并不积极。以实证主义历史学的观点来看,上述做法,蕴含着政治的或者思想的立场,因而并非科学,必须予以排除。"② 因此,关于战后的实证主义史学,永原庆二断言:"就日本而言,有别于马克思主义历史学的研究者,可以认为其共同的特征乃是否认规律或对规律持消极态度。"③

日本近年的近现代史研究,实证主义占据着绝对的主流地位。不可否认,就数量而言,这方面的研究成果依然很多,从专业的角度来看,相关研究的资料考证是比较扎实的。不过,"在业绩至上的风潮中,相较于从整体上讨论历史研究的社会作用,严密的实证研究更受到重视。结果,历史研究越来越细化,历史的整体脉络也越来越难以认识。与此同时,历史学对于多数派、对于政治势力的批判也越来越弱化"。④ 可以说,由于其本身的发展变化,也由于政治环境的影响,实证主义的消极面越来越明显和强化:大量的研究陷入琐碎的历史史实的考证之中,越来越成为一种纯粹的、过分专业化的领域,与日本的社会现实需求渐行渐远,大面积脱节,正在沦落为某种可有可无的点缀品。更为严重的是,实证主义所赖以立身的对事实的追求也被侵蚀,一部分研究甚至导向了错误的方向,并成为日本右翼歪理邪说的所谓"学术依据"。概而言之,其主要表现有如下三个方面。

① 永原慶二:『永原慶二著作選集』第 9 卷,第 68 頁。
② 永原慶二:『永原慶二著作選集』第 9 卷,第 125—126 頁。
③ 永原慶二:『永原慶二著作選集』第 9 卷,第 69 頁。
④ 大橋幸泰:「歴史研究と歴史教育はつながっているか」,『日本史研究』2013 年 8 月号,第 77 頁。

第一，回避重要的学术问题和政治问题。

众所周知，20世纪90年代之后，日本近现代史的一些重大问题不仅成为日本国内争论的焦点，也是国际舆论的焦点。这些问题包括南京大屠杀问题、"731"细菌部队问题、慰安妇问题、强制劳工问题等。因此，对于这些问题的态度，就不仅仅是重要的学术问题，也是重大的政治问题。但是，面对这种事关国家前途命运的重要课题，许多实证主义历史学者选择了逃避。在为数众多的各种专业历史学杂志、著作中，有关的研究不能说没有，但数量很少，和其重要性完全不成比例。

之所以如此，乃是由于学界形成了某种禁忌。例如，笠原十九司是进步的历史学者，对相关的学术问题持客观立场，并积极在社会上发表意见。针对他发表的批评日本民族主义的文章，其大学时代的恩师对他说："指名道姓地批判现在的政治家和政党，会被视为具有太多的政治性、党派性，不太合适。研究者在公开的场合，对于专业外的事情，尽量不要插嘴。"[1] 而研究者如果选择了前文所提到的研究课题，就会遭到研究圈子的责备和排斥。笠原这样描述自己的境遇，"在历史研究者中间，笔者曾被贴上了市民运动派的标签。其蕴含的意思是：笔者的研究不是学问，而是带有政治运动性质的，因而学术价值很低。在如是评价我的研究者中间，不少人抱有如下的信念：学者应该和政治运动、社会运动保持距离，采取中立的、非政治的立场"。[2] 应该说，笠原的遭遇是相当具有代表性的。

学者个人的境遇能够说明问题，研究团体的状况更能说明问题，这里以学术组织"历史学研究会"（以下简称"历研"）为例来予以说明。本来，其在战争犯罪的研究方面曾经成绩卓著，并发挥了重要的作用。但是，"进入1990年代，其对上述问题（指战争犯罪问题、冲绳战役问题、慰安妇问题等——笔者注）的态度变得很冷淡。

---

[1] 笠原十九司：「南京大虐殺をめぐる歴史修正主義と歴史学者」，『歴史評論』2013年9月号，第20頁。

[2] 笠原十九司：「南京大虐殺をめぐる歴史修正主義と歴史学者」，『歴史評論』2013年9月号，第19頁。

即便慰安妇问题对日本社会以巨大冲击,历研却一贯采取了'不看不闻不言'的态度"[1]。因此,人们不能不提出这样的疑问:"连历研都持这样的态度,如何能够培养出愿意研究慰安妇问题和冲绳战役问题的新生力量?不时听到如下的传闻:历研认为战争犯罪和战争责任研究是政治问题,不是学问问题。历研的态度,使人不能不认为这样的传闻是真实的。"[2] 这也就是说,日本的很多研究者对重大的学术问题,不是选择究明真相、寻找正确的应对之策,而是选择逃避,以躲开那种尖锐的斗争。

本来,在这些重大的学术问题和政治问题上,作为实证主义的学者正可以发挥自己的特长,为社会还原历史的真实,并提供一些有益的精神产品。可是,许多历史学者却选择了逃避。由于这种逃避,真实的历史不彰,虚假的历史获得了横行的空间。

第二,以迂回的方式涉入政治,带来历史认识的混乱。

虽然一些历史学者声称远离政治,但他们的研究从本质上讲仍然是政治性的。但他们以偏概全,远远没有阐明历史的真实,因而导向了学术的错误和政治的错误。这其中有两个主要的领域:一个是关于殖民地的研究;另一个是关于国内政治的研究。

近些年来,关于日本殖民地的研究,有大量的成果涉及殖民地的工业化、殖民地经济的发展以及基础设施的进步、社会资本的充实等"实证研究",其中有些研究还将某些地区近年来经济的快速发展和殖民地时期经济的"发展"简单地联系起来,以后者为因,前者为果。细细琢磨这些研究,其中所蕴含的潜台词似乎不难理解。显然,这样一种研究,回避了殖民地的最重要事实,而强调了不重要的事实。殖民地最重要的事实是什么?那就是日本帝国主义对殖民地的压迫、压榨,以及殖民地人民的苦难和反抗。忽略如此重要的事实和前提,于是历史仿佛某种机械一样被拆解、被拼装,而活

---

[1] 林博史:「沖縄戦"集団自決"への教科書検定」,『歴史学研究』2007 年 9 月号,第 32 頁。

[2] 林博史:「沖縄戦"集団自決"への教科書検定」,『歴史学研究』2007 年 9 月号,第 32 頁。

生生的人消失了。如此一来,殖民地人民的苦难和绝望,都消失在一个一个冷冰冰的表示其"进步"的数据统计之中。这样的研究,能是客观、科学的吗?

关于日本国内政治的研究也十分盛行。战前日本存在各种势力,各种势力的政治主张并不完全相同。但日本学界热衷于研究这种不同,例如内阁和军部、宫中势力和军部、外务省和军队、军队中的陆军和海军等。这种研究,纠缠于细枝末节而回避了问题的实质,极易引起认识上的混乱。

不可否认,这方面的实证主义研究越来越精致,但是,这种精致有着非常大的缺陷。日本学者在谈到2013年学界对战争期间"政军"(指政治和军事——笔者注)关系的研究时评论道:"总体来看,这方面的研究给人的印象是越来越精致,虽然其本身很重要,但也应该从宏观的角度充分说明研究的意义之所在。"① 这种评价,对整个近现代史的研究,也是适用的。

比如,关于甲午中日战争,日本学界的所谓"二元外交论"十分流行,也就是说,政府和军部在外交上有不同的观点和作为。但是,"不管论者的动机如何,'二元外交论'可能会使人产生错误的逻辑推论:第一,内阁主张和平,军部主张开战,因而日本政府是主张和平的;第二,战争是不得已爆发的,是偶然的,因此日本政府没有主动开战的动机,日本政府是主张和平的"。显然,这是一种十分错误的倾向,因为"日本挑起甲午战争是其现代化过程和对外战略发展的必然结果"②。

再比如,关于日本的战败和战后改革问题,日本学者雨宫昭一在其著作中提出"反东条联合"的概念,并将他们冠以"自由主义派"的头衔,认为他们才是日本走上战后道路的起点和关键。他说:"在思考占领和改革的问题时,必须认识到:实际上,在战败和被占

---

① 山本ちひろ:「回顧と展望 2013年の歴史学界」(近現代部分の戦時期),『史学雑誌』2014年5月号,第165頁。
② 张经纬:《日本的甲午战争研究与"二元外交论"问题》,《史学理论研究》2014年第4期,第34页。

领之前，日本已经存在着以自由主义派为中心的政治潮流，而自由派也是主流派；同时，日本也出现了因总体战体制而发生变革的社会。这些乃是日本战败、被占领的前提。"① 在雨宫看来，日本发动侵略战争，似乎是东条个人的错误，似乎日本自身具有足够的能力来纠正东条的错误。但是，即便承认有人在观点上和东条有所不同，雨宫是不是过分夸大了二者的对立和不同点，而忽视了二者的共同点呢？那么，这些人对东条的反对难道不是在日本一步步走向战败的时候才有所表示吗？在日本侵略战争节节胜利的时候，他们是不是也在摇旗呐喊呢？回避这样的事实，一味强调和夸大统治集团内部的对立，不过是遮蔽了历史的全貌，企图掩盖日本统治集团战争责任的伎俩而已。

从上述可以看到，在实证主义的类似研究中，有意无意地，往往具有隐蔽的价值判断在其中发挥着作用，从而有意无意地制造了一种陷阱，为错误的学术观点和政治观点提供支持。

第三，以客观、公正的面貌暗度陈仓，使学术研究成为政治的工具。

这方面的典型是秦郁彦。关于南京大屠杀的研究，秦郁彦称自己才是客观、公正的，并自称中间派，以区别于所谓的"大屠杀派"和"大屠杀虚构派"。在20世纪80年代，他出版了《南京事件》一书，考证在南京大屠杀中的死亡人数是3.8万—4.2万人。尽管其中忽视历史的整体面貌，并具有明显的解释上的倾向性，但其后记中表明了某种忏悔的心情。他指出："尽管对数字的多少有各种说法，但日军在南京的大量'屠杀'和其他不端行为，却是不可动摇的事实。笔者作为日本人的一员，从内心对中国国民表示道歉。"② 在这样的前提之下，其就南京大屠杀的人数进行研究，提出一家之言，未尝不可，虽然中国学者对其数字推理过程并不敢苟同。

---

① 雨宫昭一：『シリーズ日本近現代史7 占領と改革』，東京：岩波書店2008年版，第13页。

② 秦郁彦：『南京事件』増補版，東京：中央公論新社2007年版，第244页。

但是到了 2007 年，秦的语调发生了巨大的变化。秦郁彦在他的《南京事件》（2007 年增补版）一书中，认定在南京大屠杀中死亡的中国人总数为 4 万人，并且强调："该数字是考虑到可能出现的新史料而留有余地的，因而可以说是最高的估计数字。"① 这句话是极其武断的，没有一个严谨的历史学者会下如此的结论。同时，在他的论述里，声称中国证人的数字是夸大的，却没有提出任何确凿的证据能够证明这一点，可见其论述也是先有"结论"，然后根据"结论"解释材料。这与其在论述中高调批判的历史研究方式并无二致。在后记中，他字里行间影射中国政治干涉了学术，口口声声要让中国的"南京大屠杀"回归学术，殊不知自己的所谓研究正是日本政治影响下的产物，只不过是以所谓的实证主义进行了包装而已。关于这一点，他在慰安妇问题上表现得更为明显。有西方学者对他这方面的论点评论道："如果官方承担起对这些女性的赔偿责任，那么满足她们的要求可能使日本这个国家瘫痪。假设一次强奸行为需要支付 300 万日元，那么计算一下那些年强奸的次数，他（指秦郁彦——笔者注）估计每个女性应该得到高达 700 亿日元的赔偿。在这种情况下，其赔偿总额将和日本国债一样多。在此，荒谬绝伦的是，其观点的根据竟然从原则和真相转移到了经济考虑和实利方面。"② 如果说 20 世纪 80 年代的秦郁彦还羞羞答答地披着实证主义学术外衣的话，进入 21 世纪，他则走向赤裸裸的政治。这个时候，秦郁彦所谓的实证主义研究，就成了一种切切实实的伪实证主义。

不可否认，实证主义自身具有存在的理由："随着研究条件的改善，研究者队伍的壮大，考证的技术和方法不断改进。同时，通过新的考证技术搞清了以前不明白的个别事实，实证主义历史学就由此在学问上发挥了一定的作用。……只要实证主义历史学能够发挥作用，那么对自身抱有信心就理所当然，即便不积极关注历史把握

---

① 秦郁彦：『南京事件』増補版，東京：中央公論新社 2007 年版，第 317 頁。
② ［美］劳拉·赫茵、马克·塞尔登编：《审查历史：日本、德国和美国的公民身份与记忆》，聂露译，社会科学文献出版社 2012 年版，第 62 页。

中的评价问题、问题意识中的现代性、思想性的问题,也能够确保自身的存在理由。"① 但是,这种理由是比较脆弱的,也是难以持久的。在这条路上走下去,结局就是自我边缘化和自我消亡。日本近现代史最重大的问题是什么,当然是侵略及其相关问题。如果在这个问题上没有正确的认识,那么近现代史研究就是徒劳的、没有意义的。可是,许多历史学者对于这样的问题唯恐避之不及,缺乏斗争的勇气,有的还对政治权力欲拒还迎地扭捏作态,甚至助纣为虐、为虎作伥。究其原因,从根本上来说,就是日本战后的民主主义尚无根基,学术自由尚没有得到根本的保障。从历史和现实来看,日本政治权力强大,一般国民对此一直感到恐怖,不得不对其表示顺从。② 在这点上,历史学者也不能例外。

## 二 "历史修正主义"的横行和"正视、反省历史"研究的无力

"历史修正主义"的说法来源于欧洲,其含义是消极的,是批判的对象,主要是由于"否定大屠杀的人主张'大屠杀(纳粹德国对犹太人的大屠杀)是捏造的'、'纳粹的毒气室是不存在的'等,并且自身以历史修正主义的名义进行活动"。有鉴于此,"90 年代后期,日本出现了批判'自虐史观',甚至叫嚣'日军慰安妇问题是国内外反日势力的阴谋'、'南京大屠杀不存在'的势力,被称为'日本版历史修正主义'"③。

从本质上而言,"历史修正主义"不是学术,而是政治宣传。可以发现,所谓的"历史修正主义",罕有以学术论文形式出现的,而主要是以畅销书的形式,或者以电视节目的形式出现。虽然这些东西很难经得起学术的推敲,却深刻地影响到一些普通民众的观点和

---

① 永原慶二:『永原慶二著作選集』第 9 卷,第 127 頁。
② 中根千枝:『タテ社会の人間関係』,東京:講談社 1967 年版,第 114 頁。
③ 高橋哲哉:『歴史/修正主義』,東京:岩波書店 2001 年版,第 iii 頁。

看法。例如，藤原正彦的《日本人的骄傲》一书，在 2011 年当年的销售量突破 30 万册，高居新书销售榜第二位。但其"内容是典型的基于右翼史观的日本论、日本近现代史概说，其中包括否定日本对中国的侵略和南京大屠杀，视日美战争为美国的阴谋等，实际上是将符合恢复'日本人的骄傲'的论点而实际上错误的史论拼凑起来"①。这是建立在一个个推测之上的结论，可信性极低，却得到了 2011 年度"山本七平奖"的鼓励奖。类似的例子还有很多。

应该说，"历史修正主义"势力主要是右翼政治家、右翼团体，但也有许多所谓的学者参与其中，而且其发挥的作用极为恶劣。例如，亚细亚大学教授东中野修道，撰写了多部否定南京大屠杀的书籍。对于南京大屠杀的幸存者夏淑琴老人，他竟诬陷其是冒牌的。因此，他被告上了法庭。东京高等法院在判决中说："被告东中野对资料的解释难言妥当，很难说是学术研究的成果。"② 学者受到这样的评价，可以说是颜面尽失，但其不思悔改，依然我行我素。再例如，2015 年 3 月 9 日，学者北冈伸一在一个学术会议上说，希望安倍晋三能够承认日本的"侵略"。这样一个发言，立即遭到了一些学者的攻击和反对。某大学名誉教授妄称："侵略一词，乃是战争胜利者为了使其对失败者的要求正当化，而使之背负的罪恶的标签。"③ 这样无视国际上形成的共识，信口雌黄，只能说明她既缺乏起码的学术素养，也没有起码的道德底线。不过，这样的人居然能在日本顶着"学者"的光环四处招摇，还真是值得深思。

"历史修正主义"的学者和右翼政客、右翼团体有着同样的思维逻辑。其代表人物藤冈信胜声称："正是教授它自身的现代史的方式，才是作为国民形成民族的最为重要的条件。没有它为之自豪的

---

① 古川隆久：「回顧と展望 2011 年の歴史学界」の近現代部分，『史学雑誌』2012 年 5 月号，第 148 頁。
② 笠原十九司：「南京大虐殺をめぐる歴史修正主義と歴史学者」，『歴史評論』2013 年 9 月号，第 9 頁。
③ 長谷川三千子：「歴史を見る目 歪める"北岡発言"」，『産経新聞』2015 年 3 月 17 日。

历史，国民自身就不可能出现。"① 正是因为如此，其荒谬的逻辑可以概括如下："如果'大日本帝国'真的犯下了罪行的话，日本人（日本民族、日本国民）就是'罪人'，就'子子孙孙'都被当作罪人。为了避免这种局面，'大日本帝国'必须'没有犯罪'。"② 在他们看来，所谓民族的面子、民族的骄傲成了具有绝对价值的东西，其他一切（包括历史事实）都必须服从于这个价值，都必须为它做出改变。

必须指出，正是由于"历史修正主义"将政治宣传和学术研究混为一谈，并且指鹿为马，肆意横行，满足着一些民众心理的弱点，从而构建了一个虚幻的精神世界。在这里，历史被极度扭曲，甚至出现了恶意篡改史料的事情。③ 众所周知，在战前的日本，毫无史实根据的皇国史观甚嚣尘上，在日本的法西斯化过程中推波助澜，主导了日本社会的思想意识，造成了整个东亚地区的战争和灾难。殷鉴不远，不可不察。

当然，在日本史学界，依然有一批人在发表论文，坚持以科学的方法、科学的态度研究日本近现代历史。他们正视日本历史上的罪恶，反省其中的原因，并将研究成果向社会公布。他们是值得尊重的研究者，也是日本社会的希望之所在。不过，他们的境遇越来越艰难，主要表现在两个方面。

第一，研究成果过分专业化，影响了其向社会的普及。

这是历史研究自身的问题。也就是说，由于语言表达不够通俗，或者缺少吸引读者的技术和技巧，一些重要的研究成果，并不能转化为公众的历史认识。例如，日本学者笠原十九司编撰的《写给不明战争真相之国民的日中历史认识》④ 一书，对中日两国共同进行的

---

① 藤冈信勝：『汚辱の近現代史』，東京：德間書店1996年版，第30頁。
② 高橋哲哉：『歷史／修正主義』，東京：岩波書店2001年版，第6頁。
③ 例如田中正明事件。1985年，田中正明在协助出版松井石根的《阵中日记》时，篡改了多达900处文字，意图否认南京大屠杀。
④ 笠原十九司编：『戰争を知らない国民のための日中歷史認識』，東京：勉誠出版2010年版。

历史研究给予很高的评价。该书认为，研究者在日本侵略中国、南京大屠杀的真实性等问题上获得了一定的共识，如果两国政府、两国国民在上述认识的基础上行动，就可能实现两国的和解。对此，日本学者古川隆久评论道："鉴于日本近现代史研究的现状，上述的见解是没有问题的。但是，尽管本书特别强调是'写给不明战争真相之国民'的，但内容的专业性过强，有点可惜。"① 他对该书的叙述和论证方式提出了委婉的批评，也就是说，该书缺乏影响普通国民的笔触和方式。中国古人云："言之不文，行之不远。"确实，在历史研究中，如何用生动平实的语言反映历史的真实，乃是一个既古老又现实的课题和挑战。日本的近现代史研究，如何以人们喜闻乐见的方式进行论述和叙事，值得深入思考和研究。

第二，历史研究和历史教育的脱节。

实际上，在战后初期，作为对战前历史研究的反省，历史研究和历史教育的结合，乃是一个重要的新趋势。永原庆二指出："相较于战前，战后研究的一个显著特征，乃是研究基础的扩大，这可以归纳为三个方面：①地方史研究的充实；②与历史教育联系的强化；③通过普及运动，影响国民的历史认识。"② 他强调："历史教育在确保客观性而非主观记述和政治主义观点的同时，更是直接促使研究者认识和思考历史学社会责任的契机：如何向学生们提供有助于和平和民主主义发展的历史观，如何使他们获得主体性的历史意识？"③

但是，这一进步的发展趋势并没有延续下来，近些年反而是出现了相反方向的变化。应该说，一些日本学者对近现代的研究获得了重大的成果，但是这些成果被束之高阁，无法发挥其应有的影响力。日本学者指出，近些年的日本史研究和日本史教育之间出现了背离："在历史学的研究成果和社会的历史认识之间出现了很大的鸿

---

① 古川隆久：「回顧と展望　2011 年の歴史学界」の近現代部分、『史学雑誌』2012 年 5 月号, 第 149 頁。
② 永原慶二：『永原慶二著作選集』第 9 卷, 第 69 頁。
③ 永原慶二：『永原慶二著作選集』第 9 卷, 第 94 頁。

沟",其中一个很重要的原因就是"国家对历史学的介入,特别是对历史教育的指导"①。笔者认为,日本的历史教育面临着两方面的严重制约。第一,舆论的制约。客观的历史教育在日本社会越来越难以生存。有人控诉:"现在,在授课中提及从军慰安妇、南京大屠杀或者核电问题越来越难。如果在授课的时候涉及争议性话题,即使客观公正,也会突然遭到右派和政治家的批判。"②不仅如此,类似的舆论攻势进一步发展,形成了类似政治运动的东西:"同样让人忧心的是,日本近来已经出现了一种政治模式,并且它已经成为全国性的运动,这种政治模式与20世纪30年代的暴力和不宽容遥相呼应。它不仅把所有它反对的人说成是'反国家的'或'自虐狂',而且还迫害那些女性(指从军慰安妇——笔者注),她们半个世纪前就已经是日本军国主义的最悲惨的受害者。"③事实上,"历史修正主义"的重要目的之一,就是将历史研究和历史教育剥离。例如,其重要骨干之一藤冈信胜正在努力使教室远离历史研究的介入,试图把教育和历史编纂分开。④第二,国家政权的制约。其中,安倍晋三发挥了重要的作用。作为一个保守政治家,安倍晋三一直对战后日本的历史教育耿耿于怀。他在自己的书中说:"对于60年前战争的原因和战败的理由,战后日本只是一味地归咎于国家主义。其结果,'国家即恶'这样的公式就在战后日本人心灵中牢牢固定下来,因而他们也就无法从国家的角度来考虑问题,或者毋宁说他们具有回避国家这样一种强烈的倾向。这是战后教育的一个失败。"⑤基于这样的认识,他当上首相之后,积极强化对教育领域的管控,主要

---

① 大桥幸泰:「歴史研究と歴史教育はつながっているか」,『日本史研究』2013年第8号,第76页。
② 子安潤:「改憲政治下の教育と歴史教育者」,『歴史評論』2014年10月号,第67页。
③ [美]劳拉·赫茵、马克·塞尔登编:《审查历史:日本、德国和美国的公民身份与记忆》,第72页。
④ [美]劳拉·赫茵、马克·塞尔登编:《审查历史:日本、德国和美国的公民身份与记忆》,第84页。
⑤ 安倍晋三:『新しい国へ』,東京:文芸春秋2013年版,第204页。

表现在两个方面。第一，强化对教科书的管理，使之符合自己的历史观念。安倍政权认为，许多教科书还是建立在"自虐史观"之上，存在偏向的记述。为了清除这样的教科书，他着手大幅度修改教科书制度。其中，最重要的措施就是强化"学习指导要领"的制定，提出了更加详细而具体的要求，而"学习指导要领"是编写教科书的基本依据。如此一来，真正的学术研究和学校教育之间就竖起了一堵难以逾越的高墙。第二，强化对教师的控制，使其按照政府的意愿来教授近现代史。在相关法律中，严禁教师进行包括政治教育在内的政治行为。但如何界定政治行为？则完全依赖于校长的判断。这样，政府就能通过校长来加强对教师的控制。[1] 美国学者约翰·道尔强调，国家在引导日本人的历史认识上发挥了强大的作用，这是符合事实的。就此还可以稍作补充。1994年有80%的日本人同意下述观点：日本没有对侵略过、殖民过的国家和人民进行过足够的补偿。此后日本统治者想尽各种办法改变上述舆论，并在2012年之后变本加厉。作为日本国家电视台NHK，在引导和塑造国民的历史认识方面发挥了独特而重要的作用。[2] 这最终导致了日本在历史认识问题上出现了令人忧虑的局面。

总之，日本学术界有一批坚持正确方向的学者，但由于自身的一些问题，更重要的是由于某些舆论和政治权力的阻挠，他们的真知灼见被限制在书斋中，远远没有发挥应有的社会影响力。他们意识到了这个问题，也采取了一些措施，但要获得相应的社会影响和认同，仍然有很长的一段路要走。

## 结　　论

对一个国家而言，历史研究的重要性不言而喻，而近现代史的

---

[1] 相关内容可参考俵義文「安倍政権の"教育再生"政策は教科書をどう変えようとしているのか」，『歴史評論』2014年2月号。

[2] 参见戸邉秀明「NHK『連続テレビ小説』が作り出す歴史意識："国民的ドラマ"という装置への批判的覚書」，『歴史評論』2013年1月号。

研究更是直接关乎其发展的路径和方向。习近平主席讲过:"人类社会发展的历史表明,对一个民族、一个国家来说,最持久、最深层的力量是全社会共同认可的核心价值观。核心价值观,承载着一个民族、一个国家的精神追求,体现着一个社会评判是非曲直的价值标准。"① 美国学者基辛格也认为:"一国社会的基本走向受其价值观的影响,价值观阐明了社会的终极目标。"② 近现代史的研究,正是一个国家核心价值观的重要来源。对此,日本学者也承认:"在我国近代历史学真正开始学问建设的1920年代之后,历史认识,尤其是对于明治维新以后本国历史的认识,乃是在与现状认识密不可分的情况下形成和展开的。同时,现状认识的构建,又与规划未来的社会、历史理论相关,这也是确凿的事实。"③

我们知道,日本的近现代史有成绩,有进步,但更有失败和罪恶,因而从整体上而言,乃是一部值得反思的历史。其间的经验和教训对于国家的前途和命运,关系重大,不可等闲视之。但遗憾的是,由于历史学者本身的问题,由于国家政权的导向和干预,近现代史研究正受到政治因素的侵蚀和裹挟,虽然其自身经常声称不涉入政治问题。在某种意义上,日本的历史研究正在被民族自豪感和对史实的尊重撕裂,同时也被所谓的民族自豪感绑架。因此,不仅其影响力不断削弱,甚至其客观性和科学性也受到威胁。长此以往,没有人能够保证其不会沦为政治的附庸。在此,重读著名出版人岩波茂雄对战前的一些反思,也许不无裨益。他深深认识到,正是由于每一个人的明哲保身,随波逐流,最终导致了日本走向侵略战争以致灭亡。他说:"我没有违抗大势,终究还是因为我没有勇气。与我有同感的人在全国恐怕有几百万吧,如果其中的几十人能够愤然而起,就像年轻学子敢于作为特攻队员与敌机、敌舰以身相撞那样,决死反抗主战论者,或许也能阻止这场没有名分的战争于未然。即

---

① 习近平:《习近平谈治国理政》,外文出版社2014年版,第168页。
② [美]亨利·基辛格:《论中国》,胡利平等译,中信出版社2012年版,第422页。
③ 奥田晴樹:「2010年の歴史学界—回顧と展望」の近現代部分(総論),『史学雑誌』2011年第5号,第148頁。

使无法阻止,至少也能收拾时局,不至于使祖国陷入如此境地。我见义却没有气概赴义,每每自省于此,内心惭愧不已。"① 在此基础上,他指出日本的缺点是"缺乏热爱宇宙真理的热情与追随世界正义的气魄"②,而"日本的开战与战败,都源于我国道义与文化的社会水平低下"③。针对如何才能走向光明的未来,他指出:"不必为错误感到羞愧,应该羞愧的是犯错不改;不必为战败感到耻辱,应该感到耻辱的是不承认失败、掩盖失败的心理。"④ 细细回味,这些话对于日本近现代史的研究者而言,难道不是依然有着重要的参考意义吗?

历史学者需要学识,更需要品格,而这种品格影响一个民族的精神。不能不说,日本目前正处在一个重要的转折关头,因为近现代史领域的争论和斗争是关乎国家发展方向的争论和斗争。为了不使战前的历史重演,日本的历史学者需要拿出勇气,发挥应有的影响力,真正以国家和民族的未来为念,传递一种冷静、客观的正能量。

(原载《史学理论研究》2015 年第 4 期)

---

① [日]安倍能成:《岩波茂雄传》,杨琨译,生活·读书·新知三联书店 2014 年版,第 186 页。
② [日]安倍能成:《岩波茂雄传》,第 256 页。
③ [日]安倍能成:《岩波茂雄传》,第 187 页。
④ [日]安倍能成:《岩波茂雄传》,第 261 页。

# 驻韩美军对韩国社会的影响

许 亮

"二战"后,韩国的社会发展与其传统轨迹发生了很大改变,通常被学界称为"现代化",即从传统社会向现代社会转变。"现代化"这一概念带有鲜明的价值色彩和目的性,描述从"落后"向"先进"的进步过程。[①] 战后韩国社会发展并不完全是符合所谓"现代"价值的社会进步,也不是由领袖人物或政治精英主观选择的,更大程度上是由韩国的社会结构限定的。构成社会结构的因素有很多,就韩国而言,驻韩美军是一个比较特殊的结构性因素。它存在于韩国社会内部,但却代表美国的意志;对韩国社会发展虽不具有决定性,却不能忽视。

从法律意义上,驻韩美军产生自1953年韩美《共同防御条约》,该条约赋予美国在韩驻军的权利。但实际上,驻韩美军可以追溯到1945年9月7日美陆军第24军在仁川登陆。韩国建国后,美军虽曾一度撤出,但仍保留着472人的军事顾问团。朝鲜战争爆发后,美

---

① "现代化"不是一个规范性的概念,而是一个描述性的概念,描述的是一种社会发展过程。不是所有发展都可称为现代化,只有那些符合"现代"价值标准的才可称为现代化。那么,"现代"价值是什么?最先提出现代化议题的西方学界将西方发达国家的发展水平作为"现代"的标准,亚非拉国家的现代化也就是其西方化的过程。不可否认,19世纪后西方国家的发展水平遥遥领先,亚非拉国家都以西方为榜样进行学习效仿,但在学习过程中,也根据各自的国情提出本土特色的现代化。20世纪60年代中期,韩国学者就不断在国际学界宣传"韩国特色"现代化(Koreanizing Modernization)的概念(参见 Asiatic Research Center, *International Conference on the Problems of Modernization in Asia*, ARC, 1965)。西方化与本土化之争让现代化这一概念充满争议色彩。

军重返韩国，一直留驻至今。半岛局势和韩国社会的发展变化与美国驻军密不可分。以往对驻韩美军的研究多只关注它对韩国防务安全的影响，[①]而关于美国对韩国社会影响方面的研究又多只关注美国的经济和军事援助，[②]缺乏关于驻韩美军对韩国社会影响的系统梳理，本文拟推进这方面的研究。

## 一 驻韩美军与韩国防务的美国化

解决安全问题是韩国建国前后面临的首要任务，也是当时美国半岛政策中最让华盛顿方面头疼的部分。驻韩美军正是在这一背景下产生的。不过，美国在韩驻军、直接承担韩国防务的责任，并非华盛顿方面抑或汉城方面的既定政策，而是美韩分别基于冷战与统一考虑、经过磨合调整后而形成的局面。

1945年9月，美第24军进驻朝鲜半岛北纬38度线以南，建立起美军政府（U. S. Military Government in Korea）。按照此前美苏达成的意向，两国占领军应尽快商讨建立统一的朝鲜政府事宜。然而，随着意识形态和战略利益的分歧加剧，美苏合作难以为继。美国转而扶持南方单独建国，以李承晚为首的右翼势力，出于对北方和左翼的惧怕，也在积极谋划单独建国。1948年8月，大韩民国政府成立，朝鲜半岛正式分裂。

随着韩国的建立，美军的去留问题变得棘手。根据联合国决议，占领国军队应在新政府成立后90天内撤出朝鲜。[③]苏联已表示将在1948年年底从朝鲜撤军。如果美军继续留驻，将在政治上处于不利地位；而如果撤军，韩国的安全则得不到保障。当时，半

---

[①] ［韩］首尔新闻社：《驻韩美军30年 1945—1978》，首尔：杏林社1979年版；Joo-Hong Nam, *America's Commitment to South Korea*, Cambridge: Cambridge University Press, 1986.

[②] 董向荣：《韩国起飞的外部动力》，社会科学文献出版社2005年版；Gregg Brazinsky, *Nation Building in South Korea: Koreans, Americans and the Making of a Democracy*, Chapel Hill: University of North Carolina Press, 2007.

[③] *The Problem of the Independence of Korea.* 参见联合国网站 http://www.un.org/documents/ga/res/2/ares2.htm，检索日期：2015年6月30日。

岛的南北双方都有统一的强烈愿望，频繁在三八线附近发生军事摩擦。韩国只有2.5万人的警备部队，一旦爆发战争，根本无力抵御北方。失去韩国会极大地损害美国在亚洲国家中的"威信"[1]，在如何解决韩国防务安全的问题上，美国军方意见最终占了上风。美国军方根据"欧洲进攻、亚洲防御"战略指导方针认为，美国在亚洲只需控制日本—琉球群岛—菲律宾这一防线即可，韩国"没有战略价值"，在此驻军反而是个"负担"[2]。1948—1949年，美国出台NSC8号文件，决定于1949年6月30日撤走全部美军，同时加大对韩国的军事援助，派遣军事顾问。李承晚获悉美国撤军计划后竭力劝阻，劝阻不成又转而要求美国提供巨额军事援助，并签订共同防御条约。华盛顿方面并不想在韩国投入太多，直接回绝了李承晚。[3] 可见，此时美国还没有与韩国签订防务条约、在韩驻军的打算。

1950年朝鲜战争爆发，美国改变了对韩防务政策，由军事脱身转为军事介入。有论者以为，美国之所以介入朝鲜战争，并非韩国战略地位提升，而是出于所谓的"道义责任"或者说是"政治考虑"[4]。华盛顿方面认为，朝鲜战争的爆发是苏联指使其卫星国做出的扩张试探，美国必须予以坚决"反击"，否则美国在"自由世界"中的"威信"会受到严重削弱。[5] 随着中国军队入朝参战，半岛战事陷入僵局，美国开始考虑停战谈判。李承晚极力反对停战，一心

---

[1] US Department of State, *Foreign Relations of the United States* (Hereafter as *FRUS*), 1947, Vol. VI. Washington D. C.: United States Government Printing Office, 1972, pp. 784–785.

[2] US Department of State, *FRUS*, 1947, Vol. VI, pp. 817–818.

[3] US Department of State, *FRUS*, 1949, Vol. VII, pp. 1011–1013.

[4] 加迪斯认为，"导致美国干涉朝鲜半岛的最终是政治而非战略考虑"。参见［美］约翰·刘易斯·加迪斯：《长和平——冷战史的考察》，潘亚玲译，上海人民出版社2010年版，第116页。基辛格则认为，华盛顿方面在参战的决策过程中，对"道义责任"的重视程度远远超过战略分析。参见［美］亨利·基辛格：《大外交》，顾淑馨、林添贵译，海南出版社2006年版，第451页。

[5] ［美］哈里·杜鲁门：《杜鲁门回忆录》（下卷），李石译，东方出版社2007年版，第416页。

想借助"联合国军"统一北方,为此甚至暗中破坏和谈。① 迫于美国压力,李承晚最终提出了不阻挠签订停战协定的八项条件。② 在八项条件中,李承晚只要求"签署韩美防御协定",并没明确要求美国在韩驻军。他打的如意算盘是:韩国可以在没有美国参与的情况下单独"北进统一",但如果"北进"遭到中国或苏联的干涉,美国就有义务介入。对于这点,美国有清醒的认识:与其将来在韩国遇到麻烦时美军重返半岛,还不如保留驻军,既可以威慑北方,也能管住李承晚的"北进"野心。③ 1953年8月,美韩签署《共同防御条约》。美国根据该条约的第四条,正式在韩国长期驻军。签署《共同防御条约》,标志着韩国被纳入了美国的盟国保护行列。驻韩美军成为韩国防务的核心,不仅是韩国的"保护者",更是其"控制者"。

驻韩美军直接承担韩国防务。朝鲜战争期间,美军在韩驻有7个陆军师,加上常驻日本的第7舰队和第5航空军,兵力达到30万人。这显然不符合美国"欧洲优先"的战略部署,也带来庞大的军费负担,因此,在停战之后的两年里,艾森豪威尔政府就陆续撤走了5个师,仅保留了第8军下辖的2个师(第2、7师)及第314航空师,总兵力5万人。为加强撤军后的韩国防务力量,美国公然抛弃朝鲜停战协定中禁止双方增加新武器的规定,于1958年为驻韩美军配备了既可用于常规作战又可用于核打击的"双用武器"——280毫米原子火炮和"忠实约翰"地对地导弹,④ 将韩国纳入自己的"核保护伞"之中。

---

① 战俘问题一直是停战谈判的焦点问题。中国和朝鲜主张所有战俘全部遣返,美方主张"自愿遣返""一对一交换"。在南方,战俘一直由韩国军队看管。停战谈判期间,李承晚有意制造麻烦,私自释放2.5万名战俘。释俘事件让美国极为被动,一度考虑要替换李承晚。
② US Department of State, *FRUS*, 1952 – 1954, Vol. XV, part 1, pp. 955 – 956.
③ US Department of State, *FRUS*, 1952 – 1954, Vol. XV, part 1, pp. 964 – 965.
④ 美国一直在部署核武器问题上采取既不承认也不否认的模糊态度,有意让中、苏、朝和韩国都相信美国已部署核武器。其实,美国对于半岛需要多少核武器以及如何使用核武器并不清楚,采取模糊态度主要是为了发挥威慑作用。直到1991年,美国才正式确认从韩国撤走了所有核武器。参见 Digital National Security Archives (DNSA) 数据库,1968年4月12日的国家安全委员会文件。

美军在韩国的部署也很有战略用意。美韩共同防御条约不同于北约，它没有美国自动军事介入的条款，从而避免被李承晚拖入"北进统一"的战争中。为确保对北方的威慑作用，美国将其第2师和第7师部分部队分别部署在汉城（今首尔）以北、距三八线路程最短的两条线路上。如果朝鲜军队突袭汉城，将会先与美军交锋。这样的部署为美国军事介入起着所谓"自动引线"（tripwire）作用，同时也能阻止南方军队北上。

驻韩美军控制着韩国军队。（1）驻韩美军的高级指挥员掌握韩国军队的行动控制权（OPCON）。朝鲜战争爆发后，美军远东司令麦克阿瑟担任"联合国军司令"，李承晚将韩国军队的指挥权交由他。1954年11月，美韩双方同意韩军的行动控制权仍由联合国军司令掌握，而联合国军司令一直由驻韩美军司令也就是第8军司令兼任。[①] 需要指出的是，第8军司令实际上只能控制韩国陆军，韩国的海、空军分别由美国驻韩海军和空军司令掌握，他们分别隶属于美国太平洋舰队和第5航空军。（2）驻韩美军司令负责美国对韩军事援助。1952年，美国设立联合经济委员会，负责对韩国的经济和军事援助。该委员会受驻韩美军司令领导。直到1959年，对韩经济援助才开始转由驻韩大使负责，但军事援助仍由驻韩美军司令控制。美国军事援助对韩国防务建设至关重要。据统计，整个20世纪50年代美国军援是韩国自己防务支出的1.1倍，韩国军队几乎完全靠着美国援助维持。[②] （3）美国军事顾问指导韩国军队建设。根据美韩达成的协议，美国从1949年开始向韩军派驻军事顾问团。其主要职责是帮助组织、管理和训练韩国军队，参与美国军事援助的具体实施与督查。军事顾问团隶属第8军，可直接向驻韩美军司令报告韩军情况。派驻军事顾问，是驻韩美军控制韩国军队的一个重要手段。（4）驻韩美军建立美式军校以训练韩国军官。韩国最著名的陆军士

---

① Hyun-Dong Kim, *Korea and The United States*: *The Evolving Transpacific Alliance in the 1960s*, Seoul: Research Center for Peace and Unification of Korea, 1990, p. 99.

② 曹中屏、张琏瑰：《当代韩国史（1945—2000）》，南开大学出版社2005年版，第133页。

官学校，前身是1945年12月美国占领军建立的军事英语学校，旨在培训"美军占领区朝鲜军官"的英语能力。1952年，美国军事顾问仿照西点军校模式将陆军士官学校改建为韩国的最高军事学府。陆军士官学校培养了一大批骨干将领，朴正熙、金钟泌、全斗焕、卢泰愚等人都曾在此工作和学习过。此外，韩国军校还与美国军校建立了交流机制，每年都会选派部分军官赴美进修。[①]

韩美结盟、美国在韩驻军，为韩国提供了安全保障。朝鲜战争后，半岛紧张局势并未缓解，时不时发生军事冲突，但再没有爆发过大规模战事。更为重要的是，由于搭上美国防务"便车"，韩国可以节省军费支出，把资源投入经济建设之中。当然，驻韩美军带来的"安全"只是硬币的一面；另一面是，美国驻军实际上是制造半岛分裂的罪魁祸首，他们的存在造成了半岛南北双方的猜忌与隔阂，不利于半岛局势的缓和。

## 二　驻韩美军与韩国文化秩序的破坏

20世纪60至70年代，韩国经济快速发展，社会也日益开化。与国家安全上依附美国、经济上依靠美国相对应的是，韩国社会也产生了一种崇美、学美的氛围。美国人、美国产品、美国生活方式冲击改变着韩国传统社会。随着亚洲冷战的主战场转移到东南亚，驻韩美军不用像20世纪50年代那样保持着高度的军事戒备，有更多时间接触韩国社会，也就成为韩国社会西化最直接的推动力量。

### （一）传播西方文明的"使者"

20世纪六七十年代，驻韩美军基地周边逐渐聚集起大大小小的基地村。很多韩国人或直接受雇于美军，或从事与美军相关的生意。例如，在美军第2师驻地的议政府市（注：位于首尔的东北方向），

---

① Gregg Brazinsky, *Nation Building in South Korea: Koreans, Americans and the Making of a Democracy*, pp. 84-91.

20世纪60年代初有60%的人口从事与驻韩美军相关的工作;[①] 韩式料理中的"部队火锅",就是该地居民将美军军粮(主要是火腿、香肠等)掺入韩式火锅形成的,形象地反映出了韩国传统文化与美国文化的某种融合。

驻韩美军传播着西方的消费文化和生活方式。在20世纪60年代的韩国,使用美国货是身份的象征,是现代文明的标志。一些富裕家庭的主妇,尤其追捧美国货,将其视为衡量生活水平高低的标准。能通过合法渠道买得起美国货的韩国人毕竟只是少数,大部分人通过基地村的黑市获得美国货。美军士兵把从国内带来的日用品在基地村高价出售。韩国政府虽有意取缔黑市,但往往因牵涉美军而不了了之。在驻韩美军的影响下,很多西方的消费文化在韩国悄然流行,最明显的例子就是咖啡和啤酒。1950年首尔才只有50家咖啡馆,到1964年就增长到850家。邀请朋友去咖啡馆谈事情,成为韩国城市生活的一种时尚。由于咖啡是进口消费品,为减少外汇流失,韩国政府一度禁止咖啡进口,但咖啡仍通过驻韩美军的商店大量流入韩国市场。啤酒也是在驻韩美军带动下普及开来的。1964年韩国啤酒的消费量比上一年翻了一番。很多卖韩国烧酒的传统酒吧转而销售啤酒。[②] 驻韩美军传播美国文化还有一种更直接的方式,就是驻韩美军广播电视网(American Forces Korea Network,AFKN)。AFKN本是为驻韩美军及其家属服务的,但由于使用频段较低,其播放的美国新闻和娱乐节目,附近的韩国民众都能收到。那些拥有电视的韩国富裕家庭、精英阶层,由此在无形之中受到了美国文化的深刻影响。

### (二)破坏传统秩序的"恶棍"

在韩国人眼中,美国大兵并非传播现代文明的"天使",他们更

---

[①] Katharine H. S. Moon, *Sex Among Allies: Military Prostitution in U. S. -Korea Relations*, New York: Columbia University Press, 1997, p. 29.

[②] Sang-Dawn Lee, *Big Brother, Little Brother: The American Influence on Korean Culture in the Lyndon B. Johnson Years*, New York: Lexington Books, 2002, pp. 57–60.

像是破坏传统秩序的"恶棍"。之所以有这种形象,很大程度上源于驻军基地周围的妓女问题。20世纪60年代,基地村附近的色情行业猖獗,仅登记在册的妓女就超过2万人,而当时的驻韩美军总共才6万多人。[①] 军妓问题成为韩国社会的一个毒瘤,但政府态度却很暧昧。1961年11月,朴正熙上台不久就颁布了《禁止卖淫法》。但不到一年,政府态度就从"禁止卖淫"变为"规范卖淫"。法务部、内务部、社会福利部及其他相关部门联合划定了104个允许卖淫的"特区",到1964年增加到145个。韩国政府之所以不愿取缔"基地村"的色情业,主要出于经济和笼络美军的考虑。[②] 1965年,驻韩美军第8军曾在一份报告中这样说:"色情业带动韩国国民生产总值的增长,为政府带来大量收入,韩国政府不会积极认真采取措施减少卖淫活动。正如一位韩国官员所说,'你是在让我们砍掉一个不需要政府投入却能养活数以万计人的行业。'"[③] 美国曾多次要求韩国采取措施限制卖淫,尼克松总统甚至亲自关注此事并致信朴正熙。此时,正逢尼克松决定从韩国撤军从而引发了韩国社会的担忧。朴正熙最终决定开展一次由青瓦台直接负责的、针对基地村的社会清理运动,并拨专项资金(3.8亿韩元)用于改善基地村的卫生状况。

伴随着驻韩美军与韩国社会接触的日益频繁,美军对韩国民众犯罪的案件也越来越多。根据两国在1950年签订的"大田协定",韩国司法无权审判美军士兵。韩国上下一直以来都强烈呼吁修改这一侵犯主权的协定。美国政府却一直借故拖延。朴正熙上台后,利用美国发动越战需要韩国出兵之机,迫使美国同意修改此项协定。1966年,韩美双方签署了《驻韩美军地位协定》(US-South Korea Status of Forces Agreement),承认韩国具有司法管辖权,但又做了保留,规定涉及美国重要利益的案件还是由美国受理。

---

[①] Katharine H. S. Moon, *Sex Among Allies: Military Prostitution in U. S. -Korea Relations*, p. 30.
[②] Wha Soon Chou, *Let the Weak Be Strong: A Woman's Struggle for Justice*, New York: Crossroads, 1988, p. 94.
[③] Eighth U. S. Army, *Human Factors Research: Part I*, p. 13. 参见美国防部防务技术信息中心网站, http://www.dtic.mil/dtic/tr/fulltext/u2/419778.pdf, 检索日期: 2016年7月15日。

韩国学者金泳镐将韩国的现代化称为边缘国家的依附式现代化[①]，揭示出韩国在接受美国影响中所处的弱势地位。驻韩美军依仗自己在韩国的特权和优势地位，蔑视、破坏韩国传统价值体系和社会秩序，恣意传播美国生活方式和价值理念。驻韩美军参与韩国社会活动的方式经常是蛮横粗俗的，伤害了韩国人民的自尊心。但在当时的政治环境中，反美等同亲共，是违犯《反共法》《国家安保法》的[②]，所以，韩国在20世纪六七十年代并没有出现大规模反美，但却为后来埋下了隐患。

## 三 驻韩美军与韩国的军人干政

驻韩美军与韩国政治发展之间的关系比较隐晦复杂。驻韩美军虽然一直尽量避免介入韩国内政，但其作为韩国防务的支柱，掌握着韩国军队的控制权，事实上扮演了韩国政治生态隐形主宰者的角色。早在美国军政时期，韩国就在美国的参与指导下早早建立了所谓的"西方民主政治制度"。但在此后40年里，韩国徒有民主之形而无民主之实。韩国军部势力长期把持政权，如果没有驻韩美军的纵容和支持，这种局面是不可能出现的。冷战期间，驻韩美军作为美国东亚战略的具体执行者，首先关注的是美国的战略利益，"其次才是民主"[③]。

### （一）驻韩美军对朴正熙发动军事政变态度暧昧

1960年，李承晚通过舞弊第4次当选韩国总统，引发全国范围的抗议运动。李承晚曾请求驻韩美军调动韩军镇压示威群众，但遭到了拒绝。美国认为，李承晚已经被民众彻底抛弃，继续支持他无

---

[①] ［韩］金泳镐：《论第四代工业化——对格尔申克隆与希施曼模式的反思》，载［美］塞缪尔·亨廷顿等《现代化理论与历史经验的再探讨》，张景明译，上海译文出版社1993年版，第286—305页。

[②] 1965年，韩国作家南廷贤在小说《粪地》中流露出反美思想，就因触犯《反共法》而被捕。

[③] Kim Dae Jung, *Building Peace & Democracy: Kim Dae Jung Philosophy & Dialogues*, New York: Korean Independent Monitor, 1987, p.111.

助于韩国稳定。李承晚被迫下台。随后,张勉领导的民主党赢得选举,建立民选政府,但很快就因内斗而分裂,政府威信扫地。1961年5月16日,以朴正熙、金钟泌为首的部分军官发动政变,建立起军人政权。①

"5·16"政变践踏了宪政民主,朴正熙私自调动驻守三八线的韩国军队,也破坏了驻韩美军司令的控制权。但奇怪的是,美国不仅没有阻止、追究这种非法行为,反而承认了此次政变。5月19日,驻韩美军司令马格鲁德(Carter B. Magruder)表示"联合国军"接受"军事革命";26日,马格鲁德又与韩国军政府发表联合声明,重新肯定"联合国军"对韩军的控制权,解释这一控制权"将只用于防御共产主义对韩国的入侵"②,实际上认可了朴正熙私调军队的举动。为进一步争取美国的支持,朴正熙宣布将于1963年举行选举,还政于民;华盛顿方面对此表示欢迎,并邀请朴正熙于当年11月访美。这实际上是认可了政变的结果,支持朴正熙竞选总统。美国对朴正熙政变与此前抛弃李承晚的态度截然相反。当时,美军顾问遍布韩军各部队,驻韩美军司令不可能对朴正熙等人的政变图谋没有察觉。所以,韩国一直有声音猜测是美国策划了此次政变,目的就是要把更加亲美反共、更能控制局面的军事强人推到台前。

### (二)美国撤军加剧了朴正熙的军事独裁

20世纪60年代,美国在越南战争中越陷越深,华盛顿方面一度考虑削减对韩军事援助、减少在韩的驻军,将之调往越南。朴正熙担心被"美国抛弃",决定向越南派兵,希望以此换取美国维持在韩驻军的规模及更多的援助。最开始韩国还只是派出工程和医疗部队,随着战事吃紧,韩国应美国要求,开始向越南派出作战部队。

---

① 朝鲜战争后,韩国军部不断膨胀,政府难以驾驭。李承晚利用不同派系的相互制衡来约束军部,造成了军队的严重腐败和派系林立。韩国中下层军官希望通过"整军"肃清军中痼疾,但张勉更想通过"裁军"来削弱军部势力,而首当其冲遭到裁撤的恰又是中下层军官,这引发了他们的极大不满。"5·16"政变正是在这一背景下发生的。

② 曹中屏、张琏瑰:《当代韩国史(1945—2000)》,第224页。

1964—1969年，韩国先后5次向越南派兵，总数达47874人①，是美国盟国中出兵最多的国家。作为回报，美国不仅没有从韩国撤军，而且驻军规模从1959年的5万人增加到1968年的6.7万人，还给予韩国1.5亿美元的援助贷款、大量军需订单（越战特需是韩国这一时期出口迅速增长的重要刺激因素）以及新的武器装备。

尼克松上台后，决定尽快摆脱越战困境，宣布从亚洲撤军。朴正熙本以为韩国应是美国撤军政策的例外：一是韩国在越战中有贡献；二是1968年半岛局势日趋紧张，发生了朝鲜特战队员潜入青瓦台刺杀的事件。然而，美国早已把韩国作为新亚洲政策的首选。美国认为，EC-121事件②表明在韩国保持两个帅完全没有必要，反而增加负担。美国情报部门估算，韩国有地面部队58.5万人，远超朝鲜的34.4万人，在美国海空支援下，完全有能力独立承担防御。③此外，尼克松一直想从越南"体面地撤出"，如有从韩国撤军的政策相伴，正好可以挽回一些颜面。

1970年3月，美国正式决定从韩国撤走第7师（约2万人），约占当时驻军的1/3。为争取韩国谅解，美国政府建议国会批准在1971—1975年每年向韩国提供2亿美元的军事援助，用于支持韩国的军事现代化；根据PL 480法案继续给予韩国以经济援助，并将援助额度提高到每年5000万美元以上；在参加越战的韩军回国之前不再进一步削减驻韩美军。④朴正熙获悉此事后非常震惊，而更让他想不到的是，此时美国已悄悄撤走1万驻军。美国撤军给韩国带来很大的安保冲击，朴正熙趁机发动"自我政变"，建立起"维新"独

---

① 赵虎吉：《揭开韩国神秘的面纱——现代化与权威主义：韩国现代政治发展研究》，民族出版社2003年版，第131—132页。

② 1969年4月，朝鲜击落1架美国EC-121侦察机。尼克松起初想强硬回击，但军方认为一旦同朝鲜开战，驻韩美军将成为炮灰。尼克松最终选择了相对温和的对策：在有战机护航的条件下继续派侦察机搜集情报，同时派两支航母编队到日本海巡弋。

③ CIA, *North Korean Intentions and Capabilities with Respect to South Korea* (Report), https://www.cia.gov/library/readingroom/docs/DOC_0001218147.pdf，检索日期：2017年5月15日。

④ US Department of State, *FRUS*, 1969-1976, Vol. XIX, part 1, pp. 148-150.

裁体制。① 在"维新体制"下,韩国人权状况每况愈下,就连美国国会也难以无视。1974 年 12 月,美国国会将对韩军事援助从 2.38 亿美元削减到 1.45 亿美元,并表示如果韩国人权状况有所改善再予增加到 1.65 亿美元。为说服美国国会顺利通过对韩援助方案,朴正熙甚至派情报人员赴美贿赂议员。1976 年,这一丑闻被曝出,美韩关系陷入低谷。

1977 年,高举人权外交大旗的卡特就任美国总统。他在撤军方面更为积极,上任两个月就宣布 5 年内撤走全部驻韩美军:1978 年撤走 5 千人,1980 年撤走 9 千人,之后 1—2 年再撤走 1.1 万—1.2 万人。② 这一决定遭到很多人的质疑,就连那些关注韩国人权的美国国会议员也认为这会危及韩国安全和美国利益。1979 年,美国军方发现朝鲜兵力比原先估计的多 20 万人。③ 卡特政府重新评估了半岛南北军力状况后,冻结了撤军计划。卡特时期驻韩美军并未大幅减少,基本维持在 4 万人的规模。

总体来看,驻韩美军与韩国军人干政密切相关。在这背后是美国出于自身战略利益的种种考虑:出于反共考虑,美国没有阻止、追究朴正熙的军事政变;出于越战考虑,美国给予朴正熙更大的经济、军事支持;出于半岛"安全"考虑,美国纵容朴正熙搞"维新"独裁、践踏人权。正如美国国会在一份韩美关系调查报告中所说,美国实际上是在帮助巩固朴正熙的压制性统治,看上去像"独裁者的帮凶"④。

---

① 1971 年 4 月,朴正熙赢得大选,连任总统。12 月,他突然以朝鲜"入侵"为由,宣布国家进入"非常状态",颁发所谓的《维新宪法》,将国家权力揽于己手,建立起独裁统治称为"维新体制"。朴正熙为什么在赢得大选后发动"自我政变"?很多学者认为这与当时南北关系紧张、美国撤军造成的安保危机密切相关。参见 [韩] 崔完圭《关于"维新体制"形成原因的研究》,博士学位论文,庆熙大学,1986 年;赵虎吉:《揭开韩国神秘的面纱——现代化与权威主义:韩国现代政治发展研究》,第 147 页。

② Committee on Armed Services, *Hearings on Review of the Policy Decision to Withdraw United States Ground Forces From Korea*, Washington: U. S. Government Printing Office, 1978, pp. 23 – 24.

③ Tim Shorrock, "The Struggle of Democracy in South Korea in the 1980s and the Rise of Anti-Americanism", *Third World Quarterly*, Vol. 8, No. 4, October 1986, pp. 1200 – 1201.

④ The Subcommittee on International Organizations of the Committee on International Relations U. S. House of Representatives, *Investigation of Korean-American Relations*, Washington D. C.: U. S. Government Printing Office, 1978, p. 10.

## 四 驻韩美军与韩国民主的曲折进程

经过20年的快速发展,韩国社会结构于20世纪七八十年代发生了根本性改变①,社会对政治民主化的呼声越来越高,民主化运动渐进高潮。② 驻韩美军一如既往地支持军人政府,自然也就成为韩国民主运动的反对对象。自此,韩国政治生态出现了进步—反美与保守—亲美这样的政治分野,这可以看作驻韩美军对韩国政治生态的另一影响。

### (一) 驻韩美军纵容全斗焕发动政变与制造"光州血案"

1979年10月26日,朴正熙被部下刺杀身亡,韩国社会满以为军事独裁将就此终结。然而,以全斗焕、卢泰愚为首的新军部力量在12月12日突然发动兵变,控制了军队和政府,并在全国实行戒严。戒严期间,全斗焕加快清除异己,三位竞争总统最有力的人选——金大中、金泳三和金钟泌,不是被捕入狱就是遭到软禁;强行通过有"第二维新宪法"之称的新宪法。全斗焕的倒行逆施在光州遭到强烈抵制,他随即调军队镇压,许多平民(政府公布的数字为200人,而示威人士统计的数字是2000人)遭到屠杀。这一事件被称为"光州血案"。在这种恐怖氛围下,全斗焕于1981年2月当选总统,建立起新的军事独裁。

在此过程中,美国与驻韩美军再次扮演了不光彩的角色。全斗焕用于发动兵变的第9师和在汉城、光州执行戒严的第20师,都是

---

① 1976年韩国城市人口赶上农村人口,到1988年城市人口占到70%,农村人口下降到30%。1984年韩国工业就业人数超过农业。韩国民主运动早期以学生运动为主;到20世纪80年代,工人和城市市民成为民主运动的主力。

② 关于经济发展与民主化之间关联性的研究很多。美国学者亨廷顿提出了"经济过渡带"理论,即当经济发展到人均GDP1000—3000美元(基于20世纪80年代世界发展水平),最容易发生民主化转型(参见[美]塞缪尔·亨廷顿《第三波——20世纪后期民主化浪潮》,刘军宁译,上海三联书店1998年版,第68—70页)。1980年,韩国人均GDP超过1500美元;1987年,超过3000美元。

从三八线调来的。如果没有时任驻韩美军司令威克姆（John Wickham）批准，政变和血案是不会发生的。后来，美国驻韩大使小格莱斯廷（William Gleysteen Jr.）也承认："威克姆将军得到我的赞同把最训练有素的韩军第 20 师从执行戒严任务的驻地汉城调往光州。"[①] 就在总统选举前，全斗焕受邀访问美国，美国对他的支持之意不言自明。韩国民众深刻认识到：美国才是军事独裁者的后台，是光州血案的帮凶。

### （二）韩国民主化浪潮中的反美主义

光州事件打碎了韩国民主力量对美国支持韩国民主化的幻想，更点燃了青年学生积聚已久的反美情绪。在他们眼中，美国不是韩国的"救世主"，而是造成国家分裂和民主受挫的罪魁祸首。各种反美、反独裁的学生组织纷纷成立，如争取三民主义委员会，争取民族解放和民主反美反法西斯运动委员会，等等。"美国佬滚回去！"、焚烧美国国旗等反美言行频频出现。汉城、釜山、光州等地接连发生学生袭击美国驻韩机构的事件。1985 年 5 月，学生占领了汉城的美国文化中心，要求美国为光州事件道歉，遭到使馆拒绝和警察镇压。

反美主义的兴起，既受光州事件的刺激，也是长期积聚的对美不满情绪的总爆发。1985 年，韩国最有影响的民间反美反独裁组织——民主统一民众联合运动致信里根总统，罗列了美国的诸多罪状：美国政府维持与韩国军事独裁者的友好关系；美军在韩部署核武器；美国大兵犯下了累累恶行；美国公司在韩攫取高额利润；美国大众文化产品的输入毒害了韩国传统价值体系；等等。并呼吁韩国人民要从对美国的盲目崇拜与信任中清醒过来，指出美国不是"韩国真正的朋友"[②]。

---

① *New York Times*, July 12, 1982. 转引自曹中屏、张琏瑰《当代韩国史（1945—2000）》，第 345 页。

② Tim Shorrock, *The Struggle of Democracy in South Korea in the 1980s and the Rise of Anti-Americanism*, pp. 1209 – 1210.

1986年，随着总统选举和汉城奥运会临近，韩国民主化运动再掀高潮。这波民主化运动与此前相比有一个显著的特点，就是民主与反美掺杂在一起。这年4月底，汉城大学学生高呼"撤走驻韩美军和核武器""取消'协作精神'军演①"的口号游行示威，遭到警察的镇压，两名学生自焚而亡。此事导致汉城各大学学生与工会联合在仁川进行集会游行，高呼"驱逐美帝国主义！""打倒法西斯！"等反美反独裁口号。不过，韩国的反对派领袖和中产阶级对反美比较谨慎。例如，民主化精神领袖金大中针对运动中出现的激进反美行为告诫："可以批评美国的对韩政策，但是必须避免反美主义。"② 加之此时美国向全斗焕施压，促其与反对派对话。反美主义逐渐在民主化运动中被边缘化。1987年6月29日，在内外压力下，卢泰愚代表军部势力发表了民主化宣言。韩国从此进入民主化时代。

经历民主化运动的洗礼后，韩国民众对美国的认知出现了分裂。1990年，韩国放送公社的民调显示：约38.7%的人喜欢美国，约29.6%的人不喜欢，约31.6%的人没有倾向，亲美、反美和中立的人基本各占1/3。从年龄来看，分野更为明显。在20岁年龄段的人中，喜欢美国的占25%，不喜欢的占43.2%（大学生中二者比例差距更大，分别占到23.5%和59.2%）；而在50岁以上的人中，情况则相反，喜欢的占48.6%，不喜欢的占15.3%。③ 亲美与反美的分野与另一条政治分界线基本吻合，即右翼—保守力量与左翼—进步力量。韩国的右翼—保守力量可以追溯到日据时期。他们与日本殖民政府关系密切，光复后又转投美国，积极反共仇北，在朴正熙时期享受到工业化的好处，是韩国社会中上阶层中的主流。左翼—进步力量在朝鲜战争后在韩国几乎消灭殆尽，民主化运动中才又重新崛起。有韩国学者将右翼—保守力量称为"工业化的一代"，而左

---

① 从1978年开始，驻韩美军每年都与韩军举行代号为"协作精神"的大规模联合军演。
② ［韩］金大中：《21世纪的亚洲及其和平》，北京大学出版社1994年版，第329页。
③ Gi-Wook Shin, "South Korean Anti-Americanism: A Comparative Perspective", *Asian Survey*, Vol. 36, No. 8, August 1996, p.796.

翼—进步力量是"民主化的一代"①，这不无道理。此后，韩国逐渐形成一种内政—外交共振的现象：当右翼政党上台，韩美关系变得密切；而左翼政党主政，韩美关系就变得疏远。同样的，当国内出现反美事件时，进步力量活跃；需要美国撑腰时，保守力量得势。

## 五　驻韩美军与韩国国家建设的残缺

1996年，韩国加入经济合作与发展组织（OECD），进入发达国家行列。韩国成为战后亚非拉国家中率先完成现代化的国家。然而，现代化的成功并不能掩盖韩国国家建设方面的残缺——民族分裂和主权缺失。随着国力和自信心的提升，韩国社会要求统一和建立自主国家的呼声越来越高，驻韩美军的阻碍作用也越来越凸显。

### （一）驻韩美军与南北关系

从卢泰愚开始，韩国对朝政策开始发生根本性转变。汉城方面不再把平壤政权视为统一的对手，而是可以对话的伙伴，接触和对话代替了敌视与防范。金大中时期，韩国推行"阳光政策"，加大对朝鲜的接触与援助力度，金大中在2000年历史性地访问了平壤。一时间南北交流、和平统一成为韩国社会的主流声音。在这种氛围下，驻韩美军的存在显得格外碍眼。朝鲜多次要求美国撤出驻韩军事力量，以此作为和平统一的前提条件。针对朝鲜的韩美年度军演，更被平壤方面视为南方是否有诚意、是否放弃敌视政策的试金石。驻韩美军已成为阻碍半岛南北关系缓和与统一进程的绊脚石。20世纪90年代，在大学生中的一次民调显示：高达72.4%的人认为驻韩美军不利于南北统一。② 2000年后，这种负面认知已经蔓延到韩国全社会。小布什就任美国总统后，对朝鲜采取强硬态度。这与韩国的

---

① Lew Seok-choon, "Power Structure and Recent Political Development in Korea", *Asian Profile*, Vol. 35, No. 2, April 2007, pp. 85 – 98.
② Gi-Wook Shin, "South Korean Anti-Americanism: A Comparative Perspective", p. 799.

"阳光政策"发生冲突。2004年的一次民调显示：39%的韩国民众认为美国是最大威胁，这一比例甚至超过了朝鲜（33%）。①

### （二）驻韩美军与司法主权

驻韩美军享有的治外法权一直以来都是对韩国司法主权的严重侵蚀。如前所述，1966年签署的SOFA并不平等。随着韩国地位的提升和反美情绪的高涨，这一问题也越来越凸显。韩国人对SOFA的不满主要在两个方面。一是司法审判权问题。SOFA规定，如果美军的违法行为是发生在执行任务的情况下，美国享有管辖权。至于怎样算是执行任务，一般是由美军相关部门出具一份证明，虽然韩国检方有权质疑或推翻美军的证明，但在实际情况中，韩国很少这么做。SOFA还规定，在涉及美国重大利益时，美军可以发出请求，让韩国自动放弃管辖权。虽然美国在其他国家的驻军也有这方面的规定，但在韩国，实际情况是美军不管重要与否都会请求韩国自动放弃管辖权。二是社会公益问题。SOFA中没有规定美军对使用韩国公用设施所造成的损害具有进行赔偿的义务；对于美军造成的环境破坏，美方也只是表示会"尊重"韩国利益，但从未明确赔偿。②2002年下半年，两名美军士兵驾战车压死两名韩国女中学生，被美方无罪释放，激起韩国持续半年的反美示威。此时适逢韩国总统大选，进步党派候选人卢武铉正是高呼反美口号而成功入主青瓦台的。

### （三）驻韩美军与韩军行动控制权

韩国主权缺失的另一体现是没有韩军的行动控制权。这一问题在韩国存在很大争议，是亲美与反美、保守与进步阵营争论的焦点。1994年，美国虽将和平时期韩军的行动控制权归还给了韩国，但仍保

---

① Samuel S. Kim, *The Two Koreas and The Great Powers*, Cambridge: Cambridge University Press, 2006, p. 284.
② Jimmy H. Koo, "The Uncomfortable SOFA: Anti-Americanism Sentiments in South Korea and the US-South Korea Status of Forces Agreement", *National Security Law Brief*, Vol. 1, No. 1, pp. 103 – 105.

留战时控制权。卢武铉上台后，提出"自主防务"，表示要在2009年收回战时控制权。其实，美国对于韩国收回这一控制权并不介意，甚至乐见其成。美国早前掌握韩军的控制权，主要是为了约束韩国单方面对北采取军事行动。此时，韩国主动"北进"的可能性已不大；韩国收回韩军行动控制权，实现自主防务，也可以减少美国的负担，推动驻韩美军的转型。冷战后，美国在东亚的战略设想是：主要由盟国承担前线任务，美军退居其后，提供战略支持。具体到朝鲜半岛，就是以韩军为主、美军为辅，驻韩美军主要提供侦查、制空和导弹防御等帮助。为此，驻韩美军开始了第三次大规模削减，由1989年的4.4万人下降到2008年的2.85万人。削减中，空军、侦察和导弹防御部队的武器装备水平得到大幅提高，这增加了驻韩美军的机动性和灵活性。

收回韩军的战时控制权，在韩国遭到了很大阻力。保守势力和军方认为卢武铉的决定太过草率，会使韩国安全出现隐患，并增加防务开支。迫于内部压力，卢武铉政府与美国商定将收回韩军战时控制权的时间推迟到2012年。美国也向韩方保证不会进一步削减驻韩美军。2008年，亲美保守派李明博就任韩国总统，韩美关系获得极大改善，被赞为"历史最好时期"。2010年，接连发生了天安舰事件和延坪岛炮击事件,[①] 南北双方重回敌对状态，韩国民众重新认识到驻韩美军的不可或缺。韩美双方协商，把收回韩军战时控制权的时间再推迟到2015年年底。2013年，应韩国方面的请求，双方将移交时间再次推迟。韩国担心收回战时控制权后，自身防务会受到削弱，因而和美国商定在未找到韩美军队新合作机制前暂不移交。[②]

从民族统一和主权完整的角度看，驻韩美军无疑是冷战后韩国

---

① 2010年3月26日，韩国海军天安号护卫舰在黄海海域沉没，46名官兵死亡。韩国指责是朝鲜潜艇用鱼雷击沉了天安舰，而朝鲜方面拒不承认。南北关系迅速紧张。同年11月23日，朝韩双方又在延坪岛海域发生相互炮击，互有伤亡。经过这两次事件，南北关系急剧倒退，重回冷战敌对状态。

② 目前双方正在考虑的合作方案是建立"韩美联合战区司令部"，由韩美共同掌握韩军控制权。所以，即使美国归还了韩军的战时控制权，驻韩美军依然能够在战时参与对韩军的指挥。

国家建设的障碍。但当南北关系紧张时,驻韩美军的"保护"又是韩国所离不开的。20世纪90年代以后,韩国时而反美,时而亲美。反美,往往是在南北关系缓和、进步党派执政的时候;而亲美,则是在南北关系紧张、保守党派掌权的时候。不过,在韩美防务合作的体制下,韩国的反美主义更多是情绪上的宣泄,即使是反美进步派中的绝大多数人也不赞成美军撤出,他们与亲美保守派的区别在于要求获得更多自主权、对驻韩美军进行更多限制。

## 结　　语

驻韩美军的出现具有历史偶然性。这支军队并不能改变"二战"后韩国历史的发展大趋势,但作为植入韩国社会结构的一部分,仍然对韩国的历史走势与社会塑造造成比较明显的影响。

第一,驻韩美军构筑了韩国依附美国的防务体制。驻韩美军不仅是韩国的"保护者",也是"控制者"。对于"保护者"角色我们要一分为二地看。一方面,要看到美军驻守韩国、承担韩国防务并不是美国的最初政策,在韩驻军具有一定的历史偶然性。美军进驻以后起到了一定的威慑北方、保护韩国"安全"的作用,减轻了韩国自身的防务负担。另一方面,也要看到美军带给韩国的"安全"是被动的、消极的。美军进驻后韩国变成冷战前沿,当美国处于战略攻势时,半岛局势随之紧张;当美国进行战略收缩时,韩国最先被"放弃"。"控制者"角色也主要体现在两方面:一是驻韩美军司令掌握韩军控制权,以防止韩国"军事北进";二是由于韩国对驻韩美军有很大的依赖,往往会主动追随美国的军事战略。冷战期间,韩国是美国在东亚地区最积极的冷战帮手和反共先锋。

第二,驻韩美军对韩国传统社会造成了很大冲击。驻韩美军既是"西方文明"的传播者,也是韩国传统社会秩序的破坏者。20世纪六七十年代,驻韩美军驻地成为传播美国文化和生活方式的直接窗口,客观上推动了韩国社会的开化。然而,韩国人民感受最深的还是驻韩美军带给他们的伤害。军妓问题、美国大兵犯罪问题以及犯罪后逃脱惩罚的治外法权问题等，粗暴践踏了韩国的伦理道德和司法主权，严重羞辱了韩国的民族自尊心，因而成为韩国反美主义的根源。

第三，驻韩美军对韩国政治生态塑造有着很大影响。韩国的现代民主制度是美军在占领期间帮助建立起来的，尽管此后民主多次遭到践踏，可民主形式并未被抛弃。但同时，驻韩美军应对韩国军人长期干政负有责任。驻韩美军司令掌握着韩军控制权，韩国军部却能屡屡调动军队发动政变，这意味着美国不仅不阻止甚至是支持军事独裁者。从这一意义上，说驻韩美军阻碍了韩国民主化的进程，并不为过。此外，民主化运动发生后韩国的政治分裂也与驻韩美军有着很大关系。正是由于驻韩美军与军人政府的密切关系，引发了韩国民主运动中反美主义，进步—反美与保守—亲美从而成为韩国政治生态中一条鲜明的分野线。

第四，驻韩美军是韩国国家建设的重大障碍。韩国的现代化虽然比较成功，但国家建设并不完善。一方面，美苏冷战应对朝鲜半岛分裂负主要责任，而美国在韩驻军加剧了南北之间的隔阂与猜疑，让分裂状态长期化、固定化；另一方面，驻韩美军侵蚀了韩国的防务与司法主权，让韩国的自主、独立大打折扣。驻韩美军一日不撤走，韩国国家建设就难以根本性完成。

（原载《军事历史研究》2017 年第 3 期）

# 浅析印度地方分权运动的发展及特征

宋丽萍

印度虽然是联邦制国家,但却具有强中央的特征。联邦政府过多垄断权力,干预地方事务必然会引发地方的不满,这就要求联邦实时放权,做出调整,以实现中央和地方两级政府的良性互动。印度独立后,中央分权更多是基于地方政府的积极要求,联邦被迫做出调整。地方维护本地利益,反对中央过度揽权,过多干预地方事务的行为,可称为地方分权运动。

独立后,印度的地方分权运动可划分为四个阶段:在强中央行政区划结构框架内的积极调整;1967年至20世纪80年代前,各邦分权运动的兴起;20世纪80年代,地方分权运动的联合;1989年之后地方分权运动的分散化。

## 一 在强中央行政区划结构框架内的积极调整

为解决土邦问题、维护国家统一,1950年宪法将印度邦建制划分为A、B、C、D四个类别,各个类别的差别并不大。印度政府此举意在保留土邦王公的特权,同时打破原土邦独立行政的局面,消弭殖民统治时期土邦与英印省之间的差异,为建立无差别的地方行政单位创造条件。在土邦整合完成后,印度地方政府开始开展按语言划邦运动。

早在20世纪20年代的独立运动期间,为了社会动员的需要,国大党提出应尽可能在语言和文化的基础上组建省。独立后,国大党执掌政权,按语言划省本应成为顺理成章的事情。但国大党却改变初衷,认为目前最迫切的任务是巩固民族的团结,因此凡有利于民族主义发展的应加以提倡,对阻碍民族主义发展的必须予以制止,这一原则同样适用于语言省,以这一标准进行判断,划分语言邦不应得到支持。国大党的这一立场是受到当时印巴分治的影响,由于印巴分治所造成的消极影响,国大党政府认为对语言问题也必须采取谨慎的态度,"……只要走错了一步就会发生危险,其他同样的错误也可能接踵而至。在试图解决一个问题的时候,如果走错了路就很可能产生新的问题"①。邦政府则强烈要求按语言划邦,国大党政府迫不得已又组建了JPV（J、P、V分别为尼赫鲁、西塔拉亚玛和巴特尔的名字首字母）委员会,该委员会由国大党最高领导人组成,该委员会提交的报告依旧坚持原来的主张。各邦政府看到依靠联邦政府主动的政策调整建立语言邦已不可能,于是转而依靠强力手段迫使中央考虑按语言建邦的要求。

最早发难的是南部的安得拉邦,要求建立以泰卢固语为基础的安得拉邦。1952年12月15日,国大党资深领导人斯里拉姆卢经过56天的绝食斗争后去世,这引发了抗议狂潮,甚至在局部地区引发骚乱。在群众的压力下,1953年1月,安得拉邦作为第一个语言邦正式成立。

联邦政府力图阻止这一趋势,在尼赫鲁的授意下,孟买邦国大党主席K. 帕提尔组织了"国家统一论坛",试图阻止事态进一步发展。虽然许多深孚众望的国大党人都参加了论坛,但影响却微乎其微。由安得拉语言邦的成立所引发的连锁效应还是在全印扩展开来,在各方的压力下,印度政府于1953年12月底宣布成立以高等法院法官法扎尔·阿里为首的邦改组委员会,进一步研究以语言为基础建邦的问题。

1956年,根据邦改组委员会的建议,印度政府重新调整了行政区划。在行政区划的调整中,国大党政府贯彻了几个基本原则:第一,对基于分离主义和宗教基础上的语言要求坚不让步;第二,对语言邦

---

① ［印］贾瓦哈拉尔·尼赫鲁:《印度的发现》,齐文译,世界知识出版社1956年版,第700—701页。

要求所做的让步以不阻碍国家的行政和统一为前提；第三，语言邦要求必须得到相关邦各社会集团的共同支持；第四，语言邦重组并不单纯以语言为基础，而必须考虑到历史、地理、经济和其他各种要素。以以上原则为基础，1956年语言邦改组的主要内容包括：新建马拉维拉姆语的喀拉拉邦，卡纳达语的卡纳塔克邦和印地语的中央邦；保留马德拉斯邦、拉贾斯坦邦、北方邦、比哈尔邦、西孟加拉邦、阿萨姆邦和奥里萨邦，但对部分邦界进行了调整；取消四类邦的划分：A、B邦之间不再有任何的差异，原C类邦或者并入邻邦，或者成为中央直辖区；旁遮普邦和孟买邦保持不变，仍是双语言邦。经过改组后，印度行政区划统一为14个邦和6个中央直辖区。

语言邦重组基本上实现了一个邦一种语言的行政规划，地方语言的使用打破了少数英语精英对政治权力的垄断，增加了民众参与民主政治的可行性，扩大了民主政治的基础，有利于行政管理，同时也有利于民族文化的保存。

在语言邦重组的过程中，中央并没有考虑到印度社会的多样性和复杂性，担心按语言划邦会导致国家的分裂，采取僵化的处理态度，从而导致事态的恶化。在这个过程中，地方作为联邦政治体系中的重要一极，面对联邦政府的顽固态度，通过群众的力量实现了语言邦的重组。语言邦重组说明地方势力经过独立后的发展，已经粗具规模，能够在民主政治和联邦体系中发出自己的声音。"中央政府的控制和统治遭到一定的削弱，邦政府的权力得到一定的加强"[①]，但因为当时国大党垄断中央和地方权力，所以邦政权依然处于劣势，作用有限。

## 二 1967年至20世纪80年代前，各邦分权运动的兴起

1967年后政治形势的变化标志着地方分权运动新的发展阶段。

---

① 陈峰君：《印度社会述论》，中国社会科学出版社1991年版，第219页。

这一阶段是印度地方分权运动最为活跃的时期。首先，1967年人民院选举，国大党勉强维持多数，继续在中央执政。但在邦级议会选举中却遭遇惨败，只在7个邦赢得明显多数，反对党则获得8个邦的执政权。国大党失去了对联邦和邦权力的同时垄断。

其次，地方政党在政治体制中发挥越来越大的作用。这里的地方政党包括国大党地方实力派人物脱离国大党而建立的地方国大党组织以及全国性政党的地方化。地方政党的实力来自自己所属区域稳固的社会基础。

又次，20世纪60年代，一批地方精英开始以维护地方利益作为自己的政治目标。独立前，这些精英还能够统一到为民族独立而斗争的主流中，随着印度独立，土地改革的进行以及地方工商业活动的开展，地方精英逐步认识到中央过多揽权对地方利益的危害，他们以保护地方利益为己任，从而成为地方政党同联邦对抗的社会基础和支持力量。

在这样的政治形势之下，地方分权运动也呈现出新的特点。1967年之前的地方分权运动围绕语言邦和国语问题展开，还没牵涉中央和地方关系的一般性问题。1967年以后，随着地方政党登上历史舞台，地方分权运动开始进入有组织、法律化的轨道。虽然在1971年选举中，国大党执政派得以重新获得绝大多数邦的统治权，1975年实施的紧急状态使集权化趋势达到高潮，但这些都改变不了地方已经成为与中央抗衡的重要一极的事实。

这个时期，地方分权运动采取建立委员会和建立地方联盟共同对抗中央两种形式。地方政府所建立的委员会提出很多改善中央地方关系的建议，内容涉及政治、行政、经济等方面。这一时期地方政府提出的要求分权的文件主要包括如下。

**（一）1967年喀拉拉左派联合政府向国家发展委员会提交的备忘录**

1966年，联邦政府讨论制订第四个五年计划。随着地方在经济社会发展方面承担责任的加重以及地方政府独立性的增强，它们对联邦政府在制订计划和分配资源方面的权威性和独断性提出了疑问。

在此背景下，喀拉拉邦政府针对当时争议最大的中央和地方财政关系提出了上述备忘录。该备忘录就宪法条款及其修正、资源分配计划的变化、财政委员会的作用、公共借贷项目的协调、中央对邦的借贷、中央向邦提供援助的模式等几个方面提出了建议。[①] 最后提出："印度宪法的颁布实施已经有15年的时间了，在这个时候，就宪法中有关联邦和地方财政关系的条款的运作情况做一个评估是很有必要的。"[②] 备忘录还指出："计划委员会的集权化指令集中资源和执行国家计划，削弱了邦的财政自主权。我们建议对这种形势进行必要的修正，其中也包括对宪法条款必要的修正。我国一些杰出的经济学家曾提出，根据经济发展中出现的新情况，有必要建立中央地方财政关系的新基础。我们强烈要求建立一个由经济领域杰出专家组成的特别委员会，考察经济领域的相关问题，根据目前形势发展的需要，制定向邦转移资源的规划。"[③]

喀拉拉邦政府的备忘录开启了地方政府要求改变现行制度中强中央倾向的闸门。此后，不断有地方政府就这方面的问题向中央提出要求，要求的范围也从经济领域扩展到政治、司法等其他领域，逐步形成了一股地方联合起来反对中央集权，要求增加地方自主统治，体现真正联邦制精神的潮流。

### （二）拉贾曼纳尔委员会报告

1969年9月，泰米尔纳杜邦政府组织了以法官P. V. 拉贾曼纳尔担任主席的委员会，调查联邦和地方关系问题。

1971年5月27日，委员会向泰米尔纳杜邦政府递交了长达282

---

[①] [美] 弗兰克尔：《印度独立后政治经济发展史》，孙培钧等译，中国社会科学出版社1989年版，第345—346页。

[②] K. Mathew Kurian and P. N. Varughese, eds., *Centre-State Relations*, New Delhi: Macmillan India Limited, 1981, p. 249.

[③] K. Mathew Kurian and P. N. Varughese, eds., *Centre-State Relations*, pp. 249–250.

页的报告，共11万字。报告称在宪法运作中，始终存在邦处于从属地位这样一个问题。随着时间的推移，邦的从属地位不断得到加强，主要因为以下四点。第一，宪法的某些条款赋予中央特殊的权力；第二，一党在中央和邦同时占据统治地位；第三，邦财政资源严重不足，从而形成对中央援助的依赖；第四，中央计划机构和计划委员会的作用。委员会认为这种形势不符合地方发展的要求，因此，要求修改宪法。它所提出的建议包括以下多项内容：行政关系、立法项目、财政关系、计划、司法、邦长、紧急状态的规定、公务员、邦界、邦在议会的代表、语言、贸易和商业、公共秩序、控制邦立法会议选举的机制、邦间水源的争议、地区所属的领海资源归属、联邦行政人员、宪法修正案等。

委员会提出改变邦从属地位的四项建议。第一，通过改变宪法扩大邦的权力。例如，重新分配宪法第七附表中的 1–3 表，该表所规定的联邦职权、邦职权以及中央和地方兼有之职权明显倾向于中央，因此，委员会要求将剩余的立法、税收权力赋予邦立法机关。第二，反对中央侵犯邦的自治权力。例如，提出建立邦间委员会调节各邦关系，其权威应高于联邦内阁而成为印度政治体系中的最高机构。第三，改变现有的财政关系，增强地方的财政自主权和对资源的支配权。公司税、海关税、出口税、资产评估税应由中央与地方分享；印度政府消费的电力不应在免税之列；中央对地方的计划或者非计划援助应依据自主的法定机构的建议来实施，其建议应受中央和邦的约束。第四，削减计划委员会的权限，以加强邦自主决定经济发展计划的权力。[①]

拉贾曼纳尔委员会的组建是地方分权运动发展的里程碑式事件。地方不但在政治领域形成与国大党竞争之态势，而且要求中央政府解决司法领域中央过度垄断权力的现象，要求以法律的形式确立中央与地方的平等地位。

---

① K. Mathew Kurian and P. N. Varughese eds. , *Centre-State Relations*, pp. 215–226.

### (三) 西孟加拉文件

1977年12月1日,西孟加拉的左翼阵线政府提出了名为《中央地方关系》的文件材料。文件指出:"独立后印度宪法所规定的国家结构形式虽然是联邦制,但它却以牺牲地方的自治为代价,赋予中央更多的权力,因而在本质上具有更多的单一制特征。宪法付诸实施后,这种单一制的倾向因为一党同时掌握中央和地方政权而得以加强。"文件强调,中央权力的下放不但不会助长分离主义倾向,反而有助于避免分离主义意向的发展。只有尊重民主意愿和不同邦的独特性,而不是以持有偏见的态度对待它们,印度才能够保持强大和统一。[①]"我们确实要求建立强邦,但这并不意味着我们希望中央就一定成为弱中央。一旦明确地划分了中央和邦的权限范围,强邦的概念就不一定与强中央冲突。宪法序言中描述印度共和国的词汇也应进行修改,使其包括'联邦'一词。相应地,所有'union'的表述都应改为'federal'。"[②]

该文件的内容与拉贾曼纳尔委员会的建议基本一致,要求中央重新修正宪法中关于联邦制的某些条款;削减计划委员会的权限,加强邦的经济自主性;联邦应减少对地方政治的干预;允许继续使用地方语言和英语处理官方事务。

这个文件材料所提出的限制中央权力,加强邦自治的某些要求是合理的,但是,当时的人民党政府并没有在中央地方关系上做出修正,它只是修正了1975年紧急状态期间通过的一些高度集权化的宪法修正案条款。当时的总理德赛表达了保持现状的立场,他说:"对于国家来说,强中央是一种约束力。如果邦不够强大,也不会出现强大的中央政权。邦的权力弱小将会导致独裁统治。邦如同珍珠,中央则好比绳索,如果绳索折断了,珍珠必然会到处洒落。"[③]

---

① K. Mathew Kurian and P. N. Varughese, eds., *Centre-State Relations*, p. 210.
② K. Mathew Kurian and P. N. Varughese, eds., *Centre-State Relations*, p. 210.
③ Kiran Pal, *Tension Areas in Centre-State Relations*, New Delhi: Suhrid Publications, 1993, p. 143.

### （四）旁遮普邦政府提出的阿南德普尔·萨希布决议

早在1973年，旁遮普邦的地方政党阿卡利党就提出了初步的阿南德普尔·萨希布决议，1978年又将其进一步系统化。该项决议既包含了锡克教的特殊要求，又包括改善中央地方关系的一般性建议。锡克教的特殊要求主要是弘扬锡克教文化；将说旁遮普语的地区划归旁遮普省。其一般性建议与其他各邦的要求并无差异，要求修改宪法，实践真正的联邦制原则，中央只应掌管具有全国性意义的国防、外交、货币和交通等事务，其余事务则应由各邦自行管理。

由上可见，各邦的决议和备忘录都对改善中央地方关系提出了自己的意见，这些建议的内容大同小异，这反映出调整中央地方关系、加强邦政府在处理本邦事务上的自主权已成为当时地方政府的共同呼声。各邦在这一问题上达成的一致为其后的协调行动提供了前提条件。

## 三　20世纪80年代，地方分权运动联合

20世纪80年代之前，各个邦基本处于单打独斗的状态，并没有出现邦和邦之间的联合和有组织的行动。1977年人民院选举中，五党联合组成的人民党一举击败国大党，建立了独立后第一个非国大党联邦政府。这一经验为地方分权运动的精英们提供了模板。一些邦以各邦文件为基础，展开协作，就削减中央对邦权力的干预，增强各邦在政治和经济领域的自治向联邦施压。地方政党的联合表明地方利益集团力量的壮大和印度政党政治力量对比的变化。"一九八三年至一九八四年期间，多达十四至十六个反对党参加了四次'聚会'，目的在于重新建立一个统一的反对党。这个目标对他们来说尽管是个难题，但他们在中央和各邦的关系问题上取得了广泛的一致。"[①]

---

[①] ［美］弗兰克尔：《印度独立后政治经济发展史》，第675—676页。

地方政府召开的比较重要的会议有班加罗尔会议、维加雅瓦达会议和斯里那加会议。

### (一) 班加罗尔会议

1983年3月20日，南方三个邦（安得拉、泰米尔纳杜、卡纳塔克）和本地治理中央直辖区召开会议，会议做出了成立南方首席部长协商委员会的决定。就会议的内容而言毫无新意，基本上是上述单个邦建议的老调重弹。但班加罗尔会议建立的南方首席部长协商委员会却具有重要意义。该机构的建立意味着地方与地方之间在河流、水源等方面的矛盾冲突可由首席部长协商委员会协调。这是地方分权运动发展的一个新趋势，各地区联合取代中央在地方矛盾中的调节角色，是对中央权威的挑战和削弱。因此，该提议引起中央政府的深切关注。"甘地夫人一向认为地方情绪对印度的国家统一是有害的。"[①] 班加罗尔会议所表现出来的地方政府联合起来反对中央集权的趋势是英·甘地政府所不愿意看到的。因此，在会议举行后的三天后，她就宣布将建立一个委员会来综合考量中央—邦关系，寻求解决之道，这就是后来的萨卡利阿委员会。

### (二) 维加雅瓦达会议

1983年5月28日，非国大党政治家在维加雅瓦达召开会议，与会代表包括14个政党的24位领导，其中有4个是首席部长。在这次会议上，成立了反对党协会。他们主要针对在中央执政的国大党（英），谴责其应对国家的不良发展状况负责。这次会议也强调财政权力从中央向邦的转移，提出需要建立财政委员会，对目前中央—邦的财政关系做出结构性调整。维加雅瓦达会议是中央地方矛盾发展的产物，说明当时地方政党力量的壮大，以及在与中央对抗方面的决心和力量。

---

① ［美］弗兰克尔：《印度独立后政治经济发展史》，第675页。

### (三) 斯里那加会议

斯里那加会议在1983年10月5—7日召开，这次会议有18个政党参加，比维加雅瓦达会议具有更广泛的代表性，而且斯里那加是克什米尔的首府，因而这次会议在改变中央地方关系方面引起更多的关注。斯里那加会议通过的决议更多地提及政治方面的内容，主要包括以下几方面。第一，会议强调恢复和加强邦自治，在中央和邦之间建立适当的平衡，以利于多宗教、多语言、多文化国家的生存发展。会议对宪法第200、201、248条和宪法附表中联邦权限部分的第97、249、252、263、360、365条都提出了修改建议。第二，会议讨论了邦长的作用，主张修改或删除宪法的某些条款以防止邦长权力被滥用。第三，应该保留宪法第370条对克什米尔邦特殊地位的规定。第四，关于公务员、法院和选举委员会的职能方面的建议。第五，限制中央对地方安全和秩序的干预，强调中央警察部队干预邦内部事务之前，必须事先征得该邦政府的同意。第六，联邦不能随意干预给予各邦的财政拨款。

斯里那加会议是在比较敏感的边境邦查谟—克什米尔邦召开的，而且当时的法鲁克领导的国民会议党与国大党关系紧张。因此，一些人认为斯里那加会议是反对国家统一的"分裂主义"行为，但即使在这样敏感的区域，依然有18个政党与会，说明当时中央权限过大的现状已经不符合政治和经济发展现状。地方分权运动联合所形成的浪潮对当时的国大党政府形成很大的压力。

## 四 1989年以后，地方分权运动的分散化

1989年以后，印度政治发展进一步复杂化。首先，国大党的优势地位进一步丧失。随着1991年拉·甘地被刺杀，尼赫鲁家族在印度政治舞台上40多年的叱咤风云局面也告终结。国大党的头上不再罩有尼赫鲁的光环，从而使其凝聚力大为降低，对全民的号召力也相应降低。

其次，在国大党优势进一步减弱的形势下，地方政党也不再需要联合起来对抗国大党。从1967年到1989年的选举中，印度的联合政治基本上围绕着一个主题：反国大党主义。现在共同的敌人已经不再具有强势地位，反对党又重新陷入一盘散沙的境地中。

又次，联邦联合政治的发展。联邦联合政治的发展对地方分权运动的打击是致命的。1989年之前的联合政治大多发生在邦一级，只有1977年的人民党政府例外。1989年之后，联邦联合政治成为印度政治发展的一个重要特征。1989年维·普·辛格领导的民族阵线政府是在印度人民党和印共的支持下得以掌权。其后的谢卡尔政府是在国大党的外部支持下掌权的。1991年选举后的国大党也是少数派，得到了像安娜德拉维达进步联盟的支持，后来，拉奥政府利用旁遮普选举中阿卡利党的抵制，加上一些小党和无党派人士的支持，勉强获得了议会多数席位。如果说这时地方政党在联邦政治中的作用还不够明显，1996年之后，地方政党在联邦政治中的作用开始凸显。1996—1998年，中左联盟、印度人民党、国大党成为印度政治舞台上的三驾马车，主导着印度政治舞台。在1996年选举中，印度人民党获得161个席位，25.6%的选票。国大党则获得140个席位，28.8%的选票。[①] 印度人民党成为议会第一大党。1996年选举后，总统任命多数党领袖瓦杰帕伊组阁，但因未能通过议会信任投票，只能放弃组阁。后来组阁的高达的人民党在人民院只有43个席位，它和13个政党联合组成联合阵线，拥有人民院的200个席位，在国大党136席的外部支持下掌权。1997年，古杰拉尔接替高达成为印度总理。这两届中左政府都依赖国大党的外部支持，国大党的支持与否决定了两届政府执政时间的长短。1998年后，中左联盟的势力下降，印度人民党和国大党成为印度政治舞台上两个主要的竞争对手，但两者都不具备单独统治的实力，地方政党开始在全印政治中发挥作用，他们与国大党和印度人民党的关系决定了印度政治格局

---

[①] G. V. L. Narasimha Rao and K. Balakrishnan, *Indian Elections: the Nineties*, New Delhi: Har-Anand Publication, 1999, p. 43.

的划分。一方面，没有地方政党的支持，没有任何政党能够在联邦单独执政；另一方面，在大多数邦，全印政党和地方政党都有利益划分的空间，两者的紧密配合决定了中央和地方政权的走向。在1998年选举中，印度人民党首次与地方政党组成选举联盟。选举结果获得182席，25.6%的选票，国大党则获得141席，25.8%的选票。印度人民党和其他小党联合组成了联邦中央政府。1999年选举，印度人民党继续了自己的联合战略，与24个地方小党结成选举联盟——全国民主联盟。2004年的选举中，国大党也开始改变孤军作战的选举策略，与地方政党联合起来组建了联合进步阵线，并赢得了2004年选举。

由此可见，地方政党已成为联邦联合政治中的重要力量，这一趋势导致地方政治的分裂，其中最为明显的是泰米尔纳杜邦德拉维达进步联盟和安娜德拉维达进步联盟之间的分裂和权力之争。地方利益的争取不再依靠各地方政党和反对党的联合，也不再表现为与中央的直接对抗，而是依靠地方政党积极参与联邦政治。这也导致全印规模的地方分权运动走向衰落，地方精英的权力意识和机会主义成分增加。

纵观独立后地方分权运动的发展，地方利益集团在中央地方关系的调整中发挥主导的作用。虽然历经50多年的斗争与发展，但中央地方关系的基本法律框架并没有改变。中央地方关系的些微变化都源自政治和经济形势的变化，而导致中央地方矛盾冲突的深层次制度问题并没有获得解决，因此，中央地方关系仍然是影响印度国家整合和社会稳定的一个重要因素。

（原载《唐都学刊》2012年第3期）

# 同强权博弈：谋略·胆量

李春放

伊朗核危机爆发前，人们似乎没有意识到伊朗在世界政治中和近现代外交史上的特殊地位。如今，关于伊朗核危机的报道充斥媒体，公众对伊朗外交的兴趣急剧升温。伊朗总统内贾德在外交舞台上的惊人之举增加了伊朗外交谋略的神秘感。实际上，伊朗20世纪接二连三地同世界强权进行外交博弈，屡创佳绩，其外交谋略值得关注和研究。

## 一　夹缝中何以生存

近代以来，如同许多第三世界国家一样，伊朗长期深受殖民主义、帝国主义和强权政治之害。第一次世界大战前大约一个世纪，伊朗是英国和俄国在欧亚大陆"大角逐"的重要舞台；两次大战期间，伊朗宣布中立却未能逃避战祸；第二次世界大战以后，伊朗又先后受到苏美两个超级大国的欺凌。

20世纪上半期，伊朗国力孱弱，面临内忧外患。当时毫无自卫能力的伊朗身处俄国（苏联）和英国这两大强权的夹缝之中，随时都可能遭受灭顶之灾。在如此险恶的国际环境中，伊朗不仅生存了下来，而且维护了自己的独立（至少是形式上的独立）和领土完整，最终将列强的势力扫地出门。伊朗的外交谋略在这一历史进程中发挥了至关重要的作用。

当时，伊朗外交思想有两条基本原则：一是利用国际矛盾，特别是利用大国矛盾；二是采用"平衡术"。利用大国矛盾的一种情况是利用在伊朗问题上两个争斗的大国，使其相互牵制，典型的例子是使英俄（苏）相互牵制。利用大国矛盾的另一种颇具特色的战略是"第三国外交"，即有意识地加强与一个"遥远而公正的强国"的关系，来抵消传统敌国英俄（苏）在伊朗的影响。"平衡术"指弱国伊朗在英俄（苏）这两个对伊朗事务有巨大影响的强国中必须保持平衡，不能过分偏向任何一方。此外，伊朗外交策略还包括拖延战术、求助于国际组织和多边外交等。

难能可贵的是，伊朗政治精英对上述外交思想和策略基本上达成了共识，尽管他们可能在国内政治和意识形态方面存在严重分歧。在20世纪初立宪革命中诞生的伊朗议会是东方国家第一个长期存在的国会。它在内政方面往往沦为"橡皮图章"，但在对外关系方面却是伊朗民族主义者捍卫国家独立和民族利益的坚强堡垒。

## 二　1946年：同苏联惊心动魄的较量

"二战"期间的1941年8月，英苏两国出于战时需要联合出兵伊朗。伊朗再次被两大强权分区占领，英占区包括南部和西南部的产油区，苏占区几乎囊括北部五省。英苏两国迫使国王礼萨·汗逊位，让其子穆罕默德·礼萨·巴列维即位。

从英苏联合出兵伊朗的第一天起，伊朗政府就试图将他们赶出去。伊朗在1942年英苏伊三国同盟条约和1943年德黑兰会议关于伊朗的宣言的问世过程中都发挥了作用。前者规定盟军战后至迟不超过六个月内撤出伊朗；后者承认伊朗对盟国事业的贡献，"特别是方便从海外运来的补给移交于苏联"，并明确表示《大西洋宪章》的原则适用于伊朗。

这期间，美国势力大举进入伊朗，名目繁多的美国顾问受聘在伊朗各部门担任要职。部分原因是伊朗奉行以美国为重点的"第三国外交"。

伊朗追随美国引起苏联的反感。1943年年初，伊朗向美国的一家石油公司抛出石油租让权的诱饵，苏联也想在伊朗北部攫取石油租让权。1947年伊朗议会通过法案，禁止政府同任何国家进行出让石油租让权的谈判。

1945年9月2日日本投降后，苏联立即在其控制的伊朗阿塞拜疆省导演分离主义运动。11月，伊朗政府派军队和宪兵到该省首府大不里士"恢复秩序"，中途遭到苏军的拦截。12月，苏联一手炮制的"阿塞拜疆自治共和国"和"库尔德人民共和国"宣告成立，阿塞拜疆危机正式爆发。与此同时，苏联在苏美英莫斯科外长会议上拒绝承诺按约如期从伊朗撤军。

1946年1月，伊朗将阿塞拜疆危机提交刚刚诞生的联合国，向安理会控告苏联干涉伊朗内政。伊朗诉苏联一案是对联合国和平解决国际争端机制的首次考验，安理会常任理事国苏联被置于被告席，举世瞩目。伊朗本来就得道多助，伊朗代表在安理会的出色表现，增加了国际社会和世界舆论对伊朗的同情和对苏联的压力。苏联在安理会处境尴尬，只得一方面向伊朗政府施加压力，迫使伊方撤诉；另一方面坚持通过双边谈判解决苏伊争端。2—3月的苏伊莫斯科谈判可谓棋逢对手。苏方态度强硬，伊朗首相卡瓦姆精明老练，同对手周旋游刃有余。3月2日是盟国从伊朗撤军的最后期限，美英军队业已先后全部撤离伊朗，但苏联宣布苏军在"局势明朗之前"将继续在伊朗阿塞拜疆等地驻留。苏联明目张胆地违反1942年三国条约引起伊朗、美国和英国的强烈抗议。不久，苏伊莫斯科谈判也告失败。与此同时，苏联向伊朗北部增兵，东西方关系骤然紧张。

3月18日，伊朗向安理会控告苏联拒绝按约从伊朗撤军、继续干涉伊朗内政，要求将伊朗的控诉列入近期安理会议程。苏联的处境更加狼狈。莫斯科一方面宣称苏伊已就撤军问题达成"谅解"，在安理会采取拖延战术；另一方面立刻派新任大使萨奇科夫到德黑兰对首相卡瓦姆软硬兼施，争取尽快达成协议。3月26日至4月4日，安理会多次讨论伊朗对苏联的新指控。伊朗代表阿拉在安理会讲坛上慷慨陈词。苏伊德黑兰秘密谈判于4月4日结束，达成《卡瓦姆—萨奇科夫协定》。在这项协定中，苏联方面承诺当年5月上旬从伊朗全部撤军，承认阿塞拜疆问题是伊朗的内政；伊朗方面则同意新议会在1946年3月24日后七个月内批准成立伊苏联合公司，开采伊朗北部的石油。

对苏联来说，《卡瓦姆—萨奇科夫协定》的实质是以全部撤军换取伊朗的让步，即变相获得石油租让权并在阿塞拜疆建立亲苏政权。然而，苏军完全撤离伊朗后，伊朗政局在美英的影响下逐渐右转。1946年10月，伊朗发生政变，卡瓦姆依然留任首相，但以国王为首的右翼亲美集团控制了国家权力。12月，卡瓦姆不顾苏联的"友好告诫"，派政府军推翻了阿塞拜疆的亲苏政权。1947年10月22日，伊朗议会以压倒多数通过法案，宣布《卡瓦姆—萨奇科夫协定》无效。

## 三 1953年：轰轰烈烈的石油国有化运动

伊朗以盛产石油著称。但鲜为人知的是，这个国家从第一次世界大战后至1950年一直是中东头号石油生产大国。

可惜，伊朗丰富的石油资源长期掌握在外国人之手。最早（1901年）在伊朗成功地进行大规模商业石油开采的是澳大利亚金融家达尔西，1909年，达尔西与英国资本合组"英国波斯石油公司"，即后来的"英伊石油公司"。1914年5月20日，英国政府开始直接控制英伊石油公司。英伊石油公司是伊朗的"国中之国"和"吸血鬼"。据不完全统计，从1914年到1950年，英伊石油公司在伊朗榨取利润达50亿美元。

第一次世界大战后，伊朗政府与英伊石油公司在石油利益分配问题上的矛盾日趋尖锐。1932年11月，礼萨·汗下令废除给达尔西的石油租让权，英国政府派军舰进波斯湾进行恫吓。结果，双方妥协。1933年4月，伊朗政府与英伊石油公司签署了一项协议，伊朗通过新协议收回部分权益。

1947年伊朗国会通过的宣布《卡瓦姆—萨奇科夫协定》无效的法律不仅使苏联在伊朗北部攫取石油租让权的企图落空，而且为在伊朗南部拥有巨大石油利益的英国敲响了警钟。该法出台后不久，伊朗即与英方开始石油谈判。1949年，英方在谈判中提出与1933年租让权相差无几的补充协定，竟然得到当时伊朗政府的赞同。此事于7月中旬曝光后，立即在伊朗全国激起抗议浪潮，导致补充协定最终流产。

反对补充协定的斗争揭开了石油国有化运动的序幕。国有化运动的主角是伊朗政坛怪杰摩萨台。他所领导的民族阵线在1950年年初结束的议会选举中成为德黑兰选区的最大赢家。民族阵线高举石油国有化的旗帜，力量迅速壮大。1951年3月7日，不赞成石油国有化的首相拉兹马拉遇刺身亡，此事在反对石油国有化阵营中造成极大恐慌。4月底，议会和参议院先后批准石油国有化法令；深孚众望的摩萨台出任首相，组成以民族阵线为核心的联合政府。摩萨台政府雷厉风行地将英伊石油公司国有化，在中东产油国引起强烈共鸣，震惊世界。

伊朗石油国有化运动有复杂的国际背景。美国人染指，路人皆知，而伊朗人也乐于利用美英在伊朗石油问题上的矛盾施展传统的"第三国外交"。

美国最初同情和支持摩萨台政府，并主动调停英伊石油争端。但摩萨台的激进民族主义立场和在东西方冷战中的中立态度使美国越来越难以容忍，美国在远东问题上有求于英国促使美英在伊朗石油问题上妥协。1953年年初第五次石油谈判破裂后，美国对摩萨台政权的态度明显改变。美国中央情报局与伊朗国内反摩萨台力量相勾结，于同年8月19日发动政变，颠覆了摩萨台政权。轰轰烈烈的伊朗石油国有化运动戛然而止。在美国的撮合下，伊朗扎赫迪政府同西方国际石油资本进行谈判，于1954年8月达成协议。根据这项协议，伊朗在法律上收回英伊石油公司租让地的石油资源，组建一个国际石油财团取代英伊石油公司负责开采和销售这些石油，英国石油公司（原英伊石油公司）和多家美国石油公司各占40%的股份。伊朗和这个国际石油财团平分利润。

伊朗石油国有化运动的成就和历史意义不容低估。伊朗割掉英伊石油公司这颗毒瘤，在法律上收回自己宝贵的石油资源，大幅度地增加了石油收入。

## 四 1979年：驱逐美国势力世人震惊

美国长期以来是伊朗政治精英实施"第三国外交"的最佳对象。在1944—1947年的伊朗危机中，美国成功地扮演《联合国宪章》的维护者和弱国伊朗的保护者的角色，赢得了伊朗人的普遍好感。伊朗议会否决《卡瓦姆—萨奇科夫协定》后，苏联对伊朗的高压政策，进一步将伊朗推入美国的怀抱。

然而，美国在伊朗石油国有化运动期间和以后的对伊政策，使美国在伊朗的公众形象发生逆转。1953年，美国扶植亲美的巴列维国王重掌政权。此后20余年里，双方结成同盟。美国在伊朗的势力如日中天，伊朗成为美国在中东地区最坚定的盟友之一和美国全球战略的重要一环。巴列维国王则倚仗美国的支持在伊朗实行赤裸裸的专制统治。美国策动政变搞垮摩萨台政权，在伊朗民族主义者的脑海中更是留下刻骨铭心的历史记忆。

美国70年代末遇到伊朗伊斯兰革命的挑战。

伊朗伊斯兰革命是20世纪世界上影响深远的"大革命"之一。伊斯兰革命时期，伊朗同美国关系极度紧张，尤其在扣留美国人质问题上。这场危机的直接导火线是卡特政府准许流亡的巴列维国王到美国治病，伊朗要求美国引渡巴列维国王，向伊朗转交他在美国的财产，遭到拒绝。1979年11月4日，数千名忠于霍梅尼的伊朗学生占领了美国驻伊大使馆，将使馆人员扣为人质，以迫使美国答应伊朗的要求。

霍梅尼同美国围绕人质危机进行了一场旷日持久的外交博弈。

这个突发事件刚露头，霍梅尼就敏锐地窥见其中的国内政治和国际政治利用价值。就国内政治而言，当时存在反对霍梅尼的不可忽视的力量。就国际政治而言，霍梅尼需要肃清美国在伊朗的势力和影响，在伊斯兰世界和第三世界为自己树立反殖、反帝和反霸的旗手形象。利用人质危机激化伊朗同美国的矛盾，在国内制造狂热的反美政治气氛，有助于霍梅尼实现镇压反对派、建立神权制度、驱逐美国势力和输出伊斯兰革命的目标。

11月5日，伊朗政府宣布废除美伊合作条约。翌日，霍梅尼发表广播演说，公开支持学生的"革命行动"。同日，组建"革命委员会"，主持内政外交。伊朗国内掀起反美狂潮，美国各地也纷纷举行反对霍梅尼的示威。卡特既要顾及美国舆论，又担心进攻伊朗会将这个至关重要的国家推向苏联的怀抱，于是对伊朗采取一系列制裁措施；伊朗则对美国以牙还牙。于是，美伊关系形成恶性循环。这种局面正中霍梅尼下怀。

1981年1月19日，霍梅尼同意接受阿尔及利亚的调解，从而结束长达444天的人质危机。这时，霍梅尼已经实现其国内政治目标，并且将美国势力逐出伊朗，结束了近代以来外国左右伊朗命运的历史。

(原载《世界知识》2007年第8期)

# 土耳其凯末尔世俗主义改革之反思

毕健康

土耳其是重要的中东伊斯兰国家，自凯末尔革命以来顺利地走上了现代化和世俗化的道路。20世纪二三十年代强力推进的凯末尔世俗主义改革奠定了现代土耳其的世俗基础，使土耳其成为中东伊斯兰国家进行世俗化改革的先锋和模范，在中东北非地区产生了广泛而深远的影响。国内外学术界均给予了很高的评价。[①] 然而，土耳其国家与宗教的关系依然错综复杂，有伊斯兰教背景的政治力量和政党在政治上不可小觑，20世纪90年代中期，繁荣党上台执政引起世人的广泛关注。进入21世纪，正义与发展党在2002年和2007年议会选举中连续两次获胜，并单独组阁，从政治上动摇了凯末尔世俗主义的地位。穆斯塔法·凯末尔去世已经70年，这期间，土耳其经济、社会、政治和外部环境发生了深刻变化，这为我们反思和重新评价凯末尔世俗主义改革，重新认识土耳其国家与宗教的关系提供了实践基础。本文力图从土耳其作为边疆国家的特殊性与身份认同的双重性视角，重新解读土耳其国家与宗教的关系，反思凯末尔世俗主义改革。

---

① 例如徐天新、许平、王红生认为，土耳其1928年修宪，删除关于伊斯兰教为国教的条款，"完成了政教分离的改革，土耳其成为一个完全世俗化的国家"。参见徐天新、许平、王红生主编《世界通史：现代卷》，人民出版社1997年版，第315—316页。彭树智先生指出："凯末尔宗教改革的原则是政教分离主义。"参见彭树智主编《伊斯兰教与中东现代化进程》，西北大学出版社1997年版，第87页。在阿拉伯文献中，旅居德国的叙利亚政治观察家纳比卜·萨比卜的观点具有代表性。他认为"任何伊斯兰国家的任何世俗制度的锻造都不可能超过土耳其的世俗制度"。参见［叙利亚］纳比卜·萨比卜《土耳其在三代成为其他伊斯兰国家的模范后土耳其世俗化经验与伊斯兰教》（阿拉伯文版），www.islamonline.net，2007年7月18日。

## 一　土耳其边疆国家的特殊性

奥斯曼帝国地跨欧、亚、非三大洲，是联结中世纪与近代世界的多民族、多宗教与多元文化的世界大帝国。虽然伊斯兰教是国教，素丹兼哈里发，但帝国在宗教上采取宽容政策，允许基督教徒、犹太教徒"自治"，实行所谓的"米勒特"制度（the millet system）。帝国在鼎盛时期，在欧洲占有大片领土，曾是欧洲的主导性力量。换言之，帝国的疆域跨越了伊斯兰教文明与基督教文明。帝国疆域内民族构成亦相当复杂。随着欧洲资本主义的兴起，帝国逐渐沦于守势，作为欧洲均势中的一极利用均势外交延缓从欧洲的撤退。18世纪末以来，开始效法欧洲，维新图强，百年改革历程为凯末尔毅然决然地选择欧洲文明的世俗主义改革奠定了基础。

第一次世界大战彻底葬送了奥斯曼帝国。凯末尔在"乱世"中崛起拯救土耳其民族于危亡之中，以安纳托利亚本土为基础，创建世俗民族共和国。无论从领土或疆域规模、民族与宗教构成还是立国的基础（奥斯曼帝国的政治合法性来自伊斯兰教，土耳其共和国的立国之基是西方人民主权论）抑或国家与宗教的关系上，土耳其的创建都是历史的飞跃、事物发展演进中的质变，是一场彻底的革命。然而，通过深入考察奥斯曼帝国与现代土耳其，我们可以清晰地看到历史发展的延续性。首先，现代土耳其依然是一个边疆国家，其领土主体部分在亚洲，在欧洲的部分领土使之成为跨越亚、欧两洲的边疆国家，并强化了土耳其人的欧洲记忆，即帝国曾在征伐欧洲中立下赫赫战功，是欧洲重要的一极。实际上，17世纪末以来效法欧洲的百年改革运动，在很大程度上强化了帝国的欧洲性。帝国遭遇欧洲资本主义列强的挤压而不断从欧洲撤退，相当苦涩，却又是推进改革的强大动力。总之，土耳其人的欧洲记忆十分复杂。其次，在民族与宗教构成上，土耳其依然是一个多民族、多宗教的国家，显示出与奥斯曼帝国的某种继承性。凯末尔竭力构建民族和宗教上具有同质性的现代民族国家，但安纳托利亚东南部是库尔德人的传统聚居区,土耳其境内还有阿拉伯人、亚美尼亚人等其他少数民族。宗教上,主要有逊尼派与什叶派(阿拉维派)之别。可见,土耳其仍然是"马赛克式"社会。

从奥斯曼帝国到土耳其共和国,中心—边缘二元结构一脉相承。所谓中心与边缘,首先是语义或地理层面上的中心与边缘,即以首都为轴心的相对发达的地区与外围相对落后、中央控制与影响较弱的边疆省份,这是一切大帝国的共同特征,奥斯曼帝国尤为突出。与此关联的是阶层或集团维度的中心—边缘分裂。素丹处于国家体系的顶点,与其官员保持着家长式专制统治关系。数百年来,素丹作为世俗统治者获得了政治合法性与力量。素丹个人是脆弱的,多位素丹被不满的集团赶下台,但后者小心翼翼地维护素丹制。在素丹兼哈里发后,其地位更加巩固。简而言之,文官、军人和宗教机构代表国家,素丹处于其顶端,成为帝国强大的政治中心。边缘包括地方显贵、部族领袖、伊斯兰苏菲和广大农民。中心与边缘的关系具有动态性,并非恒定不变。边缘即外省显贵可能强大到暂时取代中心,如1808年他们率军队强行进入帝国首都,但只维持了十年。国家精英效法欧洲的上述现代化改革,加剧了中心—边缘二元分裂,凯末尔主义改革亦然。共和国建立后,凯末尔主义改革并没有渗透到绝大多数人生活的农村和小城镇,中心仍占主导地位。甚至晚至20世纪50年代,多数农民仍未进入国家的政治生活之中。"在乡下,权力由传统上控制农民的贵族和地主阶级分享。直到20世纪50年代初,典型的农民仍然一般把政府领导人称为'我们的主人',在被要求就国家政策发表意见时感到害怕……"[①] 奥斯曼帝国中心与边缘分裂最突出的维度是文化鸿沟。在从部族权力向多民族帝国过渡的过程中,奥斯曼人模仿波斯人、拜占庭人和阿拉伯人的语言与行政传统,造成中心与边缘的文化鸿沟。例如,奥斯曼语言逐渐变得几乎让安纳托利亚社会的土耳其人理解不了。最终,中心

---

① Lucille W. Pevsner, *Turkey's Political Crisis: Background Perspective, Prospects*, California: Praeger Publishers, 1984, pp. 19 – 20.

与边缘的鸿沟具有宗教维度。①

国家与宗教失衡的二元结构，亦是奥斯曼帝国和土耳其共和国一以贯之的传统与重要特征。从宗教和文化上看，奥斯曼土耳其人具有深厚的伊斯兰传统。突厥人皈依伊斯兰教经历了好几个世纪，奥斯曼人信仰伊斯兰教有至少上千年以上的历史。然而就国家（或政权）与宗教的关系而言，无疑国家（政权）先于和高于伊斯兰。只是在16世纪，素丹获得哈里发称号后，帝国才成为政教一体的封建军事大帝国。古典奥斯曼政治理论认为，国家与宗教是一对双胞胎，但其中"国家"更能胜任。换言之，得到司法、财政和军事体系支持的政权更加强大，伊斯兰教处于次要地位。其次是伊斯兰教二元结构。奥斯曼精英赞成正统的逊尼派，宗教机构成为国家机关的一部分，此即官方伊斯兰。苏菲派则在民间广为流行。但是，政权的伊斯兰性质在素丹合法化和统治精英在虔诚民众眼里的合法化上发挥关键作用。在这个意义上，伊斯兰教提供了共同的词汇，是国家精英与民众之间的文化桥梁。最后是从19世纪后半叶开始，帝国面向欧洲的现代化改革导致国家层次的世俗化浪潮，激起乌莱玛的不满，帝国的政教关系复杂化。随着世俗化的推进，大多数乌莱玛发现自己处于边缘地位。②

## 二 政教分离抑或国家控制宗教？

凯末尔世俗主义改革是奥斯曼帝国——土耳其国家与宗教关系上的飞跃与质变，是一场真正的革命。然而，在国家与宗教的关系上，土耳其与奥斯曼帝国之间仍然有明显的历史延续性。因此，首先简要回顾奥斯曼帝国国家与宗教的关系。

---

① Omer Taspinar, *Kurdish Nationalism and Political Islam in Turkey*, *Kemalist Identity in Transition*, New York: Routledge, 2005, p. 117.

② Omer Taspinar, *Kurdish Nationalism and Political Islam in Turkey*, *Kemalist Identity in Transition*, New York: Routledge, 2005, p. 118.

## （一）奥斯曼帝国的遗产：国家与宗教

素丹制是奥斯曼帝国政治制度的核心。奥斯曼人的中亚传统是，国家通过统治者直接颁布法典进行统治。因此，素丹的政治权力首先是立法权。奥斯曼人又从波斯萨珊帝国那里继承了下述政治理念，即把国家等同于主权者的绝对权威和对正义的维护。皈依伊斯兰教，便于以圣战的名义开拓疆土，但更重要的是伊斯兰教服务于国家权力的合法化。由于伊斯兰教强大的动员实力，尤其是民间伊斯兰与什叶派（即阿拉维派）的存在，国家需要建立起对宗教的直接监督。因此，在制度构架上，国家高于宗教。素丹塞里姆（1512—1520年在位）担任哈里发、素丹获得戴先知穆罕默德的斗篷的权利后，素丹兼任最高宗教领袖，其巨大的政治权威添加了宗教维度。乌莱玛——宗教机构融入并附属于国家机关。素丹——哈里发之下的最高宗教官员和司法体系首脑伊斯兰长老，是国家官员，由国家供养，素丹决定伊斯兰长老的官运。伊斯兰长老地位很高，出席帝国国务会议（the Imperial Council），但是政治地位脆弱，与素丹的严重冲突会使自己丢掉乌纱帽。

素丹颁布卡农（Kanun）凸显了素丹在伊斯兰教框架外的立法权。素丹可以自主地制定规则，颁布法律。卡农是不同于沙里亚的法律，主要涉及公共行政、刑法及国家财政。一些伊斯兰教法学家认为，卡农是不必要的，坚持沙里亚可以解决一切法律问题，但卡农原则在帝国仍坚定地建立起来。

司法权主要由乌莱玛执掌。随着伊斯兰价值观在奥斯曼社会扎下根来，沙里亚成为国家与穆斯林民众之间的某种"社会契约"。受到伊斯兰教法训练的法官（即卡迪）充斥着司法和行政机关，国家与宗教在司法层次上融为一体。对于非穆斯林团体则实行"米勒特"制度。只要非穆斯林团体忠于帝国，帝国就把许多宗教、司法和经济权利授予非穆斯林米勒特。非穆斯林宗教领袖则对其团体的效忠负责。总之，国家主导宗教。

17世纪末以来，帝国在欧洲遭到一系列军事失败，效法西方的改革运动提上日程。国家精英与宗教精英接受的教育不同，前者与欧洲的直接接触使他们深感欧洲在军事、技术和组织上的优越，双方在政治理念、政教关系乃至价值观上出现日益扩大的文化鸿沟。改革从军事、税制、行政领域开始，随后扩大到政治、司法和教育部门。司法和教育改革削弱了乌莱玛——宗教机构的司法权和教育权，司法体系和教育体系逐渐出现沙里亚法庭与世俗法院并立、乌莱玛控制的传统教育与新式（西式）教育共存的二元结构。青年土耳其党人执政，推进了司法与教育的世俗化。从内阁中清除伊斯兰教最高法典说明官（The Office of Seyhulislam or Seyh'ul-islam），启动司法部对沙里亚法庭的世俗控制，把宗教学校纳入教育部的管辖范围，新建宗教基金部。[1]凯末尔世俗主义改革把这一世俗化进程推向高潮。

### （二）凯末尔革命的主要旨趣

凯末尔革命的主要旨趣，是背弃奥斯曼—伊斯兰传统，在文明取向上全面转向欧洲资本主义文明。在凯末尔看来，文明就是欧洲的文明。他继续推进延续多年的世俗主义改革并取得重大突破。在国家制度的架构上，坚决构建世俗共和国。1922年11月1日废除素丹制，首次从法律上把世俗政治权力与宗教权力分离开来，剥夺了奥斯曼王室的政治权力。1923年10月29日，宣布建立土耳其共和国。1924年3月3日，废除哈里发制，将奥斯曼王室全体成员立即驱逐出境。1924年宪法规定，伊斯兰教为"国家宗教"，议会负有监督实施宗教法规的职责。1925年以库尔德人反叛为契机，取缔一切教团，关闭道堂并没收其财产。1928年修宪，删去了"伊斯兰教是国家宗教"（第二条）和"教法规则由大国民议会贯彻实施"（第二十六条）的条款，总统、总理和议员的就职宣誓改为以个人的名誉进行。据此，土耳其在法律上成为世俗国家。[2]

---

[1] Richard D. Robinson, *The First Turkish Republic: A Case Study in National Development*, Cambridge, MA: Harvard University Press, 1968, p.18.

[2] 杨灏城、朱克柔主编：《当代中东热点问题的历史探索——宗教与世俗》，人民出版社2000年版，第176—178页。

法律是一个国家调节社会关系和利益的主要工具。伊斯兰教社会和政治权力的主要基础就是以沙里亚调节穆斯林内部的关系与利益。凯末尔改革继续推进19世纪以来的法律世俗化进程，剥夺乌莱玛的司法权。1924年废除沙里亚法庭，一切审判均在"以国家名义"行使法律管辖权的世俗法院进行，结束了宗教法庭与世俗法庭并存的二元司法体系，宗教法官在国家监督下在世俗法庭审理案件，从而极大地削弱了乌莱玛的社会权力。1926年颁布以瑞士民法典为蓝本的新民法典，废除多妻制和休妻制，保障妇女在家庭、社会和经济生活中与男子享有平等地位，在举行宗教婚礼前须进行结婚登记。可见，国家权力介入了过去由沙里亚调节的私法领域。以欧洲国家相关法律为蓝本的新刑法和新商法推进了土耳其法律的世俗化。特别值得一提的是，1934年授予妇女选举权和被选举权，甚至早于某些西方资本主义国家。此外，促进妇女进入社会，担当新的社会角色，如职业妇女、女飞行员等。

　　宗教机构和宗教人士控制甚至垄断教育是中世纪世界的普遍现象，并非局限于伊斯兰教国家和社会。因此，削弱和剥夺乌莱玛的教育权力，是一个国家与社会现代化和世俗化必由的路径。奥斯曼帝国兴办新式世俗教育，启动了这一重要的历史和政治进程。青年土耳其党人执政期间，小学和初中已由教育部管辖。凯末尔改革继续推进，1924年统一教育法废除宗教学校，教育部接管一切学校，结束了宗教学校与新式世俗学校并存的局面。[①]

　　社会生活方面的激进改革有重要的象征意义，亦凸显了凯末尔"彻底砸碎旧世界"的决心。以欧式礼帽取代费兹帽——帽子革命，把宗教服饰限制在清真寺内。对妇女服饰未做硬性规定，但呼吁男子"让她们露出脸来吧！面对世界吧！让她们用自己的眼睛去观察

---

① Irvin C. Schick and Ertugrul Ahmet Tonak, eds., *Turkey in Transition: New Perspectives*, Oxford: Oxford University Press, 1987, p. 223.

世界吧！这没有什么可怕的"。凯末尔鼓励妇女自动摒弃面纱。[①] 禁止在国家机关工作的妇女戴面纱。具有重要象征意义的改革还有：采用西历，废弃伊历纪年（1926年）；采用国际通用的度量衡制（1931年）；以星期天为周休日，而非星期五（1935年）；等等。1934年议会通过姓氏法，土耳其人在本人名字后必须加上姓。另一部法律废除了一些有封建宗教色彩的头衔，如帕夏、谢赫、贝伊等。1931年把《古兰经》及"经注"从阿拉伯文译成土耳其文，1932年开始在清真寺诵读土耳其文经文，1933年政府下令必须用土耳其语宣礼。

文化改革把土耳其的文明切换运动推向高潮。例如改革字母问题。自19世纪60年代后期以来，西化——实证主义的奥斯曼政治家一直主张采用拉丁字母。青年土耳其党人执政期间亦开展过讨论。[②] 但阿拉伯文字母不只是一般的字母，而是《古兰经》的语言和载体，具有重要的宗教内涵。凯末尔决心抛弃阿拉伯文字母，采用便利的拉丁字母。1928年11月，议会通过了禁止在公共场合书写阿拉伯字母的法律。从新的一年开始，禁止用阿拉伯文字母印刷书刊，中学停止阿拉伯文和波斯文教学。土耳其文采用拉丁字母，方便土耳其人民学习和使用本民族语言，有利于提高民族教育和文化水平。更重要的是，切断同伊斯兰昔日的文化与宗教联系，在价值观和文明取向上与欧洲联结起来。1931年成立土耳其语言学会，开始剔除土耳其文中阿拉伯文和波斯文的词汇，简化和纯洁土耳其语，新造土耳其词汇。1931年还成立了土耳其历史学会，挖掘和弘扬伊斯兰教之前的土耳其历史。

### （三）凯末尔世俗主义改革——国家与宗教

凯末尔世俗主义改革包括国家制度重构、社会生活的激进改革

---

① 杨灏城、朱克柔主编：《当代中东热点问题的历史探索——宗教与世俗》，人民出版社2000年版，第181—182页；Richard D. Robinson, *The First Turkish Republic: A Case Study in National Development*, p. 18.

② 刘云：《土耳其政治现代化思考》，甘肃人民出版社2002年版，第72页。

和价值观与文明取向的切换，极大地推进了土耳其社会的世俗化。奥斯曼帝国国家与宗教失衡的二元结构，其本质是国家先于和高于宗教；伊斯兰教为帝国的扩张提供了强大的内在动力，为帝国政权提供政治合法性；与此同时，宗教机构融入国家机关，成为国家的附属机构，二者又合二为一，尤其是在素丹兼任哈里发后；乌莱玛和宗教机构在政治、司法和教育上有巨大的权力，是国家之下的重要力量。凯末尔世俗主义改革的革命性，或者说与此前世俗化改革的根本区别，在于政治合法性的切换。帝国合法性的源泉是伊斯兰教，凯末尔领导下土耳其共和国的合法性来自人民的授权，其立论基础是西方的"主权在民"理论。

就国家与宗教的关系而言，上述国家制度世俗取向的重构是核心。这里从宗教国有化①和对教团的打击与取缔两个方面进一步加以论述。所谓宗教国有化，即强化国家对宗教机构的监控，使宗教为国家服务。在这方面，机构设置十分重要。1924年，废除伊斯兰教最高法典说明官、撤销教法和教产基金部，建立隶属于总理办公厅的宗教事务局和宗教基金局（The Directorates of Religious Affairs and Pious Foundations）。宗教事务局局长任命伊玛目、布道师、穆安津（宣礼人）等教职人员，该局还对清真寺、苏菲道堂进行管理。因此，宗教人员成为国家供养的公务员。宗教基金局接管宗教基金，负责宗教建筑和设施的管理与维护。后来，这两个机构合并为宗教事务署（The Presidency of Religious Affairs）。这样的机构设置，至少从制度构架、人事和财务上完成了国家对宗教机构与人员的控制。1924年，统一教育法不仅使一切学校归教育部统一管理，使教育摆脱了乌莱玛的控制和影响，而且关闭了乌莱玛管理的旧式宗教学校，国家另外开办宗教学校，培养伊玛目、布道师等宗教人员。教育部将在伊斯坦布尔大学开办神学

---

① Nazim Irem, "Turkish Conservative Modernism: Birth of a Nationalist Quest for Cultural Renewal", *International Journal of Middle East Studies*, Vol. 34, No. 1, February 2002.

院，培养高级宗教学者。① 可见，从制度构架与宗教教育上，1924年凯末尔主义国家便已经完成对宗教的控制。与奥斯曼帝国的遗产和19世纪以来的改革一致，凯末尔革命旨在进一步加强国家对宗教的控制，而不是政教分离。正如海因兹·克雷默指出："从一开始，现代土耳其的国家与伊斯兰教就从未分离开来。"②

中心与边缘、官方伊斯兰与民间伊斯兰这两个相互交叉的二元结构，折射出土耳其社会、政治与宗教的复杂性。从奥斯曼帝国到土耳其共和国建国，这种二元结构一以贯之。在政治中心，官方宗教机构总体上依附于国家；边缘则是混合了某些神秘因素的苏菲教团的天下。同时，又有处于主导地位的逊尼派与什叶派（阿拉维派）的分野。简而言之，土耳其民间伊斯兰即各种教团、道堂和会社十分强大，与凯末尔世俗主义改革发生直接冲撞。废除哈里发制，激发了1925年谢赫·赛义德（Sheik Said）起义。起义又有库尔德人反叛凯末尔政权的背景，是持续到1938年的17次库尔德人叛乱的第一次。这次起义产生了重要后果。首先，加强了凯末尔政权的权威主义取向，凯末尔借机取缔了刚成立不久的反对党进步共和党。其次，加快了凯末尔世俗主义改革的步伐，当局重拳打击颇具实力的民间伊斯兰——各种教团、道堂和会社。政府和议会先后做出决定，取缔所有教团，关闭道堂，没收其财产。1926年新刑法规定，不得组织以宗教或宗教情感为政治基础的社团。到20世纪20年代末，一切教团均被宣布为非法。1938年结社法禁止政党参加宗教活动，禁止在宗教、教派、教团基础上组建社团。与此同时，成立人民之家（People's House）和乡村师范学校（Village Insititutes），在安纳托利亚农村地区灌输实证主义、民族主义价值观。这一切，彰显出凯末尔政权根除民间伊斯兰的决心，但是"甚至在人民之家成立后，

---

① Irvin C. Schick and Ertugrul Ahmet Tonak ed., *Turkey in Transition: New Perspectives*, p. 225；杨灏城、朱克柔主编：《当代中东热点问题的历史探索——宗教与世俗》，人民出版社2000年版，第1/6—177页。

② Heinz Kramer, *A Changing Turkey: The Challenge to Europe and the United States*, Washington D. C.: Brookings Institute Press, 2000, p. 57.

以冰冷的实证逻辑和世俗的土耳其民族主义征服虔诚的安纳托利亚人的心魂,证明是一个艰难的任务"[1]。很多教团人气旺盛,适应性强,非凯末尔政权的强行镇压所能禁绝。到 20 世纪 30 年代中期,所有教团转入地下。从根本上说,凯末尔强力推进世俗化的动力,是义无反顾地仿效欧洲文明。凯末尔竭力削弱土耳其的伊斯兰属性,挖掘和弘扬伊斯兰教之前的土耳其历史和文化,构建面向先进的资本主义欧洲的现代民族国家。废除哈里发制,乃势在必然,因为对世俗主义改革的任何反对,只能以宗教形式动员。而废除哈里发制这一强大刺激又激起了宗教保守势力与虔诚穆斯林的反弹,引发库尔德人的反叛,后者反过来加快了凯末尔镇压和取缔教团的步伐。从实践层面看,正是伊斯兰教在民众中强大的动员力量,促使凯末尔决心镇压伊斯兰保守势力。在独立战争中,凯末尔以效命素丹——哈里发的名义动员外省显贵和虔诚的民众。这个策略很成功,凯末尔目睹了参加独立战争事业的地方宗教领导人的组织力量与道义权威。"如果不动员安纳托利亚农村民众反对素丹政府的宗教感情,甚至阿塔图克也几乎不可能赢得独立战争的胜利。"[2] 独立战争期间,大多数教团团结在凯末尔的周围,支持他的独立事业。在第一届大国民议会中,有来自毛拉维教团、比克塔西教团和纳克什班迪教团的 10 名谢赫。但第四至第七届议会中就没有新议员具有宗教背景。总之,恰恰是凯末尔与地方宗教领袖直接接触的经验,促使他决心把世俗主义改革推进到外省,渗透到边缘农村地区。然而,凯末尔革命作为精英主义运动,在城市中心和沿海地区比较顺利,遇到的真正挑战是保守的、有根深蒂固伊斯兰教传统的安纳托利亚内陆。

凯末尔主义没有渗透进虔诚民众的内心,因为民间伊斯兰势力

---

[1] Omer Taspinar, *Kurdish Nationalism and Political Islam in Turkey*, *Kemalist Identity in Transition*, New York: Routledge, 2005, p. 25.

[2] Omer Taspinar, *Kurdish Nationalism and Political Islam in Turkey*, *Kemalist Identity in Transition*, New York: Routledge, 2005, pp. 25 – 26; Irvin C. Schick and Ertugrul Ahmet Tonak eds., *Turkey in Transition: New Perspectives*, Oxford: Oxford University Press, 1987, p. 225.

非常强大。在共和国世俗主义的表象下，宗教情感和实体在政治上很活跃。这是矛盾的一方面。而矛盾的另一方面，凯末尔政权的宗教机构越是国家化，其地位就越尴尬，在虔诚民众中就越缺乏影响力。国家的宗教官员一般竭力履行有关当局赋予他们的职责，却未必信服凯末尔世俗主义。宗教事务局在其忠诚上处于矛盾状态：既要忠于共和国及其意识形态，又要忠于其工作对象——伊斯兰教。这反过来加强了民间伊斯兰，加剧了官方伊斯兰与民间伊斯兰的二元分裂。

## 余 论

凯末尔在有些方面甚至超越了他所处的时代。凯末尔革命铸就了现代土耳其的特殊性，留下了重要而复杂的政治遗产。凯末尔革命的首要任务，是建设以安纳托利亚土耳其民族为主体的现代民族国家。由于安纳托利亚东南部是库尔德人传统的聚居区，库尔德人的民族独立情绪与宗教纷争相互纠结，使问题更加复杂。库尔德问题既是历史问题，又是现实问题，还与宗教问题关联，又具有跨国性，凸显了凯末尔开创的土耳其在民族构成上的复合性。除库尔德人外，还有亚美尼亚人、阿拉伯人等少数民族。从根本上说，库尔德问题是发展问题，即土耳其各地区、各民族均衡发展与共同受益，但库尔德问题从下述两个方面凸显了奥斯曼——土耳其历史的延续性。首先，尽管凯末尔力图构建在民族和文化上尽可能同质因而具有内聚力的国家，但现代土耳其依然是一个多民族国家，彰显了与奥斯曼帝国一样的多民族马赛克式社会的延续性。可见，凯末尔革命成功地构建了现代土耳其共和国，但在民族问题上仍然留下了后遗症。

在文明取向与国家制度上，凯末尔革命强力推进世俗化进程，遏制伊斯兰教的政治权力和社会影响。时隔四分之三个世纪后，重新审视和反思凯末尔的世俗主义改革很有意义。其实，在新旧世纪之交已有论者指出，在政治意识形态及实践上，世俗主义的凯末尔主义已失去其不容争议的地位。① 凯末尔世俗主义改革局限于精英阶层和中心，没有抵达民众和边缘。但如果由此否定世俗主义改革那就犯了时代错误。在当时的历史条件下，构建现代民族国家的使命要求彻底砸破旧世界，强力推进世俗化和现代化。另外，过去一般把凯末尔世俗主义改革定性为政教分离，亦值得商榷。

从奥斯曼帝国到土耳其共和国，边疆国家性质决定了土耳其的身份认同之难。土耳其人的祖先突厥人从中亚迁徙到安纳托利亚，以此为基础发展成为横跨欧、亚、非三大洲的多民族、多宗教大帝国，凸显出边疆国家的洲际性和文化、宗教的多元化与包容性。奥斯曼人以伊斯兰教圣战观为南征北战的强大动力，征服了欧洲的大片疆土，与中世纪欧洲的基督教徒和基督教文明直接较量与碰撞。帝国在民（种）族、宗教和文化上的多元化，在欧洲占有大片领土，从在欧洲的优势地位到依托均势外交延缓帝国从欧洲的撤退与帝国的衰落过程，再到始于18世纪末的效法资本主义欧洲的百年现代化改革，凡此种种，彰显了帝国的欧洲性。从这个意义上讲，欧化改革无非欧洲性的加强而已。凯末尔革命把加强欧洲性，弱化伊斯兰属性推到高潮。那么，我们如何解释土耳其根深蒂固的伊斯兰属性和凯末尔世俗主义的受挫？很简单，奥斯曼—土耳其的伊斯兰属性比欧洲性更为强大和厚重。突厥人皈依伊斯兰教至少有上千年，而接触欧洲基督教文明的历史要短得多。换言之，伊斯兰是奥斯曼—土耳其的主要和内在属性，欧洲性则是奥斯曼—土耳其的次要和外在属性。在欧洲资本主义的优越性和先进性现实地强加到奥斯曼人的头上时，唯有效法欧洲、选择欧洲文明才能维护帝国的完整与生存，奥斯曼人才有维新图强、加强奥斯曼—土耳其欧洲性的改革进程。在不同的历史时期，面临不同的地区与国际大环境，由于不同的使命与任务，奥斯曼—土耳其人的身份和文明认同发生摇摆，这

---

① Heinz Kramer, *A Changing Turkey: The Challenge to Europe and the United States*, Washington D. C. : Brookings Institute Press, 2000, p. 56.

是由其边疆国家性质所决定的。把伊斯兰确定为土耳其的内在属性，就可以理解和解释边缘的强大，世俗主义改革的受挫与历经数代人强力的世俗化后，向伊斯兰的回归和正义与发展党在政治上的强势崛起。

（原载《西亚非洲》2009年第2期）

# 以色列多党制民主制度的建立及其发展变化

赵云侠

以色列于1948年5月14日建国后，逐步确立和不断完善了立法、行政和司法三权分立、互相制衡的西方式议会民主政体。随着以色列社会经济政治的发展变化，这个政治制度也在发生着新的变化，其中最大和最重要的变化是经过29年岁月，它完成了由工党主导的执政模式向左右翼两大政党集团轮流或联合执政格局的转变，这一变化对以色列社会政治的发展产生了重大影响。下面我们将对这个制度的形成及其变化过程、特点和产生变化的原因作一探讨。

## 一 以色列议会民主制的确立和政府结构

### （一）伊休夫[①]的自治机构与过渡政府

以色列的议会民主制度来源于英国委任统治时期伊休夫的自治机构。该机构是英国委任统治当局统治下巴勒斯坦犹太社团的政治领导机构，包括犹太民族议会和其执行机构犹太民族委员会，以及犹太复国主义组织在巴勒斯坦的犹太代办处（Jewish Agency），它们共同构成了一个强有力的、多样化的民主政治制度雏形。这个雏形的民主政治制度是英国对巴勒斯坦实施委任统治和犹太复国主义寻求在巴勒斯坦发展的需求相结合的产物。1917年11月2日，英国发

---

[①] 以色列建国前巴勒斯坦的犹太社团，也是犹太人的民族之家。

表了支持犹太人在巴勒斯坦建立民族家园的《贝尔福宣言》。① 此后不久，英军占领了耶路撒冷，并于1918年9月控制了整个巴勒斯坦。1919年的巴黎和会基本认可了英国在《贝尔福宣言》中对犹太人的承诺，为英国对巴勒斯坦实行委任统治奠定了基础。1920年4月，圣雷莫会议正式决定由英国对巴勒斯坦实施委任统治。1922年7月，国际联盟向英国政府颁发了委任统治书。1923年9月29日，英国正式实施对巴勒斯坦的委任统治。

当时英国在巴勒斯坦实施委任统治的目标不仅是帮助犹太人在巴勒斯坦建设一个民族家园，而且要使其发展成为一个政治实体。此时的巴勒斯坦形势也确实具备了这样的条件：一是阿拉伯民族主义处于萌芽状态；二是犹太人的第一波移民及其子女在思想观念上已完全是巴勒斯坦人。因此，英国对阿拉伯人和犹太人都实行了按照奥斯曼帝国时期的宗教社团制度（即米勒特制度）模式设计的自治制度。这种制度，不仅受到穆斯林的欢迎，也为犹太人所接受，因为这种按照宗教派别建立的自治政府与犹太人在东欧的犹太社团的生活经历完全相符，并且适应了犹太复国主义运动发展的需要。

1920年，在犹太复国主义组织的支持下犹太民族议会举行第一次会议，有20个政党和组织的代表与会。会议选出了由36名成员组成的犹太民族委员会，并授权它作为犹太民族议会休会期间的代言人。犹太民族议会和犹太民族委员会的成立，表明伊休夫自治机构的正式建立，从此巴勒斯坦犹太人有了自己的领导机构。

犹太民族议会是伊休夫的立法机构。由伊休夫全体成员根据直接、秘密、普遍（男女皆有平等的选举权）的和单一比例代表制的原则不定期（每3—6年）选举产生。由它选举出的犹太民族委员会管理巴勒斯坦犹太社团的日常事务，其核心是由6—17人组成的执

---

① 英国政府通过外交大臣贝尔福致函形式发表的关于英国在巴勒斯坦的政策宣言，其内容主要是表明英国赞成在巴勒斯坦建立一个犹太人民族家园的立场，它在巴勒斯坦的犹太民族的现代历史上产生了重大影响。

委会，是犹太自治政府重要的领导核心。犹太社团还选出首席大拉比和拉比法庭，协助民族委员会处理宗教问题。经过与英国当局的谈判，1930年犹太民族议会和犹太民族委员会被承认是具有法人资格的政治机构，它们被授权管理宗教自治法庭，履行地方政府的各种职能，负责经济活动以及在自愿基础上征税。①

与此同时，伊休夫还有一个与自治机构平行的犹太代办处，它是联系巴勒斯坦犹太人和散居地犹太人，以实现犹太人向巴勒斯坦移居的国际组织，是由犹太复国主义组织控制的代表整个犹太人民的机构。犹太代办处是根据委任统治书的精神于1929年建立的，它的名称、职能由英国委任当局确定，其合法地位得到委任当局的承认。②

1918年4月，英国政府曾批准犹太复国主义组织向巴勒斯坦派出一个委员会，作为当地犹太人与军管当局之间的正式联系人，并整顿被战争扰乱了的犹太社团组织，因为英国政府设想自己在有关犹太民族家园问题上的作用是保护性的，必须依靠世界犹太复国主义组织。不过，英国政府强调这个委员会只是战争期间的临时安排。后来，随着委任统治的正式实施和犹太复国主义事业在巴勒斯坦的发展，如何协调犹太复国主义组织与委任统治当局以及巴勒斯坦犹太人与世界各地犹太人的关系，最大限度争取犹太复国主义组织之外的犹太群众的支持，同时又不强迫他们承担犹太复国主义组织成员的义务，世界犹太复国主义组织领导人哈伊姆·魏茨曼被授权和其他一些人计划成立一个包括所有非犹太复国主义观点的更大的犹太代办处，帮助建立犹太民族家园。

从1921年第12届犹太复国主义者代表大会就非犹太复国主义力量帮助建设犹太民族家园提出计划，经过1923年第13届代表大会授权魏茨曼就扩大了的犹太代办处的合作问题与各犹太组织磋商

---

① Noah Lucas, *The Modern History of Israel*, New York and Washington: Praeger Publishers, 1975, p. 137; Don Peretz and Gideon Doron, *The Goverment and Politics of Israel*, CO&Oxford: Boulder, 1998, p. 10.

② Don Peretz and Gideon Doron, *The Government and Politics of Israel*, p. 39.

协调，直到6年之后寻求合作的任务才告完成，终于在1929年成立了扩大的犹太代办处。次年，委任统治当局承认它取代犹太复国主义组织作为犹太人参加民族家园建设的正式代办机构。随即，巴勒斯坦犹太复国主义执委会及其下属的机构也被并入新的犹太代办处执行委员会。至此，犹太代办处与伊休夫自治机构犹太民族议会和犹太民族委员会一起作为未来国家的政府机构在发挥作用，为日后建立犹太国家奠定了组织基础。

犹太代办处设有三个领导机构：委员会、行政委员会和执行委员会。委员会是最高代表机构，其代表由比例代表制选举产生，每两年召开一次会议。行政委员会每半年召开一次会议。执委会由代办处主席和四位犹太复国主义者及四位非犹太复国主义者组成，代办处主席由世界犹太复国主义组织主席自动担任。犹太代办处从一开始就是受犹太复国主义组织控制的犹太人的代表机构，是世界犹太复国主义组织在巴勒斯坦建立的代表整个犹太人的执行机构，它的建立表明世界犹太复国主义组织开始直接管理伊休夫的一切事务。它建立后，进行了卓有成效的工作，大大推动了伊休夫的发展，实际上成了巴勒斯坦犹太自治政府一个重要组成部分。[①]

20世纪30年代中期，随着工人运动的发展，犹太代办处的关键职位已基本上为巴勒斯坦工人党[②]所把持。1942年5月，由于世界犹太复国主义组织通过一项在巴勒斯坦建立犹太国家的比尔特摩纲领，非犹太复国主义者不再参加犹太代办处的活动，犹太代办处已经完全成为一个犹太复国主义机构。在1947年联合国关于巴勒斯坦前途的一系列讨论中，犹太代办处作为英国委任统治下的犹太人代表机构发挥了重要作用。在伊休夫向以色列国家的过渡过程中，犹太代办处和犹太民族委员会进行了周密的准备工作，建立了过渡政府全国委员会和全国行政委员会，并使其不失时机地分别成为以色

---

[①] 犹太代办处的成立经过和组织机构参见 Noah Lucas, *The Modern History of Israel*, pp. 105–106.

[②] 简称工党，成立于1930年。

列建国初期的临时议会和临时政府。

1947年11月29日,联合国大会在极其复杂的历史背景下,经过激烈争论通过了关于"巴勒斯坦将来治理(分治计划)问题的决议"。分治决议比较详细地规划了巴勒斯坦由委任统治向犹太人(和阿拉伯人)主权过渡的组织安排,同时对新国家独立时必须达到的宪法要求作出明确规定,这为犹太人建立自己的国家提供了难得的历史机遇。但是,阿拉伯人由于众所周知的原因反对这个方案,英国也拒绝在实施有计划的权力移交时予以合作,联合国则缺乏实施决议的具体有效的步骤和手段,加之美国也在计划改变自己在讨论通过决议时的态度,这使分治决议的实施随时面临夭折的危险。为了克服这些不利因素,抓住这个历史机遇,犹太人便主动开始了为建立他们自己的国家做准备的行动。他们不失时机地成立了向以色列国家过渡的过渡政府。1948年4月初,在伊休夫自治机构犹太民族议会和犹太民族委员会以及犹太代办处协商的基础上,选举产生了一个根据分治决议继承民族管理权力的试验性临时政府,它包括一个由37名委员组成的全国委员会和由该委员会产生的由13人构成的执行机构全国行政委员会。这两个机构成为伊休夫向独立国家过渡的政府,它们从4月中旬开始工作,5月初在英国没有做交接工作,巴勒斯坦社会秩序异常混乱的情况下,接管了地方行政管理、发行货币和邮票,以及恢复交通、筹措资金等大量工作。在5月14日以色列国成立时,这两个机构被正式赋予从5月15日起行使临时政府的职权。由此可见,伊休夫建立起了代议制民主政体的雏形,它为以色列政治制度的形成奠定了初步基础。

### (二)过渡政府向临时政府的过渡及宪法政府的产生

1948年5月14日,本-古里安(David Ben-Gurion, 1886—1973)正式宣布以色列国诞生,他在《独立宣言》中庄严宣告以色列临时政府成立,从1948年5月15日0时托管终止之时起到根据宪法产生的国家机关接管政权止(但不得迟于1948年10月1日),全国委员会将行使临时国务会议的职权;它的执行机关,全国行政委员会将行使以色列国临时政府的职权。① 临时政府成立后进行了一系列卓有成效的建立宪法政府的准备工作,顺利地完成了由临时政府向宪法政府的过渡。

首先是以法律形式对临时政府自身的组织、地位和权威的建设和认定。《独立宣言》发布和签署后,临时国务会议(即临时议会)立即发布第一个由三项条款组成的正式法令,其中第一条款规定临时国务会议为最高立法权威。并规定在紧急状态下可以将此权力授予政府。② 以法律形式赋予临时国务会议最高立法权,使其成为新建国家的最高立法机构,表明伊休夫的过渡政府向临时政府过渡的正式完成。实际上在此之前的几个星期,临时政府的前身全国委员会和全国行政委员会已设法掌握了权力和管理工具,牢固地确立了行政管理权力,并为建国后的正常运转制订了详细计划。

紧接着进一步用正式宪法性文件的形式详细规定了临时政府机构的组成、职责与权限。在宣布建国后的第五天,临时国务会议通过了第一份正式宪法性文件《法律与行政命令》,明确规定了临时议会和临时政府的关系:临时政府应当执行由临时议会制定的政策,向临时议会作出报告,并且应当向它汇报政府的活动;政府预算必须由临时议会批准,征税也必须由临时议会根据法律实施。通过这一规定,一方面确立了临时议会至高无上的权威;另一方面也在事实上建立起有效的临时政府。另外,该法令授予立法机构宣布紧急状态的权力。在紧急情况下,政府可以批准总理或任何其他部长发布紧急命令。紧急状态法的实施,加强了政府的主动性,提高了政府的灵活性,使政府在紧急情况出现时有更大的应变能力。通过努力,临时政府建立起自身的基本组织框架,使以色列政府机构及各部门间相互关系的主要轮廓开始形成,对以后以色列政府机构的发展完善有着决定性的影响。

---

① [以色列] 阿巴·埃班:《犹太史》,阎瑞松译,中国社会科学出版社1986年版,第440页。
② Noah Lucas, *The Modern History of Israel*, p. 277.

其次,积极筹备宪法政府。第一,准备选举立宪会议。1948年7月,临时议会指定宪法委员会研究有关宪法问题,准备草拟一份关于立宪会议设想的建议书。在宪法委员会的讨论中,最主要的政治分歧集中在宗教在宪法中的地位问题上。另外,政府的技术性设置,尤其是代表机构的选举方式也为人们所关注。工党极力主张建立一个有助于形成两党制的选举制度,但小党纷纷反对这一设想。最终,工党在宗教和选举制度问题上均采取了妥协态度。1948年11月19日,临时议会颁布了《立宪会议选举法令》,提出了与委任统治时期犹太人代表机构选举程序十分接近的选举方法:用比例代表制的选举制度,在平等、普遍的选举权的基础上,直接而秘密地选举立宪会议。1949年1月14日,临时议会通过了《立宪会议过渡法令》,明确规定立宪会议将继承临时议会的全部立法权,在立宪会议授权成立新的行政管理机关之前,临时政府将继续行使管理者的职能。这实际上不是选举一个立宪会议,而是选举一个立法机构和政府。[1] 1949年1月25日,以色列举行第一届议会选举,有21个党派参加竞选,其中9个取得了立宪会议席位。至此,以色列立宪会议产生。

第二,召开立宪会议第一次会议。第一届大选结束后,立宪会议于1949年2月14日召开第一次会议,选举产生了正副议长,组成了各专门委员会。会议经过两天激烈争论,通过了第一个重要法令——《过渡法》,为政府的运作提供了法律基础。《过渡法》共分15个部分,确立政治制度为三权分立的议会民主制共和国,规定了主要政治机构立法机关、行政部门和总统的权力和职能。[2] 根据《过渡法》,立宪会议改称议会,开始正式行使国家议会职责,并且自行组成一个一院制的立法机构——第一届议会。《过渡法》后来被称为小宪法,是以色列不成文宪法的核心。

---

[1] Noah Lucas, *The Modern History of Israel*, p. 281.
[2] Peter Y. Medding, *The Founding of Israel Democracy, 1948-1967*, New York: Oxford University Press, 1990, p. 32.

第三，成立首届政府。《过渡法》通过后，立宪会议正式选举哈伊姆·魏茨曼为以色列国正式总统。经过各政党协商，总统魏茨曼责成工党领导人负责组建第一届政府。经过三周努力，本－古里安最终与宗教联合阵线、进步党和塞法拉迪党结成联盟，于3月8日向议会提出了第一届政府名单，两天之后，议会通过了对它的信任票。以色列首届政府宣告成立，本－古里安出任第一届总理，本届政府共有12名成员，其中7人是工党成员，3人属宗教联合阵线，1人属进步党，1人属塞法拉迪党。联合政府既排除了右翼自由运动，又拒绝了左翼共产党，是一个组成面狭小的政府。第一届议会的产生和以本－古里安为总理的首届政府的组成，标志着以色列议会民主制政治体制的确立。①

以色列议会民主制政体确立后，经过了一个适应社会政治发展需要的自身不断完善的过程，如国家元首总统的有关法律地位、任期和职责。总统希伯来语为"纳西"，继承了古代犹太国家最高立法和司法机构元老院首脑的名称。在以色列建国初期，以色列设临时总统一职，直到1949年2月16日第一届议会通过了《过渡法》，才明确规定了总统的选举程序和任期：总统由议会选举产生，其任期与议会相同。1951年生效的《总统职位法》又将总统任期改为5年。1964年6月议会通过了《基本法：总统》，进一步详细地规定了总统的选举方法、任期、地位和职责等事宜，确认以色列总统拥有崇高的权力，是超越党派利益的国家统一的象征。

又如议会及其选举制度。以色列国成立时的最高立法机构是被称为临时议会的全国委员会，1949年1月立宪会议通过选举产生成为第一届议会，它颁布了具有重要意义的第一条法令《过渡法》，从法律方面确保了以色列由临时政府向立宪政府的成功过渡。1958年议会通过了《基本法：议会》，正式确定了议会的结构、选举办法、任期和职能等。与此同时，议会的选举办法也经过了不断完善的过

---

① 以色列临时政府的成立及其过渡概况可参阅 Howard M. Sachar, *A History Israel: From the Rise of Zionism to Our Time*, New York: Alfred A. Knopf, 1976, pp. 354–357。

程。1948年11月，临时政府颁布了临时性的选举法令。1951年，议会又通过了新的选举法。1955年，议会正式颁布了议会选举法。在1958年议会通过的《基本法：议会》中，正式确定了议会由"普遍的、全国统一的、直接平等的、秘密的和比例代表制的选举"产生的选举制度。1959年，又颁布了新的《议会选举法》。

再如政府及其成员产生办法。1968年，议会颁布了《基本法：政府》，对政府的产生、构成和职能作出详细规定。在此之前，政府依据1949年的《过渡法》进行工作。1992年3月，议会通过了直接选举总理的法案。同年12月，重新修订的《基本法：政府》，扩大了总理的权限，内阁部长由总理任命。

还有工党联合政府的巩固问题，从第一届到第三届政府，由于工党与宗教政党关于教育问题的分歧，双方的关系一直存在着危机。加之政府联合范围狭窄，使其没有回旋的余地，因此，工党政府很不稳定。从第四届政府开始，一般犹太复国主义党参加政府，扩大了联合范围，同时又建立了新的国民教育体系，使工党与宗教党关于教育问题的分歧缓解，精神中心党从此一直站在工党一边，成为工党的忠实伙伴，一直到1976年。[①] 工党联合政府范围的扩大和工党与宗教政党合作关系的相对稳定，巩固了工党的执政地位和基础。

然而，作为议会民主制政体的重要标志和特征，以色列的政治制度缺少一部国家基本大法——宪法。其实，以色列是十分重视制宪工作的，早在建国前过渡政府就组成了宪法起草委员会。建国后成立的立宪会议原来的主要任务之一也是为新建立的以色列国制定一部宪法。但由于当时以色列国内各种政治力量在制宪问题上意见不一，从而引发了宪法之争，其分歧主要集中在宗教在国家中的地位、政府组成的技术性问题，特别是选举方法上。况且，国家所处环境险恶，而分歧一时难以消除，如果强行制定宪法，有可能使新

---

[①] Daniel Shimshoni, *Israel Democracy: The Middle of the Journey*, New York: Free Press, 1982, p.499.

生国家处于分裂状态。因此,本-古里安和工党领导人建议暂时搁置制宪问题。于是第一届议会在1950年6月13日通过了由工党提出的一种妥协方案,即由进步党议员伊扎尔·哈拉里提出的逐章通过方案,规定"第一届议会委任宪法、法律和司法委员会负责为国家准备一部宪法草案。宪法必须逐章完成,每一章本身应当包含一项基本法。当委员会完成每一章的工作后,即将该章提交给议会。所有章节将共同构成宪法"①。据此,以色列的制宪工作采取了这种灵活的基本法逐章通过的方案。至今以色列已制定出13部基本法,但还未形成一部完整的宪法。尽管如此,以色列建立起了一个健全的由基本法、普通法构成的法律体系,成为一个受基本法约束的议会民主制的法制国家。

### (三) 以色列政治体制的基本结构

以色列政治体制的基本结构,主要由总统、议会、政府和司法等部分组成。总统是以色列国家元首,是超越各党派和集团的国家统一的象征。总统由议会以简单多数选举产生。总统的职责是礼仪性的,主要是:签署议会通过的条约和法律;根据外交部长的提议任命驻外使节,并授予委任状,还接受外国使节的国书;责成大选中获胜的政党领袖组成内阁;根据有关部门的提议或推荐任命法官、检察长和以色列银行行长;应司法部长的请求赦免罪犯和减轻刑罚等。总统任期五年,可连任两届。总统在立法、行政和司法三权分立、相互制约的情况下,作为国家的象征,将这三种权力结合在一起。但这种结合只是形式上的,因而对以色列政治产生的作用非常有限。

议会是以色列国家最高的立法机构,为一院制,设有120个席位,议员享有不可侵犯权,旨在保证议员的自由和独立。议会是通过普遍、直接、平等和秘密的方式,按照比例代表制的选举制度产生,每届任期4年,也可提前解散。议会中设有10个处理

---

① Noah Lucas, *The Modern History of Israel*, p. 286.

国家具体事务的常设委员会，与议会全体会议一起行使议会职责。这10个委员会是：宪法、法律和司法委员会，外交和国防委员会，财务委员会，经济委员会，议会问题委员会，教育和文化委员会，劳动和社会保障委员会，内务和环境委员会，移民和安置委员会，国家监督委员会。各委员会有10—25名的成员，从各党派议员中按比例选拔。委员会主席一般从参加政府的党派中选出。议会的职能是立法、监督政府和仪礼。任何立法议案都需经过议会"三读"通过，并经主管部长、总理和总统签署后，才能正式成为法律。所谓"三读"，即第一遍审读后，法案交给专门委员会修改；第二遍审读时，对修改部分进行推敲；第三遍审读时，对法案定稿进行表决。议会对政府的监督主要表现为：一是新政府组成后，需经议会多数议员支持才能正式成立；二是议会里的任何党派随时可对政府提出不信任案，不信任案应优先得到审议，如不信任案得到议会通过，那么政府就必须辞职；三是议会通过全体会议、议会常设委员会和国家监察长对政府实行监督，如对政府的年度预算、政府工作进行质询、检查等。另外，议会还负责选举总统和听取总统宣誓。

政府是国家的行政机构。它必须赢得议会的信任，接受议会的监督，并要对议会负责。政府在新一届大选后或政府辞职后由总统授权议会中最大党团的领袖作为总理组成政府。因为以色列实行的是多党制的、单一比例代表制的选举制度，因此，历届大选后产生的议会，没有任何党派能在其中拥有多数席位，为了能获得组成政府所需议会席位的多数，必须组建联合政府，政府各部部长，由参加政府的党派成员出任，总理只对本党部长人选有决定权。新政府组成后，须经议会举行信任表决，通过后，新政府才能正式宣告成立。政府任期4年，但议会可以通过不信任案提前解散政府。从第14届议会起，政府的组成已发生重大变化：一是总理由选民直接选举产生；二是部长由总理任命，无须经议会同意。议会可以通过不信任票（最低票数从61票改为70票）罢免总理，如果议会以80票通过了对总理的不信任案，那么议会不必解散，只举行总理选举，否则议会将自动解散，重新选举。[①] 通过这项改革，加大了总理权力和对全体选民的责任感，减少了党派政治对政府的负面影响，有效地提高了政府的稳定性和权威性。以色列政府的职责主要表现在行政方面，拥有包括代表国家采取任何行动，决定国内外政策和执行各种法令的广泛权力。政府在法律上亦享有很广泛的权限，它甚至可以控制和领导议会，这主要是因为政府主要成员不仅是议会议员，而且是议会中有影响的党派的成员，议员对政党负责，而不是对选民负责，强烈的政治色彩使以色列立法权和行政权之间的界限不十分明显，并使权力很大的议会往往受政府的摆弄。在立法方面，以色列政府几乎独占了这方面的创始权。如基本法，除《基本法：议会》是由议会的宪法、法律和司法委员会起草以外，其余均是由政府提交议会通过的。

以色列政府的部门设置和部长数目，是根据国家需要和政府组成时的政治考虑决定的。1992年12月修订的《基本法：政府》规定，部长由总理任命，内阁成员最多为18名部长和6名副部长。政府一般设置以下各部：政府首脑部（即核心内阁）、外交部、国防部、财政部、工业贸易部、旅游部、动力资源部、内务部、宗教事务部、建设部、文化教育部、卫生部、农业部、司法部、劳动和社会保障部、移民部、邮电部、科学技术部、警察部。除外交、国防、财政几个大部外，其他的部有时会两个合并为一个部，或三个合并为一个部，由一位部长主管。另外，政府在部长人选难以安排或因某些政治原因，还可以设立不管部。

以色列政府是一个行政权力很大但十分脆弱的执政机构。其脆弱之处主要表现为多党组成的政府常常因党派之间的矛盾和纷争而瓦解，难以执政届满。这种相当矛盾的政治形态对以色列政局产生很大的负面影响，使其行政权力和地位受到削弱。特别是难以形成持久稳固的统治地位，无法实施长期有效的经济社会发展计划，不能对迫切的政治问题作出决断。因此，不利于政府的运作和施政，

---

[①] 阎瑞松主编：《以色列政治》，西北大学出版社1995年版，第39页。

虽经改革总理选举方式及其职权范围，但收效甚微。因为以色列政府存在的关键问题是由以色列的选举制度和多党联合执政的政治形态造成的，而要改变这种业已存在多年且具有一定社会历史背景的政治形态谈何容易。因此，在此范围之外的一切努力，不过是头痛医头、脚痛医脚，甚至连这点效果也没有。

以色列的司法权属于法院，完全不受行政和党派的干预。为了保证司法独立，以色列法律规定法官不得参加政党，不能担任政府部长，也不能竞选议员。法官由总统根据9人公众提名委员会提名加以任命。该委员会由2名部长、2名以色列律师协会会员用无记名投票方式选出的2名议员和3名最高法院法官组成。法官系终身制，70岁退休。以色列法院包括普通法院、宗教法院和专门法院。普通法院又分为地方法院、地区法院和最高法院三级，主要负责民事和刑事诉讼。宗教法院又分为犹太教法院、伊斯兰教法院和基督教法院。犹太教法院分为地方拉比法院和犹太教最高法院，负责审理与犹太教有关的诉讼案和主管婚姻事宜。专门法院受理劳资纠纷、军队的问题以及青少年轻微犯罪等特殊领域的诉讼。以色列法律由三部分构成：一是建国初继承了英国委任统治时期的一些与《独立宣言》原则一致的有关法律；二是建国后一段时间内制定的一批应急的临时法律；三是一系列在以色列社会政治中起重大作用的、将来要构成宪法基本内容的基本法。它们受到奥斯曼法、英国的习惯法、宗教法和以色列法的不同影响，[①] 主要体现了西方资产阶级的法律观念和法制原则，同时也反映了犹太国家的性质和特征，是两者之间的有机结合体。

## 二　劳工犹太复国主义与巴勒斯坦工人党

以色列自1948年建国以来，其政治发展经历了两个主要阶段，

---

① Asher Arian, *The Second Republic: Politic in Israel*, Chatham, NJ: Chatham House, 1998, p. 270.

即1948—1977年工党执政时期和1977年至今工党联盟与利库德集团左右翼两大集团联合或轮流执政时期。前后两个阶段的转变是如何发生的？其原因如何？它对以色列社会政治历史的发展有什么影响？这是本节要重点讨论的问题。为了弄清这些问题，有必要对工党的意识形态和历史地位进行探讨。

### （一）劳工犹太复国主义的产生及其影响

工党的基本意识形态是劳工犹太复国主义思想（在欧洲阶段称为社会主义犹太复国主义），是希望把社会主义和犹太复国主义结合在一起的一系列学说的通称。它是犹太复国主义运动中最有影响的一个思想派别，成为指导犹太人在巴勒斯坦建设民族家园的主要意识形态原则和以色列的社会经济组织、价值观念以及社会理想的主要来源之一。

社会主义犹太复国主义起源于19世纪末20世纪初的东欧和巴勒斯坦。在当时的东欧，犹太复国主义运动面临重大挑战，社会主义思潮的出现，向处在脱离群众、无所作为的犹太复国主义运动提出了一个严峻的问题，这个运动如何将其吸引力引向广大犹太群众，使其超出资产阶级的范围？如何面对社会主义思潮的冲击？在此情况下，一些犹太知识精英提出了将社会主义与犹太复国主义结合起来的思想主张，于是社会主义犹太复国主义就应运而生了。

社会主义犹太复国主义欧洲阶段的代表人物是纳赫曼·西尔金（1867—1924）和贝尔·博罗霍夫（1881—1917）。他们两人都认为只有将犹太复国主义和社会主义结合起来，才能使犹太复国主义取得成功。但是，他们的思想也有不同，西尔金主张实行自由主义的社会主义，认为只有通过民族斗争，才能实现犹太复国主义的目标；而博罗霍夫提倡一种共产主义式的犹太复国主义，主张通过阶级斗争实现犹太人的社会主义社会。但因为他们两个人的思想是在欧洲的历史环境下形成的，脱离巴勒斯坦的现实，因此没有给当地犹太社团带来实质性的影响。使社会主义犹太复国主义思想走向成熟，并与巴勒斯坦实际结合的是阿隆·大卫·戈登（1856—1922）。戈登提出了一套理想的民族主义理论，在这一理论中，社会目标应从属于民族目标。他认为，只有民族精神才能维系民族的生存，只有民族主义才能使民族具有创造性的生活。而民族主义的实质，就是通过使劳工阶段的影响逐步扩大到代表整个民族，达到实现理想的公平社会。因此，他把劳工运动看作民族的领导力量。如何实现劳工运动对整个民族的领导，戈登提出了将劳工运动作为整个民族的运动，并使其成为民族领导者的思想。[①] 他进一步强调说，犹太移民只有通过劳动，特别是农业劳动，把自己改造成扎根于巴勒斯坦土地的劳动者，才能拯救犹太民族。因此，"劳动征服"成为劳工犹太复国主义的主要口号，而劳工犹太复国主义则成为"劳工征服"的主要实践者。为了实践这个口号，他们在巴勒斯坦非常不利的自然和社会环境中，逐渐创造了与当时生产力发展水平和社会阶级关系相适应的集体经济生产组织形式，包括农业集体组织基布兹和合作组织莫沙夫以及犹太工会总联合会（以下简称"犹太工总"）大型工会组织，逐步使公有制经济成为劳工犹太复国主义的经济基础。随着犹太复国主义运动和伊休夫的发展壮大，这些组织成为巴勒斯坦犹太社团主要的生产组织形式。

劳工犹太复国主义的发展，不仅与巴勒斯坦犹太社团的现实需要有关，也与伊休夫时期的数次阿利亚[②]密切相连。

与19世纪末20世纪初主要由农场主构成的第一次阿利亚不同，1904—1914年的第二次阿利亚为犹太工人运动奠定了基础。这次移民中的少数开拓者，将从欧洲带来的社会主义犹太复国主义思想理论与巴勒斯坦新的环境相结合，形成劳工犹太复国主义。他们出身于"犹太中小资产阶级"，具有反抗性和狂热的革命精神。他们所开创的开拓运动，在其高峰时人数占全部移民的1/4，达1万人。[③] 在这次移民的劳工犹太复国主义者中，有以色列第一任总理大卫·

---

① Noah Lucas, *The Modern History of Israel*, pp. 47 – 48.
② 指世界各地犹太人向巴勒斯坦的移民行动。
③ Noah Lucas, *The Modern History of Israel*, pp. 43, 57.

本-古里安，他的政治生涯一直持续了50多年。这些开拓者将以往的"殖民征服"改为"劳动征服"，向犹太农业尚未涉足的地方进发，进行直接的劳动定居，成为农业工人。首先，他们的第一个集体生产组织克武察于1911年正式成立，这是一种将他们自己的社会准则引入小集体农业的组织形式，实行互助、合作、自食其力和集体所有的原则，它还得到犹太复国主义财政组织的赞助，实现了劳工运动与犹太资产阶级的联盟。为了达到自给自足的目标，克武察逐步由单一耕作模式向混合耕作方式转化。到1914年，开拓运动已经建立了12个克武察。[1]

其次，他们于1907年成立了"巴尔·吉欧拉"犹太卫队，并于1909年发展成"卫士"，形成了初步的犹太防御体制，在使克武察着手进行防务的建设中，本-古里安是最积极的支持者，因为他早已意识到在阿拉伯民族问题出现之前，形成一种决定性的反应模式对即将面临的民族斗争的重大意义。从此，犹太武装运动思想很快成为劳工意识形态的一个组成部分。另外，他们还积极发展工会运动，在1911年成立了第一个工会组织，其成员到1914年发展到约600人。[2] 工会组织的建立为犹太工人运动奠定了基础。尤为重要的是工人政党的出现，为劳工犹太复国主义的发展做出了重大贡献。1905年先后诞生的巴勒斯坦锡安工人党和青年工人党，成为巴勒斯坦地区犹太工人运动的领导者。应当说，这次移民的开拓者们为巴勒斯坦犹太社团奠定了初步的社会和经济基础。

随后的1914—1924年第三次阿利亚，使劳工犹太复国主义发展成统一的工人运动。这次移民的特点：一是坚定的工人开拓者占有很大比例；二是他们中的大部分人在赴巴勒斯坦之前经过训练；三是他们为了克服困难，尽快适应环境，在出发之前做好各种准备。在他们的努力下，巴勒斯坦的犹太工人开拓运动实现了团结和统一。1920年12月，新的工人组织犹太工总建立。犹太工总的成立，对工

---

[1] Noah Lucas, *The Modern History of Israel*, p. 60.
[2] Noah Lucas, *The Modern History of Israel*, p. 60.

人运动的发展产生了重大影响，并且成了开拓运动最主要的工具。值得注意的是，本-古里安对犹太工总的建设做出了重要贡献。他在犹太工总成立的最初几年，曾被指定为这个组织的三位总书记之一。他和他的同行一起为犹太工总制定了一份章程，取代了犹太工总成立时的临时性章程。新章程突出体现了本-古里安的思想，号召合作组织与工会组织结合起来以社会主义手段去追求民族主义目标，使工人运动和它支持的社会主义经济得到不断发展。

另外在第三次阿利亚工人运动发展壮大的同时，农业集体组织形式也发生了新的变化。开拓者们在实践中认识到克武察体现了建立社会秩序的学说，但它却吞噬了个人的首创性，打破了家庭的平衡。一些人开始探索建立起以若干个家庭为基础的小农合作组织。这种比克武察更为灵活、更能提高个人积极性的组织，不仅增加了经济收入，还能吸纳更多的成员，因为它对参加者的条件要求比较低，对其意识形态的要求也比较宽松。与此同时，比克武察更能实现改造民族家园目标的一种较大规模的集体生产组织出现，这就是既有克武察基本价值观念，又能包括农业开拓者和城市工人群众的基布兹。这种大集体的组织形式，使城乡社会经济协调发展起来。

1921年第一个农业合作组织莫沙夫和比克武察规模更大的农业集体组织基布兹先后建立起来。此后，它们继续发展，成为伊休夫的农业经济的主要形式，对伊休夫和以色列的经济发展与社会进步起了重大作用，至今，它们仍然活跃在以色列的社会经济舞台上。

1924—1928年的第四次阿利亚，与前三次不同，主要是一次城市阿利亚。移民中大多数人不仅拥有少量资本，而且定居在特拉维夫和海法，他们还建立了许多小型和中型企业。正如工人运动所担心的，这次移民没有给犹太复国主义增添力量，因为大量资本没有积极地去创办那些可使犹太社团从中获利的工业，而是投入土地投机买卖和建筑业，仅有少量资本用于发展工厂和农业。尽管如此，这次阿利亚却增加了城市人口，发展了犹太工商业，迅速增强了犹太中小资产阶级的力量，对巴勒斯坦地区新的犹太资产阶级的形成和工人运动的继续发展起了重要的作用。

但是，劳工犹太复国主义的发展并不是一帆风顺的。他们在1925年的第十四届和1927年的第十五届犹太复国主义者代表大会上连续受到挫折。由于许多与会代表认为私人企业是解决巴勒斯坦建设问题的根本出路，因此对集体定居点提出了批评。劳工代表被迫在1927年辞去犹太复国主义执委会的职务，而新的资产阶级犹太复国主义路线成了犹太复国主义运动公认的政策。这种政策，最终导致巴勒斯坦地区犹太组织的衰退和停滞。为了保持自己的势力，对付中小资产阶级力量日益壮大的现实，工人运动领袖决心加强团结，扩大力量，从内部征服犹太复国主义运动。另外，1929年阿拉伯起义的冲击，以及犹太复国主义修正派对犹太复国主义运动的攻击，从客观上加速了工人政党团结的步伐。1930年，劳工联盟和青年工人党合并，成立了巴勒斯坦工人党，① 以劳工犹太复国主义统一体的面目出现在犹太复国主义者代表大会上。从此劳工政党在政治上的影响不断增强。他们在犹太复国主义者代表大会上的选票从1927年的22%上升到两年后的29%，1933年达到44%，成为巴勒斯坦选区的最大派别。从20世纪30年代起，劳工犹太复国主义一直成为犹太复国主义运动的主流和先锋。到英国委任统治结束、以色列建国时，伊休夫的大部分政治机构由劳工党派控制，它的大多数领导人来自劳工运动及它的办事机构。②

### （二）巴勒斯坦工人党的成立及其历史地位

如前所述，1930年由劳工联盟和青年工人党组成的巴勒斯坦工人党，是应巴勒斯坦犹太工人运动历史发展的需要而产生。它的出现，使劳工犹太复国主义发生了历史性的变化，对犹太复国主义运动产生了深远影响。到1948年以色列国成立前，它已发展成为领导伊休夫向主权国家过渡的主要领导力量。

---

① 简称工党，本－古里安是其创始人和领导者。1968年与劳工联盟、以色列工人党合并组成以色列工党，翌年又与统一工人党结成工党联盟。所有劳工犹太复国主义政党一般统称工党，在特定的场合，"工党"也可分别表示巴勒斯坦工人党、以色列工党和工党联盟。

② Don Peretz and Gideon Doron, *The Govenrment and Politics of Israel*, pp. 37 – 38.

工党的前身是劳工联盟和青年工人党。劳工联盟的前身是1897年在欧洲出现的锡安工人党在巴勒斯坦的分支机构——巴勒斯坦锡安工人党,成立于1905年11月,本-古里安是其实际领导人。该党和欧洲的锡安工人党一样,把自己当作国际社会主义运动的一部分,认为应建立社会主义的巴勒斯坦,但它主张根据巴勒斯坦的实际,用独立自主精神进行工作。

在使巴勒斯坦锡安工人党更快适应巴勒斯坦实际的工作中,本-古里安起了重要作用,他要求该党减少与欧洲的联系,逐步把民族主义目标置于社会主义目标之上,并使两者有机地结合起来。另外,本-古里安更重视工人运动,成功地使巴勒斯坦锡安工人党摆脱了受到限制的意识形态的束缚,将城乡劳动者都吸收进来,从而逐步地缩小了与青年工人党的距离。

与巴勒斯坦锡安工人党同年建立的青年工人党,主要致力于民族主义事业。首先,该党主张实行一种实用的、立足巴勒斯坦的民族主义和社会公正路线。它反对锡安工人党的阶级斗争口号,认为民族主义的价值至高无上,犹太工人注定要成为犹太民族复兴的先锋,因此应将全部努力集中在实现民族复兴的目标上,而不应强调阶级划分。其次,它强调体力劳动,认为"实现犹太复国主义的必要条件,是犹太工人赢得这里的一切工作"。"劳动征服"的思想是该党政策的核心,其最紧迫的任务是尽快地、尽可能多地增加犹太工人,并改善他们的工作和生活条件。其具体工作是排干沼泽,灌溉沙漠,建立新的农业前哨站。[①] 再次,该党认为自己不是社会主义运动的一部分,仅仅是犹太复国主义的一部分,它在这场运动中寻求代表最高形式的实际的犹太复国主义。这个由戈登派的大多数人组成的党,尊称戈登为他们的思想领袖或精神导师。戈登不相信阶级斗争和社会主义革命会导致一个美好、公正社会的诞生,断言真正的民族复兴取决于能否恢复民族的正常生活,而正常生活恢复的关键在工作和劳动,特别是农业劳动。

---

① Don Peretz and Gideon Doron, *The Goverment and Politics of Israel*, p. 83.

由于这两个工人政党在政治、思想和政策主张上不同，它们之间产生了分歧和斗争，这对大批新移民的吸收和接纳造成很大困难。不断的阿利亚行动使建立一个统一的工人政党的计划获得了新的动力。但是，本－古里安以锡安工人党占统治地位的团结理论和青年工人党不愿意参加一个可能以阶级斗争的意识形态为指导的组织的思想，使两个政党第一次要实现团结的努力没有获得成功。1919年3月，巴勒斯坦锡安工人党希望成立一个统一的组织，它的多数党员与巴勒斯坦的几个社会主义犹太复国主义小组合并，组成了劳工联盟。[①] 处于少数派地位的巴勒斯坦锡安工人党中的左翼，成立了左翼锡安工人党。劳工联盟的成立，未能实现建立一个统一的工人联盟的目标，它只不过是作为扩大了的锡安工人党登上了历史舞台。该党在继续强调以阶级斗争为指导、保持与国际社会主义运动联系的同时，鼓吹务实的改良主义。与巴勒斯坦锡安工人党相比，劳工联盟在政策主张上更加接近青年工人党。尽管如此，青年工人党还是拒绝参加劳工联盟，因为它担心未来的统一运动，很快就被具有强烈政治色彩的劳工联盟控制。此后，两党的竞争不仅在建立工会中展开，还在争夺移民工作上频频出现，甚至将竞争搬上了国际犹太复国主义舞台。但是，后来他们从实际中认识到，这种竞争不会给各自政党带来任何好处，而是自拆台脚，进一步削弱工人运动的力量和影响。所以他们开始寻求合作的可能性，终于在20世纪30年代初，在客观形势的促进下，演出了两党合并组成巴勒斯坦工人党的历史一幕。

但是，1930年成立的巴勒斯坦工人党，并没有包括所有的工人政党，有两个工人小党派，即青年卫士和左翼锡安工人党拒绝加入。它们都是工人党派的左翼。青年卫士1915年由出身于中产阶级的中欧犹太青年在奥地利加里西亚建立，是双民族主义国家的倡导者。第一次世界大战后其成员和支持者大批移入巴勒斯坦。它在拒绝加入工党后，开始产生了建立自己的政党的想法，经过1917年、1927

---

[①] Don Peretz and Gideon Doron, *The Goverment and Politics of Israel*, p. 84.

年和 1945 年先后三次改组，逐步发展成为政党，它的成员大多数是基布兹的农业工人。而左翼锡安工人党，也是从巴勒斯坦锡安工人党分离出来的工人党派左翼组织。

工党成立后，在逐步取得犹太复国主义运动领导地位的同时，日益发展成为伊休夫劳工运动的主要政治势力。一是它在伊休夫的领导机构中的作用不断增强。工党的领导人本－古里安、夏里特等人成了伊休夫领导机构和哈加纳（隶属于劳工运动的一支犹太武装）的领导者。二是工党控制了伊休夫主要的社会经济组织基布兹和犹太工总。英国委任统治时期建立的大部分基布兹，都与由工党控制的基布兹协会有密切关系。[①] 到 1935 年，工党已领导了犹太社团的主要团体。三是工党本身不断发展壮大，其成员在成立后的第一个五年内增加了一倍，1948 年达 4.1 万人，比 1930 年的 0.6 万人增长了 6.8 倍。[②] 工党靠自己的纪律统治了巴勒斯坦犹太社团，并发展了社团内部的权力机构，使犹太社团结合在一起，进入一个协调与联合的重要阶段。至此，工党成为犹太复国主义运动和巴勒斯坦犹太社团中最强大的政党。

工党的成立，并没有改变和结束工人政党内部的矛盾和斗争。有关成立犹太国家问题的分歧导致该党发生第一次分裂。1941 年该党的左翼反对派独立出来，被称为"B"派，为了加强团结和巩固统一，1942 年工党作出不再承认派系存在的决定。这项决定导致"B"派最后退出，于 1944 年 5 月建立了一个独立政党劳工联盟。1946 年 4 月，劳工联盟和左翼锡安工人党合并。1948 年 1 月，劳工联盟和青年卫士组成统一工人党。到以色列建国前夕，伊休夫的犹太工人政党已形成右翼巴勒斯坦工人党和左翼统一工人党。但是两相比较，在建国和后来的历史进程中，前者发挥了更大作用，之所以如此，主要是因为巴勒斯坦工人党的历史地位更加重要，它的政策主张更加符合巴勒斯坦的历史实际。

---

① Don Peretz and Gideon Doron, *The Government and Politics of Israel*, p. 84.
② Peter Y. Medding, *The Founding of Israel Democracy*, 1948 – 1967, p. 15.

## 三 1948—1977年工党执政时期的联合政府

在这一时期,工党联合政府在执政过程中形成了一些重要特征。

### (一) 工党与宗教政党构成联合政府的基本框架

1949年1月25日以色列举行的第一届议会大选,工党获46席,成为议会第一大党。根据以色列法律,政府总理由议会中最大党派的领袖出任,并组织政府。但以色列实行多党制的民主政体,致使议会中的最大政党往往难以构成议会的绝对多数,因此必须与其他政党组成联合政府。本-古里安作为议会第一大党的领袖;在大选结束后,经过与其他政党的协商、谈判,最终和宗教政党达成联合协议,同时吸收了进步党和塞法拉迪派。这个协议全面反映了工党的观点,但在有关对宗教政党十分重要的问题上照顾了宗教政党的利益。根据这个联合协议,组成的第一届政府是一个联合范围比较狭窄的政府,它既排除了右翼自由运动和左翼以色列共产党,也未能使统一工人党加入其中。它使本-古里安原本打算建立一个范围广泛的"中左"政府①的愿望落空。此后,第一届政府开创的工党与宗教政党联合执政模式,成为工党执政时期以色列政府组成的基本制度化模式,即是以工党与宗教政党联合为主体,同时吸纳一些观点近似的小党组成的政府架构。它既保证了工党的主要执政党地位,又体现了宗教政党的主要合作伙伴作用,巩固了工党时期联合政府主体构成的稳定性和连续性。工党时期的联合内阁,虽因各种原因更替频仍,但工党与宗教政党的联合模式存在始终。

工党与宗教政党联合执政模式的形成及其制度化,是犹太社会历史发展和现实政治需要相结合的产物。

从历史上看,工党与宗教政党的合作由来已久。早在以色列建国前,工党与宗教政党即曾有过合作的历史。当时的精神中心党和

---

① "中左"政府:指不包括右翼政党的劳工政党与中间派政党联合组成的政府。

精神中心工人党，曾与犹太复国主义运动的主流派劳工犹太复国主义有较长的合作经历。这是因为它们是宗教犹太复国主义政党，它们在将自己的弥赛亚救世主观念世俗化后，认为犹太复国主义建设犹太民族家园和创建犹太国家的工作，就是救世主弥赛亚的拯救活动，因此它们认可并参加了犹太复国主义运动。宗教政党与劳工犹太复国主义的合作不仅扩大了它们的影响和作用，而且随着巴勒斯坦犹太社团向犹太国家的过渡而继续保留下来。

从现实斗争需要看，工党与宗教政党的合作是相互妥协的产物。一方面，工党认为宗教政党在社会经济问题上的观点和自己比较相近，容易在制定社会经济政策上取得一致意见。另外，在宗教问题上的分歧通过协商和一定程度的妥协，比较容易解决。况且随着以色列社会世俗化的发展，这方面的分歧必将日益缩小，甚至宗教政党必然会灭亡，被新的世俗国家文化同化。因此，同宗教政党合作的政治代价比较低，潜在阻力比较小。还有，与其他政党相比，宗教政党的势力比较大，争取到它的支持，将会加强工党的力量，巩固工党的统治地位。

另一方面，宗教政党则认为工党是公共权力的主要拥有者，要保持犹太教正统派在广大犹太人中的影响，工党确实是一个必要的工具，这比与社会主义左派或民族主义右派联合得到的机会更多一些。因此，在分享政治权力中，同拥有较大势力和较重要影响的工党进行合作就在情理之中了。

### （二）具有强烈工党特色的"中左"翼政府

第一届政府成立后，为了加强国家职能和政府权力，用国家权威取代政党权威，必须剥夺政党的多余的社会功能给予国家，尽快将伊休夫时期党派意识强烈的一个个"独立王国"的政治面貌转变成统一的国家政治，本-古里安制定和实施了国家主义原则。所谓国家主义原则，就是赋予国家强有力的、无所不包的权力，将体现国家权力的军队、教育体制和文官制度等四分五裂的状况加以改变，建成一个统一完整的体系。为此，本-古里安采取了以下措施。

第一，统一军队并使其国家化。以色列建国前，巴勒斯坦地区的犹太武装，既有属于劳工运动的哈加纳和帕尔马赫，还有隶属于犹太复国主义修正派的地下武装伊尔贡和莱希等右翼军事组织。它们之间因意识形态分歧和斗争策略不同而摩擦冲突不断，其关系异常复杂多变，如何将它们统一起来，本-古里安采取了分步走的统一策略。他首先在1948年4—5月，完成了对哈加纳的改组，使其成为国防力量的主体部分。其次团结左翼，集中力量瞄准右翼组织，利用发生在同年6月的阿尔塔列拉号事件①和9月的伯纳多特谋杀案②，解散了全以色列所有的地下右翼武装。最后在实施向埃及发动武装进攻解放内格夫的"约夫"作战行动前夕，以统一指挥、加强力量为由，取消了帕尔马赫指挥部，到临近独立战争③结束时，完全废除了帕尔马赫的建制。至此，完成了统一军队并使其国家化的工作。

第二，将伊休夫时期各类政党自行管理的学校，统一由国家管理，建立起统一的国家教育体系。1953年颁布了《国家教育法》，实行普通教育和宗教教育的二元国立教育制度，完满地解决了国家统一教育与满足宗教教育的特殊要求。

第三，1959年通过三部文官法案，实现了文官的非党派化，使文职官员的选拔任用和管理纳入法制化轨道，避免了任免政府官职的徇私舞弊行为，减少了政府机构的政党化色彩。

第四，统一劳工介绍所。由于安置大量移民的需要，劳工介绍所在以色列的地位和作用非同小可，各政党为争取移民和介绍所的控制权展开了激烈的斗争。为了统一移民安置工作，国家必须统一管理劳工介绍所。经过不断努力，终于完成了劳工介绍所的国有化，

---

① 是引发临时政府与右翼伊尔贡组织双方矛盾激化的事件，此事件因伊尔贡拒绝将阿尔塔列拉号船上的武器交给政府而得名。最后临时政府利用该事件给伊尔贡以有力的打击。
② 是右翼武装谋杀联合国巴勒斯坦调解专员福克·伯纳多特的事件。临时政府以该事件的恶劣影响为由，解散了全以色列的地下组织。
③ 独立战争即第一次中东战争。它使刚刚诞生的以色列站稳脚跟，故以色列人称之为独立战争。

使国家对它们的统一管理和监督成为可能。通过实施国家主义措施，以色列的国家体制成功地完成了从一个政党纷争的犹太社团向统一的现代民族国家的转变，为以色列以后的社会政治发展奠定了坚实的基础。

但是，实行国家主义原则，并没有改变国家政权在工党执政时期所体现出来的工党印记的事实。在此时期内，工党是以色列国家权力最明确的象征，这表现在以下三点。

第一，工党一直是以色列最高权力机构议会第一大党，拥有组织和领导联合政府的权力。再加上它同议会中占有一定席位的宗教政党的合作关系，使它的力量更加强大。两者在以色列政坛上叱咤风云，纵横捭阖，上演了一幕幕内阁更迭的剧目，但始终未能突破它们两家合作主宰以色列政治的格局。

第二，工党在内阁中有举足轻重的作用，它不仅掌握了所有主要内阁职务，包括总理、国防、外交、财政、农业、劳工、工商、交通和警察部长等，还通过一些行政措施约束联合政府的其他政党，如实行内阁集体责任制，即内阁言论要统一，工作要协调配合，违反者要施以内阁纪律；大政方针首先由工党部长会议讨论通过再提交内阁等，以加强对内阁的控制。

第三，工党还利用它在地方各级政府官员中占有绝大多数的有利条件，以及它与犹太工总的传统的密切关系，将其影响深入以色列社会政治生活的方方面面。

众所周知，犹太工总不论在伊休夫时期还是以色列建国后，都具有令人瞩目的地位，由于它具有广泛的、重要的社会职能，在以色列社会中发挥了十分重要的影响和作用。犹太工总拥有的各类企业在以色列经济中占据重要地位；它通过自己的保健计划——医疗中心向以色列全体公民提供全方位的医疗卫生保健服务；它的会员涵盖全国75%的劳动力。[1] 工党在建国后继承了它与犹太工总在伊

---

[1] [美]劳伦斯·迈耶：《今日以色列》，钱乃复等译，新华出版社1987年版，第121页。

休夫时期的传统关系，它的领导依然是犹太工总的领导。这种集中领导有利于调动工人为新政府的目标服务的积极性，避免了工会、企业和政府之间的耗损和互相抵消力量的斗争。

然而联合政府所具有的强烈工党印记并不代表它是一个左翼政府，这是因为工党是一个温和派工人政党，而且联合政府一般由中左派党派组成，以及政府的混合型经济政策，决定了工党的联合政府是一个中左翼政府。

以色列工人政党（除以色列共产党外）的意识形态，基本上是社会主义犹太复国主义，在它们联合成统一组织之前以其政策纲领和思想路线的差异大致分为三类，其中具有代表性的有左翼的统一工人党、中间派劳工联盟和温和派巴勒斯坦工人党（有学者认为巴勒斯坦工人党是工人政党的右翼）。

统一工人党1948年1月由青年卫士和劳工联盟合并成立。它认为工人阶级应领导犹太民族实现社会主义。该党1954年发生分裂，劳工联盟退出。从此，统一工人党便以青年卫士为主。它主张对内实行计划经济，要求政教分离；对外不结盟，发展同苏联等社会主义国家的关系。它的左翼倾向不言而喻。而劳工联盟是1944年巴勒斯坦工人党的左翼退出后另外成立的组织，其中大多数成员为原劳工联盟的成员。它主张将犹太复国主义与社会主义结合起来，但不采取苏联的模式。它在国内政策上，比较接近工党；在对外政策上，主张保持中立，但在对阿拉伯国家关系上奉行积极的军事政策，以确保以色列的安全，它的中间派色彩十分明显。

与上述两党不同，成立于1930年的工党，具有明显的温和派工人政党特征。首先，在思想上，它主张犹太民族先实现民族主义，然后再将其推进到社会主义。由于它在犹太复国主义组织和伊休夫领导机构中居于核心和领导地位，因此，1948年以色列建国的历史责任和建国后政策的制定主要落在它的肩上。其次，1944年劳工联盟与它分裂后，工党成为主要以青年工人党成员为主组成的政党，而青年工人党是具有民族主义思想的工人组织，因此，分裂后的工党就具有更多的民族主义倾向，为它团结中产阶级政党提供了思想基础。再次，建国后的特殊环境和复杂情况，使工党的社会主义犹太复国主义意识形态受到较大冲击，特别是在组成联合政府时做出的妥协让步，消磨了它的社会主义色彩。还有被占领土问题的出现，使工党对外政策日趋强硬，与中右翼差距缩小，所有这些都使工党在执政的29年中，不论在国内社会经济政策还是对外关系上，更加向右倾方面转化，为它联合中产阶级政党，建立比较广泛的中左翼政府，以至必要时争取右翼势力创造了条件。

但是工党企图建立广泛的中左翼政府的目的，在建国后初期遇到了很大困难：一是左翼工人政党统一工人党和中间派工人政党劳工联盟拒绝参加政府；二是中产阶级政党一般犹太复国主义党不愿与工党合作；三是以色列共产党和右翼自由运动被排除在政府之外。因此，本－古里安在第一届到第三届政府中，只有与宗教党派和进步党合作，组成范围狭窄的政府。此后，工党与宗教党派的合作成为工党联合政府的基本构架，如果以参加政府的时间长短计算，除宗教政党外，就只有中产阶级的进步党及其后续组织独立自由党了。

工党联合政府的主要伙伴宗教政党，在1967年之前主要关注宗教问题，他们中的精神中心党和精神中心工人党，以及后来由这两个政党合并组成的全国宗教党，在社会经济政策上与工党相近。在第一届到第三届政府中，宗教政党与工党在宗教问题上的分歧曾导致政府发生危机。但到第四届政府时，由于建立了二元化的国民教育体系，使宗教政党与工党的分歧缓解，精神中心党一直站在工党一边，成为工党的忠实伙伴。阿拉伯被占领土问题出现后，因为宗教政党用宗教思想看待它，因而在这个问题上持强硬立场，与工党所持的温和的对外政策方针和灵活现实的态度发生矛盾。

随着阿拉伯被占领土问题的日益严峻和安全问题的逐渐升级，宗教政党与工党的矛盾更加尖锐，终于在1976年战斗机事件[①]的引

---

① 1976年战斗机事件指1976年12月10日（星期五），以色列总理拉宾等参加美国第一批 F-15 战斗机抵以色列欢迎仪式至黄昏时分，被指称"违反安息日规定"，因之辞职，宣布提前大选的事件。

发下，导致全国宗教党与工党决裂，使工党的执政力量受到很大影响。由此可见，宗教政党与工党结盟时政治上的右倾并不明显，只是在阿拉伯被占领土问题出现后才日益倒向右翼民族主义集团。

工党的另一个小联盟伙伴是进步党。进步党是以色列的"自由党"，是中间力量的政党，主张自由主义和私人自由企业。综上所述，工党联合政府主要由温和派工党、中产阶级政党的左翼和在政治上持中立立场的宗教政党组成。

随着以色列社会政治经济的发展变化，工党联合政府在保持其基本政治格局的情况下，也发生着一些引人注目的变化。

第一，1952年中产阶级政党的右翼一般犹太复国主义党入阁。该党因反对工党的社会主义倾向没有参加工党主导的第一届到第三届联合政府。1952年2月，工党政府实行新的经济政策，包括货币贬值、用市场力量代替配给和控制来调节资源分配。一般犹太复国主义党认为这一政策符合他们的愿望，因而参加了工党政府。然而，这种合作只维持到1955年。此后，该党逐渐趋向右翼党派，与自由运动结盟，为右翼政党集团的建立奠定了基础。

第二，中间派工人政党劳工联盟和左翼统一工人党1955年开始参加政府。这两个政党因其强硬的"左"倾立场，而不愿与温和派工党合作，1955年以前未参加工党政府。1955年7月，举行第三届议会选举，工党成为议会第一大党，10月，本-古里安组成新政府。在这届政府中，劳工联盟和统一工人党成为工党的主要伙伴。产生这种变化的原因是，一般犹太复国主义党不愿与工党合作，统一工人党的亲苏思想路线发生了变化。这种新的政治格局延续了较长时间。经过在联合政府中合作共处，这些工人政党最终走到了一起，组成了工党联盟。

第三，右翼政党1967年曾与工党组成短暂的第一届民族团结政府。1948年5月14日，以色列临时政府成立，自由运动的前身伊尔贡不包括在其中。1949年工党政府成立后直到1977年（1967—1970年除外），自由运动及其后续组织加哈尔集团以及利库德集团，因其具有极端的民族主义纲领，主张私人经济不赞成社会主义，一直处于政府的反对派地位。1967年"六五"战争前夕,加哈尔集团中的自由运动与工党首次实现合作,成立了第一届民族团结政府,这是工党联合政府发生的新变化。这一变化,扩大了以色列政府的施政基础。此后,右翼势力日渐增强。"六五"战争结束后,由于工党对外政策更趋强硬,从而进一步弥合了与右翼集团的差距,因此加哈尔集团能够继续留在工党政府内,直到1970年8月,因政府接受罗杰斯计划而退出。

综上所述,工党在29年主导以色列政局的大部分时间里,虽经多次换届,建立的却是一个具有工党特色的温和的中左翼政府。与此同时,随着时间的推移,工党政府也在悄然地发生着变化,这就是它自己政策上的日趋右倾,以及联合政府成员的不断变动。但所有这些变化,都没有改变工党联合政府的基本性质,却为以色列后来的政治历史发展带来重大影响。

### (三) 温和的社会经济政策

工党的经济政策和思想源于伊休夫时期的经济政策和主张,或者可以说,以色列建国后,工党执政时期的社会经济政策是伊休夫时期的继续和发展。因此,在论及这个问题时,必须简要回顾伊休夫时期的犹太经济和政策思想。

伊休夫时期的犹太经济主要是在犹太复国主义运动产生后,通过犹太移民逐步形成的。在此之前,巴勒斯坦地区的犹太人很少,大多数犹太人居住在几个城镇。他们主要依靠海外犹太人的捐助从事宗教研究活动,生活很艰苦,没有形成一定的经济力量。随着犹太复国主义运动的产生和大批犹太移民来到巴勒斯坦,这里的经济状况才发生了很大变化。

第一,建立了农业定居点的集体生产组织基布兹和莫沙夫,保证了犹太社团的发展和犹太人的基本生活需求,为犹太经济的发展奠定了基础。

第二,犹太工总的建立使犹太经济的发展走上新的发展阶段。一是犹太工总企业的发展使犹太经济形成了较为合理的结构和布局。

二是犹太工总企业的集体所有制性质既能适应当时巴勒斯坦的特殊环境,又能满足犹太复国主义运动和伊休夫经济发展的需要。因此,它的发展使集体所有制经济很快成为伊休夫经济的主导力量。到20世纪30年代,集体经济成分已在巴勒斯坦的犹太经济中占压倒优势。三是犹太工总实行的尽量避免工资差别拉大的平均工资政策和集体福利制度,加强和维护了工人运动的团结。1943年开始实行的生活费津贴制度进一步缩小了这方面的差距。

第三,专业技术人员在创业精神的激励下表示愿意接受工人运动的领导,促成了脑力劳动者和体力劳动者的结合和团结,为工人运动和犹太经济的进一步发展提供了新的动力。总之,伊休夫时期,建立起了以农业为基础、集体经济占主导地位、私人经济有一定发展的、具有社会主义性质的混合经济体系,为犹太国家的社会经济发展奠定了初步的经济基础。

以色列建国后,经济的发展基本上遵循的是工党所主张的社会主义犹太复国主义路线,在经济上主要指国营和集体企业在经济中占主导地位,国家对经济的宏观指导,以及普遍的社会福利等。建国初期,基本上延续了伊休夫时期的经济体制,并在此基础上加强了政府对经济的干预程度。因为当时以色列经济面临严重困难,残酷的战争环境和大量犹太移民的涌入造成物资缺少,资金匮乏。为了克服这些困难,以色列政府采取了集中力量,加强领导,充分调动各方面积极性的措施和方针。首先,加强对国民经济命脉的控制。1960年国家通过政府主管土地的部门掌握了大约92%的土地。所有自然资源早在20世纪50年代已收归国有。[1] 根据以色列自然资源缺乏的状况,政府尤其加强了对水和矿产业资源的开发利用,以保障政府能够率先解决经济中的主要问题。其次,在坚持国营、集体和私人经济协调发展的同时,使公有制经济的支柱作用和主导地位得到进一步的加强,建立了一个强大的公有制经济部门。这个部门,主要由国有企业和犹太工总企业以及农业集体所有制企

---

[1] Noah Lucas, *The Modern History of Israel*, p. 331.

业组成。它的就业人数不断上升,不仅支配和控制着全国的农业生产和最重要的工业部门,而且具有较高的劳动生产率。[①] 另外,政府还实行了设有中央指令性计划的、强有力的宏观经济指导方针。政府主要通过投资政策对经济加以干预,但投资的决策往往是从政府的政治或社会考虑,而不是以计算利润为根据。最后,政府在分配政策上继续实行平均工资政策和集体福利制度。

工党政府所建立的这种类型的经济体制和实行的经济政策,基本上继承了伊休夫时期的经济结构和政策,坚持了工党传统的经济主张和思想,是社会主义犹太复国主义思想的具体体现。实践证明,这套战略和决策是行之有效的,使以色列经济渡过了建国初期的严重困难,并且走上了不断发展的正确道路。但随着时间的推移和以色列社会经济的发展变化,需要能够鼓励个人积极性的自由市场经济,而工党经济发展模式的不足日益明显地表现出来。为此,工党政府必须对此不断加以调整和改革。

第一,逐步减少政府对经济的干预,不断强化市场的作用。建国初期,政府加强干预经济是为了克服当时面临的经济困难。此后,政府的一切政策则服从于加快经济发展和民族融合的需要,这样创业精神和政府干预逐渐趋从于市场经济的作用。1952年实施的第一个新经济政策,其主要内容就是减少政府对经济干预的程度,缩小物资控制和配给制范围。20世纪60年代,扩大市场力量在调节资源分配方面的活动范围,这极大地鼓舞了个人的创造性和增强了人们发展经济的信心。60年代以后,政府进一步改变了干预经济的方法,将过去采用的直接调控和直接分配的投资政策,转向对资本市场分配资金的控制,并逐步用关税控制取代进口配额。但这还不是自由市场经济,因为在企业所有权方面自由化的进展较小。1967年之后,经济快速发展,城市人口剧增,中产阶级队伍壮大,社会和经济呼唤发展自由经济。1977年,经济

---

① 杨光:《中东的小龙:以色列经济发展研究》,社会科学文献出版社1997年版,第45页。

体制发生较大变化,政府开始大力推行经济自由化政策,允许公众购买外汇。

第二,根据经济发展和社会需要及时调整经济结构和发展战略。首先是对经济结构的调整。20世纪50年代初,为了解决大批移民对食品的迫切要求,需要加速农业的发展。粮食问题解决后,就业就成了移民最关心和亟待解决的问题。50年代后期开始大力发展工业,以吸收更多的新的劳动力。以1957年为界,前期经济发展的重点是农业,后期则转向工业,农业和渔业由50年代初占经济的近1/5下降到60年代中期的1/8。与此同时,产业部门内部的结构由劳动密集型传统产业向集约型现代化产业调整也在逐步进行。50年代到60年代,以色列农业采用的是内向型和粗放型的发展模式,主要是发展自给自足的大田作物。工业方面重点发展纺织、食品等劳动密集型传统工业。60年代末,以色列根据经济发展的需要,在农业方面逐步转向集约型的增长方式。在工业上建立了一批包括电子和生物技术的高科技产业,使其带动整个国民经济的发展。其次是在对外贸易活动中,将经济发展战略的贸易方式转向出口导向型,努力扩大国际市场,以便带动国内经济的发展。通过这种调整,使以色列经济快速增长。

第三,在坚持公有制为主体、混合经济协调发展的同时,加快发展私营经济。20世纪50年代外来资金大部分为公共资金,因此主要为政府所支配。60年代初,外国私人投资成果明显。尽管私人企业遇到犹太工总企业的竞争,但在贸易和工业中仍然得到蓬勃的发展。当然这种发展也不是无限制的,因为工党政府凭借其力量能对经济政策和经济活动施加影响,以保证它对私人企业资本实行限制。60年代末期,政府着手推行私有化计划,在1968—1972年共售出国有企业46家,但其中大部分为小企业。[①] 70年代中期以后,政府宣布要将国营企业逐步实行私有化,各政党为此已达成共识。但是,以色列的私有化浪潮主要发生在80年代以后,第一次是1986年政

---

① 赵伟明:《以色列经济》,上海外语教育出版社1998年版,第120页。

府把"海法化学"的国有股份出售给外国投资者。1991年政府为处理有关私有化事宜,专门成立了一个由总理亲自掌管的部级委员会,并授权国有企业管理局具体执行。1992年出现第二次私有化浪潮,大批出售国有企业的股份,但它主要发生在商业主导型企业中。目前,以色列的私有化过程仍在进行中。

第四,分配制度和政策的不断变化。作为指导工党政府分配政策的社会主义犹太复国主义思想,提倡平均主义分配原则,反对贫富不均的情况出现。传统上犹太工总实行平均工资政策和集体福利制度。但以色列建国后,新移民的到来只有用物质刺激的手段才能提高他们的积极性。因此,1950年开始实行生产率政策,即将生产率作为决定工资的关键因素,并对1943年以来实行的生活费津贴作出了限制性规定。尽管如此,犹太工总还是利用它自己的权力让犹太人的收入差别保持在最低限度。

## 四 工党的发展变化及其主导以色列政坛时期的结束

工党主导以色列政坛长达29年的过程中,对以色列国家政权机构的建设、巩固和发展做出了重要贡献,在促进经济发展和改善人民生活方面取得了巨大的成就。与此同时,工党在全面控制以色列国家领导权的情况下,其自身及其影响也发生着重大变化。这种变化的突出特点是:工党力量的下降,并最终导致工党在1977年第一次丧失其执政地位,形成了以色列左右翼两大政党集团轮流或联合执政的新格局。

### (一) 工党的发展变化

工党在其主导以色列政坛时期发生了如下主要变化。

第一,工党意识形态的淡化和社会主义理想的丧失。

工党的前身之一锡安工人党的目标是实现社会主义理想,但在20世纪30年代中期,工党取得犹太复国主义运动领导权和控制伊休夫政治机构之后，它已将社会主义理想置于第二位了。因为它要越来越多地对全民族的工作负责，制定和实施宏观的犹太复国主义政策，所以，它必须将注意力集中在整个民族问题，并在社会主义理想问题上作出一些让步。1944年，工党内因在建立犹太国的问题上发生分歧而导致分裂，使其社会主义理想进一步减弱。当时的党内左翼反对派反对建国，他们认为犹太国的建立必须等到犹太社团已达到不需要英国保护的发展水平和社会主义控制了全国所有的权力之后。但是，工党的领导人本-古里安坚持必须把建立犹太国家作为正式目标和中心任务提上议事日程。双方对立的结果是在1944年犹太工总执委会上发生了党内左翼退出，成立劳工联盟的事件。然而，这次分裂，并未使工党的作用和影响受到削弱，反而使它能毫无阻力地继续推行自己的民族主义政策，更强化了它的民族主义倾向。到英国结束委任统治、犹太人在主权问题上面临抉择时，工党坚决主张将民族需要置于社会主义理想之上，马上宣布独立，建立犹太国。为了保证顺利过渡和为独立做好准备，工党与犹太工总合作坚决采取民族主义路线，使其保持与民族和国家的利益的一致，较好地解决了民族与社会的关系问题。以色列建国后，大量移民的涌入，特别是东方犹太人的涌入，使工党的社会主义理想受到重大冲击。另外，随着现代化事业的发展和经济基础的不断扩大，劳工政党从以往关注农业，变得更加关注工业、商业、服务业以及科学文化事业，使工党的党员结构发生了较大变化。一是农业劳动者显著减少，从1930年的60%下降到1964年的4.2%。[1] 二是塞法拉迪人数扩大，从1954年的约2%上升到1965年的45%。[2] 三是各种管理人员、专业技术人员和学者的人数大幅度增加。工党成员构成的这些变化，反映了以色列社会多元化的发展趋势，同时必然对工党的公正和平等的社会主义犹太复国主义传统思想带来巨大影响，使工党的意识形态开始淡化，逐渐被竞争和市场经济思想取

---

[1] Don Peretz and Gideon Doron, *The Government and Politics of Israel*, p. 84.
[2] Don Peretz and Gideon Doron, *The Government and Politics of Israel*, p. 85.

代。与此同时，工党为了在越来越非社会主义化的居民中争取选票，不得不逐步放弃它的社会主义意识形态。作为社会主义犹太复国主义思想的传播者和实践者，本－古里安在其长达数十年为建立犹太国家而斗争的过程中，已逐步变成一个忠实的民族主义者，而他的继承人也都成为实用主义的领导者。至此，工党所标榜的社会主义思想，事实上只剩下社会主义遗产的继承者犹太工总和基布兹运动。

第二，犹太工总和基布兹发生了适应以色列社会政治经济发展需要的新变化。

在以色列建国前，犹太工总的目标是建立犹太国和实现社会主义理想。它的企业不太注重谋利，更多的是为了给犹太工人提供就业机会和发展犹太社团，推进开垦土地，使犹太民族恢复其生活和文化。犹太工总既是工会又是雇主的双重身份，使它在伊休夫的社会经济生活中发挥着重大作用和影响，特别是在领导民族主义的事业中起到了重要作用。但是，以色列建国后，由于国家承担了领导民族独立和建设国家的重任，犹太工总的部分权力移交给了国家，开始成为一个利益集团。更确切地说，犹太工总实际上变成了保护社会主义地盘的力量。在以色列建国的最初年代里，犹太工总为犹太工人的工作、生活提供了保障。在它的企业中，管理当局与工人是民主、平等的关系，由工人直接选举的工人委员会在保障工人权利方面发挥了重要作用。工人委员会有权参与工厂管理事务，制定工厂的工作规划；参加对工人执行纪律的过程；与管理当局共同负责工人的晋升工作。事实上大部分工厂的晋升工作，是以工人委员会拟定的名单为依据，并对整个晋升程序实行有效的控制。但是，工人委员会对工人的保护，有时到了不太正常的程度，因此影响了管理当局的工作效率和劳动生产率的提高。后来，为了提高工人的劳动积极性，犹太工总企业实行了在基本工资之外的奖金和津贴制度。但所有这些措施，都未能改变企业的面貌，因为企业的根本问题没有得到解决。企业的管理模式和分配制度，既没有科学性，又不利于提高劳动生产率，因而企业的效率越来越差。不仅如此，犹太工总已经从一个劳工运动、一个有政治目的的组织逐渐变成一个工会和多种经营的大企业，它成了仅仅为工人谋利益的工具。而且，它的领导是由工党的保守派欧洲犹太人控制着，而它的许多普通会员是东方犹太人，这使它的领导层与会员之间的距离拉大了。

与此同时，劳工党派的另一个重要阵地基布兹也发生了与犹太工总相似的变化。

基布兹是劳工犹太复国主义先驱者的根本标志，是20世纪初期移居巴勒斯坦的犹太定居者为了解决面临的生存问题而创造的实用主义和理想主义的经济组织。19世纪末叶，犹太人在巴勒斯坦的农业试验因环境恶劣大都失败了。贫瘠的土地，疾病的流行，犹太人缺乏农业技术和生产经验，当地阿拉伯人的仇视，使犹太个体农民根本无法生产和生存，只有发挥集体的力量才能战胜这些困难而生存下来。

另外，1904—1914年主要来自东欧和俄国的第二次移民中的许多人，受到社会主义思潮的影响，他们更愿意过集体生活。因此，基布兹的早期形式克武察就在这批人的努力下诞生了。他们用集体方式从犹太国民基金会那里租来土地进行劳动定居，并创造了一系列共同原则：互助原则、自食其力、经济上的合作关系、集体所有和集体的生活方式。这种组织形式被称为克武察。它具有小规模、自给自足、自治和游荡式开拓的特点。随着1914—1924年第三次移民的到来，两种新的集体组织形式发展起来：一种是将家庭单位引入的小农合作组织莫沙夫，它是生活上更加个性化的集体生产组织；另一种则是既保持了克武察的基本价值观念，又将其原则扩大到开拓者群众和工人队伍中的集体定居方式基布兹。基布兹生活的原则是：一切财产归社区所有、社员完全平等、民主决定一切。由于基布兹把社会改革作为经济发展的关键，因此它对第三次移民中的社会主义者有强烈的吸引力。从此，基布兹得到迅速发展，不久成为犹太人占据巴勒斯坦的基地。

但是，随着以色列国的建立和社会经济的发展变化，基布兹也发生了很大变化。首先是它的政治和社会地位开始下降。这表现在以色列国的成立未能实现基布兹的理想。虽然犹太国的立国三原则犹太复国主义、社会主义和平等主义与基布兹所追求的政治模式在性质上是一致的，但实际上国家和社会的要求在很多领域与基布兹发生矛盾，甚至发生正面冲撞，如基布兹在立国初因条件限制未能替国家分忧安置大量移民；基布兹的防卫组织帕尔马赫因国家需要建立统一的以色列国防军而被取缔；基布兹运动的分裂使它在政治舞台上的影响削弱，大多数党员和支持者是基布兹成员的统一工人党在以色列政治舞台上逐步衰弱，反映了基布兹政治和社会作用的下降。

其次是基布兹本身为适应社会和国家现实需要所做的不断调整。这些调整表现在以下几点。一是集体凝聚力在减弱，基布兹的许多生活方式更突出了个人特色，消费资料出现了私有现象。经济的发展和社员生活水平的提高，使个人的需要和欲望在基布兹生活中起了更大作用，基布兹社员正在其范围内寻求更充分的自我表现。基布兹社员的衣服开始私有化，15%以上的基布兹取消了公共食堂，个人不仅拥有电器、家具，而且拥有汽车和房子的现象也出现了。二是产业结构的变化，从过去以农业为主的小规模组织形式，发展成较大规模的、各行业具备的现代化农工商联合体。以工业为例，1950年基布兹仅有50家工厂，1965年发展到134家，到1979年已拥有330家。三是出现了大量雇工和支付工资的现象。其实在基布兹的历史上，在农忙时因季节关系和劳动力不足，就有少量临时雇工出现。现在，由于基布兹科技产业的发展和现代化的需要，一些基布兹自身不能提供的科技人才需要向社会上招聘，这样大量雇工出现在基布兹内，于是支付工资的现象出现了。四是完全平等和民主决定一切的原则受到挑战。工业化的继续发展需要必要的知识和技能，使绝大多数人参与决策工作成为不可能。许多人已成为农场主、企业家、技术专家或行政管理人员，他们在基布兹的决策中比普通成员更有发言权，过去那种人人都有发言权的完全直接民主的局面被打破了。另外，经济发展使经济上完全平等的"按需分配"原则受到挑战，在某些特定的行业和部门出现了"不同报酬"，即根据劳动者贡献付给额外的报酬。就整个基布兹而言，成员间无差别的分配原则被打破了。基布兹的基本原则民主、平等、生产资料的公有制，基本上仍然保持着，它的理想化的特色继续存在着，因而使它依然成功地继续屹立在以色列的社会之中。

第三，工党联盟的成立并没有改变工党力量下降的局面。

至以色列建国时工人党派已形成两大政党：工党和统一工人党。随着国家的建立和社会的变化，这两个工人政党也都发生了分化。1954年左翼工人政党统一工人党首先分裂，劳工联盟因与青年卫士在内外政策上的分歧，它的多数成员脱离统一工人党成立独立政党，在内政上接近工党。统一工人党成为以青年卫士为主的、观点更加"左"倾的劳工政党。温和派工人政党工党从20世纪60年代起，其内部因对党的内外政策产生分歧和斗争，最后在1965年发生分裂，本－古里安及其追随者退出工党，另外成立了以色列工人党。与工党相比，该党具有改良主义倾向，它主张改革选举制度，在集体经济中引入竞争机制。在阿以关系方面，倾向实力政策。然而，工人政党左右翼的各自分裂，并没有维持较长的时间，却导致了更大范围的联合行动。1968年1月，工党、劳工联盟与以色列工人党联合，成立了以色列工党。1969年1月，以色列工党又与统一工人党合并，成立了工党联盟，实现了劳工政党的大团结。

20世纪60年代末以色列工人政党实现历史上第一次大联合的重要原因有以下几点。首先是劳工党派自身发展的需要。劳工党派自身的分裂，导致它们各自力量和影响的削弱，以及危机感的产生，促使其寻求与其他劳工党派的联合和合作以改变这一不利的局面。如工党在1965年发生分裂后，严重地削弱了它本身和它在政府中的影响。在1965年议会选举中，由于以色列工人党独立参选，促使工党与劳工联盟结成议会联盟，然而只获45席，虽属议会第一大党，但从工党角度看仍是建国后所获议席的最低票数，因为即使以劳工联盟以往所获席位的最少票数7票计算，工党仅获38席。这种局面的出现，使工党不得不在主动寻求与其他劳工政党联合上下功夫。

其次，以色列国内阶级力量对比的变化，也是促成劳工党派大联合的又一重要原因。右翼势力的日趋活跃，宗教政党势力逐步增长，对工党为主导的统治地位构成威胁和挑战。为了维持工人政党主宰以色列政局，由工党分裂成的三个政党又重新联合起来，并进而与曾数次拒绝入阁的左翼统一工人党结成联盟，以便改变和扭转工党力量下降的情况。

再次，劳工党派继续保持在议会选举中取胜的需要。1969年议会选举前夕，右翼势力的发展已对劳工党派的领导权构成不利的影响，因为此前右翼加哈尔集团的入阁为右翼势力的迅速崛起提供了机会。为了改变这一现状，迎接即将到来的大选，劳工党派的联合势在必行。形势促使劳工政党在大选前迅速联合在一起。

工党联盟的建立虽然实现了劳工政党大联合的愿望，但未能扭转劳工政党影响下降的局面。因为它的建立并未能阻止右翼势力发展的势头，反而促使其进一步联合、团结。工党联盟在其成立后的同年12月议会选举中仅获56席，丧失了过去的绝对多数，低于劳工党派在1961年和1965年大选中分别获得的59席和63席。

最后，工党在议会中力量和影响的下降及首次成为在野党。

工党从1948年5月14日以色列建国到1977年经历了一个极其重要的变化，那就是工党从主导以色列政坛的主要执政党首次下野，而它的右翼对手利库德集团第一次上台执政，这反映了工党力量的衰弱。工党在经过建国后十多年的相对稳定的发展之后，从1965年开始，在议会中的力量不断下降，特别是1973年之后下降得更快。在1965年与劳工联盟联合组成小工党联盟之前的5届议会选举中，工党基本上保持了1/3以上的席位，在正常情况下维持在45席上下的水平。其中只有1955年的第三届议会选举和1961年第五届议会选举席位有所下降。在1955年的选举中，工党获得40席，比上一届下降5席，其直接原因是左翼工人政党统一工人党和劳工联盟分别单独参加选举，并获得了比上届较多的席位，再加上右翼党派自由运动的席位由上届的8席增加到15席，两者席位的增加势必影响到工党。与此同时，工党内部的斗争也影响到它在议会中的力量。工党在1961年大选中只获得42席，也是比上届减少5席，这次席位下降，同样是由于工党内部拉冯事件①所导致的派系斗争及拉冯的支持者抵制选举造成的。从1965年开始，工党的影响开始明显下降，同年工党虽与劳工联盟结成小工党联盟，但其议席仅为45席，主要是因工党分裂造成一部分工党成员退出组成以色列工人党单独参选。因此使与劳工联盟合作后的工党，也只获得与过去单独参选时几乎相同的席位。1969年工党联盟的成立同样未能扭转它在议会选举中的局面，在此后的三次大选中所获席位依然呈下降的态势：1969年大选获56席，1973年降至51席，1977年更降到从未出现过的仅占议会席位四分之一强的32席，第一次失去了议会第一大党的地位。

### （二）工党力量下降的原因

工党力量的下降是一个长期的渐变过程，它不但受到以色列社会政治发展变化的影响，也是工党自身主观因素作用的结果。

从主观因素看，工党不能正确处理和解决内部的矛盾及分歧是这种变化的根本原因。

建国前，由于在立国和独立问题上有分歧，工党内部一直存在矛盾和斗争，曾出现过合与分的局面。建国后的初期阶段，由于本-古里安主政时的权威，以及国家主义政策的实施，使工党内在建立政治体制、巩固政权和发展经济的过程中还能达到集中统一。但是，随着时间的推移，党内出现少壮派并逐步得势，必然产生与元老派在权力分配上的斗争，这种斗争最终导致工党的分裂。工党内部在1951年形成少壮派，由年轻党员组成，其代表人物是摩西·达扬、西蒙·佩雷斯和阿巴·埃班等。他们主张变革，还要求得到由元老派把持的部分权力，本-古里安是他们的支持者。但工党元

---

① 拉冯事件：指1954年7月以色列因情报失误而在埃及惨败的事件。时任以色列国防部长的拉冯被指控应对此事件负责，故后来称为拉冯事件。

老派领导依然维持着保守、僵化的思想和统治，这对企图夺取工党权力的少壮派是一个障碍，双方斗争不可避免。这种斗争率先围绕工党的权力和犹太工总问题展开。1956年乔拉任工党总书记，他虽不是少壮派，但却是少壮派的重要同盟者。他先将许多新人充实进党的领导机构，使少壮派在党内的影响增大。与此同时，元老派拉冯成了犹太工总总书记。他企图将一些年轻人排挤出犹太工总的领导机构，随后很快控制了犹太工总，并使之力量膨胀。在此情况下，犹太工总的利益与国家利益形成对立。随后，少壮派继续向国家权力机构挺进，1958年达扬进入以色列政界。1959年议会选举中，少壮派被列入工党竞选名单，工党取得了它历史上最大的胜利。在大选后组建内阁班子的过程中，少壮派与元老派的斗争再次发生，由于少壮派在内阁中担任了部分职务，元老派以本－古里安重用少壮派为由拒绝参加内阁。此后工党内逐步形成了一个反对少壮派的反本－古里安阵营。工党内元老派与少壮派的斗争到了一触即发的地步，就在此时，拉冯事件公之于众，两派斗争迅速升温，从而引发了公众对工党的强烈不满。

拉冯（Pinhas Lavon，1904—1976），生于乌克兰，是犹太工人运动和工党早期的主要领袖，曾任犹太复国主义青年组织戈登派领导人、犹太工总总书记和内阁部长等职，属工党内元老派。1954年在他任以色列国防部长期间，以色列发生了其特工人员在埃及惨遭失败的情报失误事件。作为国防部长的拉冯是否对该事件负有直接责任，一时成为少壮派与元老派关注的焦点，这就是所谓的拉冯事件。情报失误事件如果依据以色列法律，按正常程序调查处理实非难事。但是，由于元老派与少壮派各自怀着乘机打倒对方的企图介入其中，使这一事件的调查延续数年，久拖难解。不但进一步加深了两派的矛盾，而且使工党最终分裂。

元老派与少壮派围绕拉冯事件的斗争一波三折，长达十年之久。事发之初调查委员会在没有充分证据的情况下，认定国防部长拉冯应对情报失误事件负责。但拉冯却认为，国防军总参谋部军事情报局局长尼亚明·吉布里和国防部办公厅主任西蒙·佩雷斯擅自行动，应将这两人免职。然而，由于前总理本－古里安的反对，总理夏里特不得不拒绝了拉冯的建议。拉冯被迫辞职，本－古里安出任国防部长。20世纪50年代中期，元老派与少壮派在拉冯事件上的初次交锋，以元老派的失利而暂时搁置。

20世纪60年代初，元老派与少壮派围绕拉冯事件再起波澜。1960年春，时任犹太工总总书记的拉冯在获得一些证明他无罪的新证据后，要求总理本－古里安宣布他无罪。但是，本－古里安却认为应对新证据做司法调查，这引起拉冯的不满，于是他将此事公开，大肆攻击本－古里安和少壮派，导致两人关系破裂。由于舆论普遍相信拉冯是牺牲品，因此使工党受到极大影响。在此情况下，本－古里安一再坚持司法调查，而内阁的七人部长委员会认为拉冯对情报失误事件没有责任。在1960年12月25日内阁会议对此结论进行表决时，本－古里安表示反对，并于1961年1月31日宣布辞职。与此同时，工党认为拉冯公开此事不妥，决定让拉冯辞去犹太工总总书记的职务。这次双方在拉冯事件上的较量，从表面上看两败俱伤，但实际上拉冯赢得了更多的同情，而对本－古里安来说却是一个不小的打击，使他与元老派之间产生隔阂，从此失去了元老派的支持。

元老派与少壮派围绕拉冯事件的斗争，在1963年本－古里安辞职、艾希科尔任总理后再掀高潮。因为艾希科尔属于元老派，他上任后为了抵制少壮派，一方面主张尽快实现与劳工联盟的联合；另一方面希望重新启用拉冯。这引起了本－古里安和少壮派的强烈反对。

1964年11月，工党执行机构批准了书记处同意与劳工联盟合并的决定。1965年2月，工党代表大会通过决议确认拉冯对情报失误事件无直接责任，反对对其进行新的调查。至此，本－古里安和少壮派在拉冯事件上与元老派的最后较量遭到失败。但本－古里安及其追随者不肯善罢甘休，由他和达扬、佩雷斯等人另组以色列工人党，在同年11月举行的议会选举中以一个反对集团的资格参加竞选，而艾希科尔则代表工党参加选举，导致工党最后分裂。此次大选工党与劳工联盟联合组成的小工党联盟仅获得了与上届持平的45个席位，表明工党的分裂确实削弱了它在议会中的力量和影响。

从客观因素看，1967年和1973年两次中东战争及其产生的被占领土问题，对动摇工党的执政地位产生了重大而直接的影响。

1967年6月5日爆发的"六五"战争，使以色列占领了包括约旦河西岸、加沙地带、戈兰高地和西奈半岛在内的8万多平方公里的大片阿拉伯领土以及耶路撒冷旧城。这虽然大大改善了以色列的战略地位，却极大地影响了以色列的对外关系，并使以色列国内的社会政治和阶级关系发生了巨大的变化。被占领土一时成了以色列政府和举国上下关注的首要问题。以色列政府希望以撤出被占领土作为条件，换取阿拉伯国家的承认并能与之签订和平协议，以取得绝对和平。但阿拉伯国家却不买账，并无意缔和。在同年9月1日举行的第四次阿拉伯国家首脑会议上，提出了处理与以色列关系的"三不原则"，即不承认以色列、不同它和解、不同它举行谈判。与此同时，以色列政府也没有主动与阿拉伯国家谈判撤出被占领土，却采取了保持占领的错误做法。他们认为这样做，可以给以色列带来安全边界。因此，使这个问题的解决失去了有利时机。从此，以色列政府背上了沉重的被占领土包袱，使以色列面临自国家成立以来最复杂和最严重的社会政治危机，付出了极为昂贵的政治代价。它一方面使以色列在与阿拉伯国家的较量中失利，表现为：一是由于占领区太多，战线太长，以色列的军事优势变为军事劣势；二是失去了争取阿拉伯国家承认其1949年停火线为边界线的机会，丧失了因军事胜利带来的政治成果；三是坚定了阿拉伯人收复领土的意志，加强了他们的团结。特别是巴勒斯坦人民在争取收复领土的斗争中不断发展壮大，成为一个政治实体，巴勒斯坦解放运动因此而成为独立的政治力量。另一方面，保持被占领土，使以色列国内的左右翼力量因此发生重大变化。由被占领土产生的分歧，加深了以色列国内的矛盾和斗争，影响了以色列人民的团结和统一。即使执政的工党，也因对被占领土问题的态度不同而分成三派：一派是主张撤出被占领土的温和派；一派是工党内前劳工联盟的多数人支持建立"大以色列",即兼并被占领土的强硬派;还有主张保持现状的中间派,该派以工党内的前以色列工人党为主。这种复杂的党中有派的现象,无疑削弱了工党的力量。另外,保持占领逐渐使反对归还被占领土的情绪开始在以色列滋生,民族主义思潮泛滥,一般民众,特别是东方犹太人中的鹰派倾向发展。反对归还被占领土的种种理由被制造出来,使占领逐渐成了被人们接受的现实,以至成了国家的政策。然而,保持占领对工党造成重要影响的事莫过于宗教党派与工党关系的变化。被占领土问题的存在使正统宗教界人士中产生了在约旦河西岸建立犹太人永久定居点的思想,全国宗教党内产生的信仰者集团就是企图实现这种主张的组织,在它的推动下,全国宗教党在被占领土问题和建立定居点政策上态度强硬,与工党的温和政策分歧加大,矛盾斗争尖锐,两党关系疏远。在1976年的战斗机事件中,最终导致两党20多年的合作关系破裂。1976年,当以色列正教党因政府为欢迎第一批F-15战斗机到达以色列而举行的仪式几近黄昏时分违反安息日教规,在议会提出不信任案举行投票时,两名全国宗教党的内阁部长违反联合政府协议而弃权,使拉宾政府倒台,全国宗教党与工党的分裂终于发生了,从而削弱了工党统治的基础。右翼势力正是借助工党统治的削弱和以色列国内宗教政党的右倾及一般民众民族主义的泛滥得以迅速崛起。

1973年10月6日爆发的十月战争,使被占领土问题引发的国内政治局势进一步恶化。这次战争由于思想上和军事上准备不足,使以色列人蒙受了重大损失。埃及和叙利亚从东西两线分别发动的凌厉攻势,使以色列军队受到重创。在这次战争中,以军阵亡2838人,负伤8800人,被俘和失踪508人,这对犹太人口不到300万的以色列来说,确实是个沉重的打击。

战争在以色列引起的政治危机,一方面表现为政府的失信于民。战争嘲弄了政府所谓保留占领区可以使以色列十年内不遭受攻击的顽固立场。战争使以色列在战略上受到挫折,一下子撕碎了以色列人民心中的巴列夫防线,以色列公众对工党政府的信心彻底动摇了。人民要求调查战争责任,抗议的活动四起,参加的人数不断增加，斗争的目标开始从社会经济问题转变为整体的政治体制问题。

另一方面，战争使以色列工党面临许多矛盾。一是工党内部在安全问题上陷于严重分裂，遭遇从未有过的矛盾危机：一派希望继续奉行将占领区并入以色列的僵硬的战前政策；另一派则根据这次战争的经验，主张同阿拉伯人和解。二是工党的外部关系也出现了紧张态势。工党不仅在争取群众方面，必须在社会主义理想和传统选民（在基布兹和莫沙夫）与更保守、具有民族主义思想和日益增多的东方居民中作出选择，而且必须正确处理工党领导与犹太工总普通会员之间的传统关系，因为两者之间的距离日益拉大了。所有这些变化，使工党的领导地位日趋削弱，对权力机构的独一无二的控制被打破，过去所获得的自动支持也消失了。更为重要的是，工党在随后举行的第八届议会选举中，仅获得51席，比上届大选减少了5席。与此形成强烈对比的是，利库德集团这次共获得39席，大大超过上届所获得的32席。选举的结果表明，工党的力量和影响明显下降，左右翼两大政党集团的实力进一步接近。不仅如此，大选后工党组阁困难增加，因为它同传统的合作伙伴全国宗教党的关系越来越紧张。

最后，因以色列民众对1973年十月战争责任的穷追不舍，加之工党内部在安全问题上的分歧越来越深，梅厄虽然勉强组成政府，但仅仅存在一个月就在一片反对声中倒台了。

## 五　利库德集团的形成及其崛起

利库德集团成立于1973年，它是一个右翼党团议会联盟。在希伯来语中"利库德"意为"团结"，它的基本意识形态是自由资本主义和极端犹太民族主义的结合。利库德集团的前身主要是1965年自由运动和自由党联合组成的加哈尔集团，自由运动在该集团中居主要地位。

### （一）自由党的成立及其右倾化

自由党是利库德集团的主要组成部分之一，它是1961年在一般犹太复国主义党的基础上成立的资产阶级和中产阶级政党，它的起源可以追溯到犹太复国主义运动的早期阶段占主流派地位的犹太复国主义正统派。随着劳工犹太复国主义的不断发展壮大，犹太复国主义正统派在巴勒斯坦逐渐失去影响，仅在以色列境外尚有一定的地位。1930年犹太复国主义正统派成立了一个松散的组织，取名一般犹太复国主义党，其领袖是哈伊姆·魏茨曼。一般犹太复国主义党代表中产阶级的犹太复国主义，在建设巴勒斯坦犹太民族家园问题上，主张发挥个人积极性和中产阶级的作用，受到资本家、工商企业家、商人和农场主的支持。1934年，该党分裂为倾向劳工运动的"A"派和持保守态度的"B"派。前者主张与劳工犹太复国主义紧密合作并赞成加入犹太工总，而后者则倾向右翼，希望在犹太工总之外建立一个独立的联盟。1944年两派又重新联合。以色列建国前夕，该党的一批具有自由倾向的"A"派成员脱离后，与自己的青年组织和德国的移民组织联合组成进步党。由于进步党与工党的政治观点相近，因此1949—1961年，一直是工党政府的联盟伙伴，其中只有1951年10月至1952年12月因一般犹太复国主义党的反对而未入阁。"B"派仍沿用原名称一般犹太复国主义党，长期处于反对派地位。1961年，一般犹太复国主义党和进步党为了加强力量又联合组成了自由党。自由党成立后与执政联盟的关系更为疏远。1961年议会选举后，自由运动提出与自由党联合组成议会党团。但遭到自由党中进步党人的反对，致使上述计划搁浅。随着工党力量的不断增强，自由党终于决定与自由运动联手于1965年4月组成加哈尔集团（"加哈尔"意即"统一"）。自由党中的少数原进步党成员拒绝联合，另组成了独立自由党。从自由党的发展历史看，它是由一般犹太复国主义党的右翼发展演变而来，最后与右翼自由运动联手实属必然。该党持明显的右翼民族主义立场，认为以色列对历史上的整个巴勒斯坦地区拥有主权；在经济上主张实行自由企业经济,反对国家垄断和政府对经济的干预,要求私人经济和集体经济共存;在外交上实行亲西方政策。

### (二) 犹太复国主义修正派与劳工运动的关系

利库德集团的另一个更重要的组成部分是 1948 年 6 月成立的自由运动,其前身是伊尔贡和犹太复国主义修正派联盟。伊尔贡的全名是伊尔贡-茨瓦依-柳米,意为民族军事组织,是英国委任统治时期犹太地下武装。1931 年建于耶路撒冷,其成员为脱离哈加纳的一批指挥员,以及地下军事集团贝塔尔成员。1937 年 4 月伊尔贡发生分裂,一半成员又回到哈加纳,剩余的人在意识形态上同犹太复国主义修正派有联系,并接受该派领袖雅博廷斯基的领导。伊尔贡拒绝犹太代办处和哈加纳的"自我克制"政策,主张进行针对阿拉伯人的武装活动。随着第二次世界大战后英国对犹太人态度的变化,伊尔贡加强了反对英国委任统治当局的活动,与主张对英国采取温和政策的劳工运动发生对抗。以色列建国后,伊尔贡同以色列临时政府发生新的矛盾冲突,导致了"阿尔塔列纳号"事件的发生,其结果是伊尔贡受到临时政府重创。伊尔贡解救后,一部分成员并入以色列国防军,另一部分成员加入了贝京领导的自由运动。

犹太复国主义修正派,是第一次世界大战后期出现在世界犹太复国主义组织内部的一个派别,雅博廷斯基的思想理论是它的理论基础,因此,他成为该派的思想家和创始人。雅博廷斯基 1880 年生于敖德萨一个中产阶级家庭,1903 年开始投入犹太复国主义运动,作为代表出席了第六届犹太复国主义者代表大会。几年后,成了一位职业犹太复国主义者。他在第一次世界大战中,着手建立了犹太民族武装犹太军团。1920 年,移居耶路撒冷。1921 年,当选犹太复国主义组织执委会成员,因与魏茨曼等人在对待英国的态度上存在分歧,于 1923 年 1 月退出执委会。1925 年 4 月,在巴黎成立犹太复国主义修正派世界联盟。1935 年 9 月,修正派与犹太复国主义组织分裂后,成立了新犹太复国主义组织,雅博廷斯基成为该组织主席。雅博廷斯基认为,必须修正世界犹太复国主义组织和伊休夫在劳工犹太复国主义控制下的"左"倾的经济和社会政策，必须修正对阿拉伯人和英国过于"温和"的政策，该派因此被称为"修正派"。它是犹太复国主义组织中最有力量和组织最严密的右翼运动，主张在全部巴勒斯坦土地上建立犹太国，在伊休夫和以色列国家实行自由资本主义。修正派由于在意识形态方面主要是面向广阔的国际政治舞台，因此削弱了它在巴勒斯坦的竞争力，无法与根植于巴勒斯坦环境的劳工政党相抗衡。

在争夺犹太复国主义组织领导权的斗争中，修正派根本不是劳工犹太复国主义的对手。在1931年的第十七届犹太复国主义者代表人会上，修正派与劳工党派进行了第一次较量，其结果是劳工运动取得了胜利。修正派虽然没有取胜，但它的影响开始上升。工党及其同盟成为代表大会的最大派别，占据29%的代表席位，并在新成立的执委会中占2/3的名额而成为执委会的支柱。在6年前才参加犹太复国主义者代表大会选举的右翼修正派，虽成为第三大派别，占有21%的代表席位，但未能进入核心机构执委会。① 另外，修正派在会上也未能实现自己的政治主张，即将建立犹太国公开作为犹太复国主义运动的目标。然而这次会议却具有重要意义，因为它是在占有明显优势的正统犹太复国主义经历了一场政治危机及其力量已经日趋衰微，劳工运动和修正派力量日益强大的情况下召开的，在会上呈现出了两个新的政治派别已取代主流派正统犹太复国主义的态势。修正派在会上提出了"犹太复国主义的目的是逐步把以色列建设成为一个犹太人居多数的自治的犹太人国家"的口号，确切地表达了全世界犹太复国主义者的感情，因此拥有很多支持者。而其他党派没有明确地提出这样的口号，因为他们赞成温和态度，不愿过早地激怒阿拉伯人。与此同时，修正派领导人雅博廷斯基的个人魅力，也扩大了修正派在会上的影响。总之，这次会议为修正派的进一步发展奠定了初步基础。

---

① ［以色列］米迦勒·巴尔－祖海尔：《本－古里安传》，刘瑞祥等译，中国社会科学出版社1994年版，第78页。

在1933年第十八届犹太复国主义者代表大会前夕，修正派与劳工运动的新一轮竞选运动再次展开。欧洲法西斯势力的日渐崛起，使修正派获得越来越多的支持。但是，在竞选活动如火如荼进行的过程中，6月16日劳工运动领袖哈伊姆·阿尔洛索罗夫[①]在特拉维夫遇害。谋杀被认为是修正派极端分子所为。因此，修正派在选举中受到影响。在7月进行的选举中，本-古里安派获44.6%的选票，而修正派只获14%的选票。本-古里安及其劳工运动在这届代表大会上取得巨大胜利，占据了犹太复国主义组织的重要职位。由于双方分歧加深，斗争激烈，1935年修正派正式断绝了与犹太复国主义组织的关系，成立了他们自己的新犹太复国主义组织。1940年，雅博廷斯基病逝。1943年，修正派武装伊尔贡司令贝京成为巴勒斯坦修正派的实际领袖。

第二次世界大战爆发时，修正派与他们的武装力量伊尔贡坚决执行了雅博廷斯基的联英反希特勒的路线。但是，伊尔贡中比较狂热的分子反对与英国合作，主张对英国发动恐怖活动，因为英国完全改变了以往与犹太复国主义合作的态度。因此，伊尔贡在雅博廷斯基死后发生分裂，其中的斯特恩派组成为"莱希"（意为"争取以色列自由战士"）。贝京接管伊尔贡之后，领导其成员积极投入反英运动。犹太社团中的少部分人支持他们的斗争精神，但大多数人反对这种恐怖主义行动。随着巴勒斯坦紧张局势的升级，伊尔贡和莱希与哈加纳之间发生对抗的危险性也日益增加。本-古里安坚决反对恐怖活动，实施了针对伊尔贡的"狩猎季节"行动，对伊尔贡实施逮捕、监禁和审讯，但伊尔贡却表现出克制。这次行动虽然制止了伊尔贡的恐怖活动，但使各派政治力量关系更加紧张，给以后犹太人为建立犹太国的斗争带来了危害。总之，以色列建国前，劳工犹太复国主义对修正派采取了限制、排挤和打击的政策。同样，修正派对其采取针锋相对的报复手段，因而两者关系异常紧张。

---

① 时任犹太代办处政治部主任，相当于犹太复国主义组织的外交部长。

### （三）自由运动与利库德集团的逐步得势

1948年5月14日，以色列宣布建国。贝京与本-古里安、伊尔贡与临时政府之间的冲突在建国后的几个月就开始了。首先是同年6月发生的"阿尔塔列纳号"事件，因伊尔贡不愿将它购买的军火交给临时政府而引起。其实在此之前，政府已与伊尔贡就武器必须归政府统一支配达成协议。本-古里安在不得已的情况下，下令向拒绝交出武器的"阿尔塔列纳号"船开火，并击沉了它。当时只是由于贝京没有采取报复行动，才避免了犹太人内战的爆发，但它进一步加深了劳工党派与修正派之间的裂痕。事件过后伊尔贡被宣布解散。在随后组建以色列政府的过程中，由于贝京与本-古里安和自由运动与工党的对立，自由运动从一开始就被排除在工党联合政府之外。

其次是有关德国赔款问题。自由运动成立后，在一些重大问题上继续与政府发生严重对立和冲突。1952年以色列政府主张与德国签订赔偿协定，自由运动坚决反对。身为议员的贝京组织抗议集会，带领支持者进行暴力示威。同年1月7日，人们跟随他冲进议会大厅，与守卫的警察发生激战，导致多名警察和平民受伤。但最后议会还是通过了政府关于德国赔偿问题的提议。尽管工党拒绝承认自由运动的暴力活动，但本-古里安认为它与以色列共产党不同，因此曾在1952年、1955年和1961年三次邀请它参加内阁，只因为自由运动拒绝妥协，不愿意接受工党对它的要求和限制而作罢。这说明本-古里安对自由运动的态度开始发生变化。

20世纪50年代初以来，贝京和他的自由运动虽然被工党排除在联合政府之外，但它在议会选举中所得选票却不断上升，在议会中的影响日渐扩大。在议会中，它一般占有15—18席，成了工党政府的主要反对党。在1955年议会选举中，自由运动获得15个席位，一跃成为议会第一大反对党，并在1961年议会选举中，继续保持这一地位。促成这一变化的原因：一是该党强硬的对外政策迎合了一些人的愿望，以及执政联盟的部分成员投靠了自由运动；二是该党为了改变自身形象和加强自己的地位，努力寻求与中间派一般犹太复国主义党的合作；三是大批支持该党的东方犹太人移入以色列，扩大了自由运动的社会基础，从而推动了该党的合法化进程。但是，自由运动在50年代的发展仍然是缓慢的，因为工党在此期间调整了它的对外政策，并努力改善东方犹太人的生活状况，且取得了一定成效，因此制约了自由运动的发展空间。

20世纪60年代是自由运动开始走运的时期，这一时期发生了三件对它来说是至关重要的事情。其一是艾希科尔任总理后，工党政府对自由运动采取了更为温和的政策，同意雅博廷斯基的遗骨归葬以色列，这标志着自由运动开始为政界所接受。其二是加哈尔集团的建立。1965年自由运动与自由党联合组成的加哈尔集团在同年举行的议会选举中获26席，成为议会第二大派别和主要反对党。加哈尔集团的成立，不仅增强了自由运动的实力，而且极大地促进了自由运动的合法化。因为自由党与自由运动的联合，使自由运动的言辞不再那么激烈，使其在劳工政党主导和联合的政府中更能被接受和容纳，从而改变了自由运动以往反政府的抗议党形象，成为一个负责任的政党。其三是第一次民族团结政府的成立，是自由运动开始从反对党变成政府党的初步尝试。1967年5月，"六五"战争前夕，以色列民众对艾希科尔政府的优柔寡断不满，要求达扬出任国防部长，艾希科尔不得不请求达扬出山，而后者提出的入阁条件是加哈尔集团同时进入政府，艾希科尔只得应允。与此同时，加哈尔集团在以色列面临严峻形势的情况下支持建立民族联合政府的建议，代表自由运动的贝京和代表自由党的萨皮尔参加了政府，这是以色列历史上成立的第一届民族团结政府，它不仅表明工党执政党地位的日趋衰弱和工党主宰以色列政坛的局面已不复存在，而且标志着右翼势力加哈尔集团在合法化的道路上迈出了关键的一步。在1969年的议会选举中，加哈尔集团获得了26席，与上届持平，并在联合政府中占据了6位部长职位。1970年8月，加哈尔集团因在罗杰斯计划上与工党产生分歧，退出了工党领导的民族团结政府，再次成为反对派。

20世纪70年代是贝京及其政党与工党逐步形成对峙局面并问鼎政权的时期。利库德集团的成立和此后两届以色列议会选举利库德集团选票的大幅增加，是这一变化的突出表现。

1973年9月，在第八届议会选举前夕，在阿里尔·沙龙的撮合下，加哈尔集团、以色列不可分割运动、国家党和自由中心组成了利库德集团，它的直接目的是争取本届大选的胜利。随着工党联盟和利库德集团的先后建立，以色列左右翼两大政党集团对峙的局面正式形成，从此拉开了两者逐鹿中原的帷幕。由于1973年十月战争的影响，以色列第八届议会选举由原计划的10月推迟到12月举行。在这次大选中，工党获得51席，比上一届的56席少了5席，而利库德集团则从其前身加哈尔集团1969年的26席上升到39席，增加了50%，从而使两大政党集团的实力进一步接近。

1977年5月，在第九届议会选举中，利库德更是大获全胜，获43席。第一次超过了仅获32席的工党联盟，成为议会第一大党团，首次上台执政。打破了工党把持以色列政坛29年的格局，最终完成了以色列政治体制由工党主导的多党制向左翼和右翼两大政党集团轮流执政或联合执政的多党制格局的转变。

促使利库德集团形成及其崛起并最终上台执政的重要原因如下。

第一，工党联盟势力的衰弱和优势地位的下降为利库德集团的发展提供了更大的空间和有利条件。首先是工党失去了许多原来的支持者，这些人中的一部分必然转向利库德集团，因为在两大政党集团占据重要地位的以色列政坛，工党与利库德集团必然处于"零和"游戏的状态，一个集团力量的下降，势必造成另一个集团力量的上升。其次是工党执政地位的削弱，为利库德集团提供了有益的鉴戒，如对东方犹太人的态度以及对阿拉伯国家的政策，使得利库德集团在扩大自身力量和争取民众方面学到不少经验教训。再次是工党力量的削弱和优势地位的下降，导致联盟内部中间力量改换门庭，宗教政党和一般犹太复国主义党政治上倒向右翼的利库德集团，趋从右翼势力，就与这一因素有关。

第二，以色列人口结构的变化为利库德集团的崛起提供了重要动力。在以色列有一个值得注意和思考的现象，那就是身居社会下层的东方犹太人，却支持右翼势力民族主义政党，因此具有强烈民族主义思想的利库德集团事实上成了东方犹太人的代言人。

出现这一独特现象，首先是因为利库德集团的意识形态比较符合东方犹太人的思想实际。利库德集团是以色列右翼民族主义政党的联盟，是具有强烈的民族主义思想和保守的宗教意识的政治组织，对外奉行强硬的对阿政策，宗教政策上迎合和靠拢犹太教。而以色列的东方犹太人，主要来自伊斯兰和阿拉伯国家摩洛哥、阿尔及利亚、伊拉克、叙利亚、也门和土耳其。他们在原居住国不仅面临经济困难，还因以色列与阿拉伯国家的多次交恶而受到迫害和虐待。他们来以色列主要是为了逃避宗教迫害和经济剥削。因此他们对这些国家怀有敌意，主张对其采取强硬政策。另外，东方犹太人大多信犹太教，在宗教信仰上对以色列有亲和倾向。东方犹太人的这种思想意识，与自由运动及其后续组织利库德集团的极端民族主义意识形态不谋而合。因此，他们必然从思想上支持利库德集团。

其次因为以色列两个不同社会集团的出现，使东方犹太人逐步倒向工党政府的反对党利库德集团。以色列建国后，其社会发生的最大变化是东方犹太人的增加及其影响的扩大。以色列建国前，移民的主要部分是西方犹太人。建国后，由于同阿拉伯国家的关系恶化，大批东方犹太人移居以色列。他们与在各方面都享有优势条件的西方犹太人有着明显的差异。这些差异表现在文化背景、自身条件和社会地位等方面。东方犹太人一般处于以色列的社会下层，文化水平较低，从事技术要求不高和较简单的工作，收入较少而且不稳定。他们中大部分人不认同犹太复国主义，移居以色列的目的不像大多数西方犹太人那样主要是实现犹太复国主义的目标，而是因为生活环境所迫。这样，在以色列逐渐形成了两个主要的、不同的犹太人社会集团。东方犹太人初到以色列时，因为工党政府能为他们提供比原居住国较好的生活条件和社会地位而支持工党。随着经济的发展和人民生活的逐步改善,他们对工党的依赖性减少了,加之工党偏袒西方犹太人的做法,引起他们对工党的憎恨和失望,于是他们将希望日益转向工党政府的反对党利库德集团。

再次是由于东方犹太人的不断增多,对以色列社会政治生活产生了重大影响。东方犹太人因其具有较高的生育率和阿以关系的恶化不断涌入以色列而使他们在以色列人口中的比例逐年上升。1948年大约占10%,1951年上升到28%,1964年年底上升到30%[①],1977年已超过50%。[②] 东方犹太人的大量增加,一是加大了以色列两个不同犹太人社会集团的差异和矛盾;二是削弱了工党的力量和影响,因为他们和他们的下一代由于慢慢不满足于自己的处境,而与工党之间逐步产生了离心力;三是扩大了利库德集团的政治势力和社会基础,使其力量和影响日渐增大。与此同时,利库德集团的竞选纲领中阐述的一条重要原则对东方犹太人更具吸引力,那就是应该采取刻不容缓的和有效的措施,消除以色列国内各种犹太集团事实上的不平等,率先要改善来自东方国家的移民的社会经济和教育状况。[③] 这无疑吸引了大批东方犹太选民,成为利库德集团成立后连续在大选中不断取得胜利并在1977年问鼎政权的主要动力。从一定意义上说,以色列东方犹太人的增加和政治意识的增强,是以色列左右翼两大政党集团相互对峙,以色列政治由一党主导向两大政党轮流或联合执政政治格局转变的重要因素之一。

第三,以色列社会政治经济的发展变化,为右翼集团的成长壮大提供了必要条件。一是1967年"六五"战争使以色列社会的民族主义情绪急剧高涨,使许多犹太人在20世纪六七十年代更加倒向右翼民族主义政党。二是20世纪七八十年代以色列市场经济的发展和私人经济实力的增强,为右翼集团实施自己的社会经济纲领提供了

---

[①] Noah Lucas, *The Modern History of Israel*, p. 336.
[②] [美]劳伦斯·迈耶:《今日以色列》,第201页。
[③] [南非]哈里·霍维茨:《贝京与以色列国》,肖宪等译,云南大学出版社1993年版,第133—134页。

广阔的舞台，促使其逐步成为有影响的政治集团并于1977年取工党联盟执政地位而代之。

综上所述，以色列建国后确立了比较完善的多党制议会民主制。多党制政党制度、单一比例代表制的选举制度、组织严密的政府机构以及以基本法为核心的法律体系，使以色列的民主制度发展到一个较高的水平。但是，与西方国家的民主制度相比，以色列的民主制度具有许多不同的特点，如较长时期的一党主导的政治格局及其工党特色；影响较大的宗教政党的参政；没有宪法全文的法律体系；强烈的政党政治色彩；等等。以色列政治制度的基本内容和这些特征主要是继承了伊休夫时期的政治遗产，并在此基础上，根据以色列社会政治经济发展的需要不断完善而形成的。

首先，是伊休夫比较有效的自治政府为以色列的民主制度奠定了初步基础。伊休夫自治政府是用单一比例代表制选举制度和自由公正民主的选举方式产生的，由代表机构和执政机构组成的雏形民主政权。这是在英国委任统治条件下犹太社团的政治领导机构所能达到的较高发展水平，它反映了犹太复国主义运动在巴勒斯坦建设民族家园的需要，同时也适应了巴勒斯坦犹太社团社会经济发展的要求。当时的巴勒斯坦犹太社团是一个由世界各地犹太人组成的移民社会，处在一个比较复杂和艰难的发展时期，文化上的多元特征，经济上的集体与个人所有制并存和共同发展模式，政治上的众多党派相互依存和不断竞争的局面，都为伊休夫雏形民主制度的建立提供了土壤和条件。另外，英国委任统治当局较为温和的统治方式和相对宽松的政治环境以及犹太复国主义组织的组织机构和组织原则，也对伊休夫自治政府产生了重要影响。

其次，是以色列的建国方式和特殊的环境，为以色列建国初期继承伊休夫的政治制度创造了条件。以色列是根据联合国有关决议建立起来的主权国家，这种独特的建国方式决定了它必然采用平稳过渡的方式，这种方法使伊休夫的政治、经济和社会向主权政治过渡中不会发生大的变动。另外，以色列国成立时，尚处在与阿拉伯国家交战的战争状态中，严峻的客观形势不允许它在建国问题上有较大的动作，否则会引发意想不到的严重后果。因此以色列在建国时必须尽量保留和利用伊休夫时期的政治遗产。

最后，劳工犹太复国主义和巴勒斯坦工人党的历史地位和巨大影响，为犹太社团向以色列国过渡提供了思想和组织上的保证。由于劳工犹太复国主义和巴勒斯坦工人党在以色列建国前已牢牢地掌握了伊休夫自治政府的领导权，将犹太社团转变为主权国家的历史责任必然落到它们的肩上，这种历史的连续性和继承性为权力的和平转移提供了保证。巴勒斯坦工人党及其领导人本－古里安不失时机地、积极地为以色列国的建立做准备的实际行动，成功地实现了这种过渡，并在纷繁复杂的情况下确立了以色列的议会民主制度。

诚然，以色列建国初期确立的议会民主制度在许多方面是不完善的，特别是它为了适应当时的主客观环境，在许多方面保留了一些模糊和回旋空间，需要经历补充、修正和完善的过程。实际上以色列建国后的50多年政治发展历程正是这种过程的集中表现，其中最重要的变化，就是以色列政局由一党主导的多党执政模式向左右翼两大政党集团联合或轮流执政模式的转变。由此可见，以色列的议会民主制度既不是对西方民主制度的机械照搬，也不是对西方民主制度的简单模仿。它是在特定的历史条件下，适应犹太社会政治经济发展的实际而形成的，同时受到民族特点、历史传统以及国际环境等多种因素的影响，因此成为既符合历史发展趋势，又具有民族特点的政治制度。

（原载《当代中东政治制度》，中国社会科学出版社2005年版）

# 利益集团与美国的中东研究

姚惠娜

第二次世界大战结束后,随着美国日益广泛而深入地卷入中东事务,美国的中东研究力量也发展壮大了。与美国在全球秩序中的支配性地位相匹配,美国的中东研究可以说占据了西方中东研究的主导地位。部分国内外学者认为,美国的中东研究能够在短时期内获得蓬勃发展,是美国政府、基金会和学者共同努力的结果。[①] 这种观点忽视了利益集团在中东研究发展中所起的作用。利益集团对美国的中东研究具有深远影响。多数美国学者并不能自主决定把时间和注意力放在他们喜欢的研究领域。他们选择的研究课题和采用的方法论经常由研究资金的来源决定。[②] 在这种情况下,一些重要的利益集团通过资助的方式影响了美国中东研究的发展,具体表现为以色列游说集团对智库和学术机构的控制,[③] 阿拉伯游说组织对高校的渗透,[④] 以及伊朗裔团体对伊朗研究的支持,[⑤] 等等。有的中东研究

---

[①] Peter Johnson and Judith Tucker, "Middle East Studies Network in the United States", *MERIP Reports*, No. 38, June 1975, pp. 3–4;梁志:《美国"地区研究"兴起的历史考察》,《世界历史》2010年第1期,第28—29页。

[②] Peter Johnson and Judith Tucker, "Middle East Studies Network in the United States", p. 19.

[③] [美]约翰·J. 米尔斯海默、斯蒂芬·M. 沃尔特:《以色列游说集团与美国对外政策》,王传兴译,上海世纪出版集团2009年版,第254—268页。

[④] Mitchell Bard, *The Arab Lobby: The Invisible Alliance That Undermines America's Interests in the Middle East*, New York: Broadside Books, 2010.

[⑤] Howard Cincotta, "Iranian-American Community Vital to Advance of Persian Studies-Academic Programs Demonstrate Different Ways to Explore the Field", July 24, 2009, http://www.america.gov/st/sca-english/2009/July/20090724160449ISilArooN0.3581766.html.

本身就是利益集团推动的产物,受到利益集团立场和观点的影响。美国学术界关注到了特定利益集团的影响,但对利益集团对美国中东研究的影响尚缺乏全面和深入的探讨。本文主要根据美国中东学术界相关的公开信息和资料,运用历史文献分析、比较和归纳等研究方法,从利益集团影响美国中东研究的目的和方式入手,分析利益集团在美国中东研究发展过程中所起的作用,并进而探究利益集团影响下的美国中东学界的学术质量水平。

## 一 利益集团影响美国中东研究的目的

美国当代著名政治学家罗伯特·达尔(Robert A. Dahl)认为,"从最广泛的意义上说,任何一群为了争取或维护某种共同利益或目标而一起行动的人,就是一个利益集团"[①]。由于美国对中东地区局势具有决定性影响,中东国家的政府、美国的犹太裔和中东裔团体以及在中东有商业利益的美国企业等众多利益相关方,都极为关注并试图影响美国的中东政策。它们并非接受集中领导统一行动的单一组织,只是因为有共同利益关切而被划归为同一类别的利益集团。

以色列游说集团是美国势力最大、影响最广、活动最为成功的利益集团,对美国中东政策具有重大影响,可以说是利益集团影响美国政治的典型。除了亲以色列利益集团外,美国与中东政策有关的利益集团还包括亲阿拉伯利益集团、亲伊朗利益集团、亲土耳其利益集团等。所有这些利益集团都力图影响美国政府的权力运作,以争取自身的利益。他们将相关领域的研究视为美国对外政策的重要影响因素,无一例外地非常重视中东研究领域的动向,试图促使中东研究朝着有利于自己的方向发展。这是利益集团对中东研究施加影响的重要目的。利益集团通过中东研究影响美国对外政策的主要途径有以下几条。

---

[①] 〔美〕罗伯特·达尔:《美国的民主》,转引自李寿祺《利益集团参政——美国利益集团与政府的关系》,《美国研究》1989年第4期,第28页。

## (一) 通过中东研究学者直接参与对外政策决策

利益集团能够通过学者直接参与美国的对外政策决策,离不开"旋转门"机制。美国历届政府都大量依靠智库学者来填补高层职位,智库也常聘请卸任的高级官员担任政策研究人员。学者与官员之间转换身份的"旋转门"机制,为美国学界和政界的沟通建立了通道,为学界参与和影响政府的对外政策创造了条件。

研究人员与官员的身份转换,使学者能够在美国中东政策决策中发挥作用。布鲁金斯学会(Brookings Institution)现任主席约翰·艾伦(John R. Allen)就是退役的美国海军陆战队四星级上将,曾任北约驻阿富汗国际安全援助部队(International Security Assistance Force, ISAF)司令和驻阿富汗美军司令。布鲁金斯学会副主席、犹太裔学者马丁·因迪克(Martin S. Indyk)是学会对外政策研究负责人。他曾在著名的以色列游说组织美国以色列公共事务委员会(American Israel Public Affairs Committee, AIPAC)中担任研究副主任,作为创始执行董事在华盛顿近东政策研究所(Washington Institute for Near East Policy)工作八年,担任过布鲁金斯学会萨班中东政策中心(Saban Center for Middle East Policy)主任。克林顿政府时期,因迪克两度担任美国驻以色列大使,还担任过助理国务卿,专门负责近东事务。2013年,他就任中东问题特使,斡旋巴勒斯坦与以色列之间的和谈。2014年6月卸任后,因迪克就任布鲁金斯学会副主席。冷战后美国对伊朗和伊拉克实施"双重遏制政策"[①],并攻打伊拉克,这些政策和决策都有马丁·因迪克的积极推动和参与。[②] 克林顿政府时期,曾有许多华盛顿近东政策研究所的研究人员就任重要的对外政策决策职位。伊拉克战争的主要战略制定者、五角大楼国防政策委员会主席理查德·帕尔(Richard Perle)就曾在华盛顿近东政

---

① "双重遏制政策"是美国同时遏制伊拉克和伊朗的政策,1993年克林顿总统上台后开始实施。

② [美]约翰·J. 米尔斯海默、斯蒂芬·M. 沃尔特:《以色列游说集团与美国对外政策》,王传兴译,第356页。

策研究所、安全政策中心（Center for Security Policy, CSP）、美国企业研究所（American Enterprise Institute for Public Policy Research, AEI）、新美国世纪计划（Project for the New American Century, PNAC）、犹太人国家安全事务研究所（Jewish Institute for National Security Affairs, JINSA）等重要智库工作过。

### （二）通过学者为对外政策制定者提供关于中东的专业知识

利益集团经常组织与其立场一致的学者为对外政策制定者提供专业知识，利用学者的专业性论证自己观点的正确性与合理性。亲以色列利益集团在9·11事件之前就一直推动美国进攻伊拉克。[①] 9·11事件发生后，白宫对于如何界定"敌人"并没有取得一致认识。在总统政治顾问卡尔·罗夫（Karl Rove）的支持下，著名中东史专家、犹太裔学者伯纳德·刘易斯（Bernard Lewis）为白宫部分官员、军事助手和国家安全委员会成员作专题讲座，解释9·11事件发生的原因。他还会晤过美国总统小布什、副总统切尼、国家安全顾问赖斯等人。[②] 刘易斯或许是伊拉克战争背后最具有影响力的知识分子。[③] 他认为，美国与伊斯兰世界的矛盾是文明的冲突导致的。阿拉伯和伊斯兰世界的反美主义源于它们自己的失败，而不是由美国的行为所导致。他主张美国入侵伊拉克并对这个国家进行民主化改造。[④] 可以说，刘易斯的观点为小布什政府的"大中东"政策奠定了理论基础。[⑤] 刘易斯攻打伊拉克的主张得到了福阿德·阿贾米（Fouad Ajami）等学术界新保守派的支持。这两位学者在说服副总统

---

[①] ［美］约翰·J. 米尔斯海默、斯蒂芬·M. 沃尔特：《以色列游说集团与美国对外政策》，王传兴译，第336页。

[②] Peter Waldman, "A Historian's Take on Islam Steers U. S. in Terrorism Fight", *Wall Street Journal*, February 3, 2004, available at: http://www.wsj.com/articles/SB107576070484918411.

[③] ［美］约翰·J. 米尔斯海默、斯蒂芬·M. 沃尔特：《以色列游说集团与美国对外政策》，王传兴译，第353页。

[④] Peter Waldman, "A Historian's Take on Islam Steers U. S. in Terrorism Fight", *Wall Street Journal*, February 3, 2004, http://www.wsj.com/articles/SB107576070484918411.

[⑤] 黄民兴：《冷战后国外中东研究的进展》，《西亚非洲》2011年第6期，第77页。

切尼支持伊拉克战争方面,起到了重要作用。①

### (三) 中东研究学者直接进行政治游说

中东裔学者的政治游说活动是族裔游说的重要组成部分。有些中东研究学者直接从事政治游说活动。著名的巴勒斯坦研究专家、巴勒斯坦裔学者拉希德·哈立德(Rashid Khalidi)就积极参与政治。20 世纪 70 年代和 80 年代早期,他曾担任巴勒斯坦解放组织的发言人。中东和平进程开始后,他在 1991—1993 年担任巴勒斯坦代表团顾问。哈立德还成立了阿拉伯裔美国人行动网(Arab American Action Network,AAAN),其妻子在其中任职。在芝加哥大学任教期间,哈立德与奥巴马夫妇建立了朋友关系,并为奥巴马筹集竞选议员的资金。哈立德的政治活动在一定程度上影响了奥巴马对巴勒斯坦问题采取的政策。奥巴马在竞选总统时,虽然明确表示不会改变美国和以色列的关系,但也对巴勒斯坦人的苦难遭遇表达了同情。② 尽管奥巴马推进巴以和谈的政策没有取得成效,但他尽力采取了一些有利于巴勒斯坦的举措。联合国安理会在 2016 年 12 月通过决议,要求以色列立即完全停止在巴勒斯坦被占领土建设犹太人定居点的活动。奥巴马政府没有使用否决权,而是投了弃权票,使这个决议得以通过。在卸任前数小时,奥巴马又力排众议,批准向巴勒斯坦政府提供 2.21 亿美元的财政援助。③

### (四) 通过中东研究引导舆论

利益集团将中东研究视为影响舆论的一个有效途径。学术研究对公众意识的形成具有重要作用。由于对外政策问题十分复杂,非

---

① [美] 约翰·J. 米尔斯海默、斯蒂芬·M. 沃尔特:《以色列游说集团与美国对外政策》,王传兴译,第 353 页。
② [美] 约翰·J. 米尔斯海默、斯蒂芬·M. 沃尔特:《以色列游说集团与美国对外政策》,王传兴译,第 2 页。
③ 王逸君:《奥巴马临别"大礼"给巴勒斯坦两亿援助》,新华网,2017 年 1 月 25 日,http://news.xinhuanet.com/world/2017-01/25/c_129460456.htm。

专业人士难以获得更多与相关议题有关的知识。很多中东研究学者在出版学术专著、发表研究报告、举行学术研讨会的基础上，通过举行面向公众的讲座、发表普及性文章、接受广播电视访谈等方式，为公众提供关于中东事务的基础知识和看法。他们通过大众传媒表达观点，在教育公众的同时也引导和塑造了社会舆论，并进而影响对外政策。

爱德华·萨义德（Edward W. Said）是一位享有极高声誉的巴勒斯坦裔阿拉伯学者。除了以《东方学》[1]为代表的文化和后殖民主义研究，他还发表大量文章分析巴勒斯坦、以色列和中东地区的形势，强调"需要一种关于在中东所发生事件的巴勒斯坦式叙事，以抗衡那种对这些事件的亲以色列叙事"[2]。由于萨义德积极为巴勒斯坦人的权利著述，学术界和美国媒体改变了理解和表述中东形势的方式。[3]

伊朗裔美国人全国委员会（National Iranian American Council, NIAC）是美国主要的伊朗游说组织。协会大力支持美国与伊朗就核问题达成协议。除积极开展各种游说活动外，2015年8月，协会还组织学者联名发表公开信，支持伊朗与伊核问题六国（美国、英国、法国、俄罗斯、中国和德国）达成有关伊核问题的全面协议。学者们在公开信中指出，伊朗核问题全面协议是促使中东地区走向稳定的积极而有力的举措，如果美国国会拒绝批准这个协议，将会进一步破坏中东地区的稳定，并引发华盛顿和德黑兰之间的军事对抗。理查德·布利特（Richard Bulliet）、诺姆·乔姆斯基（Noam Chomsky）、胡安·科尔（Juan Cole）、约翰·埃斯波西托（John Esposito）、法瓦兹·吉尔吉斯（Fawaz Gerges）、罗伯特·杰维斯（Robert Jervis）、拉希德·哈立德、约翰·米尔斯海默（John J. Mearsheimer）、斯蒂芬·沃尔特（Stephen M. Walt）和埃赫桑·亚沙特尔（Ehsan Yarshater）等

---

[1] Edward W. Said, *Orientalism*, London: Routledge and Kegan Paul, 1978.
[2] ［英］瓦莱丽·肯尼迪:《萨义德》，李自修译，江苏人民出版社2006年版，第3页。
[3] ［英］瓦莱丽·肯尼迪:《萨义德》，李自修译，第131页。

73位国际关系、政治学和中东研究领域的著名学者在公开信上签了名。①

美国对外政策决策是多种力量博弈与妥协的复杂过程。对相关领域的中东研究施加影响,是利益集团对美国中东政策发挥作用和影响的途径之一。正如利益集团在美国对外政策中的实际作用受到多种因素制约一样,中东研究学者在对外政策决策中的作用在很大程度上取决于相应的利益集团的影响力。亲以色列利益集团推动美国在阿以冲突和巴勒斯坦问题上偏袒以色列。② 在他们的影响下,华盛顿那些在塑造观点和政策决策方面具有重要作用的对外政策研究机构经常站在以色列一边。③ 由于缺乏有效组织,亲阿拉伯利益集团的影响力无法与亲以色列利益集团相提并论。美国的阿拉伯裔来自20多个不同国家,宗教信仰各异,其中基督教徒约占63%,穆斯林约占24%,④ 由于政治目标和观点分歧众多,难以形成持统一立场的政治组织。巴勒斯坦问题是亲阿拉伯利益集团唯一共同关注的焦点问题,并被视为衡量这些组织的政治效能的工具。⑤ 然而,阿拉伯国家大都根据本国国家利益制定相关政策,在巴勒斯坦问题上的立场并不一致。虽然越来越多的亲阿拉伯利益集团试图塑造美国的中东政策,但它们的实际影响却相当微弱,所取得的成就多是象征性的,没有什么实质性成果。⑥ 无论是阿拉伯国家政府还是石油游说集团,都没有对以色列游说集团起到重要的平

---

① National Iranian American Council, "73 Prominent International Relations Scholars Say Iran Deal Will Help Stabilize Middle East", August 27, 2015, https://www.niacouncil.org/73-prominent-international-relations-and-middle-east-scholars-back-iran-deal/.
② [美]约翰·J. 米尔斯海默、斯蒂芬·M. 沃尔特:《以色列游说集团与美国对外政策》,李自修译,第254—257页。
③ [美]约翰·J. 米尔斯海默、斯蒂芬·M. 沃尔特:《以色列游说集团与美国对外政策》,李自修译,第298—322页。
④ Lanouar Ben Hafsa, "The Role of Arab American Advocacy Groups in Shaping American Foreign Policy", *Society*, Volume 51, Issue 5, October 2014, p. 514.
⑤ Lanouar Ben Hafsa, "The Role of Arab American Advocacy Groups in Shaping American Foreign Policy", p. 513.
⑥ Lanouar Ben Hafsa, "The Role of Arab American Advocacy Groups in Shaping American Foreign Policy", p. 519.

衡作用。① 在这种情况下，阿拉伯裔学者对美国对外政策的影响力受到很大削弱，无法与亲以色列的学者相比，但他们仍不免受到亲以色列利益集团的指责。奥巴马竞选总统时，亲以色列媒体就大力渲染他与爱德华·萨义德、拉希德·哈立德的朋友关系，借此攻击他与恐怖分子有联系。②

## 二 利益集团影响美国中东研究的方式

利益集团对美国中东研究的影响主要体现在两个方面。

### （一）利益集团推动美国中东研究的繁荣与发展

利益集团推动美国中东研究的方式主要包括：资助高校设立研究中心或教席；为学者和研究生提供科研经费或奖学金；举办学术研讨会和系列讲座；赞助学术著作出版；建立自己的智库或研究机构；直接从事相关专业的研究等。

亲以色列利益集团的主体是美国犹太人，他们得到了以色列政府提供的物质或精神上的大力支持。非犹太人团体——基督教犹太复国主义组织——也是亲以色列利益集团的重要成员。③ 犹太人的资金和文化优势使他们能够发起众多研究机构和项目，在美国高校资助设立的研究机构最多。除支持高校设立各种犹太文明和以色列研究中心外，亲以色列利益集团还建立了自己的智库，如华盛顿近东政策研究所、中东论坛（Middle East Forum）等。在美国企业研究所、安全政策中心、外交政策研究所（Foreign Policy Research Institute，FPRI）、传统基金会（Heritage Foundation）、赫德逊研究所（Hudson Institute）、

---

① ［美］约翰·J. 米尔斯海默、斯蒂芬·M. 沃尔特：《以色列游说集团与美国对外政策》，第 197 页。

② "Barack Obama's Islamist Ties to Rashid Khalidi, Edward Said & Ali Abunimah", *Militant Islam Monitor*, September 10, 2008, http://www.militantislammonitor.org/article/id/3602.

③ ［美］约翰·J. 米尔斯海默、斯蒂芬·M. 沃尔特：《以色列游说集团与美国对外政策》，第 186 页。

外交政策分析研究所（Institute for Foreign Policy Analysis，IFPA）和犹太人国家安全事务研究所等具有重要影响力的智库中，亲以势力也占据着主导地位。① 通过经济资助促使研究机构采取支持以色列的立场，是亲以色列利益集团常用的影响中东研究的方式。布鲁金斯学会是美国最有影响力的智库之一，其发表的研究报告对埃以和平条约（Egyptian-Israeli Peace Treaty）② 谈判的成功具有重要影响。2002 年，主要由美国犹太复国主义者哈依姆·萨班（Haim Saban）资助的萨班中东政策中心在布鲁金斯学会建成，由马丁·因迪克管理。出资人和领导者的亲以色列立场为萨班中东政策中心抹上了明显的亲以色列色彩，使布鲁金斯学会带上了亲以色列的倾向。③

亲阿拉伯利益集团主要由美国的阿拉伯裔团体、在阿拉伯国家有经济利益的石油和军工企业以及阿拉伯国家政府构成。从事学术和文化活动是利益集团的主要活动之一。在促进美国社会对阿拉伯文化的理解方面，阿拉伯裔团体中的学者做出了重要贡献，他们是美国阿拉伯和伊斯兰研究的重要推动力量。乔治城大学当代阿拉伯研究中心（Center for Contemporary Arab Studies，CCAS）成立于 1975 年，是美国著名的专门从事当代阿拉伯世界研究和阿拉伯语培训的学术机构，也是美国唯一的阿拉伯研究硕士学位（Master of Arts in Arab Studies，MAAS）授予点。④ 该研究中心是在汉纳·巴塔图（Hanna Batatu）和希沙姆·萨拉比（Hisham Sharabi）等阿拉伯裔学者的努力下创建的。在 1973 年石油危机发生之前，以阿美石油公司（Arabian American Oil Company）为首的石油利益集团一度被视为亲阿拉伯利益集团的代表。它们是美国中东研究的有力支持者。普林

---

① ［美］约翰·J. 米尔斯海默、斯蒂芬·M. 沃尔特：《以色列游说集团与美国对外政策》，第 255 页。
② 1979 年 3 月 26 日，埃及总统萨达特（Mohamed Anwar el-Sadat）和以色列总理贝京（Menachem Begin）在美国华盛顿签订的和平条约，结束了两国之间的战争状态。
③ ［美］约翰·J. 米尔斯海默、斯蒂芬·M. 沃尔特：《以色列游说集团与美国对外政策》，第 256—257 页。
④ Walsh School of Foreign Service, Georgetown University, "Center for Contemporary Arab Studies", http：//ccas. georgetown. edu/.

斯顿大学近东研究系的首个捐助者就是这些石油公司。①

阿拉伯国家政府则直接资助美国的相关研究机构，以此作为对美国开展公共外交的一种方式。阿拉伯产油国把资助美国的中东研究作为构筑其与西方公共关系的重要途径。②乔治城大学当代阿拉伯研究中心就受到阿曼、科威特、阿联酋、利比亚等多个阿拉伯国家的资助。哈佛大学、耶鲁大学、加州大学伯克利分校、乔治城大学、阿肯色大学等著名高校都曾得到沙特政府或个人的资助，设立了关于伊斯兰和中东研究的相关职位或研究中心。9·11事件后，美国社会的伊斯兰恐惧症（Islamphobia）急剧升温，对穆斯林和阿拉伯群体持负面看法的民众日益增多，一些民众甚至将其视为恐怖分子的重点嫌疑对象。为树立伊斯兰教的正面形象，促进基督教徒与穆斯林之间的相互理解，沙特阿拉伯等海湾国家加大了对美国伊斯兰研究和中东研究的资助力度。沙特阿拉伯王子瓦利德·本·塔拉勒（Al-Waleed Bin Talal bin Abdulaziz al Saud）分别给哈佛大学和乔治城大学捐资2000万美金，建立了伊斯兰研究中心。这是乔治城大学历史上收到的第二大笔捐助。③ 2013年，卡塔尔政府捐助1480万美金支持布鲁金斯学会在卡塔尔建立分支机构，就美国与伊斯兰世界的关系展开研究。④

伊朗在伊斯兰革命爆发后，断绝了与美国的外交关系。伊朗裔团体成为美国亲伊朗利益集团的主体。伊朗裔是美国受教育程度最高的群体之一，他们的经济条件普遍较好，在商业和学术领域比较成功，⑤

---

① John R. Starkey, "A Talk With Philip Hitti", *Aramco World*, Volume 22, Number 4, July/August 1971, http://archive.aramcoworld.com/issue/197104/a.talk.with.philip.hitti.htm.

② Peter Johnson and Judith Tucker, "Middle East Studies Network in the United States", p. 16.

③ Caryle Murphy, "Saudi Gives $20 Million to Georgetown", *Washington Post*, December 13, 2005, http://www.washingtonpost.com/wp-dyn/content/article/2005/12/12/AR2005121200591.html.

④ Eric Lipton, Brooke Williams and Nicholas Confessore, "Foreign Powers Buy Influence at Think Tanks", *The New York Times*, Sept. 6, 2014, http://www.nytimes.com/2014/09/07/us/politics/foreign-powers-buy-influence-at-think-tanks.html.

⑤ Phyllis McIntosh, "Iranian-Americans Reported Among Most Highly Educated in U.S.", *State Department Bureau of International Information Programs*, January 26, 2004, http://www.payvand.com/news/04/jan/1191.html.

并且重视民族文化的传承。伊朗裔的资助对美国伊朗研究的发展起着至关重要的作用。① 美国高校设立与波斯和伊朗研究有关的机构和研究教席，为学者和学生提供相关的资助和奖学金，举办相关的学术讲座、学术会议与培训等活动，都与伊朗裔团体或个人的资助密不可分。私人基金会罗山②文化遗产协会（Roshan Cultural Heritage Institute）是美国波斯和伊朗研究的一个重要支持机构。全球电子商务领头羊易趣（eBay）公司的创始人、伊朗裔慈善家皮埃尔·奥米迪亚（Pierre M. Omidyar）是该协会的董事，他的母亲艾拉赫·奥米迪亚·米尔达贾拉里（Elahé Omidyar Mir-Djalali）博士则担任协会的董事长。③ 罗山文化遗产协会致力于波斯文化的保存、传播和发展，开展的活动包括在美国主要的大学设立波斯和伊朗研究项目，奖励在相关领域做出卓越贡献的学者，联合学校、图书馆、博物馆等非营利组织和机构共同支持波斯文化的发展。受到这个协会资助开展相关研究的美国高校有30多所，既包括哈佛大学、耶鲁大学、哥伦比亚大学、布朗大学、杜克大学、芝加哥大学、麻省理工学院这些顶尖的私立名校，也包括加州大学洛杉矶分校、加州大学伯克利分校、加州大学尔湾分校（University of California, Irvine）等著名的公立大学。④ 有的高校甚至受到多位伊朗裔资助。加州大学尔湾分校2009年成立的波斯研究和文化中心（Samuel Jordan Center for Persian Studies and Culture）就在接受罗山文化遗产协会资助的同时，受到美籍伊朗裔企业家法里鲍兹·马西赫（Fariborz Maseeh）的资助。⑤

土耳其政府和个人则积极推动美国高校开展土耳其问题研究。

---

① Howard Cincotta, "Iranian-American Community Vital to Advance of Persian Studies-Academic Programs Demonstrate Different Ways to Explore the Field", http：//www.america.gov/st/sca-english/2009/July/20090724160449ISilArooN0.3581766.html.

② "罗山"由波斯语音译过来，字面意思是启发、明亮、清晰。

③ Roshan Cultural Heritage Institute, "About Us", http：//www.roshan-institute.org/474551.

④ Roshan Cultural Heritage Institute, "Grants to Universities", http：//www.roshan-institute.org/1048601.

⑤ Samuel Jordan Center for Persian Studies and Culture, University of California, Irvine, "Overview", http：//www.humanities.uci.edu/persianstudies/about/index.php.

20世纪80年代，土耳其政府出资300万美金，依托乔治城大学设立了土耳其研究协会（Institute of Turkish Studies），作为推动高校开展土耳其研究的基金会。土耳其研究协会在一些著名大学设立了土耳其研究中心或相关职位。中东研究重镇普林斯顿大学就在土耳其研究协会的资助下设立了"奥斯曼和现代土耳其研究阿塔图尔克教授"（Atatürk Professor of Ottoman and Modern Turkish Studies）职位，由希斯·劳里（Heath W. Lowry）就任。土耳其研究协会还为学者和学生提供奖学金，资助出版土耳其研究方面的学术著作。1997年，依靠土耳其柯旭家族（Koç family）的捐助，哈佛大学设立了"土耳其研究讲席教授"（Vehbi Koç Professor of Turkish Studies）职位，这是美国为数不多的专门从事土耳其研究的教职之一。[1]

### （二）利益集团试图限制和干预美国的中东研究

利益集团也对美国的中东研究造成许多不良影响。对于特定议题，利益集团只向公众说明它们所理解的那一面，提供对它们的立场最为有利的事实和解释，这是利益集团的一个天然特点。[2] 表现在中东研究领域，最突出的问题是利益集团根据自身的要求设立重点研究课题，限制学术界的研究方向和研究内容，甚至制造研究禁区。许多与利益集团关系密切的学术机构和团体曾企图阻止出版那些挑战其观点的学术作品。[3]

阿以冲突问题是亲以色列利益集团和亲阿拉伯利益集团最关注的重要问题之一。亲以色列利益集团在推动美国建立与以色列的特殊关系方面发挥了巨大作用。尽管这是普遍承认的事实，但在美国仍然是禁忌性话题。著名国际关系学者约翰·米尔斯海默和斯蒂

---

[1] Harvard University, "About Ottoman and Turkish Studies at Harvard", https://sites.fas.harvard.edu/~turkish/about_turkish_studies.html.

[2] ［美］杰弗里·M. 贝瑞、克莱德·威尔科克斯：《利益集团社会》，王明进译，中国人民大学出版社2012年版，第10页。

[3] ［美］约翰·J. 米尔斯海默、斯蒂芬·M. 沃尔特：《以色列游说集团与美国对外政策》，第264页。

芬·沃尔特冲破障碍，在 2007 年出版了名为《以色列游说集团与美国对外政策》[①]的专著，深入细致地研究了这个问题。亲以色列势力为此严厉批评两位作者，甚至对他们进行人身攻击。[②] 美国前总统吉米·卡特打破禁忌，著书讨论美国极少公开谈论的两个问题：巴勒斯坦人的悲惨境况以及以色列应该如何与邻国和平共处。他同样遭到亲以色列利益集团的抹黑和攻讦。[③] 作为国际关系史上持续时间最长、最复杂的地区冲突，阿以冲突受到美国政府和媒体的特别重视。美国学术界对阿以冲突及相关议题过度关注，在一定程度上边缘化了中东研究领域中的其他问题。

"亚美尼亚大屠杀"（Armenian Genocide）[④] 始终是土耳其史研究中的敏感和争议性问题。土耳其和亚美尼亚为这个问题的定性进行了长期斗争，并波及美国中东研究学界。土耳其官方和美国一些从事土耳其相关问题研究的学者认为，亚美尼亚人的死亡由内战、饥饿和疾病等原因共同造成，否认存在有组织的屠杀事件。土耳其研究协会的建立者和领导者希斯·劳里被加拿大安大略圭尔夫大学（University of Guelph）政治学系副教授戴维·麦克唐纳（David B. MacDonald）视为否认"亚美尼亚大屠杀"的关键人物之一。1985 年，劳里组织 69 名学者在《纽约时报》和《华盛顿邮报》发表联名信，呼吁美国国会不要承认"亚美尼亚大屠杀"[⑤]。伯纳德·刘易斯也在联名信上签了名。土耳其研究协会的一些著名学者，如斯坦福·肖（Stanford Shaw）、贾斯汀·麦卡锡（Justin McCarthy）等，都否认"亚美尼亚大屠杀"。但唐纳德·卡塔尔特（Donald Quataert）坚持认为，学者不能回避"亚

---

[①] John J. Mearsheimer and Stephen M. Walt, *The Israel Lobby and U. S. Foreign Policy*, New York: Farrar, Straus and Giroux, 2007.

[②] [美] 约翰·J. 米尔斯海默、斯蒂芬·M. 沃尔特：《以色列游说集团与美国对外政策》，第Ⅵ—Ⅶ页。

[③] [美] 吉米·卡特：《牢墙内的巴勒斯坦》，郭仲德译，西北大学出版社 2007 年版，第 159 页。

[④] 指 1915—1917 年奥斯曼帝国对亚美尼亚人的集体杀戮。

[⑤] David B. MacDonald, *Identity Politics in the Age of Genocide: The Holocaust and Historical Representation*, New York: Routledge, 2008, p. 121.

美尼亚大屠杀"问题。在土耳其驻美国大使的施压下，他于2006年被迫辞去土耳其研究协会董事会主席的职位。①

为使中东研究符合自身利益，利益集团不惜直接干预研究和教学。9·11事件将世人目光引向中东和伊斯兰世界的同时，也使美国的中东研究处于争议和质疑之下。伯纳德·刘易斯的学生马丁·克雷默（Martin Kramer）在《沙滩上的象牙塔：美国中东研究的失败》一书中抨击美国的中东研究学者不够爱国，所做的研究与国家政策关系不大，故意忽视阿拉伯和伊斯兰世界的缺陷。他将未能预测恐怖主义袭击归咎为美国中东研究的失败，指责中东研究学者失职。②此书产生了世界性的深远影响，在美国引发了对中东研究的广泛讨论。由于右翼保守势力的攻击，美国中东研究和教学的政治与制度环境受到巨大影响。

高校是美国中东研究的大本营。9·11事件后，犹太裔中东历史学家丹尼尔·派普斯（Daniel Pipes）创立了"校园观察"（Campus Watch）网站，专门监督中东研究机构和学者，并将那些同情伊斯兰教或阿拉伯世界的学者作为"不爱国者"公之于众。拉希德·哈立德的政治立场温和，曾公开谴责针对平民的自杀性炸弹袭击是"战争犯罪"，批评哈马斯和其他巴勒斯坦领导人。但是，他捍卫巴勒斯坦人抵抗以色列占领的权利，抨击美国偏袒以色列的政策。很多亲以色列活动家质疑哈立德的这些观点，认为他具有种族主义倾向和反犹主义立场。乔治城大学的约翰·埃斯波西托是国际伊斯兰研究学界的代表人物之一，他认为西方社会患上了"伊斯兰恐惧症"，强调不要简单僵化地理解穆斯林社会。1993年，埃斯波西托领导创立了穆斯林和基督徒理解中心（Center for Muslim-Christian Understanding）。该中心在2005年得到沙特阿拉伯王子瓦利德·本·塔拉勒的

---

① Susan Kinzie, "Board Members Resign to Protest Chair's Ousting", *The Washington Post*, July 5, 2008, http://www.washingtonpost.com/wp-dyn/content/article/2008/07/04/AR2008070402408.html.

② Martin Kramer, *Ivory Towers on Sand: The Failure of Middle Eastern Studies in America*, Washington: Washington Institute for Near East Policy, 2001.

资助。"校园观察"自建立起,就将哈立德和埃斯波西托列为重点监督对象。2005年,纽约公立学校教师培训项目邀请哈立德讲授中东政治课程,由于他的学术观点遭到反对者激烈批评而未能成行。沙特阿拉伯等海湾国家对美国高校的捐助和影响也引起"校园观察"和美国犹太人团体的警惕,它们质疑这些受捐高校的学术自由和研究的客观性。①

  利益集团的矛盾加深了中东研究领域的政治分歧。美国中东学界有大量犹太裔和中东裔研究人员。他们的工作提高了美国中东研究的水平,也将错综复杂的地区矛盾带入学术研究,使中东研究具有强烈的政治色彩。以色列资助的中东事务理事会(Council for Middle Eastern Affairs)从1950年开始出版《中东事务》(*Middle East Affairs*),②这个期刊采取亲以色列的立场。华盛顿的中东研究所(Middle East Institute)出版的《中东学刊》(*The Middle East Journal*)则持亲阿拉伯立场。当论及美国应该在中东地区发挥什么作用时,这两个期刊在同一问题上的观点甚至截然相反。③为防止政治分歧影响组织活动,中东研究学者在创立北美中东学会(Middle East Studies Association, MESA)伊始就规定,避免公开讨论阿以冲突等争议性问题。就连学会第一任主席也选择由马格里布(Maghrib)④研究专家威廉·扎特曼(Willam Zartman)担任,以免涉及阿以冲突问题。由于中东政治的巨大影响,北美中东学会第二任主席乔治·胡拉尼(George F. Hourani)在1968年突破学会规定,将巴勒斯坦问题作为演讲主题。随着美国对中东事务的参与逐步加深,中东地区政治对美国中东研究的影响日益

---

  ① Chanan Tigay, "Jewish Groups Keep Watchful Eye as Schools Receive Saudi Donations", *Jewish Telegraphic Agency*, December 16, 2005, http://www.jta.org/page_view_story.asp?intarticleid=16118&intcategoryid=5.

  ② 受以色列秘密资助的事实被揭露出来后,《中东事务》停刊。

  ③ Zachary Lockman, *Field Notes*: *The Making of Middle East Studies in the United States*, California: Stanford University Press, 2016, p. 167.

  ④ "马格里布"由阿拉伯语衍生,意为"日落的地方""西方",原指埃及以西的整个北非地区,后成为突尼斯、阿尔及利亚和摩洛哥三国的统称。"大马格里布"除上述三国外,还包括毛里塔尼亚和利比亚两国。

增大。[①] 北美中东学会最终在 1970 年对学者们放开了禁止讨论阿以冲突等问题的限制。

在阿拉伯裔和犹太裔学者之间，分歧表现得尤其突出。伯纳德·刘易斯与爱德华·萨义德之间就发生过激烈的观点交锋。2007年秋，刘易斯和黎巴嫩什叶派学者福阿德·阿贾米退出北美中东学会，另外成立了中东非洲研究协会（Association for the Study of the Middle East and Africa，ASMEA），创办了专业期刊《中东非洲学刊》（*The Journal of the Middle East and Africa*）。对待巴勒斯坦和以色列的立场不仅是学者政治观点的试金石，也是他们遭受攻击的原因。北美中东学会因为支持巴勒斯坦人的合法权益，多次遭到亲以色列人士的指责。派系分歧也使族裔成为学者就业的限制因素。华盛顿近东政策研究所就尽可能少地招募阿拉伯裔学者参与研究工作。

## 三 利益集团能够影响美国中东研究的原因

利益集团能够影响美国的中东研究，是由美国的社会政治环境、中东研究的特点和中东研究学者的构成等因素共同决定的。

### （一）美国的社会政治环境为利益集团参与对外政策决策提供了空间

美国三权分立的政治体制和开放的政治过程，为利益集团参与对外政策决策提供了空间。作为美式民主政治参与的合法形式，利益集团与美国政治相伴相生，已经全面渗透到政治和社会生活之中，成为社会权力结构的重要组成部分。可以说，美国绝大多数的政治领域和权力部门的决策过程，都离不开利益集团的影响和参与。这使美国成为世界上利益集团数量最多、政治参与最为活跃的国家。

美国法律保护外国利益集团在本国的游说活动，这是美国政治

---

[①] Zachary Lockman, *Field Notes: The Making of Middle East Studies in the United States*, p. 232.

中的独特现象。作为拥有巨大国际影响力的大国，美国的对外政策是众多外国利益集团企图影响的目标。第二次世界大战结束后，随着美国世界霸主地位的确立以及美国对国际事务参与程度的加深，外国利益集团在美国的院外活动得到迅速发展。20世纪70年代中期，美国国会的对外政策决策权力扩大，国会的机构改革使立法权力进一步分散，为外国利益集团的游说活动大开方便之门。

美国是由移民组成的多元化社会。各移民团体及其后裔与母国之间特殊的精神和物质联系，使他们成为沟通美国与母国的桥梁，促使他们为母国利益进行游说。移民构成的利益集团数量庞大。它们通过族裔游说，广泛介入美国的对外政策决策过程中。特别是冷战结束后，族裔游说对美国对外政策的影响力日益增强，使美国的国内政治延伸到国际政治领域。

### (二) 美国中东研究的特点吸引了利益集团的关注

美国的中东研究具有自己鲜明的特点，这些特点引起了利益集团的关注。

首先，美国中东研究与国家利益密切相关。作为地区研究的中东研究，是随着美国对中东事务的卷入而兴起和发展的。第二次世界大战中期，向西亚、北非派兵和与阿拉伯人打交道的需要，使美国政府和高校意识到对中东地区现、当代事务进行研究的重要性。[1]美国中东研究由此开始全面发展，研究内容和重点从古代转向现代，研究范式从传统的东方学模式转向现代的多学科研究，中东研究学者在美国高等教育中的边缘地位也得到改善。通过社会科学不同领域学者间的合作，中东研究提供了关于当代中东国家、社会、宗教和文化的系统知识，为美国介入中东事务做好了知识和人才上的准备。

20世纪五六十年代，美国中东研究在兴起之初，就将用专业知

---

[1] John R. Starkey, "A Talk With Philip Hitti", *Aramco World*, Volume 22, Number 4, July/August 1971, http://archive.aramcoworld.com/issue/197104/a.talk.with.philip.hitti.htm.

识服务于国家的外交利益视为自己的责任。① 普林斯顿大学等高校为军方提供中东地区的知识和语言培训。一批学者和政治家认识到中东在战后美国的全球战略、国家安全和利益中的重要地位，于1946年创办了中东研究所。这个研究所致力于为美国政策决策者和公众提供关于中东的准确信息和客观分析，可以说是美国最早专门从事中东研究的智库，自成立以来就是华盛顿的中东研究中心之一。中东研究所的创始人之一克里斯蒂安·赫特（Christian Herter）在1959—1961年担任美国国务卿，后来的几任所长都担任过美国驻外大使。与政府决策者的密切关系使中东研究所成为学界和政府人士交流中东信息的重要渠道。研究所的课题及所刊《中东学刊》的文章，也更多地反映了美国政府对中东事务的关注点。随着美国中东研究的发展，北美中东学会于1966年建立，并创立了专业刊物《国际中东研究学刊》（*International Journal of Middle East Studies*）。

冷战和9·11事件强化了美国中东研究为国家战略服务的特点。苏联入侵阿富汗和里根主义（Reagan Doctrine）②的推出使中东成为冷战中心，中东研究的战略地位相应地得到加强。随着冷战结束以及自由主义呈现出全球化发展态势，不少美国人对作为地区研究领域的中东研究的研究方向和继续存在的意义提出质疑。③ 美国政府对中东研究的资助也一度匮乏。9·11事件后，美国政府决定实施打击恐怖主义、发动阿富汗战争和伊拉克战争等国家战略，迫切需要相关研究的支持。为此，美国国会大幅度增加了对中东研究机构的资助力度。④

其次，美国中东研究与商业利益存在紧密联系。中东是世界上最重要的石油天然气产区，在美国能源安全战略中具有至关重要的

---

① Zachary Lockman, *Field Notes: The Making of Middle East Studies in the United States*, p. 243.
② 美国总统里根在1986年提出的施政方针，主要内容是与苏联争夺第三世界。
③ Lisa Hajjar and Steve Niva, "(Re) Made in the USA Middle East Studies in the Global Era", *Middle East Report*, No. 205, Oct.-Dec., 1997, pp. 7–9.
④ Joel Beinin, "Middle East Studies after September 11, 2001", *Middle East Studies Association Bulletin*, Vol. 37, No. 1, 2003, p. 9.

地位。美国政府和石油公司把中东石油与美国国家安全联系起来，互相配合，取得了对中东地区石油的主导权。中东也是美国出口商品和军火的巨大市场。1951年之前，中东研究所的顾问委员会不仅包括政府的代表，还有商业企业的代表，如华盛顿进出口银行秘书及阿美石油公司的副总裁詹姆斯·特里·达斯（James Terry Duce）等人。在中东研究所的董事会和《中东学刊》编委会中，也是与政府和企业关系密切的人士占主导地位。研究所的大部分资金来自基金会、美国石油公司和在中东有利益的其他企业。① 在北美中东学会成立早期，阿美石油公司、美孚石油公司、非洲和东方贸易公司（African and Oriental Trading Company）等在中东有利益的企业都有代表作为会员。卡耐基基金会、洛克菲勒基金会特别是福特基金会在资助中东研究机构方面发挥了重要作用，这些基金会的董事会成员都与企业和政府的利益密切相关。②

**（三）美国中东研究学者的"中东化"为利益集团施加影响创造了条件**

在开展中东研究初期，美国高校聘请了一些出生于中东地区又在西方接受过学术训练的学者从事研究。由于语言和文化优势，这些中东裔和犹太裔学者为美国中东研究的开启和发展做出了巨大贡献。随着中东裔学者在美国中东研究领域所占比例日益增加，出现了美国中东研究学者队伍的"中东化"现象，如北美中东学会就有50%的会员是中东裔。③

出生于黎巴嫩的阿拉伯裔学者菲利普·希提（Philip Hitti），在推动美国中东研究转型的过程中发挥了重要作用。④ 美国的中东研究

---

① Peter Johnson and Judith Tucker, "Middle East Studies Network in the United States", p. 12; Zachary Lockman, *Field Notes: The Making of Middle East Studies in the United States*, p. 167.
② Peter Johnson and Judith Tucker, "Middle East Studies Network in the United States", p. 8.
③ Norvell B. De Atkine and Daniel Pipes, "Middle Eastern Studies: What Went Wrong?", *Academic Questions*, Winter 1995 – 1996, http://www.danielpipes.org/392/middle-eastern-studies-what-went-wrong.
④ Zachary Lockman, *Field Notes: The Making of Middle East Studies in the United States*, p. 11.

肇始于对《圣经》语言的研习。到 19 世纪末，哈佛大学、耶鲁大学、普林斯顿大学、宾夕法尼亚大学、哥伦比亚大学和芝加哥大学等著名高校都开设了中东研究的相关课程，但着眼点主要是伊斯兰教兴起以前当地的语言、文献和考古，属于东方学的范畴。[1] 普林斯顿大学在 1927 年建立东方语言和文学系后，希提将阿拉伯语和伊斯兰教引入教学，并敦促学校重视对阿拉伯和伊斯兰历史与文化的研究。在希提的主持下，普利斯顿大学在 20 世纪 30 年代多次组织阿拉伯和伊斯兰研究夏季研讨班。常规化的波斯语和土耳其语教学、伊斯兰考古讲座也从 1939 年秋季开始进行。[2] 1947 年，普林斯顿大学在东方语言和文学系的基础上设立了近东研究系，研究重点是近现代的阿拉伯和伊斯兰问题。这是美国高校设立的第一个多学科的现代中东研究机构。

爱德华·萨义德生前在哥伦比亚大学任教 40 年，著述丰厚，打下了美国巴勒斯坦研究的关键性基础。为了纪念他，哥伦比亚大学设立了"现代阿拉伯研究爱德华·萨义德教授"（Edward Said Professor of Modern Arab Studies）职位。首位就任此职的学者是拉希德·哈立德。在哈立德的推动下，2010 年哥伦比亚大学成立了巴勒斯坦研究中心，这是美国学术机构内设立的首个此类机构。研究中心积极致力于促进与约旦河西岸和加沙地带的学者、学生和学术机构之间的学术交流，与其他国家和地区致力于巴勒斯坦研究的机构和学者也建立了密切的学术联系。

世界著名的伊朗研究专家埃赫桑·亚沙特尔是哥伦比亚大学伊朗研究中心的创立者和领导者。他出身于伊朗的巴哈伊教（Bahá'í）[3] 家庭，是第二次世界大战后美国高校的首位全职波斯裔教授。亚沙特尔是《伊朗学百科全书》（Encyclopaedia Iranica）项目

---

[1] Zachary Lockman, *Field Notes: The Making of Middle East Studies in the United States*, p. 10; Peter Johnson and Judith Tucker, "Middle East Studies Network in the United States", pp. 3–4.

[2] Zachary Lockman, *Field Notes: The Making of Middle East Studies in the United States*, p. 14.

[3] 巴哈伊教是由伊斯兰教分化出来的宗教，由巴哈欧拉（Bahá'u'lláh）在 19 世纪 60 年代创立于伊朗，基本教义是上帝独一、宗教同源、人类一家。

的奠基人。《伊朗学百科全书》是哥伦比亚大学的一个大型百科全书编撰工程，由伊朗研究中心具体实施。该项目覆盖了伊朗文明的各个方面，并跟踪当前的最新研究。除图书出版外，《伊朗学百科全书》项目还包括档案整理和在线数据库建设。为保证这个项目能够持续进行，亚沙特尔在1990年建立了伊朗学百科全书基金会（Encyclopaedia Iranica Foundation，EIF）。[1] 此外，他还主持编撰了《剑桥伊朗史》（The Cambridge History of Iran）第三卷、[2] 《波斯文学》（Persian Literature）[3] 和40卷本的《塔伯里史》（The History of al-Tabari）[4] 等著作。加利福尼亚大学洛杉矶分校、伦敦大学、法国国家科学研究中心（French National Center for Scientific Research，CNRS）都开设了以亚沙特尔命名的系列讲座。"亚沙特尔讲师"也成为当前伊朗研究领域的最高荣誉。正是亚沙特尔的贡献奠定了哥伦比亚大学伊朗研究的学术地位。

通过犹太裔和中东裔学者，中东地区的政治被投射到美国中东研究学界。很多犹太裔学者致力于推动美国支持犹太复国主义运动，促进以色列的国家利益。不少阿拉伯裔学者也为巴勒斯坦的命运积极奔走。菲利普·希提等阿拉伯裔政治文化精英在1944年就成立了阿拉伯裔美国人事务协会（Institute of Arab American Affairs），帮助阿拉伯国家向美国政府进行相关游说活动。[5] 在当年举行的美国国会听证会上，希提曾反对在巴勒斯坦建立"犹太民族家园"，认为这没

---

[1] Encyclopædia Iranica, Columbia University, "Encyclopædia Iranica Foundation (EIF)", http://www.iranicaonline.org/pages/eif-header-mission.

[2] Ehsan Yarshater, ed., *The Cambridge History of Iran*, Vol. Ⅲ: *The Seleucid, Parthian and Sasanian Periods*, Cambridge: Cambridge University Press, 1983.

[3] Ehsan Yarshater, ed., *Persian Literature*, New York: State University of New York Press, 1988.

[4] Ehsan Yarshater, ed., *The History of al-Tabari: Volumes 1–40*, New York: State University of New York Press, 1989–2007.

[5] Denise Laszewski Jenison, "American Citizens of Arabic-Speaking Stock': The Institute of Arab American Affairs and Questions of Identity in the Debate over Palestine", in Moha Ennaji, ed., *New Horizons of Muslim Diaspora in Europe and North America*, New York: Palgrave Macmillan US, 2016, pp. 35–51.

有历史合理性。

1973年,在第四次阿以战争期间,阿拉伯产油国实施石油禁运,在美国社会激起了反阿拉伯情绪。主要由大学生和学者组成的阿拉伯裔美国大学毕业生协会（Association of Arab-American University Graduates, AAUG）对有关阿拉伯世界及其与美国关系的争议性问题进行了积极的回应。协会在1979年创立了《阿拉伯研究季刊》（Arab Studies Quarterly），作为阿拉伯研究的平台,反击以学术术语掩盖的反阿拉伯宣传。西北大学巴勒斯坦裔政治学教授易卜拉欣·阿布卢德（Ibrahim Abu-Lughod）和爱德华·萨义德都是该杂志的编委。阿拉伯裔美国大学毕业生协会在20世纪90年代停止活动,但这个刊物仍继续出版。

## 四 利益集团对美国中东研究成果的影响

尽管受到利益集团的干扰,美国大多数中东研究学者的科研成果仍保持了较高的学术质量。[1] 特别是9·11事件后,公众对伊斯兰教和中东的关注激增,学者们的成果发表也达到一个高峰,其中很多都是优秀的学术著作。学术界的自律、国家的制度支持以及利益集团的相互制约,是美国中东学界能够保持较高学术质量的重要因素。

学术研究的内在规律要求学者追求高质量的学术成果。美国高等教育在发展过程中形成了独具特色的学术自由思想,并建立了较为科学和完善的保障学术自由的制度体系。[2] 这为中东研究学界坚持学术自由和独立,在利用利益集团的资助进行学术研究的同时抵制其影响与渗透,提供了精神支持和制度保障。美国中东研究学会（American Association for Middle East Studies, AAMES）从1959年成

---

[1] Zachary Lockman, *Contending Visions of the Middle East: The History and Politics of Orientalism*, Cambridge: Cambridge University Press, 2010, p. 272.

[2] 朱景坤:《美国大学教师学术自由的逻辑基础与制度保障》,《比较教育研究》2012年第2期,第26页。

立到销声匿迹,只存在了五年左右。这个学会由美国犹太人大会(American Jewish Congress)前负责人亨利·西格曼(Henry Siegman)创立,受犹太复国主义组织资助,旨在维护以色列的利益,提升以色列在美国学术界的形象。学会在公开活动和出版物中没有表达犹太复国主义的论调和内容,也没有代表以色列进行宣传活动,但与亲以色列利益集团的密切关系引起中东学界对学会真实意图的怀疑,削弱了它作为学术组织的公信力。这是学会最终丧失活力的原因之一。① 有可能影响到学术自由的资助,也会受到学者们的质疑。1976年,伊朗政府准备资助美国中近东联合委员会(Joint Committee on the Near and Middle East, JCNME)在伊朗召开学术会议,一些学者反对接受这个资助,认为伊朗政府将会限制会议参加人员和议题。②

美国较为完善的学术评价制度是推动中东学界追求学术质量的重要机制。在学术自由、学术自治和学术独立三项原则的基础上,美国高校建立了完整的学术评价制度。③ 同行是学术评价的基础主体之一,美国学术界普遍采用同行评议的方式,以求客观地评价研究成果的学术质量。对于委托课题,委托人在研究质量评价中发挥着至关重要的作用。但利益集团不是美国中东研究的唯一客户。国会、政府、军方和情报机构等国家部门以及商业企业和社会公众等,对中东研究学术成果都有巨大的需求。这种多样化的市场环境促使学者尊重学术研究的客观规律,努力提高学术质量。

联邦政府对中东研究的制度化支持,是美国中东研究学界产出较高质量的研究成果的保障。美国高校中东研究机构的大部分预算来自联邦政府。④ 在中东研究兴起之初,福特基金会、卡内基国际和

---

① Zachary Lockman, *Field Notes: The Making of Middle East Studies in the United States*, pp. 161–170.
② Zachary Lockman, *Field Notes: The Making of Middle East Studies in the United States*, pp. 233–235.
③ 杨明、李琪:《美国高校学术评价制度的借鉴与反思》,《黑龙江高教研究》2013年第4期,第46—47页。
④ Zachary Lockman, *Contending Visions of the Middle East: The History and Politics of Orientalism*, p. 244.

平基金会和洛克菲勒基金会是中东研究机构的重要资助者。后来，鉴于在美国实施其全球战略的过程中发挥的巨大作用，包括中东研究在内的地区研究逐渐得到了国家的立法支持和制度保障。1958 年颁布的《国防教育法》（National Defense Education Act）第六款授权联邦政府为高等院校外语和地区研究提供资助，改变了地区研究单纯依靠基金会支持的局面。美国的中东研究由此获得联邦政府投入的大量资金。1992 年颁布的《中近东研究和培训法》（Near and Middle East Research and Training Act）加大了联邦政府资助中近东研究和相关培训活动的力度。这成为中东研究领域的教师和研究生获取政府资助的又一个渠道。为保持学术独立，即使是美国政府的资助，学者们也会考虑资金的来源以及资助目的和条件。20 世纪 70 年代，受越战失败、水门事件等影响，美国的中东研究机构和学者担心与军事或情报机构的密切关系会损害学术独立和诚信。特别是在大学任教的学者，要求中东学界与政府部门、军方和情报机构保持距离，以使学术摆脱对政治的依附，保持研究的独立客观。1985 年，北美中东学会提出，在接受军方或其他情报机构资助时，学者要认真反思自己对学术界的责任。《国防教育法》授权的资助通过教育部来进行，《中近东研究和培训法》渠道的资助最初由社会科学研究理事会（Social Science Research Council，SSRC）负责，后来通过美国海外研究中心理事会（Council of American Overseas Research Centers）来进行。① 这几种资助的实施办法免除了学者对研究成果受特定政府机构左右的担心。

众多对立的利益集团在一定程度上发挥了互相监督的作用。亲以色列利益集团对学术界的渗透遭到很多学者的揭露和抵制。美国高校在国际化进程中，吸引了大量外国学者和教授前来任职，他们对以色列的批评经常比美国人更尖锐。② 与此同时，亲以色列势力也讨伐亲

---

① Zachary Lockman, *Contending Visions of the Middle East: The History and Politics of Orientalism*, p. 244.
② ［美］约翰·J. 米尔斯海默、斯蒂芬·M. 沃尔特：《以色列游说集团与美国对外政策》，第 258 页。

阿拉伯学者，认为他们奉行反西方、反民主、反犹主义的意识形态，危害美国国家利益。亲以色列利益集团把以色列的利益视为美国的国家利益，批评那些受到阿拉伯背景资金资助或学术观点有利于阿拉伯和伊斯兰世界的中东研究机构和学者。美国对外政策分析人士、"美国以色列合作组织"（American-Israeli Cooperative Enterprise，AICE）执行主席米切尔·巴德（Mitchell Bard）在2010年出版的著作《阿拉伯游说组织：破坏美国中东利益的隐形联盟》中抨击了亲阿拉伯利益集团。他认为，阿拉伯游说组织的行动途径是通过经济资助影响美国高校的中东研究，进而推动美国中东政策体现阿拉伯人的立场。土耳其政府资助美国高校开展奥斯曼和土耳其研究时，曾受到亚美尼亚裔美国人的警告。1996年，美国科尔盖特大学（Colgate University）的亚美尼亚裔教授彼得·巴拉金（Peter Balakian）等人组织活动，抗议普林斯顿大学任命希斯·劳里为"奥斯曼和现代土耳其研究阿塔图尔克教授"，认为这个任命是因为土耳其政府捐款75万美元，并把这件事作为外国政府在美国购买公信力的例子加以批评。[1]

## 结　　语

美国社会和学术界一直存在着对族裔游说消极后果的争论和担忧。[2] 为此，特朗普组阁之时就特地要求进入新政府担任公职的人员必须承诺终身不为外国政府游说，试图关闭社会精英在公共部门和私人部门之间转换角色的"旋转门"。在这种社会政治环境下，通过影响中东研究的方式影响美国的中东政策决策，更具有隐蔽性和长期性，能够达到潜移默化的效果。这个动力将驱使利益集团继续支持中东研究相关领域的发展。利益集团的支持促进了美国中东研究

---

[1] William H. Honan, "Princeton Is Accused of Fronting for the Turkish Government", *The New York Times*, May 22, 1996, http://www.nytimes.com/1996/05/22/nyregion/princeton-is-accused-of-fronting-for-the-turkish-government.html.

[2] 潘亚玲：《美国的族裔游说与移民爱国主义：以阿裔美国人的游说为例》，《美国研究》2009年第2期，第74—77页。

的繁荣，也对中东研究造成许多不良影响，将地区政治分歧带入学术界。尽管有利益集团的干扰，但美国中东学界仍保持了较高的学术质量。学术研究自身的规律要求学者追求高质量的学术成果。在美国完善的学术评价机制下，研究成果的质量关系到学者的学术生命。美国在国家层面对中东研究的制度化支持，也为学者进行客观研究提供了保障。利益集团之间的对立斗争在制约中东研究的同时，客观上也起到了督促中东研究学者提高学术质量的作用，但其对美国中东研究的消极影响也不容忽视。

（原载《美国研究》2018年第3期）

# 埃及军政分歧与第三次中东战争

朱泉钢

第三次中东战争不仅直接冲击参战各方,而且对中东地区格局和全球冷战大势产生了深远影响。作为当时的阿拉伯世界霸主,埃及的冲突升级姿态令人困惑,其在战争中的拙劣表现也令人吃惊。

埃及在战前明知自身力量不足,却依旧不断向以色列挑衅,其冲突升级举动最终招致以色列先发制人的打击,埃及付出了惨痛代价。关于埃及的战前举动主要有以下三种解释。第一种,埃及掉进了美国和以色列的圈套,以色列试图通过进攻叙利亚的假情报,诱使埃及卷入毁灭性战争。[①] 然而,这与事实不符,纳赛尔明确知晓以色列在叙利亚边境集结军队的情报为假。第二种,埃及试图通过对以色列展示强硬,平息叙利亚等阿拉伯激进国家对其不进攻以色列的不满,进而加强纳赛尔作为阿拉伯民族主义旗手的地位。[②] 这种观点符合一定史实,但无法解释冲突升级失控的问题。第三种,一些以色列学者认为,埃及升级冲突并不是突发奇想,而是蓄谋已久的战略举动,其目的是消灭以色列。[③] 这种解释明显带有为以色列发动战争进行辩护的色彩,并且与埃及的真实意图并不相符。对于埃及

---

[①] Richard B. Parke, "The June 1967 War: Some Mysteries Explored", *The Middle East Journal*, Vol. 46, No. 2, Spring 1992, p. 181; 彭树智:《中东史》,人民出版社2010年版,第429页。

[②] Bassam Tibi, *Conflict and War in the Middle East: From Interstate to Security*, Houndmills: Palgrave Macmillan, 1990, pp. 73–74.

[③] Moshe Gat, "Nasser and the Six Day War, 5 June 1967: A Premeditated Strategy or An Inexorable Drift to War?", *Israel Affairs*, Vol. 11, No. 4, October 2005, p. 630.

军队在战争中的拙劣表现,很多学者认为是以色列明确的战略目标、以军突袭、以军高超的军事能力所致。① 这些因素的确重要,然而,埃军如果能够很好地制订和执行防御及撤退计划,有可能在整体军事失败的情况下,获得一定程度的胜利。综合来看,关于冲突升级的解释绝大多数将埃及视为内部统一的行为体,忽略了军队总司令阿明与总统纳赛尔之间的权力斗争。而对于埃及军队惨败的解释,也很少考虑军队与政府之间的矛盾这一因素。本文拟对埃及战前的军政分歧进行分析,并探讨其对战前冲突升级和战中军队惨败的影响。

## 一 组织理论视角下的军政关系与军政分歧

军政关系的概念有广义和狭义之分。广义的军政关系是指政治与军事之间的所有关系,也即二者各要素之间的任何关系。进行研究的时候,应当从狭义层面理解一国的军政关系。② 从组织理论视角来看,军政关系可以界定为军队与政府之间的联系和互动,以及在互动基础上形成的有关军政双方权力分配的制度安排。这一概念强调一国内部的组织部门之间是分立的,在保持一定程度的一致目标和共同利益的同时,也会发生冲突。③ 军队与政府是一国内部的不同组织,两个组织在保持沟通合作的同时,往往也致力于维护组织的自主性和利益,进而产生摩擦和冲突。

军政分歧是指军队与政府在政权构成问题、军队团体议题、国家安全事务、社会经济事务等领域中的观点的差异。④ 在政权构成问

---

① Kenneth M. Pollack, *Arabs at War: Military Effectiveness, 1948–1991*, Nebraska: University of Nebraska Press, 2002, p. 75.
② 高民政等:《军事政治学导论》,时事出版社2010年版,第6页。
③ 关于官僚组织理论的经典研究,参阅 Graham T. Allison, "Conceptual Models and the Cuban Missile Crisis", *American Political Science Review*, Vol. 63, No. 3, September 1969, pp. 707–715。
④ Muthiah Alagappa, *Coercion and Governance: The Declining Political Role of the Military in Asia*, Stanford: Stanford University Press, 2001, p. 32.

题上，军政双方可能在军官担任政府部门职位方面想法相左。在军队团体议题上，军政双方可能在军队招募、人事和装备等问题上观点不同。在国家安全事务方面，军政双方可能对国家面临何种威胁、威胁的程度和如何应对等问题存在分歧。在社会经济事务中，军政双方可能在军队参与国家经济建设或社会建设方面意见各异。不同国家、不同时空，军政分歧在深度和广度上并不一样。例如，军政双方可能在军队影响（文官控制）、军队参与、军队主导（与合作伙伴一道）、军队控制（不与合作伙伴一道）[1] 上的看法不同，进而在政权构成中的军官地位问题上观点各异。

　　军政分歧主要源于组织的团体利益不同、组织文化的差异和组织领导人的竞争。通常来说，军队具有独特的团体利益，其核心目标是维持和扩展强制能力，有效应对外部威胁，或者是内部敌人。此外，军队往往试图提高物质福利标准和组织控制能力。[2] 首先，军队对于团体利益的追求未必符合政府的利益，例如，大多数发展中国家预算往往有限，军队对于预算的高要求往往意味着牺牲国内发展，长远来看不利于政权合法性。其次，从组织文化上讲，军队往往喜欢进攻性的战争计划和先发制人的打击，因为这能使军队按照自身意愿塑造战场和将不确定性降到最低。[3] 然而，这往往与政府的信念和规范并不一致，因为政府往往更偏向于妥协文化，要综合考虑国际规范和国际形势、国内政治压力等问题，从而导致双方的分歧。最后，在大多数后发国家，国家的制度建设往往相对滞后，因而组织领导人的个人作用在国家决策和利益分配中往往十分重要。[4]

---

[1] Claude E. Welch, "Civilian Control of the Military: Myth and Reality", in Claude E. Welch, ed., *Civilian Control of the Military: Theory and Cases from Developing Countries*, New York: State University of New York Press, 1976, p. 3.

[2] David Pion-Berlin, "Introduction", in David Pion-Berlin eds., *Civil-Military Relations in Latin America: New Analytical Perspectives*, North Carolina: The University of North Carolina Press, 2001, p. 21.

[3] Risa A. Brooks, *Shaping Strategy: The Civil—military Politics of Strategic Assessment*, New Jersey: Princeton University Press, 2008, p. 26.

[4] [美] 塞缪尔·亨廷顿：《变化政治中的政治秩序》，王冠华等译，生活·读书·新知三联书店1989年版，第4页。

军队作为重要的国家部门，军队领导人的职位往往意味着重要的权力来源，因而在某些时候会对政府领导人构成威胁，进而导致双方的分歧和争端。

军政分歧影响军政双方的合作竞争、协商谈判和讨价还价，进而影响一国的内外政策。在发展中国家，军队往往不仅积极参与政治，而且由于其高效的组织能力、管理能力和执行能力，也经常参与经济和社会活动。因而，军方不仅为国家决策提供政策咨询和建议，甚至直接参与相关政策决策，而且承担着许多国家政策的执行功能。军政分歧最恶劣的后果表现在两个方面：对内是军队直接发动政变，推翻政权；对外是军队在战争中惨遭灾难性失败。[1] 此外，军政分歧也可能导致军队有选择地向政府提供信息情报，缩水执行甚至直接违背政府的命令，进而影响国家政策决策和执行的质量和成本。

## 二　第三次中东战争之前的埃及军政分歧

1952年7月，由80名中层军官组成的自由军官组织在埃及发动政变，逮捕军队领导人，夺取军队领导权，随即推翻法鲁克国王，开启共和时代。作为自由军官组织的核心成员，纳赛尔在与纳吉布的权力斗争中获胜。到1954年，他成为毫无争议的国家领袖。长期以来，人们普遍认为纳赛尔时期的埃及是军人政权。[2] 这主要是从文军关系的视角来理解的，即军官，而不是文职技术官僚广泛担任政府部门高级领导的政权。然而，对纳赛尔军人政权的描述仅仅涵盖了埃及军政关系的一个侧面，并未反映埃及军队与政府之间权力斗争的一面。

在20世纪60年代之前，埃及总统纳赛尔和军队总司令阿明是

---

[1] Peter D. Feaver, *Armed Servants: Agency, Oversight, and Civil-Military Relations*, Cambridge, MA: Harvard University Press, 2003, p. 59.

[2] 毕健康：《埃及现代化与政治稳定》，社会科学文献出版社2005年版，第87—92页；Amos Perlmutter, *Egypt: The Praetorian State*, New Jersey: Transaction Books, 1974.

关系密切的朋友。二人在 1952 年革命之前就建立起了深厚友谊，他们具有相似的政治观点，致力于推翻法鲁克国王，并在军队领导下重建国家。他俩都是"七月革命"的计划者和执行者，阿明也是除纳赛尔之外唯一知道所有政变参与者的军官。在纳赛尔与纳吉布的权力斗争中，纳赛尔积极拉拢阿明，赋予其重要地位和权力。然而，叙利亚 1961 年从阿拉伯联合共和国中分离出来，催化了纳赛尔和阿明的分裂。① 随后，代表政府的纳赛尔和代表军队的阿明之间矛盾日益加深，埃及军政双方在政权构成问题、军队团体议题和国家安全事务方面的分歧越发明显。

由于不同的组织利益和个人权力之争，纳赛尔和阿明对军官在政权中的地位存在分歧，并且围绕政权构成展开了激烈竞争。埃及军队作为国家的重要机构，具有独特的团体利益，其中就包括影响政府构成。② 作为一名军人，纳赛尔对军队具有天然的感情，这也是政权建立初期，军官在内阁中占绝大多数的原因。但是作为国家总统，纳赛尔需要思考国家的日常治理问题。军人统治具有两大缺陷：一是缺乏管理日常事务的技术能力；二是缺乏足够的合法性。③ 因而，纳赛尔在内阁中逐渐更多地起用技术官僚。内阁中军官占比从 1961 年 8 月的 51.5% 降低到 1962 年 9 月的 47%，到了 1964 年 3 月更是下降到 36.3%。④ 然而，阿明代表的军官团体相信，埃及军队具有管理国家事务的官僚组织能力，并且确信军方能够控制传统的独立官僚机构。⑤ 此外，保持军官在政府机构的地位，还能为阿明带来军官对其个人忠诚的好处。1966 年年底，阿明要求纳赛尔任命他

---

① [埃] 安瓦尔·萨达特：《萨达特回忆录》，钟艾译，商务印书馆 1976 年版，第 150 页。
② 朱泉钢、王林聪：《论军队在埃及变局及其政治转型中的作用》，《西亚非洲》2014 年第 3 期，第 85 页。
③ Samuel E. Finer, *The Man on Horseback: The Role of the Military in Politics*, Boulder CO: Westview Press, 1962, p. 14.
④ Richard H. Dekmejian, "Egypt and Turkey: The Military in the Background", in Roman Kolkowic and Andrzej Korbonski eds., *Soldiers, Peasants, and Bureaucrats: Civil-Military Relations in Communist and Modernizing Societies*, London: G. Allen & Unwin, 1982, p. 31.
⑤ Imad Harb, "The Egyptian Military in Politics: Disengagement or Accommodation", *Middle East Journal*, Vol. 57, No. 2, Spring 2003, p. 276.

或者他的亲信巴德兰（Shams Badran）出任总理一职，遭到拒绝。但是，纳赛尔迫于压力，任命相对中立的军官苏莱曼（Sedqi Suleiman）取代自己的心腹扎卡利亚（Zakaria Muhi al-Din）担任总理。此后，在苏莱曼任职期间，军官在内阁成员中的比重激升至55.2%。[1]

政府与军队对各自在军队团体事务方面的权限看法并不一致，纳赛尔和阿明围绕该议题展开了博弈。第一，相较阿明，纳赛尔希望军队更加具有专业性，双方在军队人事任命方面有明显分歧。作为军队总司令，阿明通过奖励对他忠诚的军官，扩展自己对军队的控制和影响。纳赛尔认为，这种做法不仅不利于加强自身权力，而且会牺牲军队的专业能力，降低军队的战斗力，而这对处于战争压力下的埃及构成潜在威胁；如果战争失败，纳赛尔的统治也将面临压力。1958年，埃及与叙利亚合并，组建阿拉伯联合共和国。阿明前往大马士革监管叙利亚的军事和政治事务。他纵容埃及军官在叙利亚军队中肆意妄为，加速了阿联在1961年走向分裂。纳赛尔对此十分不满，并对军队的团体自主性提出质疑，但受到了阿明的坚决反击。[2] 阿明为了加强对军队的控制，要求巴德兰进行广泛的军官清洗，在1966年夏天重新任命了300多名忠于自己的中高层军官，这是1952年以来最大规模的军队人事变动。[3] 第二，阿明试图通过更改某些职位的权限，加强对军队团体事务的控制。1966年9月，巴德兰被任命为战争部长。阿明随即颁布1966年最高副统帅367号令（Vice Supreme Commander Decree 367），扩展战争部长关于军队行政和预算事务的权限，并授权战争部长控制军队情报、军事法庭。并且，阿明还通过1966年最高副统帅118号令缩减了与纳赛尔关系密

---

[1] Richard H. Dekmejian, "Egypt and Turkey: The Military in the Background", in Roman Kolkowic and Andrzej Korbonski eds., Soldiers, Peasants, and Bureaucrats: Civil-Military Relations in Communist and Modernizing Societies, London: G. Allen & Unwin, 1982, p. 33.

[2] Abdel Majid Farid, Nasser: the First Years, UK: Ithaca Press, 1994, p. 72.

[3] Hazem Kandil, Soldiers, Spies and Statesmen: Egypt's Road to Revolt, New York: Verso, 2012, p. 74.

切的总参谋长法瓦兹（Muhammad Fawzy）的权限。[①] 第三次中东战争之前，阿明对军队团体事务具有更大的发言权。

由于不同的组织文化，纳赛尔和阿明在安全目标和战略手段的偏好上存在分歧。第一，由于强调勇敢和决绝的组织文化，军方在安全事务上往往表现得更强硬。苏伊士运河战争之后，联合国紧急部队驻扎在西奈半岛，作为埃及和以色列之间的缓冲。阿明认为这不仅损害国家主权，更是对军队的侮辱，因此一直耿耿于怀，反复要求纳赛尔敦促联合国部队撤离。[②] 当然，纳赛尔也不喜欢联合国部队的存在。但是，作为政治家，他更明白仓促要求联合国维和部队撤离，可能带来严重的外交和政治后果。因为这会刺激以色列和美国，客观上加大埃及的安全压力。第二，在对待埃以冲突的态度上，军方倾向于采取更加冒险的进攻性姿态。阿明及其下属认为，追求进攻姿态是合理的，更符合军队利益。此外，埃及的军官由于在也门内战中行动受挫，因而希望借助苏联的新式装备威慑以色列，提升军队的尊严。[③] 然而，纳赛尔抵制军队的进攻性姿态，出于对以色列军事能力的担忧，以及国际舆论压力，他倾向于采取防御性的战略。

最终，在第三次中东战争之前，军队与政府的分歧已经十分显著，并毫无解决的迹象。军政分歧显现出纳赛尔和阿明权力斗争的色彩，阿明试图穷尽所能加强对军队的控制，同时削弱纳赛尔对军队的影响。埃及在严重的军政分歧中走向了第三次中东战争，并为此付出了惨重代价。

## 三 埃及军政分歧与冲突升级

事实上，由于对以色列军事实力的忌惮，以及担心美国介入冲

---

[①] Hazem Kandil, *Soldiers, Spies and Statesmen: Egypt's Roadto Revolt*, New York: Verso, 2012, p. 75.

[②] Michael Oren, *Six Days of War: June 1967 and the Making of the Modern Middle East*, Oxford: Oxford University Press, 2002, p. 39.

[③] Risa A. Brooks, *Shaping Strategy: The Civil—military Politics of Strategic Assessment*, New Jersey: Princeton University Press, 2008, p. 78.

突偏袒以色列，纳赛尔和阿明都不想与以色列太早发生战争；① 同时也都想通过虚张声势迫使以色列退让，获得各自的利益。阿明想要军队重获因为深陷也门战争而丧失的尊严，确保军队的团体利益，以及他自己对军队控制的加强。而纳赛尔想要维持其泛阿拉伯主义运动领袖的地位，以及国内民众的支持。然而，阿明为了军队的团体利益和个人私利，刻意有选择地向纳赛尔传递情报，有意忽视与政府的战略协调，不愿严格执行政府的命令，严重影响了埃及战前的战略评估。

埃及增兵西奈，要求联合国部队撤离，关闭蒂朗海峡是第三次中东战争之前冲突升级的重要三步，埃及在这三个事件中展现的混乱都与军政分歧密切相关。

1967年5月13日，苏联向埃及提供情报，声称以色列军队在叙利亚边境集结。事实上，这一消息毫无根据。苏联提供这一情报主要是基于自身的战略利益考量，即确保埃及对苏联盟友叙利亚承担更高的安全承诺，以及迫使埃及更加依赖苏联，进而促进其在中东的战略扩张。② 13日晚间，纳赛尔与阿明就该情报进行讨论，二人同意应先与其他高级军官进行磋商，再决定如何回应。然而，阿明在14日一早召集军官举行会议，并宣布向西奈增加两个步兵师。③ 这一举动显示军队并未听从纳赛尔的建议，也没有与政府进行深度的战略协调。纳赛尔在15日派遣亲信法瓦兹前往叙利亚，验证以色列军队集结的消息是否属实。法瓦兹实地考察之后得出的结论是，叙以边境并无以色列军队动员的迹象。然而，埃及增兵西奈已成事实。此举虽然被以色列视为政治威胁而非军

---

① 纳赛尔多次表示埃及并未做好充分的战争准备，阿明也多次表示冲突升级不过是一场军事示威。具体可参阅 Hazem Kandil, *Soldiers, Spies and Statesmen: Egypt's Road to Revolt*, New York: Verso, 2012, pp. 72, 79。

② 刘竞等：《苏联中东关系史》，中国社会科学出版社1987年版，第200页。

③ Hazem Kandil, *Soldiers, Spies and Statesmen: Egypt's Road to Revolt*, New York: Verso, 2012, p. 76; Risa A. Brooks, *Shaping Strategy: The Civil—military Politics of Strategic Assessment*, New Jersey: Princeton University Press, 2008, p. 90.

事威胁,①但以方开始着手应对。军政分歧也反映在随后的要求联合国部队重新部署的问题上——阿明再次违背了纳赛尔的命令。在增兵西奈之后,埃及需要向驻扎在那里的联合国部队负责人雷杰扬(Rikhye)写信,要求联合国部队调整部署。纳赛尔的目标是敦促他们重新部署,而不是要求他们完全撤离。这样既能确保埃及的尊严,也不致激起以色列的严重恐慌。纳赛尔修改了阿明准备呈递给雷杰扬的阿拉伯语版本信件,将要求联合国部队"完全撤离"改为"部分重新部署",并告诉阿明英文版本也要进行相应的修改,阿明承诺会照做。然而,阿明在16日打电话告知纳赛尔,他在英语版本中使用的仍是"完全撤离"。纳赛尔迅速联系联合国总部澄清意图,但其修改要求被拒绝。②这一举动被以色列视为战略挑衅,特拉维夫加速了战争准备。

关于关闭蒂朗海峡的决策是如何做出的这一关键问题,埃及历史人物的记述并不一致。早在1957年,当时的以色列外交部长梅厄在联合国大会中便表示"关闭蒂朗海峡意味着对以色列宣战,以色列将用武力进行回击",埃及的士兵在训练中也被多次告知,关闭海峡是不可逾越的红线之一。③因而,关闭海峡是使以色列走向战争的关键一步。政府高层人物扎卡利亚、萨达特和海卡尔等人的记述显示,这一决定是在5月21日的一次政府会议上做出的。但是,军方领导人参谋长法瓦兹和西奈军区总司令穆塔基指出,这一决定是军队高层在5月16日或17日做出的,并未与纳赛尔充分沟通。④显然,阿明早已铁心关闭海峡。5月22日,纳赛尔最终宣布关闭海峡

---

① [日]田上四郎:《中东战争全史》,军事科学院外国军事研究部译,解放军出版社1985年版,第108页。

② Hazem Kandil, *Soldiers, Spies and Statesmen: Egypt's Road to Revolt*, New York: Verso, 2012, p.77; Risa A. Brooks, *Shaping Strategy: The Civil—military Politics of Strategic Assessment*, New Jersey: Princeton University Press, 2008, p.91.

③ Laura M. James, *Nasser at War: Arab Images of the Enemy*, New York: Palgrave Macmillan, 2006, p.111.

④ Risa A. Brooks, *Shaping Strategy: The Civil—military Politics of Strategic Assessment*, New Jersey: Princeton University Press, 2008, p.92.

的声明不过是无奈的默认。至此，埃及的举动彻底为以色列的军事行动打开了大门。

综观埃及在战前的一系列行动，可以清晰地看到军政分歧对战略评估的恶劣影响。第一，军队利用掌握情报的优势，有选择地向纳赛尔传递信息。1965年下半年，巴德兰以政府管理的总情报机构不能解决伊斯兰主义威胁为借口，使政府赋予军队情报机构更大权限。[①] 阿明向纳赛尔传递有利于军队行动的信息，屏蔽不利信息，并对纳赛尔提供的信息不以为然，不利于政府进行客观、准确的战略评估。第二，军队为了邀功，有意忽视与政府的战略协调。阿明的如意算盘是，将迫使以色列退让的功劳更多地记到军队身上。因而，他有意识地单独做出关键决定，这在关闭蒂朗海峡的行动中表现十分明显。第三，阿明依据对军队有利的判断，私自更改纳赛尔的一些命令。纳赛尔的决定主要是基于避免显著的冲突升级，使埃及免于卷入不必要的战争风险。在出兵西奈和要求联合国部队重新部署的行动中，阿明并未严格执行纳赛尔的命令，其冒险举动显然没有充分考虑对以色列的刺激。

在战前冲突升级的过程中，阿明试图通过积极动员军队来证明军队的重要性，进而确保军队的团体利益和巩固个人权力。他为此有选择地向纳赛尔传递信息，故意忽视与政府的战略协调，同时拒绝执行政府的某些决定。这些军政分歧导致埃及的战略混乱，加剧了以色列的战略焦虑和不安全感，促使以色列在6月5日发动第三次中东战争。

## 四 埃及军政分歧与埃军的战斗力

在第三次中东战争中，埃军的表现可以用"灾难"来形容，以

---

① 杨灏城、江淳：《纳赛尔和萨达特时期的埃及》，商务印书馆1997年版，第170—172页。

色列的成功超乎想象。① 一些军事史专家指出，埃及当时的军事装备与以色列相比并不处于劣势，甚至在飞机、坦克、火炮等的数量和质量上还处于优势。② 但是，埃及的军政分歧导致军队对战争准备不足，在战争中进退失据，而军官的私人化也降低了军队的战斗力，最终致使埃军大败。

由于军政分歧，阿明对纳赛尔的战略警告置若罔闻，导致军队并未对战争做充分的准备，战争刚开始便陷入被动。③ 阿明虽然对以色列表现出强硬的姿态，但并未意识到这种冒险主义和机会主义可能带来的战争风险，也未对此制订详尽合理的战略计划。当关注到以色列在6月1日成立鹰派内阁之后，纳赛尔敏锐地意识到以色列可能发动战争。6月2日晚，纳赛尔告知阿明，以色列将在72小时内发动进攻，并要求加强西奈的防空力量，防止飞机像第二次中东战争中那样再次遭到轰炸。阿明并未对这一警告放在心上，因为阿明相信自己的亲信掌握的情报机构，而且如果自己按照纳赛尔的建议行动，会增加纳赛尔的声望和地位。于是，阿明欺骗纳赛尔说已经做好充分的战争准备，并且保证以色列的空袭对埃及战机造成的损失不会超过20%，事实上则损失了85%。④ 这种军队和政府缺乏足够协调的例子还发生在战争爆发当天——就在纳赛尔警告的以色列可能发动空袭的6月5日，阿明还率领部下乘机前往西奈。这导致战争开始之际，不仅埃及的最高军队长官无法发布命令和进行指挥，而且为了等待阿明等人的安全着陆，军队关闭了防空体系。⑤ 最终，埃及军队在以色列的第一波空袭下损失惨重。

---

① [以色列] 阿伦·布雷格曼：《以色列史》，杨军译，东方出版中心2009年版，第114页。

② Kenneth M. Pollack, *Arabs at War: Military Effectiveness, 1948 – 1991*, Nebraska: University of Nebraska Press, 2002, p. 59.

③ [美] 詹森·汤普森：《埃及史：从原初时代至当下》，郭子林译，上海商务印书馆2012年版，第314页。

④ O'Brien Browne, "Six Days of War Spark Forty Years of Strife", *The Quarterly Journal of Military History*, Vol. 22, No. 1, Autumn 2009, p. 75.

⑤ Lawrence L. Whetten, *The Canal War: Four Power Conflicts in the Middle East*, Cambridge, MA: MIT Press, 1974, p. 43.

战争爆发后，军政分歧导致阿明先是向纳赛尔隐瞒关于军队损失的状况，然后不负责任地命令军队撤退，削弱了军队应对以色列进攻的能力。军事失败并不等于战略失败，如果应对得当，一国能够在军事失败的情况下，最大限度地维护国家的根本利益。[1] 然而，在以色列空袭之后，由于阿明害怕惨败招致政府和民众的责难，因而考虑的不是如何有效地部署和指挥、降低进一步的损失，而是欺骗纳赛尔称大部分以色列战机被摧毁，这显然导致贻误战机。[2] 随后，由于担心军队遭受更大损失，进而削弱军队的团体利益和自己的权力基础，在没有与纳赛尔和战地军官进行充分沟通的情况下，毫无战略视野地命令军队撤退。6月6日，在缺乏充分计划的情况下，阿明命令军队迅速撤离西奈半岛。从战略层面上讲，命令军队展开防御是埃及更好的选择，因为虽然空军损失很大，但陆军的主力尚存，再加上西奈地区有利的防御形势，如果运用合理，极有可能延缓以色列的进攻，为埃及进行新的战略部署以及获得国际支持赢得时间。最终，缺乏战略规划的撤退导致近两万士兵死伤，以及大量装备的丢弃。

军政分歧导致阿明在战前任命了大量对自己忠诚的军官，其中一些人并无足够的军事能力，一定程度上降低了军队的战斗力。由于忠于阿明，一些应当对苏伊士运河战争失败负责的军官并未被解职，他们的低素养影响着埃军的战时指挥能力。在战斗层面，一些政治化的军官也降低了埃军的战斗力。例如，阿布·乌吉拉（Abu Ugeila）是重要的防御要塞，不仅具有天然的防御资源，而且配备了重军。其指挥官纳吉布（Sa'di Naguib）是阿明的酒友，其担任此职主要是阿明的庇护。当面临以军的进攻时，他临阵脱逃，不仅使得部队缺乏指挥，而且严重损伤士兵的士气，使得沙龙军团数小时便

---

[1] Steven Metz and Raymond A. Millen, *Future War/Future Battle Space: The Strategic Role of American Land Power*, Carlisle, PA: US Army War College Strategic Studies Institution, 2003, p. 12.

[2] Kenneth M. Pollack, *Arabs at War: Military Effectiveness, 1948–1991*, Nebraska: University of Nebraska Press, 2002, p. 70.

穿越了该防御要地。① 显然，阿明非专业化地任命军官损害了军队的战斗力。

通常来说，一国的军队实力既受该国物资和人力资源的制约，也受政治文化、社会结构、国家制度和国际因素的影响。前者决定了一国拥有的基本资源，而后者影响着一国对这些资源的利用能力。战斗力强的军队需要先进的武器装备，高超的战略、战术和战斗能力，国家各部门之间良好的沟通和协调能力，以及高效灵活的应对能力。② 埃及军政分歧影响了军官的配置、军政双方的沟通，以及灵活的应对，最终导致其在第三次中东战争中惨败。

(原载《军事政治学研究》2015 年第 1 辑)

---

① Hazem Kandil, *Soldiers, Spies and Statesmen: Egypt's Road to Revolt*, New York: Verso, 2012, p. 82.
② Risa A. Brooks, "Introduction: The Impact of Culture, Society, Institutions and International Forces on Military Effectiveness", in Risa A. Brooks and Elizabeth A. Stanley eds., *Creating Military Power: The Sources of Military Effectiveness*, Stanford: Stanford University Press, 2007, pp. 9 – 13.

# 论战后英美在英属撒哈拉以南非洲的经济伙伴关系(1945—1964)

杭 聪

从整个英美关系发展史来看,战后英美关系的最大特点是美国居于主导地位,英国彻底沦为附属。英美在国际政治、经济事务、军事和情报等领域展开遍及全球的合作,形成一种伙伴关系。战后英属撒哈拉以南非洲是英美经济伙伴关系的典型性区域,双方诉求较好得到协调。该地区属于英美国际安全战略布局的"后方",经济潜力尚有待开发。[①] 美国将非洲视为欧洲人的"责任区",并不愿承担过多的"义务",仅希望享受到等同于欧洲人的经济权利。[②] 美国的国家资本和私人资本均对开采该地区的矿藏情有独钟。面对战后经济形势,英国政府不得不为美国资本开放殖民地资源,美国政府则默认英国的殖民宗主国地位。经济领域成为英美在战后英属撒哈拉以南非洲合作的主要内容。这种合作持续到1964年随着英国丧失撒哈拉以南非洲绝大部分殖民地而告一段落。

国内外既有研究多从英美霸权转移、冷战、政党政治或美国政

---

[①] 以1950年为例,整个非洲占世界国内生产总值比重的3.8%。参见[英]安格斯·麦迪森《世界经济千年统计》,伍晓鹰、施发启译,北京大学出版社2009年版,第269页。

[②] Foreign Relations of the United States (Hereafter as FRUS), 1951, Vol. V: The Near East and Africa, Washington D. C.: U. S. Government Printing Office, 1982, pp. 1202 – 1204.

策等视角研究英美关系,[1] 忽略对英国政策的研究,忽略对双方在英帝国范围内经济关系的研究,更没有将双方关系变化同资本主义发展阶段结合起来。这三点正是本文叙述的重点所在,希望起到抛砖引玉的作用。

## 一 英美合作的经济基础

美国学者肯尼思·沃尔兹曾描述弱国对强国的反应方式有两种:一种是制衡,即同较弱一方联合,对抗较强的一方;另一种则是追随,即同较强的一方联合。[2] 英国设想过联合西欧制衡美国,但很快放弃了此一策略,转为采取追随美国的策略。造成此一转向的原因多样,"经济依赖论""制度合作论""共同体意识论"纷纷给出解释。无疑相近的意识形态和政治制度发挥一定作用,但经济诉求因素也不能遭到忽视。

考虑经济诉求的前提条件是双方经济实力不平衡。英美经济实力对比以1950年为例,英美两国人口分别占世界总人口数的2.0%和6.0%;英国国内生产总值占世界国内生产总值比重的6.5%,美国国内生产总值占世界国内生产总值比重的27.3%。[3] 相较上述国内生产总值差距,英国经济面临结构性问题。英国在世界制造业出口中所占

---

[1] 国内外已有研究多爱探讨英国在撒哈拉以南非洲的农业开发政策,对英国在矿业领域政策的研究重视不够。关于英美学者在此方面的探讨,参见杭聪《新近二十年来英美学者关于英属撒哈拉以南非洲帝国衰落原因的研究》,《史林》2010年第4期。例如路易斯和罗纳德·罗宾逊认为,战后英帝国的殖民撤退过程同时也是英美之间转交霸权的分支过程。其间,美国对加速英国从非洲和其他地区的殖民撤退施加了间接和仁慈的影响。参见 Wm Roger Louis and Ronald Robinson, "The Imperialism of Decolonization", *The Journal of Imperial and Commonwealth History*, Vol. 22, No. 3, September 1994, p. 462。在菲利普·墨菲看来,由于英美政党体制的不同,强调党纪的英国政党更易于受到相关利益集团的影响,参见 Philip Murphy, *Party Politics and Decolonization*, Oxford: Oxford University Press, 1995, pp. 24, 26。再如张顺洪从军事、政治合作角度详细分析了战后英美在对待民族解放运动和第三世界兴起方面紧密的合作关系,参见张顺洪《论战后英美国际战略伙伴关系》,《世界历史》1998年第2期。

[2] [美]肯尼思·沃尔兹:《国际政治理论》,信强译,上海世纪出版集团2003年版,第166、168页。

[3] [英]安格斯·麦迪森:《世界经济千年统计》,伍晓鹰、施发启译,北京大学出版社2009年版,第265—267、269页。

比例从40年代的20.4%下降到1959年的17.9%。① 1956年，英国的传统产业如造船业，只建造不到世界总产量14%的船只。② 制造业竞争力衰弱和无形贸易收入减少的后果之一是国际收支状况恶化。据统计，在1952—1958年，英国国际往来账户中只有一次赤字，赤字为1.55亿英镑，而仅1960年赤字就达到2.65亿英镑，1964年更增长到3.95亿英镑。③ 上述经济条件限制住英国政府对外战略选择的空间。

双方经济实力的不平衡有利于我们理解英美合作中美国居于主导地位的原因，却不能解释英美如何能够走向合作，正是英美共同的经济诉求为经济伙伴关系构建出大框架。双方在垄断世界经济资源、维护全球资本主义体系稳定方面拥有重大共同关切。在这一层次的合作方面，美国拥有绝对主导性的发言权。因为它提供着实现诉求的主要资源，一旦缺位，诉求根本无法达成。

英美拥有的共同经济诉求仅为经济伙伴关系构建出大框架，双方互补性诉求成为经济伙伴关系的支柱。在此一合作层次，英美双方有着几乎平等的发言权。因为它们彼此提供对方所需资源，彼此都不能缺位，否则彼此诉求无法达成。英国政府迫切希望寻求外部资本开发殖民地资源以摆脱前述困境，进而实现自己保持世界大国地位的梦想。同美国合作能够使伦敦获得影响美国政策的渠道，并可以从美国在其殖民地的投资中获益。甚至可以借助美国力量保护英国海外利益。④ 美国人则试图为自己找到更多原材料来源地、商品市场，并尽可能少地承担维持"秩序"的花费。美国人尤为强调矿物的获取，声称撒哈拉以南非洲蕴藏着资本主义世界75%的钴、工业钻石和钶铁矿，10%—25%的锰、锡、钒、铜、铬、镉和石墨，

---

① Keith Robbins, *The Eclipse of Great Power, 1870 - 1992*, London: Longman, 1994, p. 302.
② Keith Robbins, *The Eclipse of Great Power, 1870 - 1992*, p. 216.
③ [意] 奇波拉：《欧洲经济史》（六上），李子英等译，商务印书馆1991年版，第124页。
④ 英国内阁档案：CAB 129/118, CP (64) 164, 2 Sept 1964, "'An Anglo-American Balance Sheet': Cabinet Memorandum by Mr Butler (FO)", in Ronald Hyam and Wm Roger Louis, eds., *British Documents on the End of Empire: The Conservative government and the End of Empire, 1957 - 1964*, London: HMSO, 2000, 第391号文件。

以及一些战略级矿物如铀和温石棉。①

从英属撒哈拉以南非洲的具体情况来看，资金和生产资料的缺乏制约着英国经济目标的实现，唯有仰赖美国。经济和政治总是纠葛在一起，英国有时也利用美国人的冷战目标来实现自身的经济目的，而经济目标的实现强化了其阻碍非殖民化进程的能力。例如英国无法满足殖民地建设中所需使用的钢筋和钢轨。1951 年，英国政府甚至只能寄望于美国人能在《共同安全法》(the Mutual Security Act) 框架下援助修建罗得西亚铁路。此外，某些类型的资本设备还依赖美国供应，如重型履带式拖拉机。该种机器的缺乏严重阻碍道路建设，而道路不仅具有经济价值也是军队和警察镇压民族独立分子所需要的。环顾当时资本主义世界，唯有美国有余力输出资本和生产资料，吸引美国资本便成为英国政府唯一的解决办法。②

英国对资本的需求迎合了美国过剩资本的要求。1950 年美国领事官员建议政府应采取步骤增进自身和殖民宗主国在非洲的经济合作。③ 美国政府明了英属殖民地的经济价值，向英国政府提出对英属殖民地的经济政策要求。第一，在撒哈拉以南非洲（当然也在世界其余各地），美国政府希望美国资本和致力于同撒哈拉以南非洲（和世界其他地区）殖民地贸易的美国国民被给予同等的经济待遇。第二，美国政府期望获得原材料、海空设施、飞行航线和通信站。美国政府提供的报偿是让世界银行为殖民地开发提供贷款；为英属殖民地产品提供稳定的市场；一旦联合国采取影响非洲的行动，将会在仔细考虑英国态度后再决定自己所采取的立场。④ 英国政府认可了

---

① FRUS, 1952 – 1954, Vol. XI: *Africa and South Asia*, 1982, p. 73.

② 英国殖民部档案：CO537/7597, no3 [Dec 1951], "Colonial development': CO brief for Mr Churchill", in David Goldsworthy, ed., *British Documents on the End of Empire: The Conservative Government and the End of Empire, 1951 – 1957*, London: HMSO, 1994, 第 398 号文件。

③ James P. Hubbard, *The United States and the End of British Colonial Rule in Africa, 1941 – 1968*, Jefferson, N. C.: McFarland & Company, 2011, p. 63.

④ 英国殖民部档案：CO537/5698, no66, 3 May 1950, "'London Conferences: Anglo-American Talks on Colonial Problems': Note of a Meeting in the FO of British and United States Officials on Major Colonial Issues", in Ronald Hyam, ed., *British Documents on the End of Empire: The Labour Government and the End of Empire, 1945 – 1951*, London: HMSO, 1992, 第 188 号文件。

这些政策，以换取美国政府援助和私人资本输入。

结果，战后英帝国的衰落由于美国的援助而得到缓减。实际上，没有美国的援助，多数殖民宗主国本就无望恢复自己国内的经济并且支付恢复统治和开发殖民地的费用。美国在支持列强恢复各自殖民地的同时，将经济势力渗透入各列强的殖民地。美国政府宣传美国获取原材料、殖民地获益和重建欧洲经济可以三得。从而，美国同各殖民宗主国形成了既相互协作又相互抵制的关系。尤其是，美国将非洲事务视为欧洲盟国的"义务"。如英国政府认为的那样，"他们（美国人）知道我们永久性撤出殖民地所带来的东西将会有利于美国经济，但是会卸去战略义务，危及自由世界。这个事实使他们处于痛苦的两难困境"[1]。美国一贯采取的"反殖"立场实际上以不惹恼欧洲宗主国为前提。[2] 在1955年夏的日内瓦会议上，美国国务卿杜勒斯告诉时任英国财政大臣的麦克米伦，英国控制非洲的时期，是非洲人曾有过的最快乐的时期。[3]

正是在双方互相依赖的基础上，英美在英属殖民地结成经济伙伴关系。美国政府一方面谋求本国公司在建设殖民地基础设施工程中的份额；另一方面为美国银行、进出口商争取市场份额。由于在英国殖民统治下，殖民地商品市场容量有限，基础设施缺乏，美国政府将投资主要集中于能快速获利的出口贸易方面，特别是战略性原材料领域。因而，英美双方在矿业资源开发中展开大范围的合作。在20世纪40年代和50年代，英国和美国之间不仅充分共享经济信息，而且签订了经济合作协议，使得英国有义务在原材料方面满足美国需求。在1949年，英国已经利用马歇尔援助的资金发展战略物资生产并出售给美国，像黄金海岸的锰、南非和其他殖民地的工业

---

[1] 英国首相办公厅档案：PREM 11/3239, PM (57) 9, 23Feb1957, in Ronald Hyam and Wm Roger Louis, eds., *British Documents on the End of Empire: The Conservative Government and the End of Empire*, 1957–1964, 第374号文件。

[2] FRUS, 1951, Vol. V: The Near East and Africa, p. 1200.

[3] David Ryan, *The United States and Decolonization*, London: Macmillan Press, 2000, p. 173.

钻石。美国直接派人到10个英属非洲殖民地考察，对多个英属殖民地的矿业和配套基础设施形成规模性投资。[1] 在核矿藏开发方面，1946年签订的麦克马洪法（McMahon Act）延续了战时英美核合作关系，成立联合开发托拉斯（the Combined Development Trust）。在1948年1月，该机构吸收加拿大，改组为联合开发署（the Combined Development Agency）。联合开发署不仅宣称优先拥有美国、英国和加拿大本土矿藏，而且宣称在整个"自由世界"都拥有优先选矿权。英国的"责任"是开发英联邦[2]内和一些"第三方"国家中的核矿藏。[3] 美国原子能委员会（US Atomic Energy Commission）不满于英国开发英联邦核矿藏的速度，希望自己能够更多地参与到英联邦铀等矿物的勘探和开采中。尽管英国试图将英联邦的铀矿按照"本土"原则处理，不纳入联合开发署的共享范围，但是资本缺乏导致英国最终不得不放弃自己的立场，而改为实行共同参与的立场。在1950年，美国政府、英国政府、南非政府和联合金矿有限公司（Union's Gold-mining Companies）四方签订秘密的铀供应协定，希望到1956年出口能够达到3000吨。协议规定美国出资三分之二、英国出资三分之一，共同以预付货款的形式支持南非铀矿开采。在英国的参与下，美国和澳大利亚也签订了类似协议。显然，美国在联合开发署框架中能优先获得英联邦内开采的核原料。作为回报，1954年美国国务院政策声明指出："美国在非洲的主要利益就是支持殖民宗主国在这一地区的存在，支持他们对非洲人民的安全、政治和经济进步的责任，促进非洲和自由世界的联系。"[4] 正是在上述两个层次经济

---

[1] S. E. Stockwell, *Business of Decolonization: British Business Strategies in the Gold Coast*, London: Oxford University Press, 2000, pp. 215 – 217.

[2] 当时指加拿大、澳大利亚、新西兰、南非、印度、巴基斯坦等国家。

[3] A. Pierre, *Nuclear Politics: The British Experience with an Independent Strategic Force, 1939 – 1970*, London: Oxford University Press, 1972, p. 128; M. Gowing, *Independence and Deterrence: Britain and Atomic Energy, 1945 – 1952*, Vol. I, London: Macmillan, 1974, pp. 352 – 357.

[4] 英国殖民部档案：CO936/317, No. 13, " 'Notes on Colonialism for Washington Talks': Note Prepared in the Colonial Office for Use by Sir W. Churchill and Mr. Eden, June 1954", in David Goldsworthy, et al., *British Documents on the End of Empire: The Conservative Government and the End of Empire, 1951 – 1957*, 第105号文件。

相互依赖的基础上，英美之间在殖民政策的短期目标方面存在基本共识，即承认现状。美国并不打算使用过强的干预手段来促使非洲殖民地立即独立。如美国学者肯特所认为的那样，在冷战因素作用下，战后美国和欧洲殖民宗主国对非洲政策的步调是一致的。[①] 而且上述共识并未因政党更迭而有多大改变。在美国学者戴维·吉布斯看来，虽然民主党总统罗斯福推动了殖民撤退，但是从杜鲁门到肯尼迪民主党总统的反殖言论更多只是花言巧语，共和党总统艾森豪威尔的政策更是接近欧洲宗主国。[②]

## 二　英美冲突性诉求的调和

英美双方不仅拥有共同的、互补的经济诉求，冲突性诉求的化解更值得我们注意。可以说，双方恰当妥协是经济合作的助力。当面临冲突性诉求时根据实力对比和诉求迫切度，双方可实现妥协，合作得以持续。英国脆弱的经济、一定的国际地位、英属殖民地的矿产资源都赋予英国抵制美国压力的可能。此外，为维持整个体系，美国无法通过中断支持来使英国就范，而英国却拥有更大的灵活度。美国不得不放缓消解英镑区的行动，便是出于以上原因。

具体到英属撒哈拉以南非洲来说，英美对英属撒哈拉以南非洲经济诉求的迫切度不同，英国远较美国迫切。英国大臣将保有非洲殖民地，作为英国维持世界强权的有力武器。美国高官仅将非洲视作原材料供应地之一。[③] 自从南亚次大陆独立，撒哈拉以南非洲已成为英国保持其经济垄断地位的最后希望，成为英国殖民政策的重心

---

[①] John Kent, "United States Reactions to Empire, Colonialism, and Cold War in Black Africa, 1949–1957", *The Journal of Imperial and Commonwealth History*, Vol. 33, No. 2, May 2005, pp. 195–220.

[②] David N. Gibbs, "Political Parties and International Relations: The United States and the Decolonization of Sub-Saharan Africa", *The International History Review*, Vol. 17, No. 2, May 1995, pp. 306–327.

[③] James P. Hubbard, *The United States and the End of British Colonial Rule in Africa, 1941–1968*, p. 367.

所在。早在1948年,时任工党政府商务大臣的哈罗德·威尔逊就在下院发表演讲:"我赞同众多议员在许多场合发表过的看法:即开发非洲和其他落后地区是改善国际收支的一个最有效的办法。"[1] 时任工党政府外交大臣的贝文认为:"只要我们在非洲的开发取得进步,不出四五年的时间我们就能使美国依赖我们,完全顺从我们……美国严重缺乏的某些矿物资源,只有在我们的非洲才能找到。"[2] 1952年,时任保守党政府住房和地方政府事务大臣的麦克米伦认为:"在国内,我们面临着不断加强的阶级持续分化和一种会导致排斥所有既有体制的失望情绪;在国外,我们可能不得不面临着英联邦的分裂和我们沦落为二流国家的命运。"麦克米伦认为挽救这一局面的办法有两条:"滑进劣质的廉价的社会主义,或走向第三帝国。"[3] 为挽救资本主义制度,英国政府面临两种选择:一种是对英国国内财富分配体制进行修改;另一种是额外增加从殖民地获得的财富数量。从主观上,英国政府的高官们显然更希望走后一条道路。麦克米伦的设想反映了英国高层的普遍想法。战后处于"共识政治"中的两党对保有帝国具有较广泛的共识。[4]

英属撒哈拉以南非洲殖民地也确实承担起为英国赚取战后重建资金的重任。如英国殖民部承认的那样,撒哈拉以南非洲提供的食物和原材料为英镑区挣取大量美元,进一步开发非洲资源对于西欧的重建与强大具有同样关键的重要性。[5] 如果说1953年后,随着国

---

[1] [英] 帕姆·杜德:《英国和英帝国危机》,苏仲彦等译,世界知识出版社1954年版,第198—199页。

[2] John Gallagher, *The Decline, Revival and Fall of the British Empire*, Cambridge: Cambridge University Press, 1982, p. 146.

[3] 英国内阁档案:CAB129/52, C (52) 196, 7 Jun 1952, "'Economic Policy': Cabinet Memorandum by Mr Macmillan", in David Goldsworthy, ed., *British Documents on the End of Empire: The Conservative Government and the End of Empire, 1951–1957*, 第369号文件。

[4] Philip Murphy, *Party Politics and Decolonization*, London: Oxford University Press, 1995, p. 22.

[5] 英国殖民部档案:CO847/36/4, No24, 12 Nov1947, [Economic development in Africa]: speech by Sir S. Cripps (minister for economic affairs) to the African Governors' Conference (paper AGC22), in Ronald Hyam, ed., *British Documents on the End of Empire: The Labour Government and the End of Empire, 1945–1951*, 第66号文件。

际市场供给相对增加和合成工业的发展，英国对开发殖民地农产品的兴趣有所下降，那么英国对开发殖民地矿产品的兴趣一直未曾稍减。英国对开发和垄断殖民地矿业资源的兴趣，已经远超单纯的经济考虑，夹杂着战略考虑在内，即垄断矿物供给稳固英镑金融地位，进而稳定英国在资本主义世界中的地位。

美国一方面容忍英国凭借殖民地获利；另一方面着力削弱英国对战略性资源的控制权，不惜同英国发生激烈冲突，如1951—1952年的伊朗石油危机和1956年的苏伊士危机。前一事件中美国着力打破英国在伊朗的石油垄断权，后一事件中美国恼怒英法试图垄断苏伊士运河的通行权。后一次危机完全确立美国对英帝国经济权益的共享地位。艾森豪威尔要求英美整合它们的经济资源，同时分担各领域中的责任。[①] 在艾森豪威尔的提议下，一个英美工作组建立起来，所涉及的范围包含全球范围内的经贸、信息、核矿产和具体地区问题。经过激烈冲突后，英美全面经济合作机制反而正式建立起来。英国之所以能够容忍美国侵占原属自身的经济利益，原因在于英美实力对比。之所以能继续合作，原因在于英国遍及全球各地的经济诉求使其不得不仰仗于美国主导的资本主义世界体系。也正因此，英国对美政策同法国区别开来。故而在迪凯（J. Dickie）看来从苏伊士危机到越南战争期间，英美合作关系进入所谓的"黄金时期"[②]。

实际上"黄金时期"名不副实。当1958年撒哈拉以南非洲各地独立在即，以维护资本主义世界体系的名义，美国政府加紧对撒哈拉以南非洲的经济渗透，明确提出自己要更多地介入撒哈拉以南非洲的发展。为此美国政府设立非洲事务署。[③] 时任参议员的肯尼迪也

---

[①] Declaration of Common Purpose, 25 October 1957, in H. Macmillan, *Riding the Storm, 1956–1959*, London: Macmillan, 1971, pp. 756–759.

[②] J. Dickie, *Special No More: Anglo-American Relations: Rhetoric and Reality*, London: Weidenfeld and Nicolson, p. 105.

[③] 有学者认为非洲事务署的设立标志着美国撒哈拉以南非洲政策的诞生，如 Crawford Young, "United States Policy toward Africa: Silver Anniversary Reflections", *African Studies Review*, Vol. 27, No. 3, 1984, pp. 1–17.

指出:"非洲人民对于经济发展比对理论更感兴趣。他们对于获得相当好的生活水平,比追随东方或西方的标准更感兴趣。"他的结论便是美国必须加大对非洲的资金和技术援助。[1] 1958 年后经济在美国政策中的基础性地位并没有被放弃。肯尼迪政府时期亦是如此。在 20 世纪 60 年代初期的刚果危机期间,英美在经济领域又一次发生激烈冲突。虽然刚果(金)不是英国的殖民地,但是英国资本在刚果蕴藏丰富矿产的加丹加省拥有很大的发言权。这些资本鼓动保守党的右翼集团,试图说服英国政府将加丹加并入英属中非联邦,或者让加丹加从刚果独立出来。美国则在刚果中央政府找到了代理人,不同意分裂刚果。时任英国首相的麦克米伦在自己的日记中抱怨道,美国人掌握了世界除刚果以外的大多数铜供应,还要妒忌(英国)联合矿业公司和英国在北罗得西亚的铜矿公司。甚至,为了制止加丹加省分离,英国垄断撒哈拉以南非洲的铜生产,美国政府准备以联合国的名义出兵。英国外交大臣直接指责美国在刚果的行为是为了占领一个新的非洲殖民地。[2] 英美在刚果的合作关系破裂,美国击败了英国的图谋,加丹加保留在刚果疆域内。

  英美之间的矛盾冲突促使英国更热衷于保留殖民地以垄断经济资源,这种努力成为英美冲突的和缓表现形式。在被称作合作较为成功的核领域中[3]仍旧存在双方对核原料的争夺。在铀原料供应紧张的时代,美国并不希望英国拥有独立核力量。美国的态度反过来激发英国拥有独立核力量的决心。当澳大利亚南部和南非的核原料通过英美联合开发署的渠道被美国所左右后,英国坚持自己独立开发

---

[1] 肯尼迪 1959 年 6 月 28 日在美国非洲文化协会第二次年会上的演讲,参见 [美] 阿兰·内文斯编《和平战略——肯尼迪言论集》,北京编译社译,世界知识出版社 1961 年版,第 200 页。

[2] Nigel J. Ashton, "Anglo-American Revival and Empire during the Macmillan Years, 1957 – 1963", in Martin Lynn, ed., *The British Empire in the 1950s: Retreat or Revival?*, Basingstoke: Palgrave Macmillan, 2006, p. 175.

[3] Nigel Ashton, "Managing Transition: Macmillan and the Utility of Anglo-American Relations", in Richard Aldous and Sabine Lee, eds., *Harold Macmillan Aspects of a Political Life*, London: Macmillan, 1999, p. 251.

北罗得西亚的铀矿，不将之纳入联合开发署的框架，生产产品直接由英国政府购买。由于左右着英帝国范围内的核原料供给，美国默认英国的这种努力。

我们能看到，美国在英美冲突性诉求的调和中居于主导地位，坚决打击英国企图独占经济权益的殖民政策。这种情况既出现在1956年苏伊士危机时期，也出现在20世纪60年代初的刚果危机期间。可以认为，1956年后随着非殖民化进程加速，美国采取了更为强硬的态度，对撒哈拉以南非洲的经济权益要求更为迫切。英国资本独占经济权益的殖民企图屡屡受挫，逐渐意识到自己仅仅是美国的经济小伙伴。同时，美国资本不能忽视英国尚存的经济实力，又为减少自己维持垄断利益的花费，允许英国资本共享一定的经济资源，但份额和方式需要由自己决定。

## 三　作为合作关键的私人资本

如前所述，英美双方既有合作又有竞争，却又争而不破，维系双方这种关系的原因何在？无疑，两国最高层的个人关系、相近的意识形态、类似的外部压力、发展资本主义经济制度的愿望等因素对两国政府间关系发挥着重要影响。然而，我们无法忽略战后资本主义新特点对英美关系的影响。

在展开分析前，我们先明确一下资本主义新的时代特点。列宁说过帝国主义时代的特点之一是出现同私人垄断资本勾结的国家垄断资本主义。更有学者提出："二次世界大战后，特别是50年代末和60年代初，资本主义的发展已经逐渐过渡到以跨国公司为支柱的跨国垄断资本主义阶段。"[①] 不管是哪种垄断形式，资本主义基本矛盾决定了资本主义经济的私人垄断性质。私人垄断资本不仅和国家政权的结合更紧密了，而且不同国家间垄断资产阶级的联合更密切

---

① ［巴西］特奥托尼奥·多斯桑托斯：《帝国主义与依附》，杨衍永等译，社会科学文献出版社1999年版，第4页。

了。加强联系是为了赚取利润,而赚取利润最有效的途径则是垄断和排他。联合是为应对更激烈的竞争。英美私人垄断资本间联合与竞争并存的关系塑造了美国政府同英国政府间合作与冲突并存的局面。因此,分析英国政府对美国私人资本的政策以及后者同英属殖民地诸多政治势力的关系就显得必要了。

战后,美国建立了资本主义世界的经济霸权。经济霸权的维系依赖于正式和非正式的国际机制,前者如布雷顿森林体系和关贸总协定,后者如控制中东石油生产的机制。前者国家处于前台位置,国家资本直接运作。后者国家在幕后发挥领导作用,私人资本属于运作的主体。经济霸权的运作分为直接控制和间接控制两种方式。如中东石油生产便属于美国竭力直接控制的范围内,撒哈拉以南非洲的矿产品便处于间接控制的范围。

受美国经济霸权维系方式的影响,私人资本的意愿在英属撒哈拉以南非洲美国跨国公司的活动中起基础作用,美国政府战略引导对公司的活动起到指向作用。由于英属撒哈拉以南非洲经济发展程度比较低,故而私人资本投资多集中于矿业资源开采。同中东的石油开发相比,英属撒哈拉以南非洲矿业资源的重要性更低,私人资本居于运作主导地位,美国政府干预的程度更低。同西欧相比,投资种类不那么分散,尤其集中于矿业资源的开采,主要是资本密集型的大矿业寡头资本在发挥作用,利益更加趋同。

如前所述,英国寄希望于殖民地资源巩固和发展英国的经济实力,缩小同美国的实力差距。英国希望借助美国资本开发自己的殖民地,美国官方贷款很少且大多投向稀缺性战略物资生产,唯有依赖美国私人投资。英国政府不得不配合美国私人资本进入殖民地。

美国私人资本主要投资于两个方向:一是美国政府引导的战略物资开发;二是发展被英国政府禁止从美元区进口的轻工业制成品。[1]

---

[1] 英国殖民部档案:CO537/7597, No3 [Dec 1951], " 'Colonial Development': CO Brief for Mr Churchill", in David Goldsworthy, ed., *British Documents on the End of Empire: The Conservative Government and the End of Empire, 1951-1957*, 第398号文件。

由于美国企业属意于快速获利的矿物开采，英国政府只得放任美国矿业企业在英镑区内寻找新的开采点。① 英国政府为美国企业提供殖民地经济信息，也同意美国官方组团赴英属殖民地调查经济信息，仅坚持限制美元兑换。② 这点唯一的保留稍后也随 1958 年英镑自由兑换政策而消逝。

美国私人资本主要通过购买整个英资企业或者部分股权的方式进入英属殖民地活动，以顺利获得当地政治力量的配合。面对这种情况，英国官员认为出于政治考虑，很难限制美国投资开采殖民地原材料，同时担心美国的政治影响会伴随经济渗透滚滚而来，并且担心战时难以利用美国企业生产的那些产品。因而，英国政府决定对美国私人资本实行具体问题具体分析的办法，不制定针对美国资本输入的总体政策。③

从史实来看，英国官员对紧随美资身后的美国政治影响渗透的担心并非没有道理。1956 年后，部分由于美国国内的种族形势，部分由于美国在这个地区日益增多的投资（特别在英属中非联邦），美国人日益增加了对东、中非形势的关注。④ 不管是艾森豪威尔政府还是肯尼迪政府，这一点未曾变化。

当时，英属中非联邦的矿业生产主要被两个矿业集团垄断。一个是英属南非公司控制下的英美公司集团（the Anglo American Cor-

---

① 英国殖民部档案：CO537/7858, No38, 30 June 1952, [Private Investment in Colonies]: Letter (reply) from M. T. Flett to E Melville, in David Goldsworthy, ed., *British Documents on the End of Empire: The Conservative Government and the End of Empire, 1951-1957*, 第 404 号文件。

② 英国殖民部档案：CO537/7844, No190, 22 Aug 1952, "'US Private Investment': Circular Dispatch No835/52 from Mr Lyttelton to Governors", in David Goldsworthy, ed., *British Documents on the End of Empire: The Conservative Government and the End of Empire, 1951-1957*, 第 406 号文件。

③ 英国财政部档案：T236/696, pp. 40-44, 3Feb1948, "'American Private Investment in the Colonies': Draft CO Memorandum by Sir S Caine", in Ronald Hyam, ed., *British Documents on the End of Empire: The Labour Government and the End of Empire, 1945-1951*, 第 87 号文件。

④ 英国英联邦部档案：DO35/6953, No32, 29 Oct1956, [US Attitude towards Colonialism]: Letter from B. Salt (Washington) to J D Murray, in David Goldsworthy, ed., *British Documents on the End of Empire: The Conservative Government and the End of Empire, 1951-1957*, 第 111 号文件。

poration Group），一个是罗得西亚选矿托拉斯集团（the Rhodesian Selection Trust Group）。英美公司和罗得西亚选矿托拉斯都有美国股份参股，后者受美国资本影响更大。罗得西亚选矿托拉斯集团的日常经营由英籍人士罗纳德·普兰爵士（Sir Ronald Prain）负责。该公司的主要资本来自美国，重大决策受到母公司美国金属公司（The American Metal Company Limited of New York）总裁霍克希尔德（Hochschild）的影响。从1927年起，美国资本就在罗得西亚选矿托拉斯集团中占据极为重要的地位，掌握着它42.3%的股份。[①] 这家美国公司在本土之外主要投资于非洲各地矿业，以获取美国市场所需的各种资源，战后更是乘美国政府"马歇尔计划"和"第四点计划"的东风大力发展在非洲的业务。罗得西亚选矿托拉斯集团和英美政府高层以及当地政治力量保持紧密联系，在20世纪50年代和60年代英属中非地区的非殖民化进程中发挥重要影响。

　　罗得西亚选矿托拉斯集团同掌握中非联邦政府权力的白人移民政治集团保持密切的关系。在1955年，罗得西亚选矿托拉斯将集团总部从北罗得西亚首府卢萨卡（Lusaka）搬迁到中非联邦的首都索尔兹伯里（Salisbury），建起奢侈的20层办公大楼，以显示对中非联邦的支持。此外，公司还同英属南非公司共同资助当地执政的白人政党，多年资助该党党务人员的薪金。[②] 毫无疑问，矿业公司支持中非联邦，同时矿业公司不希望中非联邦成为自治领，那样会危及自己投资的安全性，在此方面公司更信任英国政府。这种态度的政治表现就是英国政府拒绝中非联邦成为自治领。

　　罗得西亚选矿托拉斯集团更希望通过英国政府来保证自己的投资安全，公司对英国政府的信任建立于其同英国政界高层的联系之上。普兰长期担任罗得西亚选矿托拉斯集团的总经理，出身于矿业经理人世家，早年曾和丘吉尔内阁的殖民大臣李特尔顿共事，后同

---

[①] Richard L. Sklar, *Corporate Power in an African State: the Political Impact of Multinational Mining Companies in Zambia*, Berkeley and Los Angeles: University of California, 1975, p. 47.

[②] Richard Hall, *Zambia*, London: Pall Mall Press, 1965, p. 150.

殖民大臣伦诺伊德－博伊德、殖民大臣麦克劳德和英联邦大臣霍姆保持密切联系，时任首相的麦克米伦到非洲巡视特意征询普兰意见。有感于比属刚果独立时对矿业生产的影响，普兰在同麦克米伦的谈话中表示支持扩大非洲多数人的政治地位，还声称准备在时机合适之时，招收更多的非洲工人以缓和民族主义者的要求，顺便实现其长久以来降低成本的夙愿。[1] 北罗得西亚临近独立时，为保证本公司的投资环境，建立一个"温和"的继任政府，普兰积极要求英国政府给予新非洲人政府贷款。[2] 上述表态同南非公司的要求高度一致。无疑，公司的态度影响了英国政府的决策。

罗得西亚选矿托拉斯还借助美国政治力量，影响新崛起的非洲民族主义者。1960年4月15日，霍克希尔德借助美国非洲协会（the African American Institute）的渠道同英属中非联邦非洲人领袖班达和卡翁达会面。霍克希尔德在同卡翁达交谈后，认为虽然他比班达在矿业特权方面的态度更强硬，但要比想象的温和。霍克希尔德竭力塑造罗得西亚选矿托拉斯亲非洲人的形象，说明罗得西亚选矿托拉斯的态度不仅是普兰个人观点的产物，而且是非洲民族解放运动兴起的结果。英属中非联邦领导人韦伦斯基怒火中烧地评价矿业公司的新动向："当我看到我们的'朋友'K. 卡翁达被描述为温和人物，保持平静局势的困难便日益增加了。"在1961年5月，美国金属公司而非美国国务院安排卡翁达同肯尼迪总统会面，以及卡翁达同世界银行负责人会面，转化了世界银行对将要成立的北罗得西亚非洲多数人政府的融资态度。[3] 由于罗得西亚选矿托拉斯母公司在

---

[1] 英国殖民部档案：CO1015/1129, No9 4Aug1955 [European Mine Workers' Union]: Letter from Sir A. Benson to Mr Lennox-Boyd about a Deal with Anglo-American, in Philip Murphy, ed., *British Documents on the End of Empire: Central Africa*, London: HMSO, 2005, 第110号文件。

[2] 英国首相办公厅档案：PREM11/5028, 4Sept1964 "Northern Rhodesia and Chartered": minute by Mr. Boyd-Carpenter to Sir A. Douglas-Home; 英国首相办公厅档案：PREM11/5028, 15 Sept 1964 "British South Africa Company ('Chartered') Northern Rhodesia": minute by Sir B. Trend to Sir A. Douglas-Home, in Philip Murphy, ed., *British Documents on the End of Empire: Central Africa*, 第392、397号文件。

[3] Andrew Cohen, "Business and Decolonization in Central Africa Reconsidered", *Journal of Imperial and Commonwealth History*, Vol. 36, No. 4, December 2008, pp. 649–651.

美国政府所享有的官方渠道，就不难理解罗得西亚选矿托拉斯实行的策略同英国或殖民地政府政策之间的差异，说明它为何能够比英属南非公司更早地趋近非洲民族主义者以争取殖民地独立后的主动。这一点或许便是两大公司集团最大的不同。

在同英属中非联邦类似的地区，英美私人资本要面对的主要是当地政治力量，无论这股力量主要是白人移民还是非洲人，因而它们之间的合作远远大于竞争。面对当地社会的政治压力时，同一个区域内的西方企业，相互串通勾结，控制当地支柱产业，借助西方政府向当地政治力量施压。美国私人资本多采用股份形式与英国私人资本结合。这些资本混合型公司在面对殖民地人民的要求时既可以策动英国政府，也能动员美国政府对殖民地局势施加影响。因而，美国政府配合英国政府的殖民政策，允许甚至鼓励英国政治、军事权利的继续存在。当1959—1963年英国殖民统治瓦解时，英国政府在除刚果以外的地区充分照顾美国私人资本的利益，美国政府政策的特征是同英国紧密合作，并没有对英国的殖民政策进行多少直接的干预。[1]

英美经济合作片面偏重矿业领域造成英属撒哈拉以南地区单一经济现象更为突出。同时，在一定程度上繁荣了当地经济，培育出一个积极参与反殖民运动的工人阶级，加速了非殖民化进程。

上述历史现象还告诉我们，双方私人资本之间的密切合作是英美经济合作的深层原因。资产阶级追求利润最大化可以放弃国家层面的竞争，同时各个集团又拥有各自的利益诉求。所以，英美关系才会呈现出合作为主、冲突为辅的特点。

## 结　　论

英美在英属撒哈拉以南非洲的经济伙伴关系是按照资本主义发

---

[1] 里奇·阿文戴尔持同样的意见，参见 Ritchie Ovendale, "Macmillan and the Wind of Change in Africa, 1957 – 1960", *The Historical Journal*, Vol. 38, No. 2, June 1995, pp. 455 – 477。

展不平衡规律，各取所需、重分经济利益的一种关系，这种关系以合作为主、冲突为辅。双方共同的诉求为经济合作构建出大框架，互补性诉求为经济合作的支柱，恰当妥协是经济合作的助力，私人资本之间的密切合作是经济合作的深层原因。具体表现为，英国政府对美国向非洲矿业领域的渗透利用为主、抵制为辅。在利用美国资本资助本土和殖民地开发项目的同时，英国视占有殖民地资源为保障自身国际地位的重要工具。

英美经济伙伴关系受国际格局、正式和非正式的合作机制、国内形势的影响。战后国际格局具有两大特征：一是美苏两极冷战格局形成，东西方矛盾凸显；二是旧的世界殖民体系瓦解，南北方矛盾加深。英美双方共同应对两大矛盾，并使后一矛盾从属于前一矛盾。冷战结束后，南北方矛盾愈加显著，英美经济伙伴关系并未衰减。在布雷顿森林体系和关贸总协定、世界银行和国际货币基金组织等多边框架下，在双边协定框架下，英美双方构建了正式的合作机制；在私人资本的联合等范围内，英美双方享有非正式的合作机制。前者是显性的，后者则构筑了双方经济合作的深层基础。影响英美经济伙伴关系的国内形势主要包括各自实力消长和政党政治等。英美经济实力消长决定了美国居于主导地位，政党政治则使双方经济合作的侧重点有所不同。

英美经济伙伴关系对英美关系发挥了基础但非决定性作用。安全、政治因素和意识形态因素都影响着英美关系。对抗苏联和社会主义阵营、维护西方主导的资本主义体系、推崇西式价值理念和行为准则，都有助于促进英美关系的发展与维持。战后，经济上英国等殖民宗主国对美国援助依赖较强，而美国在建立和维持自身主导的世界资本主义体系上有赖于英国，这种经济伙伴关系有助于密切英美关系，并为之提供物质基础。英美经济关系整体平稳，从物质层面为英美军事、政治和意识形态领域的合作增添了保障。

英美经济伙伴关系对战后国际格局的影响表现在有助于资本主义体系内部霸权和平转移、加深了南北方矛盾。就资本主义体系内部霸权和平转移来讲，英美双方对布雷顿森林体系和关贸总协定的共识使双方在资本主义体系层面进行了霸权和平转移,从相对收益来考虑彼此关系使双方在双边关系层面协调了霸权转移的冲击,双方私人资本的合作在民间层面构筑了霸权和缓转移的可能。就加深南北方矛盾来讲,英美经济伙伴关系以牺牲南方利益为代价。如果说两个发达资本主义国家之间关系和缓代表着世界资本主义体系的变化,那么资本主义体系内部蕴藏着的南北两极分化趋势则有扩大之势。从这层意义上讲,英美经济伙伴关系成为帝国主义国家"瓜分世界"的全部关系中的一部分。包括英美关系在内的西方主要国家间伙伴关系也存在下来,并发展成为国际垄断资本主义运行的重要机制之一。

(原载《世界历史》2016年第6期)

# 南非种族隔离时期的教育制度与种族分层劳动力市场的形成

刘 兰

20世纪初期,南非白人在就业中面临来自非洲人的竞争,劳动力市场出现严重的白人失业问题。然而,到20世纪70年代,白人确立了其在劳动力市场上的绝对优势地位,非洲人却只能从事半技术和非技术工种,甚至陷入结构性失业,南非劳动力市场出现不平等的种族分层。那么,南非劳动力市场为什么会出现如此巨大的变化?什么因素在这一变迁中发挥了关键性作用?本文将围绕以上问题展开分析,力求对这一现象进行解释。

国外学者从历史学、社会学、经济学、地理学、政治学和教育学等多学科出发,对1994年以后南非教育改革与社会公平问题进行了多角度的分析。针对1994年之前的南非教育问题,种族隔离时期的教育制度与南非社会经济发展之间的关系问题成为学者们关注的焦点。辛福义·A. 哈士瓦约(Simphiwe A. Hlatshwayo)通过考察教育与社会生产之间的关系,分析了教育与霸权之间的关联性,认为1994年以前南非的教育成为社会控制的一种手段,专门为经济部门培养驯服的非洲人劳动力。[1] 沃尔顿·R. 约翰逊(Walton R. Johnson)考察了教育与社会分层之间的关系,认为教育的目的在于维持种族隔离的社会分层制度。[2] 杰瑞米·希金斯(Jeremy Seekings)和尼科里·纳特拉斯

---

[1] Simphiwe A. Hlatshwayo, *Education and Independence*, New York: Greenwood Press, 2000.
[2] Walton R. Johnson, "Education: Keystone of Apartheid", *Anthropology & Education Quarterly*, Vol. 13, No. 3, African Education and Social Stratification, Autumn, 1982, pp. 214 – 237.

(Nicoli Nattrass)则通过考察教育与再分配收入之间的关系,指出教育成为南非白人政府确保白人获得优势地位的关键环节。① 卡琳·I.帕煦(Karin I. Paasche)考察了南非教育政策的变迁历史,认为南非种族隔离的教育政策决定了南非社会的种族特征。②

国内关于南非教育制度的研究主要集中探讨教育制度与种族主义制度之间的关系。陈一飞和韩梅君在《南非教育制度中的种族歧视》一文中梳理了17世纪至20世纪70年代中期南非具有种族特征的教育制度的发展脉络,认为南非的教育制度是强化种族主义统治、巩固白人统治的工具。③ 杨立华等编著的《南非政治经济的发展》一书认为,种族隔离的教育制度是国民党政府保持白人至上、黑人低下的种族主义统治的重要手段。④ 夏吉生主编的《南非种族关系探析》提出,南非种族主义的教育制度造成南非各族特别是黑白人之间文化水平极为悬殊的状况。⑤ 到目前为止,国内还没有学者就南非种族隔离的教育制度与劳动力市场之间的关系进行专门阐述。本文借助西奥多·舒尔茨(Theodore W. Schults)的人力资本理论,分析了种族隔离教育制度在种族分层劳动力市场形成中所发挥的作用,认为南非种族分层的劳动力市场是种族隔离教育制度实施的结果。

## 一 20世纪初期白人与非洲人在劳动力市场上的竞争

20世纪初,从农村转移到城市的阿非利卡人(Afrikaner)⑥剩

---

① Jeremy Seekings and Nicoli Nattrass, *Class, Race and Inequality in South Africa*, New Haven: Yale University Press, 2005.
② Karin I. Paasche, *An Analysis of South Africa's Education Policy Documents*, New York: The Edwin Mellen Press, 2006.
③ 陈一飞、韩梅君:《南非教育制度中的种族歧视》,《西亚非洲》1981年第3期。
④ 杨立华等编著:《南非政治经济的发展》,中国社会科学出版社1994年版。
⑤ 夏吉生主编:《南非种族关系探析》,华东师范大学出版社1996年版。
⑥ 最早来到南非的白人是荷兰人,之后主要有英国人,另外还有少量德国人、法国人和瑞士人等欧洲人。荷裔白人因讲一种以荷兰语为主,混合法语、德语和部分土著语而成的阿非利卡语而后被称为阿非利卡人,到20世纪初阿非利卡人占白人总人数60%以上。

余劳动力在劳动力市场上陷入失业困境。这些从农村刚刚进入城市的阿非利卡人普遍没有接受过良好的教育和技术培训，难以从事技术工种。在当时南非以矿业为主的工业劳动力结构中，矿业依赖来自国外的技术工人，以英裔工人为主的外来白人移民垄断了南非的技术工种。1910年，在25000名白人工人中，70%来自国外。在矿业革命[1]期间，白人移民南非达到历史顶峰，19世纪90年代中期，德兰士瓦20万白人居民中约有1/3是外来移民。[2] 仅在1890—1891年，南非境内的白人人口就增加一倍。1911年南非有白人127.6万，占总人口的21.4%，与矿业革命前的1860年相比，增长102万人。[3] 1934年的一次调查显示，只有18.6%的阿非利卡人成为技术工人。[4]

与此同时，阿非利卡人在非技术工种就业方面又面临来自非洲人的巨大挑战。与白人相比，非洲人工资更为低廉。1898年兰德金矿非洲人工人平均每月工资为2镑9先令9便士，白人工人工资则为26镑，是非洲人工资的10倍。[5] 1911年南非金矿中白人与非洲人的工资比例为11.7∶1，到1921年这一比例扩大为15∶1。[6] 即使白人与非洲人同时被雇用为非技术工人，其工资也要高于非洲人的标准。1900—1940年，非洲人从事非技术工种，每天的工资是2先令，而白人工人却不愿意从事每天工资少于3先令6便士的工作。[7] 到1921年，白人工资比1914年增加了60%。[8] 在这一时期，来自农村

---

[1] 南非矿业的大规模开采开始于19世纪下半叶，延续到20世纪初，在南非经济史上这一时期被称为矿业革命时期。

[2] Lis Lange, *White, Poor and Angry: White Working Class Families in Johannesburg*, London: Ashgate Publishing Limited, 2003, p. 11.

[3] 艾周昌等:《南非现代化研究》，华东师范大学出版社2000年版，第68页。

[4] Johann Van Rooyen, *Hard Right: The New White Power in South Africa*, London: I. B. Tauris, 1994, p. 251.

[5] 夏吉生主编:《南非种族关系探析》，华东师范大学出版社1996年版，第62页。

[6] Merle Lipton, *Capitalism and Apartheid*, Avebury, 1986, p. 388.

[7] William Beinart and Saul Dubow, *Segregation and Apartheid in Twentieth-Century South Africa*, London and New York: Routledge, 1995, p. 194.

[8] Robert Ross, Anne Kelk Mager and Bill Nasson, *The Cambridge History of South Africa, 1885–1994*, Vol. 2, Cambridge: Cambridge University Press, 2011, p. 268.

的阿非利卡人在劳动技能方面几乎与非洲人处于同一水平。到 20 世纪早期,一些有工作经验的非洲人已经在从事一些以前由白人垄断的工作。

由于廉价的非洲人与白人具有可替代性,出于成本最小化原则的考虑,矿业主自然倾向于以廉价的非洲人劳动力取代白人。1917 年的一份政府报告就明确指出:"相对于土著人和有色人,白人在非技术和半技术工种岗位的就业中处于劣势,矿业中出现一种趋势,就是把白人劳动力的雇用减少到最低。"[1] 20 世纪 20 年代黄金价格下跌 1/4,矿业的生产成本同期上升 1/3,矿业主随即从原来由白人工人从事的技术工种中分离出半技术工种,由非洲人承担。为避免倒闭,许多矿业主甚至直接让非洲人工人取代从事非技术工种的白人工人。1921 年矿业主自行决定把白人的工资下调 25% 到 50%[2],并把非洲人与白人工人的雇用比例从 8∶1 增加到 10.5∶1。[3] 南非劳动力市场随之出现一批白人失业人口,既所谓的"穷白人"。随着农村阿非利卡人不断涌入城市,穷白人的人数不断增加。到 1920 年,南非至少有穷白人 10 万人,10 年后上升到约 30 万人,几乎占阿非利卡人 1/3[4],占白人人口的 17.5%。[5]

从以上可以看出,20 世纪初期,白人工人与非洲人工人普遍没有接受过良好教育,具有基本相同的劳动技能,矿业主根据成本最小化原则以廉价非洲人取代白人成为一种自然趋势。在这一时期,南非的劳动力市场基本上是按照自由市场经济原则来运行的,没有出现种族分层现象。

---

[1] Nancy L. Clark, *Manufacturing Apartheid State Corporation in South Africa*, New Haven: Yale University Press, 1994, p. 45.

[2] Nancy L. Clark, *Manufacturing Apartheid State Corporation in South Africa*, p. 53.

[3] Charles H. Feinstein, *An Economic History of South Africa: Conquest, Discrimination and Development*, Cambridge: Cambridge University Press, 2005, p. 80.

[4] Charles H. Feinstein, *An Economic History of South Africa: Conquest, Discrimination and Development*, p. 85.

[5] Jens Meierhenrich, *The Legacies of Law: Long-run Consequences of Legal Development in South Africa, 1652 – 2000*, Cambridge: Cambridge University Press, 2010, p. 100.

## 二 南非白人政府推行种族隔离的教育制度

20世纪20年代中期，南非经济衰退，白人失业问题随之恶化，白人工人采取了一系列罢工行动反对矿业主以廉价的非洲工人取代白人工人，其中最典型的是1922年的兰德大罢工，这次罢工最终发展成一场武装冲突。白人工人提出："全世界工人联合起来为白人南非而战。"史末资（J. C. Smuts）政府最后动用军队，经过激战镇压了这场叛乱。罢工导致76名白人工人被杀，18名参加罢工的白人工人被判处死刑，其中4人被绞死。[1] 这次罢工充分说明南非白人社会内部出现了尖锐的阶级矛盾。

对此，南非白人普遍认为白人失业问题已经危及整个白人种族在南非的延续。虽然白人在政治、经济领域都居于主导地位，但在人数上与非洲人相比却始终处于绝对劣势，白人在南非总人口中所占比例分别为1910年21.4%、1922年21.7%、1933年20.9%；同期非洲人在总人口中所占比例则分别为1910年67.3%、1922年68%、1933年68.7%。[2] 如果听任白人失业问题继续恶化，一部分白人将会陷入可悲的贫困之中，其生活水平会下降到非洲人之下。照此下去，白人的物质和文化优势乃至整个白人种族最终会在南非消亡。[3]

于是，白人政府认为要确保白人社会整体优势地位，必须解决白人失业问题，而解决白人失业问题的关键在于提供种族隔离的教育特别是技术教育，使白人的技能供给与预期的劳动力需求相匹配。事实上，在南非学校一直对不同种族秉持不同的教育理念。在欧洲人到来之前，非洲人已经有自己的教育体系。1658年，在开普建立了第一所专门为年轻的奴隶开办的西式学校，这所学校除了教授荷

---

[1] Nancy L. Clark, *Manufacturing Apartheid State Corporation in South Africa*, 1994, p. 53.
[2] Jones Staurt, *The South African Economy, 1910—1990*, Basing Stroke: Palgrave Macmillan, 1992, p. 19.
[3] Lis Lange, *White, Poor and Angry: White Working Class Families in Johannesburg*, p. 148.

兰语和天主教外，还向奴隶灌输必须服从白人主人的理念。1663 年为殖民者的孩子专门开办了一所学校，白人孩子接受的教育是成为开拓者和征服者，白人男孩从小就要学习使用火器，目的是成为世界上最优秀的射手。① 而对于非洲人的教育，1855 年副总督乔治·卡斯卡特（Jeorge Cathcart）提出："我们应该……把这些敌对的士兵教化和转变为同盟者……把破坏我们牲口和农作物的非洲人变成我们商品的消费者和我们市场的生产者。"② 很显然，白人殖民者对非洲人推行教育的目的是把原本独立的非洲人纳入资本主义经济，把非洲人变成白人社会的依附者。

进入 20 世纪，白人政府在教育体制中进一步突出了种族不平等的观念。1925 年成为首相的赫尔佐格（J. B. M. Hertzog）直言不讳："土著人必须被明确无误地告知，南非由白人统治是命中注定，白人将无法容忍任何人试图阻止其完成这一神圣使命。"③ 1935 年，由 W. T. 威尔士负责的跨部门非洲教育委员会（The Interdepartmental Committee on Native Education）直接提出，白人小孩的教育是为其在社会中做统治者做准备，非洲人小孩的教育则是为其做被征服者做好准备。④

由于教育是意识形态价值的载体，1948 年推行种族隔离的国民党上台，教育部门遂实行种族隔离。国民党的非洲人教育目标非常明确，就是要通过种族隔离的教育来推动一个隔离、自治的土著人社会的发展。1948 年上台的马兰（D. F. Malan）国民党政府专门任命艾瑟林（Iselin）委员会考察非洲人教育。1951 年的艾瑟林委员会在其报告中指出："我们不应该给予土著人高等知识教育……如果我们这么做了……以后谁来从事体力劳动？"⑤ 在该委员会看来，非洲人教育可以归结如下：非洲人接受教育是为适应其社会地位做准备，

---

① Simphiwe A. Hlatshwayo, *Education and Independence*, p. 29.
② Karin I. Paasche, *An Analysis of South Africa's Education Policy Documents*, p. 87.
③ Karin I. Paasche, *An Analysis of South Africa's Education Policy Documents*, p. 154.
④ Karin I. Paasche, *An Analysis of South Africa's Education Policy Documents*, p. 161.
⑤ Simphiwe A. Hlatshwayo, *Education and Independence*, p. 105.

非洲人的教育不能与白人实现平等，不能建立在牺牲白人教育的基础之上。另外，由于非洲人的文化处于婴儿期，因而必须要接受白人的保护和监督。① 艾瑟林报告明确提出在非洲人初级学校中推行母语教育，传播"独立发展"的价值观。

国民党政府接受了艾瑟林委员会的建议，其报告成为种族隔离制度在教育方面合法化的理论依据。1953年南非政府通过了《班图教育法》，次年生效。该法案规定南非实行种族隔离的教育制度，把各省的非洲人教育置于土著人事务部之下，没有经过该部批准不得建立任何学校。与此同时，《班图教育法》规定非洲人学校的教学必须符合"班图教育"的原则和政策，新办的非洲人学校须设在土著人保留地上，不得设在城市地区。除了政府每年固定拨出1300万兰特以外，非洲人的教育经费必须全部来自非洲人的税收。②

南非政府随后关闭了教会学校。在南非，教会在非洲人教育方面发挥了巨大作用，非洲人接受教育始于教会学校。自18世纪中叶欧洲传教士到南非，教会学校几乎遍布非洲人社区，南部非洲后来的非洲人领导人绝大多数在教会学校接受过教育。教会学校的学生人数不断增加：1850年9000人，1900年100000人，1909年170000人，③ 到1935年达到342181人。④ 艾瑟林报告指出，教会学校培养了英国化的非洲人，这些非洲人精英要求南非实行非殖民化和多数人的民主，无疑对白人政府推行种族隔离制度构成了巨大威胁。因而，白人政府确信需尽全力从教会学校手中接管非洲人教育。1959年南非政府又颁布了《扩充大学教育法》，把种族歧视扩展到高等教育领域。《扩充大学教育法》规定按种族分别建立非洲人、有色人和印度人的大专院校，而且这些高校的理事会和评议会均由白人组成，非洲人大学由土著事务部进行管理。

---

① Simphiwe A. Hlatshwayo, *Education and Independence*, p. 59.
② Philip Bonner, Peter Delius and Deborah Posel eds., *Apartheid's Genesis, 1935 – 1962*, Johannesburg: Wits University Press, 1993, p. 401.
③ Simphiwe A. Hlatshwayo, *Education and Independence*, p. 30.
④ 杨立华等：《南非政治经济的发展》，第47页。

由此可见，南非白人政府试图通过强化种族隔离的教育制度，使非洲人使用自己的语言、沿着自己文化发展，把非洲人排除在南非的政治、社会和经济生活之外，使南非无法实现统一，最终实现白人政府设想的种族隔离发展目标。

## 三　种族隔离教育政策的实施与种族分层的劳动力市场出现

人力资本理论的创始人舒尔茨认为，完整的资本概念应当包括物力资本和与其相对应的人力资本两个方面。物力资本体现在物质产品上，人力资本体现在劳动者身上，指凝聚在劳动者身上的知识、技能及其表现出来的能力。舒尔茨认为，人力资本是投资的产物，人力资本投资分为以下五类：（1）医疗和保健；（2）在职人员培训；（3）正规化的初等、中等和高等教育；（4）非企业组织的针对成年人的学习项目，包括多种农业技术推广项目；（5）个人和家庭为适应就业机会的变换进行的迁移。[①] 其中，教育投资是人力资本投资的主要部分。

那么，舒尔茨的人力资本投资理论是否可以解释符合南非的种族隔离教育制度？

在南非，种族不平等理念体现在白人政府在学校中对不同种族实行不平等的教育投资上，白人政府用在非洲人身上的教育经费与白人相比差距很大。早在1907年德兰士瓦地区的白人小孩已经接受义务教育，1913年白人政府通过《儿童保护法》，把白人小孩置于政府的保护之下，之后南非政府对有色人（16岁以下）和印度人（15岁以下）实行义务教育，而非洲人儿童却主要靠自己承担教育开支。1930—1945年政府用于非洲人学生的人均开支为2—3英镑，而白人学生为22—38英镑。[②]

---

[①] ［美］西奥多·W. 舒尔茨：《论人力资本投资》，吴珠华等译，北京经济学院出版社1990年版，第9页。

[②] Simphiwe A. Hlatshwayo, *Education and Independence*, p. 104.

20世纪60年代以后，随着南非经济的发展，对劳动力的需求大增。在这一背景下，总统维沃尔德（H. Velwoeld）提出"非洲人学校必须要满足南非经济的需要"①。白人政府相应加大了对非洲人的教育投入，非洲学生入学人数增长显著。

表1　　　　南非各族裔在校学校人数（1927—1977年）　　　（单位：人,%）

|  | 1927 | 1927 | 1977 | 1977 |
|---|---|---|---|---|
|  | 人数 | 百分比 | 人数 | 百分比 |
| 白人 | 352000 | 53.6 | 940000 | 16.4 |
| 有色人和印度人 | 78000 | 11.9 | 890000 | 15.5 |
| 非洲人 | 225000 | 34.5 | 3900000 | 68.1 |
| 总体 | 655000 | 100 | 5730000 | 100 |

资料来源：Simphiwe A. Hlatshwayo, *Education and Independence*, p. 77。

从表1可以看出，从1927年到1977年的50年里，非洲人在校人数从22.5万人增加到390万人，增加10倍以上，相比之下，白人在校人数从35.2万人增加到94万人，增长不到3倍。但与此同时，南非政府为不同种族投入的人均教育开支基本不变，从而导致不同种族之间悬殊的差距也基本保持不变。1979年，南非政府用于每个白人学生的开支为724兰特，印度学生为357兰特，有色人种学生为225兰特，而非洲人学生只有71兰特。② 也就是说，白人学生的人均教育开支仍然是非洲人的10倍以上，与1930—1945年非洲人学生与白人学生之间差距基本相同。

不仅如此，非洲学生中还出现高辍学率。非洲人从7岁开始上学，共接受13年教育。从表2看，到1970年，95.39%的非洲人学生在1年级至8年级的小学就学，4.48%的非洲人在9年级至13年级中学就学。

---

① Simphiwe A. Hlatshwayo, *Education and Independence*, p. 60.
② Leonard Thompson, *The Political Mythology of Apartheid*, New Haven: Yale University Press, 1986, p. 52.

表2　　　　　　　　1970年在学校的非洲人孩子　　　　（单位：人,%）

| 年级 | 1 | 2 | 3 | 4 | 5 | 6 | 7 | 8 | 9 | 10 | 11 | 12 | 13 |
|---|---|---|---|---|---|---|---|---|---|---|---|---|---|
| 人数 | 645285 | 485857 | 429550 | 324203 | 261108 | 186944 | 146569 | 135440 | 49504 | 37175 | 26695 | 6177 | 2938 |
| 占比 | 23.54 | 17.72 | 15.67 | 11.83 | 9.54 | 6.82 | 5.35 | 4.94 | 1.8 | 1.35 | 0.97 | 0.25 | 0.11 |

资料来源：Simphiwe A. Hlatshwayo, *Education and Independence*, p.78。

白人孩子从6岁开始上学，接受12年教育。从表3看，1970年，65.82%的白人孩子在1—7年级小学就学，31.7%的白人孩子在8—12年级中学就学。白人孩子在校人数在1—9年级中分布相对均匀，说明白人孩子从学校流失的概率很低，保证白人学生普遍接受了较为良好的教育。相比之下，非洲人孩子在校人数则明显呈逐级减少之势，到9年级后在校的非洲人孩子的人数已微乎其微，说明非洲人孩子不断从学校大量流失，辍学率很高。

表3　　　　　　　　1970年在学校的白人孩子　　　　（单位：人,%）

| 年级 | 1 | 2 | 3 | 4 | 5 | 6 | 7 | 8 | 9 | 10 | 11 | 12 |
|---|---|---|---|---|---|---|---|---|---|---|---|---|
| 人数 | 82585 | 75977 | 79797 | 77955 | 76086 | 74104 | 68540 | 70726 | 64280 | 53055 | 38227 | 29898 |
| 占比 | 10.16 | 9.35 | 9.82 | 9.59 | 9.36 | 9.11 | 8.43 | 8.7 | 7.91 | 6.53 | 4.7 | 3.86 |

资料来源：Simphiwe A. Hlatshwayo, *Education and Independence*, p.79。

非洲学生的高辍学率实际上是白人政府向非洲人征收高学费的结果。非洲人需要负担自己的教育费用，主要通过非洲人的义务人头税制度完成。20世纪70年代初，非洲人父母需要支付文具、课本费和学费，8年级以下每个学生每年支付9—16兰特，从9年级到11年级为25—29兰特，从12年级到13年级为32—33兰特。另外，非洲人还需每年支付学校的制服费用，从低年级的12兰特到高年级的17兰特。[①] 对于月平均工资只有40.75兰特的非洲人而言，这些

---

① Simphiwe A. Hlatshwayo, *Education and Independence*, p.74.

费用无疑构成巨大经济压力,[①] 许多非洲人因负担不起学费而不得不离开学校。于是,虽然非洲人孩子的入学率有所提高,但高学费导致其高辍学率,结果绝大部分非洲人孩子不能进入中学接受教育,总体教育水平仍然很低下。结果,种族之间不平等的教育投入造成了非洲人与白人教育水平之间的巨大差异。

表4　　　　1970年南非从事经济活动人口的教育水平

|  | 白人 | 亚洲人 | 有色人 | 城市非洲人 | 农村非洲人 |
| --- | --- | --- | --- | --- | --- |
| 文盲 | 1.1% | 8.5% | 22.4% | 34.8% | 63.4% |
| 2年级 | — | — | — | 16.1% | 15.3% |
| 3年级 | — | — | — | 27.8% | 14.7% |
| 6年级以下 | 2.8% | 35.9% | 45.3% | — | — |
| 6—7年级 | 23.1% | 33.5% | 22.3% | 15.3% | 4.6% |
| 8—9年级 | 31.9% | 13.4% | 6.7% | 4.8% | 1.2% |
| 10年级 | 25.6% | 5.1% | 1.4% | 0.6% | 0.2% |
| 人数（千人） | 1509 | 716 | 182 | 2706 | 2996 |

资料来源：Charles H. Feinstein, *An Economic History of South Africa: Conquest, Discrimination and Development*, p.161。

从表4可以看出,到20世纪70年代在南非从事经济活动的人口中,白人普遍接受了较好的教育,其教育水平远远超过了同期的非洲人。有25.6%的白人达到10年级学业水平,而非洲人达到10年级学业水平的比例在城市地区仅为0.6%,农村地区更低,仅有0.2%。在这一时期,南非只有2.8%的白人小学没有完成6年级学业,白人的文盲率仅为1.1%。相比之下,非洲人受教育水平则非常低下,城市非洲人的文盲率为34.8%,而在农村非洲人更高,达63.4%。

种族之间教育水平的巨大差异随之反映在各个种族所具有的不同人力资本即劳动技能中,在1976年进行的技术工人证书考试中,

---

[①] Bertil Oden, *The South African Tripod*, Uppsala: Nordiska Afrikainstitutet, 1994, p.150。

全南非 2500 多万非洲人中只有 207 人通过了考试，而在 1977 年进行的同类考试中，总人口只有 400 多万的白人通过考试的就有 1 万多人。① 根据南非政府的规定，只有获得此证书的人才能在工商业和政府部门中从事技术工种的工作，成为白领阶层。

最终，种族之间的技能差别导致南非出现种族分层的劳动力市场。接受了良好教育的白人进入工资待遇优渥的技术和管理部门岗位，白人中专业技术人员和政府公务员所占比例从 1946 年的 45% 上升到 1960 年的 60%，半技术和非技术蓝领白人工人在白人中所占的比例从 1946 年的 29% 下降到 1960 年的 17%。② 从 60 年代初到 70 年代中期，进入管理岗位的白人人数从 17 万人增加到 34.1 万人。从 20 世纪中期开始，白人就业从第二产业的工业部门逐渐转向第三产业的服务业部门。1951 年白人在商业和金融业的人数相当于在制造业的人数。其中，构成白人工人 75%③ 的阿非利卡人的经济地位发生巨大改变，阿非利卡人从事农业的人数比例从 1946 年的 30% 下降到 1970 年的 8%④，在管理人员中所占比例从 1948 年的 5% 上升到 1960 年的 26%，在白领中所占比例从 1946 年的 29% 上升到 1977 年的 65%。⑤ 到 20 世纪 60 年代，白人不仅实现了充分就业，而且进入较高的技术岗位，与此同时，一些工资待遇较差、技能要求相对较低的技术和半技术岗位空余出来，留给非洲人填补。

1969 年南非工业界联合商会对 110 万名工人的调查显示，技术工人总人数为 48.5 万人，半技术工人总人数为 32.3 万人，其中 52% 的技工和 89% 的半技术工人是非洲人。⑥ 从 20 世纪 60 年代到 90 年代，技工和学徒人数增长了 11.5 万人，其中 5.9 万人为非洲人，4.7 万人

---

① 艾周昌、舒适国等：《南非现代化研究》，华东师范大学出版社 2000 年版，第 133 页。
② Jeremy Seekings and Nicoli Nattrass, *Class, Race and Inequality in South Africa*, p. 65.
③ Godfrey Hugh Lancelot, *The Afrikaners*, Oxford: Blackwell, 1995, p. 239.
④ Robert Ross, Anne Kelk Mager and Bill Nasson, *The Cambridge History of South Africa, 1885–1994*, Vol. 2, p. 551.
⑤ William G. James, *The State of Apartheid*, Boulder and London: L. Rienner, 1987, p. 8.
⑥ Charles H. Feinstein, *An Economic History of South Africa: Conquest, Discrimination and Development*, p. 191.

为有色人和亚裔，只有9000人是白人。① 值得注意的是，非洲人进入的半技术岗位主要局限在教师和护士等行业，因为这里白人工会的力量相对较弱，非洲工人在这两个领域中的人数从1965年的22.1万人（占全体的28%）迅速增加到1990年的93.7万人（占全体的53%）。② 然而，南非部分非洲人却陷入严重的失业境地。1977年，南非出现较高的非洲人失业率，开普地区为19.5%，比勒陀利亚、兰德和瓦尔地区更高达28.3%。③ 与之相对应的是，从60年代中期起，南非劳动力市场出现普遍性的技术劳动力匮乏现象，甚至影响到南非政府部门的正常运转，1969—1971年的一份政府报告中指出，各个行业均出现了技术劳动力的短缺：建筑业和服装业短缺13%，钢铁业短缺8%，汽车业短缺11%，家具业缺12%。④

1981年南非白人政府委员会的报告中也明确指出，为了保持南非经济每年4.5%的增长率，每年必须培训23000名技术工人和9500名技术人员，而当时能够提供的只有10000名技术工人和2000名技术人员。⑤ 南非出现了结构性失业。从本质上讲，结构性失业是国民经济的产业结构发生变化，劳动力结构、人力资本的积累（或曰存量）不能与之相适应的结果。这样就形成了一方面大量失业劳动者的存在，欲求而又得不到工作；另一方面一些新行业的工作岗位空缺，找不到适合的劳动者。就南非而言，结构性失业的产生导源于劳动力供给结构的调整滞后于劳动力需求结构的变化。随着南非资本密集型产业发展，劳动力市场对技术劳动力的需求不断增加，但由于种族不平等的教育投入，大量没有技能的非洲人无法进入技术工种岗位，于是出现劳动力市场技术劳动力的供给小于需求，非

---

① Charles H. Feinstein, *An Economic History of South Africa: Conquest, Discrimination and Development*, p. 232.
② Charles H. Feinstein, *An Economic History of South Africa: Conquest, Discrimination and Development*, p. 233.
③ Jeremy Seekings and Nicoli Nattrass, *Class, Race and Inequality in South Africa*, p. 175.
④ Jeremy Seekings and Nicoli Nattrass, *Class, Race and Inequality in South Africa*, p. 144.
⑤ Anton David Lowenberg, *The Origins and Demise of South African Apartheid*, Michigan: The University of Michigan Press, 1998, p. 194.

洲人随之陷入结构性失业状态。

到20世纪70年代，南非劳动力市场出现技能分层与种族分层相一致的现象：不同种族具有不同的人力资本即不同的劳动技能，不同的人力资源又导致劳动力市场出现不平等的种族分层，印证了舒尔茨人力资本理论中人力投资与教育之间的关系。必须指出的是，南非劳动力市场的种族分层的形成不是市场经济运行的自然结果，而是白人政府推行种族隔离教育制度的结果。

## 结　　论

综上所述，20世纪初在同样受教育程度较低的情况下，南非劳动力市场上的非洲人与白人拥有大致相同的技能，按照市场运行原则同时竞争非技术工种岗位，廉价的非洲人对白人就业构成了巨大威胁。对此，白人政府强化种族隔离的教育制度，不同种族之间的教育投入极不平等。到20世纪70年代，白人依靠人力资本投资获得较高的技能，就此垄断了劳动力市场的技术工种岗位。与此同时，非洲人由于人力资本投资不足而缺乏相应技能，只能进入对技能要求相对较低的工种岗位，大量非洲人陷入结构性失业。南非出现了种族分层的劳动力市场。

表5　　　　　　　　　1985年南非的种族收入分配　　　　　　（单位：美元）

| 族裔＼收入 | 0—2999 | 3000—4999 | 5000—7999 | 8000—10499 | 10500—15999 | 16000 | 占总收入百分比 |
|---|---|---|---|---|---|---|---|
| 非洲人 | 38% | 2% | 18% | 8% | 5% | 5% | 24.9% |
| 亚裔 | 5% | 8% | 14% | 13% | 18% | 42% | 3.0% |
| 有色人 | 26% | 22% | 19% | 7% | 12% | 14% | 7.2% |
| 白人 | 2% | 1% | 2% | 2% | 10% | 83% | 64.9% |

资料来源：Timothy D. Sisk, *Democratization in South Africa*, Princeton: Princeton University Press, 1995, p.27。

必须指出的是,种族分层的劳动力市场一经成型,白人教育优势转化为技能优势,依据市场运行规则,不再需要政府人为干预,白人便可以垄断技术工种,在劳动力市场中居于优势地位。一般而言,教育不仅可以改变人的劳动技能,还可以改变人的收入。这点在南非种族分层的劳动力市场得到反映,表现为不同种族收入之间的差距。

从表5可以看出,绝大多数受过良好教育的白人已经进入较高收入阶层,而非洲人大多数仍然处于中低收入阶层。收入差距随后又带来不同种族家庭人力资本投资的差距,不同人力资本投资继续加大种族间的收入差距,如此循环的结果导致非洲人代际流动受阻,也就是说非洲人家庭中上下两代人之间停止社会流动。

于是,南非劳动力市场上下流动的相对静止导致正常的社会流动无法实现,这一现象延续到种族隔离制废除后的今天。2011年南非知名调查公司公布的调查结果显示,约翰内斯堡证券交易所上市公司排名前20名的公司主管均为白人男性。南非私营公司63%的高层管理人员是白人男性,14%为白人女性,而非洲人男性和非洲人女性所占的比例仅有9%和4%。[①] 2013年10月,南非总统祖马曾表示,目前,白人家庭的平均年收入是非洲人家庭的6倍,85%的非洲人属于社会低收入群体,而87%的白人处于社会中上游阶层。[②] 大量的非洲人仍然陷于失业境地,2011年南非非洲人失业率高达28.6%,远高于白人的4.9%。[③]

目前,南非的非洲人仍然面临不平等、失业和贫困三大难题。公平的教育投入是实现社会流动和社会平等的关键因素,非国大政府认为实现平等的公民教育是改变这一困境的关键。但需要指出

---

[①] 李建民、邵海军:《南非总统呼吁改变就业市场种族不平等现象》,凤凰网,2011年2月18日,http//news.ifeng.com/gundong/detail-2011-02/18/4737160-0.shtml。

[②] 任杰:《南非后曼德拉时代:失业率超24%多数黑人处社会底层》,环球网,2013年12月6日,http//finance.cnr.cn/gundong/201312/06-5143331390.shtml。

[③] 李建民:《南非学者认为该国经济增长未能有效缓解就业压力》,新华网,2010年11月9日,http//news.xinhuanet.com/world/2010-11/09/c.12752745.html。

是，南非白人政府之所以可以通过种族不平等的教育投入实现白人社会中产阶级化，其前提不仅是因为白人人数稀少，而且是以牺牲非洲人利益为代价保证了经济高速发展既而以收取白人的高税收来补贴白人教育。现在，在南非经济状况持续低落同时又不能剥夺白人资产所有权的情况下，面对数目庞大、陷入贫困的非洲人，南非非国大要改变种族不平等经济地位的根本途径恐怕只能是通过发展经济，为非洲人创造更多就业机会；通过收入的再分配来补贴非洲人教育投入，继而提高非洲人技能，实现非洲人社会阶层正常上下流动，最终实现南非种族平等发展。

（原载《世界民族》2016年第2期）

# 拉丁美洲与外部世界：历史解析

郝名玮

拉丁美洲与外部世界的接触始于1492年哥伦布航行至"新大陆"。拉丁美洲与外部世界的关系有其自身的历史发展逻辑，现当代的历史事件通常都是其历史发展的结果。本文拟就"新大陆"名称的演变及其所反映的国际关系、拉丁美洲与外部世界关系的定位及其特征做一浅探、解析。[①]

拉丁美洲与外部世界是个矛盾统一体，其历史发展进程中充满了矛盾、对立和冲突。这主要体现在以下两个方面：新大陆的定名和国际关系的定位。

"新大陆"历史上曾先后有四个主要名称："诸印度地区"（las Indias）、"亚美利加洲"（America）、"两个美洲"（dos Americas）和"拉丁美洲"（la America Latina）。一个地区、一个国家或一个组织的名称均有其特定的含义。新大陆的定名及其演变所反映的，不仅是地理名称的改变问题，实质上也反映了特定的国际关系和政治诉求。

---

① 本文的主要参考书目如下：［委内瑞拉］阿图罗·阿道：《创始观念与拉丁美洲人》（Arturo Ardao, Genesisdela Ideayel Hombrede America Latina），委内瑞拉加拉加斯塞拉格出版社1980年版；［委内瑞拉］吉列尔莫·莫龙：《拉丁美洲当代史》（Guillermo Moron, Historia Contemporanea de America Latina），委内瑞拉加拉加斯玻利瓦尔大学编辑部1975年版；郝名玮、徐世澄：《拉丁美洲文明》，中国社会科学出版社1999年版；［荷］安德烈·冈德·弗兰克、［英］巴里·K. 吉尔斯主编：《世界体系：500年还是5000年？》，郝名玮译，社会科学文献出版社2004年版。

# 一 "诸印度地区"与"亚美利加洲"之争

"诸印度地区"这一名称①最早出现在哥伦布的《首航日记》中。哥伦布为什么称其所到之处为"诸印度地区",我们曾有专文阐释②,本文不再赘述。

"亚美利加洲"这一名称最早出现在1507年4月25日出版的一本书中。书名为《宇宙结构学入门》(Introduccion a La Cosmografia)。书的序言的撰写者德国地图绘制人马丁·瓦尔德泽米勒(Martin Waldseemuller,1470—1518)写道:"亚美利哥·韦斯普奇(Americo Vespucio)发现了世界的第四部分……我看不会有人反对根据发现者亚美利哥(Americo)的名字称其为'亚美利哥之地'('Tierrade Americo')抑或'亚美利加洲'('America')的。"③这一名称起初系指今委内瑞拉和巴西的沿大西洋地区,而后指整个南美大陆;1538年,佛兰德地图学家赫拉尔杜斯·墨卡托(Gerhardus Mercator,1512—1594)绘制的《世界地图》将整个新大陆标为America。新大陆至此始正式定名为"亚美利加洲"(简称"美洲")。

"诸印度地区"既是个地理概念,也是个政治实体,是西班牙帝国的一个组成部分。西班牙政府1519年组建"诸印度地区事务院"(el Consejo de Indias),1524年成立"王家最高诸印度地区事务院"(el Consejo Real y Supremo de las Indias),主管诸印度地区事务。1526年,西班牙历史学家贡萨洛·费尔南德斯·德·奥维埃多(Gonzalo Fernandez de Oviedo,1478年生于马德里,1557年卒于圣多明各)撰

---

① "las Indias"一词国内现有三种译法:"西印度""西印度群岛"和"印度诸地"。从历史、地理概念上看,"西印度"和"印度诸地"似不甚确切,而"西印度群岛"系指今大安的列斯群岛、小安的列斯群岛和巴哈马群岛地区。将"las Indias"译为"诸印度地区"比较切合历史、地理实际。

② 郝名玮等:《哥伦布研究中几点观点质疑》,《世界历史》1992年第4期,第86—90页。

③ John Noble Wilford, *The Mapmakers*, New York: Vintage, 1982, p.70.

著的《诸印度地区自然史概要》(Sumario de la Natural Historia de las Indias) 一书出版,其拉丁文版1534年在威尼斯问世,英文版1555年在伦敦面市。"诸印度地区"一名遂为世人所熟知。1542年,"王家最高诸印度地区事务院"颁布《管理诸印度地区新法规》(Las leyes y ordenanzas nuevamente hechas para la gobernacion de las Indias),1680年出版《诸印度地区法律汇编》(La Recopilacion de Leyes de los Reynos de las Indias)。西班牙以此从历史、法律上宣示了对新大陆所拥有的主权,并以此从地理上表明了自己在新大陆的存在。

西班牙为了维护自己的历史地位、主权和在新大陆的存在,一直排斥"亚美利加洲"这一名称,坚持使用"诸印度地区"指称新大陆(包括葡属、英属、法属、荷属美洲领地)。

## 二 历史政治的发展改变了"亚美利加洲"这一名称的内涵

1776年7月4日,英属美洲领地"大陆会议"通过《独立宣言》,宣告北美13块殖民地脱离英国,改称"州"(state),成立"美利坚合众国"(United States of America)。这个新独立的国家抢先使用了"亚美利加"(America)这一名称,赋予了这一名称新的含义;"亚美利加"(America)不再仅是个地理名词,而是具有了一定的政治寓意,反映了这个新国家开国元勋们的某种政治抱负(更确切地说是某种政治野心)。英国则仍称其加勒比地区的属地为"西印度"(Indias Occidentales)。

中文将"United States of America"译为"美利坚合众国"(简称"美国")。这一译名美则美矣,只可惜模糊了原名的寓意实质。1823年12月,当时的美国总统门罗提出"美洲是美洲人的美洲"这一口号。但拉丁美洲和加勒比地区的人们并不认同这一口号,或确切地说,并不认同这一口号的寓意。1824年12月,玻利瓦尔以秘鲁政府的名义致函哥伦比亚、墨西哥、阿根廷、智利和中美洲联合省政府,建议在巴拿马召开"美洲议会"。美国历史学家A. B. 汤姆司在其《拉丁美洲史》中说玻利瓦尔"于1826年召开了一次泛美会议"①，又说这次会议"开创了泛美运动的历史"②。应该说，这是一种误会，一种曲解。那么，正解是什么呢？答曰：玻利瓦尔所说的"美洲"并非指整个西半球，亦即非"泛美"之谓也，而是指西半球的一部分，指美国以南的地区。也就是说，这时在地理概念和政治意义上已出现两个美洲，"两个从起源、历史、利益、思想和目标都非常不同的美洲：一个是盎格鲁撒克逊美洲，一个是从里奥格朗德直到火地岛的美洲"③。这第二个美洲就是后来的"拉丁美洲"。

## 三 "拉丁美洲"这一名称的确定，与美国的扩张主义行径不无关系

1835年，移居墨西哥得克萨斯地区的美国人在美国统治集团的策动下武装暴动，1837年宣告"独立"。美国1845年正式兼并得克萨斯，翌年入侵墨西哥，割取其一半领土（达230万平方公里）。美国扩张势力接着向中美洲渗透。美国扩张主义行径引起了南部美洲人的警觉，使其"拉丁意识"日益增强。1856年，哥伦比亚著名学者何塞·马丽亚·托雷斯·卡伊塞多发表了一首题为《两个美洲》的长诗，其第9段开头吟道：

拉丁美洲人哟，
面对着撒克逊人。

这是南部美洲人首次使用"拉丁美洲"这一概念。1874年，波多黎各人欧亨尼奥·马丽亚·德·奥斯托斯发表了一篇题为《拉丁

---

① ［美］A.B.汤姆司：《拉丁美洲史》第2分册，寿进文译，商务印书馆1973年版，第537页。
② ［美］A.B.汤姆司：《拉丁美洲史》第4分册，寿进文译，第1379页。
③ 参见［古］何塞·坎东·纳瓦罗《古巴历史——枷锁与星辰的挑战》，王玫译，当代世界出版社1999年版，第71页。

美洲》的文章，提出给南美洲、中美洲、墨西哥和安的列斯群岛起个共同的名字，并主张使用"拉丁美洲"这一名称。"拉丁美洲"这一名称遂正式确定、启用。20世纪70年代之前国际组织和机构一直沿用这一名称。随着六七十年代加勒比地区政治、经济形势的发展和变化，国际组织和机构渐次将"拉丁美洲"改称为"拉丁美洲和加勒比地区"，以表明加勒比地区在语言、文化和种族上有别于拉丁美洲其他地区所具有的独特性。

新大陆名称的确定和演变是拉丁美洲人根据自己的"起源、历史、利益、思想和目标"主动倡导的结果，而拉丁美洲与外部世界关系的定位则是拉丁美洲人被动地接受的结果。这就使拉丁美洲人为了自身的发展，竭力变被动为主动，在对外关系中积极出手，以确保自身的独立、自主。

1492年哥伦布航行至新大陆，人类历史进入一个新阶段。马克思、恩格斯在《费尔巴哈》一文中指出："美洲和东印度航路的发现扩大了交往，从而使工场手工业和整个生产的发展有了巨大的高涨。从那里输出的新产品，特别是投入流通的大量金银（它们根本改变了阶级之间的关系，沉重地打击了封建土地所有制和劳动者），冒险的远征，殖民地的开拓，首先是当时市场已经可能扩大为而且规模愈来愈大地扩大为世界市场，——所有这一切产生了历史发展的一个新阶段。"[1]西欧国家在新大陆的海外殖民扩张，程度越来越大地打破了以往长期存在于全球各地区和各民族间的闭关自守状态，人类的横向发展到了一个新阶段，即马克思和恩格斯所说的"成为全世界的历史"[2]的新阶段。随着世界各民族之间的交换、交往的日益频繁，各种文化的扩散和汇合，人类历史进入了世界历史发展的新阶段，即由分散发展进入了整体发展的阶段。在这一新阶段，社会分工不断向全球扩展，日益产生了全球性的国际分工。随着贸易范围在全球的扩大，世界市场

---

[1]《费尔巴哈》，《马克思恩格斯选集》第1卷，人民出版社1972年版，第63页。
[2]《德意志意识形态》，《马克思恩格斯文集》第1卷，人民出版社2009年版，第541页。

逐渐形成。

然而,各地区、各国的发展是不平衡的。这种不平衡贯穿于世界历史的发展进程中。这就意味着,在这一发展进程中,各地区、各国间始终存在先进与落后、强与弱之分。随着西欧国家在拉丁美洲地区的殖民扩张和世界市场的形成,政治上形成了全球性的以宗主国为核心的宗主国—殖民地、半殖民地体系,经济上形成了全球性的世界资本主义经济体系,即以西欧(主要是英国)为主体的"中心—外围"发展体系(第一次世界大战后,美国渐次取代英国成为全球经济发展的主体,成了体系的"中心")。拉丁美洲乃至整个美洲被纳入了世界资本主义经济体系发展进程,成了"中心"的工业产品销售市场、资本活动场所、工业发展的原料产地,处在了"外围"的地位。历史上形成的这一世界体系至今影响着拉丁美洲国家经济、政治、社会以及国际关系的发展。

18世纪末19世纪初,在拉丁美洲地区独立战争中诞生了近20个新兴国家。这些新兴国家为了自身的发展,从诞生的那天起一直积极参与外交活动、国际斗争,主动提出国际关系行为准则,力争在国际上取得话语权,力争摆脱在全球经济发展中所处的依附、受制于人的地位,力求建立国际经济、政治新秩序,以确保国家的"社会正义、政治主权和经济独立"。

世界历史发展进程中各地区、各国间先进与落后、强与弱会始终存在,发展的"中心"会不时转移,"外围"总是会存在。在全球化日益发展的形势下,各地区、各国的发展日益相互影响、相互制约,处于"外围"地位的地区和国家面临着一大中心课题,即如何在国际社会分工扩展至全球的今天"发挥比较优势"、争得跟"中心"地区或国家"双赢"的局面!这也是尚处于"外围"地位的拉丁美洲国家与外部世界在当下和可预见的将来所面临的一大中心课题!

(原载《世界近现代史研究》第12辑,社会科学文献出版社2015年版)

# 论威权政体在拉美现代化进程中的演变和作用

冯秀文

在对各国现代化的研究中，对现代化政治层面的研究一直占有重要的位置。尤其是"二战"以后，无论是西方学者还是发展中国家学者，对现代化过程中国家政治体制和政治形态选择及变化的研究都给予了高度的重视。以威权政体的概念看待和解释各国政治现代化的进程就是其中最新的发展。

威权政体，顾名思义即指那些往往以个人权威的力量（而不是民主体制的力量）管理国家、进行统治的政治体制。威权政体的概念早在20世纪初就提出来了，近来则越来越广泛地被应用于政治学领域的研究之中。尽管至今人们对威权政体的定义还在讨论，没有一个统一的认识，但是对威权政体范畴的界定大致还是一致的，即认为它当然不是民主政体，但也不是独裁体制，而是介于民主和独裁之间的一种政治体制。[①] 这种体制在世界上许多国家，特别是发展中国家走向现代化的进程中被广泛地采用，是一种普遍存在、不容忽视的治国方式。

现代化的过程是人类社会由低级向更高一级前进与发展的历史进程。封建社会的生产方式与社会形态通过近代化的过程让位于近代社会，近代社会的生产方式与社会形态通过现代化的过程让位于

---

[①] 参阅冯秀文《论世界政治史研究中的威权主义及其历史定位》，《世界历史》2005年第2期。

现代社会，这是人类历史进步的规律。按此常理，现代化过程在政治上的表现应该是现代政体建立的过程，是人民大众广泛参与政治生活的过程，是国家管理进一步民主化和制度化的过程。然而，历史告诉我们，在现代化的历史进程中，政治层面的这种发展和经济层面的发展是不同步的。现代化进程中政治层面的发展，并不是一个直线的、民主化不断上升的过程，而往往是曲折发展、螺旋式前进的。其中，与民主政体相左的威权政体反复出现，且在现代化的进程中起了十分重要的历史作用，尤其在后发展起来的第三世界国家，威权政体几乎伴随着各国现代化的整个阶段。过去，我们对威权政体一直是否定的，认为威权政体代表了少数人的统治，是一种专制制度，是反人民的、非民主的制度，因而与现代化国家应该建立的民主制度是相违背的。但是，近些年来，随着研究的深入、史学理论的发展和历史学研究方法的改变，越来越多的人看到了威权政体在国家现代化进程中不断出现的历史事实，认识到了威权政体的客观历史作用。特别是在发展中国家，这一政体形式的出现，并不是如某些人认为的那样只是一种个别的和偶然的现象。在现代化进程中的某些阶段，这一政体形式的出现是相当普遍的，甚至可以说是必然的，规律性的，其历史作用也是复杂的，多方面的，决不能简单地以其不符合民主潮流而加以否定。那么，对威权主义这种政体形式如何看待？怎么认识其在现代化进程中的历史作用呢？下面，我们即从拉丁美洲国家现代化的历史进程中，谈谈对这一问题的看法。

## 一

拉丁美洲独立后的历史告诉我们，对于一个刚刚诞生的新国家来说，社会安定是重要的，也是实现现代化的重要前提，没有一个安定的社会条件是什么事情都办不成的。

19世纪初拉丁美洲国家取得民族独立，开始了本国独立发展的历史进程。当时，美国和欧洲社会的示范效应深深地影响了拉丁美洲的政治精英们，建立一个像美国和欧洲国家那样的强大国家成了无数人的期望和梦想。尽管拉丁美洲国家现代化的真正起步还要等到半个世纪以后，但是对现代化的憧憬可以说是由此就已诞生。

为了实现这个梦想，拉丁美洲的精英们在医治战争创伤、恢复生产、发展经济上，做了大量的工作。开放自由贸易、扩大出口、引进外资、鼓励移民、振兴工业等都是这种努力的重要内容。据统计，1822—1827年就已经有8个拉美国家向国外举债，1822—1825年英国银行向拉美国家的贷款已经达到2400万英镑。这些贷款，除去偿还旧债、购买军火巩固国防外，其中相当大的一部分便用于恢复被战争破坏了的经济，以便开始现代化的步伐。当时墨西哥的内政部长卢卡斯·阿拉曼就是现代化的积极鼓动者。30年代，阿拉曼制订了拉丁美洲第一个使国家经济现代化的计划。他利用外国投资恢复和改造采矿业，企图使传统的采矿业成为墨西哥现代化的基础，又利用国外技术改造和发展纺织业，打算通过纺织业的现代化带动国内的其他产业。与此同时，委内瑞拉、智利、巴西等国也都利用自由贸易之机，纷纷扩大咖啡、小麦、玉米、牲畜等农畜产品的出口，为经济的现代化积累资金。

然而，后来历史的发展告诉我们，社会安定是现代化的首要前提。独立后，拉丁美洲国家虽然有着发展经济的迫切愿望，但是，国家却陷入了长期的动乱之中。仅19世纪前半叶，各国有文字记载的政变和叛乱就有好几百次。玻利维亚半个多世纪里发生过60多次革命，委内瑞拉有50多次起义，哥伦比亚爆发了27次内战，厄瓜多尔更换了13个政府，秘鲁在独立后的20年内就制定了5部宪法，墨西哥仅在1824—1844年就发生了250多次政变和叛乱，更换了31个总统。在这样的背景下，所有现代化的梦想和计划或者由于战争而被迫中断，或者根本还没有付诸实施就胎死腹中，怎么能够实施，怎么能够进行现代化呢？

由此，越来越多的人认识到，要实现现代化，社会安定是首要的任务，而要有一个安定的局面，最根本的就是完成新国家的政治整合和体制建设。西班牙的君主制度退出拉丁美洲以后，新独立国家的政治生活出现了真空,没有一个把各族人民凝聚起来的共同纽带,缺乏一个使全国人民统一的共同思想和使新国家运作起来的有效机制。这是造成思想混乱、派系纷争和政局不稳的根本原因。因此,对新独立的国家进行政治整合势在必行。没有这种政治整合,没有政治整合下的社会安定是什么事情也办不成的,任何形式的现代化都是无法进行的。

## 二

拉丁美洲国家政治整合的历史进程告诉我们,政体的选择不在于政治体制的外表形式,而在于它是否符合国家社会发展的程度。一般来说,威权政体往往是新独立的发展中国家政治整合最有效的手段。

所谓现代化应该是一个多方面的综合性的历史进程。除了经济现代化,如现代化的工业、现代化的农业、现代化的科技等,还应包括政治现代化、文化现代化等其他方面的内容。在政治层面即上层建筑的现代化上,应包括对新独立国家进行政治整合,建立完善的民主政体,广泛的政治参与,健全的政党政治和法制建设等内容。一般来说,政治现代化的过程与经济现代化的过程应该是同步进行的。然而,拉美国家政治整合和现代化的历史进程告诉我们,与经济现代化的进程相比,政治现代化的进展并不是同步的,而是要缓慢得多、曲折得多。这是因为,政治发展并不像经济的发展那样迅速和直接,而是有着它自己的特殊规律的。对拉丁美洲这样经济上长期落后,政治上不成熟,现代国家和民族意识形成又较晚的地区来说,选择和建立起一个与国家发展和社会进步相适应的政治体制比经济现代化要走更为艰巨的道路。

还在独立初期,实行何种政治体制,用什么方法治理国家的问题就提上了拉美新独立各国的议事日程。深受欧洲民主思想影响的知识分子们极力主张建立欧美国家那样的政治制度,以为有了世界上最先进的政治体制就能够保证新国家生活在自由民主的氛围里,就能够保证国家的和谐与稳定，进而实现经济的发展。这一倾向在新生国家独立后制定的宪法中就已经充分地表现了出来。这些寄托着当时最积极的政治精英们无限期望和美好憧憬的宪法，无一不是大量地吸收和移植了西方国家宪法的主要内容，借鉴和效仿了西方国家的政治制度和政治体制的，甚至将西方国家宪法中的词汇都原封不动地照搬过来。以至于有人说，拉丁美洲国家宪法中的政治词汇比欧美国家宪法中的还要动听。

拉美人民希望通过移植西方国家的宪法、建立欧美国家那样先进的政治制度，以争取时间，后来居上，尽快实现现代化的夙愿是无可厚非的。然而，人们很快就发现，这种做法是不行的。政治体制的建立是和一个国家的国情密不可分的。不顾本国的具体国情，贸然效仿西方国家，将西方国家的上层建筑直接移植到拉美国家的做法，不符合拉美当地的社会发展水平和政治演进的固有规律，因而不能被拉美当地的社会进程融合和吸收。相反，这种做法有如囫囵吞枣、拔苗助长，不仅没有给拉美各国带来稳定和进步，反而阻碍着民族的整合，甚至成了社会动乱的重要根源。

最先尝到盲目引进西方政体苦果的是率先领导了拉美独立运动的那批领袖们。这些人本来都是西方政治制度的信奉者和崇拜者，也正是西方国家政体带来的社会安定和经济繁荣引导他们走上了争取独立的道路。然而，通过多年的斗争实践，特别是在拉美最早独立的地区移植西方政体的实践，使他们深深尝到了盲目移植的苦果，看到了在拉丁美洲这样的历史条件下、这样的国情里，不顾条件地盲目引用西方的政治制度是不行的。独立运动的著名领袖、亲身体验了移植西方政体惨痛教训的玻利瓦尔就深有感触地说："我比任何人都更强烈地希望在美洲建立一个世界上最强大的国家，能有一个完美无缺的政府"，但是，"在我们同胞还不具备我们北方的兄弟们所具备的政治才能和品德之前，完全的民粹式的制度不仅不会给我们带来好处，反而会使我们毁灭"。他具体引用了委内瑞拉移植西方政体失败的例子分析道："委内瑞拉在政治机构方面是走在最前面的美洲共和国，但是，他又是我们这些新兴国家民主和联邦形式行之无效的最明显的例子。在新格拉纳达,由于各地方政府权力过大,中央集权不够,已使这个美好国家的地盘越来越小。"据此,他得出结论:"南美大陆所发生的事情说明,完完全全的代议制机构同我们的特点、习惯和目前的文化水平是不相适应的。"①因此,尽管他坚决反对实行君主制度,但是也不赞同实行西方式的民主制度,而提出效仿英国或者拿破仑,建立终生总统制和终身参议员的设想,② 实际上这就是后来我们所说的威权政体的雏形。除了玻利瓦尔、圣马丁、贝尔格拉诺等一批领导了独立战争的领袖们都有着类似的主张(以前,我们曾经认为这是这些独立运动的领袖们思想保守的一方面。现在看来,这种认识正是他们多年斗争实践的总结,是十分深刻的)。这种思想在当时欧洲自由主义思潮占绝对主导地位的历史环境下是不可能被理解和接受的。玻利瓦尔的主张遭到了桑坦德尔、皮萨鲁等正统自由派的强烈反对,威权政治的最初尝试很快以失败告终。然而,随着时间的推移,盲目效仿西方政体造成权力分散、领导不力的严酷现实还是教育了人们,使他们认识到,在拉丁美洲当时的条件下,要想真正实行民主制度几乎是"不能实现的幻想"。于是,建立一个高度集权的威权政体便成了许多人的选择。

拉美威权政体出现最典型的国家恰恰是被誉为最早进入民主国家的智利。19世纪30年代,智利著名的政治家迭戈·波塔莱斯从各国战乱频仍的政局中看到了盲目效仿西方政体的弊端,于是极力主张根据美洲的具体情况,建立一种高度集权的政治体制。他说:"在新生的美洲国家里,建立强有力的政府是必要的,因为公民的道德品质和爱国精神都是不成熟的……一个国家如果不建立一个有权威的、能维持秩序的、能完成其自己的职责并约束公民遵守法律的强

---

① 中国社会科学院拉丁美洲研究所编译:《玻利瓦尔文选》,中国社会科学出版社1983年版,第55—56页。
② 在他1826年亲自主持制定的玻利维亚宪法里突出表现了他的这一思想,参阅《玻利瓦尔文选》第148—159页以及[英]夏斯利·贝瑟尔主编《剑桥拉丁美洲史》第3卷,中国社会科学院拉丁美洲研究所组译,社会科学文献出版社1994年版,第367页。

有力的政府,这个国家就不能维持,也不能存在。"①对那些书生气十足、不顾美洲现实、刻板地拘泥于西方民主原则的"正统派",波塔莱斯斥责道:如果法律不为现实服务,而只是制造动乱,那么,"就让它见鬼去吧!"他逆当时的"民主"潮流而上,不顾许多人的反对,毅然采取果断措施整肃军队、镇压反对派、削平地方割据势力,在智利建立起了一个"强有力的行政官制度","成功地行使近似西班牙国王所行使的那种世袭权力",以强有力的手段管理着这个南美洲国家。②在正统的自由派们看来,波塔莱斯的做法是离经叛道的,但是事实证明,正是这种做法保证了智利三四十年代政局的稳定和社会的发展,使智利成为当时拉丁美洲发展最快和最少受到考迪罗政治影响的国家。以至于连莫尔斯这样的正统学者都不得不承认,波塔莱斯的做法"对于一个刚刚摈弃君主统治的19世纪的共和国来说是必要的"③。按照西方学者的标准,智利从19世纪30年代后就进入了民主国家的行列。不可否认的是,这一进程正是通过威权政府的形式实现的。

此后,许多拉美国家都先后效仿了智利的模式。即使在那些坚持欧美政体的国家,也针对各国的现实,对引进来的西方体制进行了必要的甚至是重大的修改。例如,一度把秘鲁和玻利维亚统一在一起的圣克鲁斯将军在1837年的宪法中,虽肯定了民主制度和三权分立的原则,但是仍规定行政权将交给一个任期10年的护国公,且规定要建立一个终身参议院,参议院的成员也由护国公任命。在厄瓜多尔,1835年执政的罗卡富尔特一方面建立两院议会制度、巩固民主的基础;另一方面又明确地表示,"为了把国家从吞噬它的无政府状态下解放出来","作为一个真正热爱光明和文明的人",他"同意被视为暴君"④。1843年厄瓜多尔的弗洛雷斯总统在宪法中规定,总统任期可长

---

① Edilberto Marban Escobar, *Historia de America*, New York: 31 Union Square W, 1966, p. 284.
② [英]夏斯利·贝瑟尔主编:《剑桥拉丁美洲史》第3卷,第371页。
③ [英]夏斯利·贝瑟尔主编:《剑桥拉丁美洲史》第3卷,第421页。
④ [英]夏斯利·贝瑟尔主编:《剑桥拉丁美洲史》第3卷,第367、371—372页。

达8年，并设立一个终身参议院。此外，1870年古斯曼·布兰科时期的委内瑞拉，1871年胡斯托·巴里奥斯时期的危地马拉，1876—1911年迪亚斯时期的墨西哥，以及1880年拉斐尔·努涅斯时期的哥伦比亚等都是如此。这种政体也号称民主制度，但是实际上，它们和西方国家的民主制度是有很大的区别的。其中之一就是在赞同三权分立和民主选举原则的同时，坚持突出行政权的领导地位，加强总统的权力，以维护领导的权威和国家的统一。此后，我们看到，在拉丁美洲的政治生活中，许多国家的宪法在给予总统很大权力的同时，千方百计限制议会的作用。"大总统，小议会"成了拉丁美洲政治体制与西方政体的明显差别和拉美政治生活的显著特点。正统派们指责这种状况造成了对权力制衡原则的破坏，然而，正是这种体制保证了拉美国家免蹈委内瑞拉第一共和国那样的覆辙，使许多国家在动乱中逐渐建立起了国家的权威、恢复了社会秩序。

一个世纪后，墨西哥著名的社会历史学家卡萨诺瓦在回顾墨西哥走过的这段历史时，深刻地指出：在条件不具备的情况下就实行西方的民主制度，只能是适得其反，"尊重'权力平衡'，就等于尊重半封建社会的各种阴谋活动；尊重各个政党，就无异尊重树党立派的卡西克和军人；尊重'制衡制度'，就等于是宽容地方卡西克和地方考迪罗，等于尊重市政当局对地方卡西克的放纵；遵循国家不干预经济的原则，就意味着'放手制造'不发达，任凭各外国垄断公司以及它们的国家进行干涉；履行无限制财产权，就意味着维持半封建所有权和外国人所有权，意味着维持现状，使墨西哥无法建立自己的国内市场，无法进行本国的资本积累。"[①] 墨西哥正是摆脱了这种正统的西方民主观念的束缚，由年轻的自由派们以强有力的手段控制了国家机器，镇压了以教会为代表的反动势力，才最终使国家走上了恢复和发展之路。

由以上分析可见，在拉丁美洲，作为现代化基础的政治整合的完成主要是以威权政体的形式进行的。由于威权政体的建立，正统

---

[①] 转引自曾昭耀《政治稳定与现代化》，东方出版社1996年版，第223页。

的自由主义被否定了，来自欧美的政治模式被改造了，对西方政治制度的崇拜被严酷的现实代替，对联邦政体的期望逐渐削弱，但是，拉美国家的政局却逐渐稳定，经济开始发展，现代化的步伐终于可以起步了。

## 三

威权政体的建立为拉美国家的现代化奠定了基础，创造了条件，但是，它的历史使命还远不止于此。拉丁美洲国家现代化的进程告诉我们，威权政体的形式在整个现代化的进程中并非偶然地多次出现，而且许多经济发展的重大成就都是在威权主义的政治体制下取得的。

拉丁美洲现代化的进程和经济发展是被世界经济发展的几次大高潮推动的：19世纪末期、20世纪初期以及20世纪中期。而这几次高潮都是和政治形势的相对稳定分不开的。这种政治稳定，一种是真正实行了宪法所确立的民主政治，国家较好地调整了各个阶级的利益，较好地履行了国家的职能，从而保证了社会进步的稳定，即所谓的良性发展道路，例如智利、乌拉圭等国；另一种则是威权统治的建立，以威权的形式保证国家的安定，在发展中或者先发展而后再调整社会关系、政治关系、实行民主政治。从拉丁美洲的历史来看，前者不多，大部分国家是通过威权政体的建立来保证社会稳定，为经济发展开路的。即使在第一类国家中，虽然总的来说政治的发展是平稳的和民主的，但是，在其发展的某个阶段也需要靠威权政治的整合力量，保障民主政体的巩固和顺利运行。

拉丁美洲独立以后经济发展的第一个高峰在19世纪末。阿根廷、巴西、墨西哥分别是这一时期经济发展的亮点。

这一时期阿根廷经济的发展是惊人的。从1869年开始的几十年内，阿根廷在拉美各国中脱颖而出，经济的年增长率平均达到6.5%。20世纪初，阿根廷成了世界上最大的农畜产品生产国和出口国之一。玉米、亚麻、牛、马产量均占世界第一位，羊毛占第二位，小麦占第六位。外贸额高于同期的加拿大，为美国的四分之一。[①] 阿根廷经济的迅速增长除了与当时领导人注重经济的指导思想有关外，乌尔基萨、米特雷以及保守党人领导的威权主义政府起了重要的作用。19 世纪末，巴西帝制垮台，开始了共和政体。这一时期，巴西虽然实行了西方三权分立的联邦制度，但实际上却是中央高度集权的总统制，第一任总统德奥多罗·达·丰塞卡就是一个主张实行威权统治的君权主义者。在这一制度下，巴西开始步入了以初级农产品出口为主要内容的经济发展高潮期。仅以咖啡为例，产量从 1890—1891 年的 550 万袋增至 1901—1902 年的 1630 万袋，19 世纪最后 10 年仅圣保罗州的咖啡树就从 2.2 亿株增加到 5.2 亿株。随着产量的增加，咖啡成了巴西最主要的出口物资。1901 年咖啡的出口占巴西全部出口的 46%，20 世纪头 10 年巴西咖啡占全世界总产量的 77%。[②] 此外，在这次经济发展的浪潮中，1845 年两度统治秘鲁的卡斯蒂利亚、1868—1878 年执政时期的巴尔塔和帕尔多，1870 年统治委内瑞拉 19 年的布兰科等，建立的都是威权主义政府。1877 年起统治墨西哥的波菲利奥·迪亚斯把拉丁美洲的威权政体演绎到了最高峰。迪亚斯一方面以军队为依托，铁腕治天下，消灭考迪罗，铲除地方割据，控制议会，操纵选举，压制不同意见，一人掌权达 34 年之久；另一方面，正是迪亚斯时期的铁腕政治结束了墨西哥多年的动乱和地方割据的分裂局面，顺应历史潮流，发展工业，修建铁路，开发石油，真正开始了墨西哥现代化的历史进程。

在 20 世纪初拉美经济发展的第二个高峰中，统治委内瑞拉长达 27 年的戈麦斯时期，巴西民族化运动的高潮时期，墨西哥革命后的革命党统治时期，阿根廷的庇隆时期等都是威权主义政府的统治时期，也都是经济发展突飞猛进的时期。戈麦斯时期的委内瑞拉实行的是军事独裁制度，民主不见了，自由没有了，反对派遭到残酷的镇压。但是，戈麦斯时期却是委内瑞拉经济发展最重要的时期，特

---

[①] 陆国俊、金计初：《拉丁美洲资本主义发展》，人民出版社 1997 年版，第 249 页。
[②] 吴红英：《巴西现代化进程透视》，时事出版社 2001 年版，第 47 页。

别是石油工业获得了突飞猛进的发展，石油产量一度跃居世界的第二位，为委内瑞拉的现代化奠定了基础。同期，瓦加斯领导下的巴西和庇隆领导下的阿根廷都不是民主政治，而是依仗军队和个人权威进行统治的威权政府，但是，威权政治下的经济发展却是两国现代化的重要成就。

拉美经济发展的第三个高峰在20世纪中期。这一时期，拉美国家的经济发展也是举世瞩目的。拉美国家普遍进行了土地改革，实施了进口替代模式下的工业化，出现了以墨西哥、巴西为代表的经济发展奇迹。墨西哥1956—1964年国民经济持续增长，国内生产总值年均增长率高达6%以上，国民生产总值由73亿比索增加到906.29亿比索。1968—1973年，巴西国内生产总值年均增长率更高达10.1%。但人们也知道，这一时期正是拉美军政权最兴盛的时期，许多国家的土改、工业化和经济发展都是在军政府的统治下取得的，甚至皮诺切特统治下的智利都取得了经济飞速发展的成绩，被誉为"是继巴西之后的第二个经济奇迹"。仅以巴西为例，1964年，巴西的军人在国内政治、经济矛盾极其尖锐、在现存的体制内已经难以解决的形势下出面干预。军政府上台以后，以威权的手段调整了国内的阶级关系和阶级矛盾，避免了不必要的政治斗争，保障了社会稳定，在此基础上采取了集中精力发展经济的政策，任用有经验的技术人员，实行外向型的发展战略，取得了巨大的成功。人们在总结巴西现代化迅速发展的经验时找出过许多理由：外向发展，重视人才，引进外资，等等。[①] 然而，最根本的应该说是威权主义政府给巴西带来了社会稳定的大好局面。这一时期，巴西人民牺牲了民主，但却得到了经济的发展和进步。可见，政治家们运用威权主义的统治方式是以最简洁有效的手段达到调整矛盾、保持稳定、促进发展最常用、最有效的治国方略。在这个问题上，所有的发展中国家都面临着差不多相同的形势，而在那些发展较快的国家几乎都采取了先稳定政局、谋求发展，而后再扩大民主的立国战略。例如，60年

---

[①] 畅征：《第三世界政治与经济》，河南教育出版社1988年版，第446页。

代韩国的张勉和朴正熙总统就认为,民主要建立在经济发展的基础上,为了迫切的经济建设可以暂时先以牺牲民主为代价。为此,建立了所谓的"开发独裁"体制。新加坡的李光耀总统也是在威权政体下,取得了令世人瞩目的发展。这些做法的初衷和拉丁美洲领导人的考虑是不谋而合的。

当然,拉丁美洲也有一些威权政府由于种种原因,没有取得社会的发展,有的不但没有发展,还蜕变成个人独裁,破坏了社会秩序和国家的进步,如尼加拉瓜的索摩查政权、古巴的巴蒂斯塔、多米尼加的特鲁希略、海地的杜瓦利埃等。那是和这些政权的性质及其所采取的政策分不开的,是威权主义的恶变。但是,从总的趋势来说,政治的稳定将给经济的发展创造机会却是不争的事实。

## 四

在拉丁美洲国家现代化的历史进程中,威权政体的形式不是一成不变的,而是与时俱进、不断进步的。

如前所述,纵观拉丁美洲国家现代化的历史进程,威权政体起着重要的历史作用。在许多国家、许多情况下,是威权政体而不是民主秩序保障了社会的稳定,促进了经济的发展和现代化的实现。当然,我们这样说,只是强调现代化进程中的一个客观事实,并不意味着要肯定政体的威权形式。无论如何,威权政体不是民主政体,不是人民大众充分享有民主权利、可以广泛参与政治生活的政权形式,甚至还有镇压和暴力,和现代政治的发展方向以及现代化的进程也是不相吻合的。过于集中的权力往往导致权力的失控和滥用,甚至导致独裁,从而引起人民激烈的反抗,造成政局动荡,阻碍现代化的发展。因而,威权政体在现代化的进程中,总是一种暂时的、过渡的形式。它一定要随着时代的进步而与时俱进、不断变化,逐渐整肃自己的社会职责、扩大自己的民主内涵,才能保住自己的生存空间。事实证明,威权政体的存在也正是这样,随着形势的发展而发展,并不断改变自己的内涵和形式，以适应形势变化的。

19世纪中叶至19世纪末可以算是威权政体的第一个阶段。这时的威权政体因为刚刚从考迪罗政治中分离出来，还没有完全摆脱考迪罗政治的影响，迷信武力、追求权力依然是这一政治形式的主要特征，但是与考迪罗政治不同的是，这时威权政体的政治家们有了明确的追求政治稳定、促进经济发展的主观愿望和政治目标。在政治理念上，虽然还是依仗武力夺取权力，维护权力，但是已经开始注意民主和法制的运用，至少在表面上追求民主秩序，尊重宪法和法制原则，努力在法制的范围内规范自己的行动。这时的威权政体我们可以称为"军人威权政体"。

19世纪末至20世纪初是威权政体的第二个阶段。第二阶段的威权政体与早期的威权政体相比，我们又可以看到如下进步：与初期的威权政体相比，执政者们的民主意识有了进一步的增强。威权政体的主体不再是清一色的军人，更多的是在民众中深孚众望的领袖。执政者上台后，国体基本稳定，法治依然保留，特别是稳定秩序和加速经济的发展成了执政者既定的方针。这时的威权政体我们可以称为"领袖威权政体"。

20世纪60年代后是威权政体发展的第三个阶段。在这个阶段中，虽然看上去还是以军人政变和军人政府为主要的政权更换和执政方式，但是起决定作用的已经不是个人，多数情况下是一个集体。在这种威权政体下，多年来建立的民主和法制秩序得到了最大限度的保留，军人的作用只是暂时的矛盾调节器，实际作用已经逐渐减弱了，顺应形势、尊重民意和国家的利益远远高于个人的权力欲望，成了军政府遵从的目标，以至许多军人政府在条件具备以后，最后都以和平的、还政于民的方式自动退出历史舞台。这时的威权政体我们可以称为"官僚威权政体"。

以上，我们可以看出拉丁美洲威权政体与时俱进、不断进步的一个清晰脉络。

## 五

威权政体在立国时产生，又反复出现、与时俱进、不断发展的规律不但在拉丁美洲，而且在整个发展中国家政治现代化的进程中都有普遍的意义。

拉丁美洲威权政体的产生是拉美社会发展的自然结果，也是拉美政治现代化进程中多次出现的客观现实。放眼世界，无独有偶的是，不仅在拉丁美洲，而且在亚洲、非洲等广大的发展中国家，我们都可以从其政治现代化的过程中看到类似的威权政体建立和演变的普遍现象。这主要是以下原因造成的。

第一，这些发展中国家长期遭受西方列强的殖民统治，没有或者已经丧失独立治国的经验和传统，因此，独立后大都效仿西方国家，从那里寻找和移植他们心目中理想的政体形式。

第二，经过一个时期的实践以后，人们发现，从西方移植来的民主制度不适合这些国家的社会状况和人民的思想觉悟，而只有通过强制手段，建立一个新的、具有超乎西方民主观念的、拥有极大权威的政府时才能承担起稳定社会、发展国家的历史任务。

第三，在一定的历史时期内，这种威权政体适合了这些国家的社会发展水平，起到了稳定社会和发展经济的作用，遂逐渐被各国人民接受。

第四，虽然在一定的历史时期内，威权主义政体适应了当地的社会发展，但是，威权政体毕竟不是现代化生产力所需要的上层建筑。因此，随着生产力的发展和社会的进步，它必然要不断进行自我改造。最终，被动或主动地退出历史舞台，让位于新的、更高一层的、更能够适应形势的、更民主的政治体制。

由此，我们不难总结出一个共同的历史现象，即在广大的发展中国家，在现代化的进程中，政治的发展不是像经济的发展那样是直线增长的，而是一步步由没有民主到表面的民主而实际上的威权主义，再由威权主义到民主政治，这样多次反复的曲折历程螺旋式地上升，而每一次的反复，政治民主的落实就会扩大一步，政治现代化的进程就会前进一步。

作为马克思主义者，无疑我们是追求政治的进步和其民主发展的。但是，我们也应当看到，在人类的历史中，在地区发展不平衡的客观条件下，在经济文化落后的国家还不足以承担起民主的重负，当实行民主政治的条件暂时还不具备时，强行推行民主往往会适得其反，因此，就需要一个熟悉民主、向民主过渡的过程，在这一时期，威权政体的出现是不可避免的。在这种体制下，人们还得不到应有的权利，甚至遭受专制的统治，但是它也确实起着维护秩序、整合国家的历史过渡作用，在客观上有利于经济的发展。而生产力的发展并不要求上层建筑在一夜之间就发生与之相适应的巨大变革，而是能够在一定的时间内容纳和适应即使是与它对立的政治模式。总之，我们应该看到民主进程中威权政体合理的一个方面，看到它在实现现代化进程中的历史作用，对这种形式是不能简单地一概否定的。当然，也应当看到，威权政体毕竟是与世界的民主潮流不符的，它的存在只是暂时的和过渡性的，威权政体的自身必须逐步扩大民主化的内涵，积极向民主政体转化，以适应时代的潮流，否则是没有出路的。这是发展中国家政治体制演变的一个共性，更是人类历史发展的不可抗拒的历史规律。

（原载《江汉大学学报》2006年第1期）

# 冷战初期美国对拉美外交政策的转变

杜 娟

富兰克林·罗斯福政府"睦邻政策"的前期政治疏导和经济合作,以及"二战"的爆发,分别为美国构建西半球反法西斯防御安全体系提供了可能性和必要性。冷战初期,反苏、遏制共产主义的影响成为美国外交战略核心要务,美国对拉美的外交政策目标也由原来的反法西斯转变为反共。本文之所以选取杜鲁门政府和艾森豪威尔政府作考察的对象,主要是因为这两任政府在战后对拉美外交政策都做出了比较大幅度的调整,实现了两次转变,奠定了冷战时期的拉美政策基调。那么,战后杜鲁门政府的拉美政策是如何实现这一转变的?又是通过什么举措将拉美国家禁锢在反共体系之内的?继任的艾森豪威尔政府又是如何根据国际、地区和国内局势调整拉美政策的?虽然国外学界对冷战史的研究成果汗牛充栋,但是对西半球冷战史的考察略显不足。目前,这方面的已有成果多为案例研究,比如对索摩查等拉美独裁政权与冷战关系的研究,或是从某个视角切入,比较缺乏宏观把握的力作。[1] 美国学者哈尔·布兰茨兹的新书《拉丁美洲的冷战》[2]

---

[1] 国外学界的代表作有: Michael D. Gambone, *Eisenhower, Somoza, and the Cold War in Nicaragua: 1953 – 1961*, Westport, Conn.: Praeger Publishers, 1997; Michael Grow, *U. S. Presidents and Latin American Interventions: Pursuing Regime Change in the Cold War*, Lawrence, KS: University Press of Kansas, 2012; Sewall Menzel, *Dictators, Drugs & Revolution: Cold War Campaigning in Latin America 1965 – 1989*, Bloomington: Author House, 2006; Gilbert M. Joseph and Greg Grandin, eds., *A Century of Revolution: Insurgent and Counterinsurgent Violence during Latin America's Long Cold War*, Durham, NC: Duke University Press Books, 2010。

[2] Hal Brands, *Latin America's Cold War*, Cambridge, MA: Harvard University Press, 2010.

可谓少有的宏观著述。该书从国别的角度论述了12个拉美国家在冷战中的国内外政策,更加侧重拉美国家的冷战立场,对美国政策着墨不多。国内学术界虽然不乏对战后美拉关系的研究,但多为通史性质的。[①] 南开大学赵学功教授的专著《十月风云:古巴导弹危机研究》[②]是近年来国内鲜有的涉及拉美地区冷战史的著作,但是该书为个案研究,并未深入剖析"二战"前后美国对拉美外交政策转变的动因和过程。如果忽视对美国传统势力范围拉丁美洲冷战局势的研究,就意味着很难对战后美国外交政策做出符合实际的考察,同时也是冷战国际史研究的一环缺失。本文试图就上述问题进行初步探讨,为方兴未艾的"新冷战史学"献一份力。

## 一

尽管冷战初期美国的遏制战略重心在欧洲和远东,但这并不意味着拉美在美国的冷战战略中不重要。相反,拉美地区在其中扮演着举足轻重的角色。杜鲁门总统对此谈道:"拉丁美洲所起的巨大作用,无须再说明。……这个大陆是个极其重要的原料产地,并且是我们有可能实现互利的贸易伙伴,这对我们极其重要。"[③] 如果说欧洲和远东地区是冷战的前线,那么拉美则是美国的战略大后方,为美国提供重要原材料和商品销售市场,是美国的"最后一道防线"。一旦共产主义影响扩大到拉丁美洲,将直接威胁到美国在西半球的既得利益,继而危及美国的本土安全。因此只有保证"后院"稳固,才能使美国在"前方"的争夺无后顾之忧。为了更有效地与苏联在全球范围内抗衡,美国迅速将拉美纳入冷战的战略轨道中,使其成为美国称霸世界的重要辅助力量。

---

① 国内学界的代表作有:毛相麟:《古巴社会主义研究》,社会科学文献出版社2005年版;洪育起、王晓德:《冲突与合作——美国与拉丁美洲关系的历史考察》,山西高校联合出版社1994年版;徐世澄主编:《美国和拉丁美洲关系史》,社会科学文献出版社1995年版。

② 赵学功:《十月风云:古巴导弹危机研究》,天津人民出版社2009年版。

③ *New York Times*, March 7, 1952.

"门罗宣言"自提出以来就不断地被美国政要们扩充,每一次新发展都是美国政府对当时国际格局和美拉关系的反应,同时也昭示着美国对拉美政策的新内容。国际冷战格局的形成,注定了华盛顿官方将要对"门罗主义"再做一次重大延伸,以便更好地服务于新时期的拉美政策。美国助理国务卿爱德华·米勒(Edward Miller)在1950年4月的一次演说中对"门罗主义"做了新诠释。他将西奥多·罗斯福、伍德罗·威尔逊、凯文·柯立芝派军进驻加勒比国家的行为称为抵抗欧洲国家的"保护性干涉";他肯定了罗斯福的"睦邻政策",声称该政策承认了美洲国家平等的法律地位,有效抵御了法西斯势力。他同时声称:"一旦外部环境发生改变,迫使我们重拾'保护性干涉'的时候,美洲国家必须共同联合去面对以前由美国一国承担的责任……如果美洲任一国家遭受到共产主义的政治挑衅,我们就要联合起来为了共同的利益行动。"[1] 后人将米勒的这些思想通称为"米勒主义"(Miller Doctrine)。从中不难看出,西半球的防务重点已经由反法西斯转变为遏制共产主义势力的影响,杜鲁门政府的拉美政策乃是紧密围绕这一外交理念开展的。

首先,杜鲁门政府通过强化泛美体系,积极组建美洲政治军事集团,将拉美国家结成铁板一块,使它们在政治和军事上与美国保持一致的反共立场。1945年2月,在墨西哥召开的查普德佩克会议通过了《查普德佩克公约》,强调世界的新局势迫切要求美洲人民联合起来保卫自身权利和维持国际和平,并决定成立由美洲各国参谋总部代表组成的常设泛美参谋部。[2] 此举使泛美体系进一步军事化。1947年8月,在巴西召开的关于大陆和平与安全特别会议上,20个美洲国家的与会代表签署了《美洲国家间互助条约》。其中第二条规定:"任何一国对美洲一国的武装进攻应被视为对全体美洲国家的武装攻击。因而,每一缔约国家承诺行使其联合国宪章第51条所承认

---

[1] Walter LaFeber, *Inevitable Revolutions: The United States in Central America*, New York: W. W. Norton & Company, 1983, pp. 94-95.
[2] 《国际条约集》(1945—1947),世界知识出版社1959年版,第9—12页。

的单独或集体自主的固有权利以援助应付攻击。"①《美洲国家间互助条约》与《查普德佩克公约》的不同之处在于它涵盖了所有拉美国家,而后者的缔约国中不包含阿根廷。1948年3月,第9次美洲国家会议通过了《美洲国家组织宪章》,对美洲国家组织的性质、宗旨、原则和机构等做了具体规定,并重申了"大陆团结""集体安全"等内容。②美洲国家组织的成立使泛美体系更加组织化和制度化;不过,它也成为日后美国干涉拉美国家内政的合法工具,美国也借此将国际问题泛美化。《美洲国家间互助条约》的签订和美洲国家组织的建立,标志着美洲政治军事集团的正式形成。这是战后美国全球扩张战略中的第一个地区性政治军事集团,为1949年成立的北大西洋公约组织提供了模板。

其次,杜鲁门政府还通过增加军事援助的方式,扶植和维护拉美亲美政权的政治与社会稳定,以期保护西半球国家的安全。"二战"后,美国取代欧洲成为拉美国家最大的军械来源地。为了驱赶西半球的其他外国势力,美国政府决策层主张将西半球的军事政策标准化。1950年5月20日,杜鲁门总统批准了《NSC 56/2号文件》,宣告美国与拉美国家军事合作政策正式出炉。文件肯定了苏联试图在拉美扩大影响的假设,认为西半球国家有必要共同制定一份防务计划,互相援助。③ 1951年,美国出台了《共同安全法》(Mutual Security Act of 1951)。同年,美国国会批准了3815万美元对拉美军事援助的计划,1952年这一数额增至5168万美元。④ 为了让拉美国家在军事合作中承担更多的义务,1952—1958年杜鲁门政府与

---

① 《国际条约集》(1945—1947),第520—521页。
② 《国际条约集》(1948—1949),世界知识出版社1959年版,第67—71页。
③ "NSC 56/2, U. S. Policy toward Inter-American Military Collaboration", April 18, 1950, *Foreign Relations of the United States* (*FRUS*), 1950, Vol. 1, Washington, D. C. : Government Printing Office, 1977, pp. 626 – 637.
④ John M. Baines, "U. S. Military Assistance to Latin America: An Assessment", *Journal of Interamerican Studies and World Affairs*, Vol. 14, No. 4, 1972, pp 471 –472; Stephen G. Rabe, *Eisenhower and Latin America: The Foreign Policy of Anticommunism*, Chapel Hill: University of North Carolina Press, 1988, pp. 22 – 23.

13个拉美国家签订了双边军事互助协定。①

需要指出的是,"二战"前美国对拉美国家的军援大多是为了帮助拉美政府维护稳定局面,从而更好地服务于美国在这些国家的既得经济利益,经济动机比较浓厚;"二战"后的军援主要是为了强化西半球安全防务体系,抵制国际共产主义的外部影响,政治动机比较强烈。杜鲁门政府对拉美的军事援助主要提供给亲美的独裁政府,这与美国政府长期标榜的民主自由价值观有所相悖。对此,凯南在1950年的备忘录中的话一语中的,"共产主义的活动是我们在拉美地区最担心的问题。……民选政府在成功对付共产主义攻击上面显得软弱无力,剩下可选的就是严酷政府的镇压举措。这些措施可能与美国的民主理念相违背,但是这些政权和镇压举措却是更理想的选择,事实上,是我们战胜共产主义的唯一选择"②。在冷战这一特殊时期,反苏反共和国家安全显然是美国政府决策人首先需要考虑的问题。在这种理念的指导下,美国和拉美独裁者在军事合作中实现了"双赢"。一方面,美国用军事援助成本换回拉美国家的独裁者的亲美反共立场,他们通过高压手段维持美国想要的秩序,保证美国在这一地区的商贸和资本繁荣。另一方面,拉美独裁者依靠美国这座大山才能稳坐江山。1952年5月,尼加拉瓜独裁者索摩查及其夫人受到杜鲁门的邀请到白宫共进午餐,这是1939年以来索摩查第一次受到美国总统的招待,在某种程度上被认为是美国政府对索摩查的亲美政策和他致力于缓和中美洲紧张状态的褒奖。

与战后积极的安全政策相比,在拉美人更为关注的经济援助方面,杜鲁门政府则显得非常消极。杜鲁门政府不但摒弃了战时美—拉协定中美国对拉美的价格承诺,毫不负责地将拉美国家抛向战后

---

① 这13个国家分别是:1952年的厄瓜多尔、古巴、巴西、哥伦比亚、秘鲁、乌拉圭、智利;1953年的多米尼加共和国;1954年的尼加拉瓜、洪都拉斯;1955年的危地马拉、海地;1958年的玻利维亚。

② "Memorandum by the Counselor of the Department (Kennan) to the Secretary of State", March 29, 1950, *FRUS*, *1950*, Vol. 2, Washington, D. C.: Government Printing Office, 1976, pp. 607–608.

工业制成品的卖方市场，还多次在洲际会议上刻意淡化或回避拉美国家的经援要求。对拉美经援问题的"忽视"，并不意味着美国对拉美经济政策的"无为"。恰恰相反，杜鲁门政府在战后积极推进自由主义经济，进一步加大了对拉美地区的经济扩张，实施以自由贸易、自由投资和自由企业为主旨的《克莱顿计划》，并以此为基础"有限地"推进"第四点计划"，以期提高拉美政府"政治稳定的能力"[①]。借此，这一时期美国在拉美的经济影响力急剧扩大，私人投资呈直线上升态势，增长约18亿美元，固定资产投资也已达到44亿美元。与此同时，美国垄断资本逐步掌握了拉美国家的经济命脉，巴西、委内瑞拉、智利、秘鲁和古巴的铁矿，墨西哥的铅和锌，古巴和巴西的镍，整个美洲大陆的电话公司、水电公司、航空公司几乎全部为美国资本所控制。[②]

至于杜鲁门政府为何不履行战时对拉美的经济援助承诺，转而加大发展自由经济的原因，可以归结于美国对拉美的战略作用和经济定位。美国将欧洲和远东视为冷战的前线，而将局势相对稳定、经济秩序正常的拉丁美洲视为战略后方、稳定的商品市场和原料供应地，所以，维持现状就是杜鲁门政府在拉美的最大利益诉求。

通过以上举措，杜鲁门政府将拉美国家紧紧束缚在自己的反共防御体系之内，并取得了拉美国家政府对"美国的国家安全与西半球的地区安全是一致的"[③] 认同。大多数拉美国家在东西方对抗中都能与美国保持一致，推行反苏反共的外交政策，尽管很多是受制于那些防务互助和军援协定的约束而做出的姿态。战后初期，与苏联保持外交关系的拉美国家曾达13个。后来迫于美国的压力，1947—1952年先后有7个拉美国家同苏联断交，宣布共产主义活动为非法，

---

① "Report Prepared by the Office of the Director of Mutual Secretary (Harriman)", August 18, 1952, FRUS, 1952–1954, Vol. 1, Washington, D. C. : Government Printing Office, 1984, p. 528.

② Simon G. Hanson, "Latin America and the Point Four Program", Annals of the American Academy of Political and Social Science, Vol. 268, Aiding Underdeveloped Areas Abroad (Mar., 1950), pp. 66, 72.

③ "Memorandum by the Counselor of the Department (Kennan) to the Secretary of State", March 29, 1950, FRUS, 1950, Vol. 2, pp. 607–608.

并一再扩展非法活动的范畴。① 就这一点而言，杜鲁门政府对拉美的安全政策基本是成功的。也正是有了拉美地区这宝贵的 20 张选票，美国在联合国提出的决议总能获得多数票而通过。不过相比于其前任富兰克林·罗斯福，杜鲁门政府的拉美政策缺少安抚和同情，让一度得到修复的美拉关系再度跌落。

## 二

1952 年 1 月 20 日，艾森豪威尔就任美国总统。在就职典礼上，关于未来的美拉关系，他谈道："在西半球，为了共同的目标，我们要与拉美兄弟国家一同致力于完善互信体系而努力。"② 1 月 27 日，国务卿杜勒斯在首次官方演说中抨击了杜鲁门政府对拉美战略重要性的"忽视"，并称共产主义分子正在积极筹划运动，削弱北方巨人在中南美洲的影响，美国必须给予充分重视。③ 1953 年 2 月 18 日，在美国国家安全委员会第 132 次会议上，中央情报局局长艾伦提交了一份有关拉美局势的报告，他称："局势恶化不仅存在于与美国的关系方面，同样也表现在大多数拉美国家的经济和政治领域。而克里姆林宫正试图利用这种局势……经济民族主义、地区主义、中立主义和共产主义势力正在拉美地区上升……这对美国占有拉美的战略原料构成威胁，并将减缓美拉军事合作进程。"④

一个月后，艾森豪威尔总统签发了题为"美国对拉美的目标和行动方针"的《NSC 144/1 号文件》。文件紧紧围绕与苏联斗争这一主题，指出美国真正需要的是拉美在联合国的支持，消除国内共产主义或其他反美颠覆的威胁，生产战略原料，并在西半球防务上与

---

① Stephen G. Rabe, *Eisenhower and Latin America: The Foreign Policy of Anticommunism*, p. 15.
② *Department of State Bulletin* (*DSB*), Vol. 28, February 2, 1953, p. 169.
③ *DSB*, Vol. 28, February 9, 1953, pp. 214-215.
④ "Memorandum of Discussion at 132nd Meeting of NSC", February 18, 1953, *FRUS*, 1952-1954, Vol. 2, Washington, D. C.: Government Printing Office, 1984, p. 1107.

美国保持通力合作，而有关拉美政治、社会民主和人权方面的问题几乎只字未提。① 除了指明美国在拉美的政策目标，文件还反映了第一届艾森豪威尔政府对拉美局势的担忧。文件认为，"危地马拉的阿雷瓦罗（Arévalo）、哥斯达黎加的菲格雷斯（José Figueres）、委内瑞拉的贝坦库尔特（Betancourt）和秘鲁的阿雅德拉托雷（Haya de la Torre）等都是承诺变革取得政治权力的"，但他们都是"不成熟且不切实际的理想主义者，不但缺乏有效经营政府的能力，而且缺少反对极权主义的决心，尤其是反对共产主义的决心"②。同年10月29日，艾森豪威尔总统批准了《NSC 162/2 号文件》，确立了其任内的国家安全基本政策。不同于杜鲁门政府力量分散、负担过重的"遏制"政策，艾森豪威尔政府主张把主要打击力量放在核武器上，渲染"大规模报复"战略，强调核威慑、军事结盟、秘密行动和心理战。③ 在此基础上，为了深化拉美国家的反共立场和加强西半球防务安全体系，第一届艾森豪威尔政府采取了如下举措。

首先，加大在拉美的反共宣传。美国新闻署每年投入约520万美元用于这项工作，向中美洲绘制和传播了约9万部反共漫画书，为超过300家拉美报纸提供反共连环画，并在古巴播出26个反共广播节目。美国政府还在萨尔瓦多开设了一家广播电台用以散播反共信息。此外，美国政府竭力阻挠具有共产主义倾向会议的召开，比如青年节和学生代表大会。对于那些参加国外共产主义会议的人士，美国要求拉美国家政府拒绝给他们签证颁发护照。④ 其次，加强美拉之间的军事合作，增加对拉美亲美政府的军事援助。军人出身的艾森豪威尔非常热衷于通过军事援助的方式反共。他上任后推行的盟

---

① "NSC 144/1, United States Objectives and Courses of Action with Respect to Latin America", March 18, 1953, *FRUS*, 1952 – 1954, Vol. 4, Washington, D. C. : Government Printing Office, 1984, pp. 6 – 10.

② Stephen G. Rabe, *Eisenhower and Latin America: The Foreign Policy of Anticommunism*, p. 32.

③ http://fas.org/irp/offdocs/nsc – 162 – 2. pdf, 2012年6月23日。

④ "Progress Report on NSC 5432/1 United States Objectives and Course of Action with Respect to Latin America", January 19, 1955, *FRUS*, 1952 – 1954, Vol. 4, pp. 106 – 108.

国战略,旨在进一步完善杜鲁门时期已经实施的共同安全计划,巩固美国主导的集体安全体系。他曾对国家安全委员会的官员说,他从来没有如此赞同国务院的意见,只有一个例外,那就是对拉美国家输出军需问题上。因为只有这样做,美国才能从拉美换取战略原料,同时保护南美不受共产主义的影响。[1] 据统计,1954年艾森豪威尔政府在与拉美国家共同防务方面的预算已增至1.05亿美元。再次,争取拉美劳工阵线的反共立场。《NSC144/1号文件》其中一个目标就是要建立美洲区域工人组织(Organización Regional Interamericana de Trabajadores, ORIT)。该组织是由美国劳工联合会(American Federation of Labor, AFL)发起的拉美反共工会运动的一部分,主张自由贸易。除此之外,美国还严密监控拉美劳工的动向,收集拉美劳工运动的情报,邀请工人领袖访问美国,调查工会官员背景等。为了更好地指导这项工作,国务院聘请了美国工会官员充当顾问,其中包括美国劳工联合会主席乔治·梅尼(George Meany)和该联合会驻拉美的首席官代表塞拉菲诺·罗穆阿尔迪(Serafino Romualdi)。梅尼非常清楚劳工联合会在拉美的职能,是为了增进美拉双方劳工之间的友谊,打消苏联寻求相同支持和友谊的念头。然而,梅尼和其他官员也提到,如果美国对拉美的独裁政权采取不承认的态度,他们在拉美制造民主劳工运动的任务会完成得更轻松些。[2]

如果说杜鲁门政府仍对拉美的民主势力抱有一丝同情的话,那么第一届艾森豪威尔政府则完全将天平倾向于拉美亲美的独裁政权。艾森豪威尔总统甚至将功绩勋章(Legion of Merit)授予秘鲁和委内瑞拉的大独裁者曼努埃尔·奥德利亚(Manuel Odría)和希门内斯。至于颁奖理由,在希门内斯的颁奖仪式上,时任美国驻委内瑞拉大使华伦这样阐述:"贵国总统充沛的精力和坚强的意志力大大提高了委内瑞拉的军力,这有利于促进西半球的共同防务。……他对共产

---

[1] "Memorandum of Discussion at the 141st Meeting of the National Security Council on Tuesday", April 28, 1954, *FRUS*, 1952–1954, Vol. 4, pp. 146–147.

[2] Stephen G. Rabe, *Eisenhower and Latin America: The Foreign Policy of Anticommunism*, pp. 33–35.

主义渗透的持续关注，使得委内瑞拉政府能够时刻保持警惕，驱除共产主义对委内瑞拉和其他拉美国家的现有威胁。"①

作为共和党总统，艾森豪威尔主张限制政府在经济和社会生活领域的作用。在外交思想方面，他认为自由贸易和自由投资是保持世界和平与繁荣、遏制共产主义发展的基石，降低关税和开放市场才能保持世界经济的活力。1954年3月30日，艾森豪威尔总统在提交国会的咨文中阐发了对外经济政策的原则："援助——我们希望削减；投资——我们希望扩大；货币兑换——我们希望更加便利；贸易——我们希望发展。"② 在拉美的经济目标为发展私营公司，并让拉美国家政府认识到这是它们获取经济发展所需大量资本的最好渠道，为此，它们要不断改善投资环境以吸引更多的外资。作为回报，美国政府将尽量减少贸易保护主义对拉美经济的冲击，降低来自拉美产品的进口关税。③ 为了促进投资和贸易，第一届艾森豪威尔政府限制进出口银行的短期信贷权力、收缩长期贷款。美国对拉美的发展贷款由1952年的1.47亿美元骤减至1953年的760万美元。④ 通过进口原材料和热带作物、出口加工食品和工业制成品，艾森豪威尔政府基本实现了拓展对拉贸易、占领拉美资本市场的目的。20世纪50年代早期，美国在拉美直接投资总额达到60亿美元，约占美国在全世界直接投资的40%。这些资本大部分投放在拉美的采掘业上，比如智利的铜和委内瑞拉的石油。美国和拉美的年均贸易额升至约70亿美元，约占美国全球贸易的1/4。⑤

---

① "Memorandum by the Assistant Secretary of State for Inter-American Affairs (Holland) to the Secretary of State", December 20, 1954, *FRUS*, 1952–1954, Vol. 4, pp. 1674–1675.

② 当年国会批准的外援拨款仅为24亿美元，其中86%都属于军事和防务支持援助。详见美国总统公文官网，http://www.presidency.ucsb.edu/ws/index.php?pid=10195&st=&st1-，2008年9月10日。

③ "Statement of Policy by the National Security Council", March 18, 1953, *FRUS*, 1952–1954, Vol. 4, p. 8.

④ Burton I. Kaufman, *Trade and Aid: Eisenhower's Foreign Economic Policy, 1953–1961*, The Johns Hopkins University Press, pp. 29–32.

⑤ *DSB*, Vol. 30, January 11, 1954, pp. 48–53; *DSB*, Vol. 31, October 25, 1954, pp. 600–606.

虽然这种冷战优先、支持独裁政权、"贸易而非援助"的外交政策加强了美国对拉美国家的控制，但是拉美国家尤其是一些民选政府有着自己的政治、经济和安全防务立场，不愿对美国唯命是从。而一旦拉美国家的民族主义诉求危害了美国的核心利益，美国就会操起惯用的干涉手法，捍卫其在西半球的霸权。1954 年颠覆危地马拉阿本斯政权这个"共产主义假想敌"就是最好的例证。时任哥斯达黎加总统何塞·菲格雷斯（José Figueres）指责美国的政策就是保卫腐败的独裁者。哥伦比亚总统艾德瓦尔多·桑多斯（Eduardo Santos）公开谴责美国的军事援助帮助哥伦比亚军队镇压了示威群众。其实，拉美国家最关心的还是经济发展问题。巴西外长抱怨华盛顿官方试图通过经济援助打败亚洲和欧洲的共产主义，而在拉美为什么它仅仅依靠政治—军事的方式呢？[1] 拉美经委会官员则斥责美国的自由贸易政策将加剧拉美的发展困境，呼吁制定更合理的商贸协定，成立美洲发展银行。在 1954 年召开的泛美经社理事会上，拉美国家向美国提出一个系统的、量化的援助计划，还倡议成立美洲金融机构，专门管理对拉美国家发放贷款。然而，美国政府代表在这次会议上拒绝了拉美国家提出的 8 个经济合作方案，并拒绝投票表决任何有关发展援助和成立美洲金融机构的议案。美国国务院官员理查德·鲁伯特姆（Richard Rubottom）甚至将此次会议形容成美国历史上参加的最失败的会议，并强调美国对拉美国家经援要求的漠视将不利于美拉关系的长远发展。美国参议院外交委员会主席威廉·富布莱特（William Fulbright）和拉美小组负责人威恩·摩斯（Wayne Morse）也劝谏决策人改变当时的拉美经济政策。[2]

与此同时，1957 年苏联成功发射了第一颗绕地球运行的人造卫星，这不仅意味着苏联拥有了威胁美国的新核武器投送系统，也说明苏联已经取得外层空间探索的优势地位，苏、美两国在战略武器

---

[1] Stanley E. Hilton, "The United States, Brazil, and the Cold War, 1945 – 1960: End of the Special Relationship", *The Journal of American History*, Vol. 68, No. 3, December 1981, p. 618.

[2] Stephen G. Rabe, *Eisenhower and Latin America: The Foreign Policy of Anticommunism*, pp. 77, 96 – 99.

方面恢复相对平衡。此外，苏联紧紧抓住50年代拉美国家实行进口替代工业化战略的机遇，不断向拉美提供贷款，推销机械、交通运输工具、水电设备等重工业品，推动苏拉经贸合作。《NSC 5613/1号文件》认为，这种新经济攻势甚至比斯大林时代的反美宣传更为可怕，因为一旦让拉美国家与苏联建立了紧密的联系，必将损害美国在拉美的经济利益、破坏美国与拉美的传统友谊、扰乱美洲的秩序、继而威胁到美国的国家安全。①

1958年副总统尼克松对拉美的友好访问却招致了大规模的反美示威游行，这昭示着"共产主义在拉丁美洲的威胁空前严重"，"美国不能无限地支持那些拒绝进行土改和社会改革的政府"，而要"既能抓住要害——人民的动荡不安——对症下药，又不致引起流血和更大压迫的新政策"②。成功连任总统的艾森豪威尔开始酝酿对拉美政策的第一次调整。

## 三

1959年2月12日，艾森豪威尔总统批准了《NSC 5902/1号文件》。文件首次强调拉美作为一个欠发达地区必须受到美国的重视，提出要给予拉美国家"特别的鼓励"，增大经济援助力度，帮助拉美人民实现民主和工业化的愿望，确保西半球的政治和经济稳定。③ 具体表现为两个方面。

首先，公开表达支持民主政治，尊重人权。1956—1960年，在反美反独裁的浪潮中，拉美有10个国家的独裁者相继倒台，包括秘鲁的曼努埃尔·奥德里亚（Manuel Odría）、哥伦比亚的古斯塔沃·

---

① "NSC 5613/1, Statement of Policy on U. S. Policy toward Latin America", September 25, 1956, FRUS, 1955 – 1957, Vol. 4, pp. 119 – 127.
② [美] 德怀特·D. 艾森豪威尔：《艾森豪威尔回忆录——白宫岁月 缔造和平：1956—1961年》（下册），复旦大学经济研究所译，生活·读书·新知三联书店1977年版，第587、607页。
③ "NSC 5902/1 and Annex B, Statement of U. S. Policy Toward Latin America", February 16, 1959, FRUS, 1958 – 1960, Vol. 5, Government Printing Office, 1986, pp. 91 – 116.

罗哈斯·皮尼利亚（Gustavo Rojas Pinilla）、委内瑞拉的希门内斯等。独裁者并没有给美国带来他们所承诺的稳定和经济增长，却使拉美的政治秩序陷入混乱。美国政府看到独裁政治在拉美大势已去，民主化正成为这一时期拉美的政治趋势，因此才改变以往支持独裁的姿态。1958年8月14日，艾森豪威尔在欢迎委内瑞拉新任驻美大使的仪式上，宣称任何形式的威权主义和独裁政治都与其先辈们的理念是不一致的。在之后的两年中，艾森豪威尔多次在演讲中重申支持民主的立场。[1]

其次，推动成立美洲开发银行。1958年8月，负责经济事务的美国副国务卿道格拉斯·迪伦（C. Douglas Dillon）在美洲经社理事会上，传达了美国建立美洲区域开发机构的意愿。1959年4月8日，美洲各国代表签署了协定，确定首期集资10亿美元，美国提供其中的45%。经过一年多的资金筹集和规划，美洲开发银行于1960年10月正式运营，1961年2月投放了第一笔贷款。[2]

需要指出的是，这次政策调整仍有很大的局限性。一是虽然美国政府同意增加对拉美的经济援助，但拉美地区获得的援助数额明显低于南亚、远东和非洲，仅占美国对外贷款总额的8%。这说明拉美作为美国商品市场和原料产地的经济地位及其作为美国冷战大后方的战略地位并没有发生根本性改变。二是坚持对拉美政府提供军事援助，增强其抵御共产主义的能力。仅1959—1960年美国对拉美军援金额就达1.6亿美元。[3] 所以，这次调整也只是第二届艾森豪威尔政府在既定政策基础上的微调，并没有触碰美国在拉美的核心利益——自由贸易、投资和反共安全。其主要原因还在于美国政府决策层对西半球冷战局势的判断并未发生根本性改变。他们认为，苏

---

[1] Stephen G. Rabe, *Eisenhower and Latin America: The Foreign Policy of Anticommunism*, pp. 104 – 105.

[2] Sidney Dell, *The Inter-American Development Bank: A Study in Development Financing*, New York: Praeger, 1972, p. 15.

[3] Stephen G. Rabe, *Eisenhower and Latin America: The Foreign Policy of Anticommunism*, pp. 107, 113.

联对拉美不会有近期"野心",而是采取"间接挑衅"的路线,通过联合政治团体,制造诸如经济发展、经济独立等理由号召劳工联合与自由,倡导土地改革等手段鼓动反美情绪,制造骚动,从而达到离间美拉关系的目的。所以,总体而言拉美还是安全的。[1] 然而,加勒比岛国的风云剧变,即刻将美国政府的乐观预期打得烟消云散。

1959年,古巴革命宣告成功,并实行了国有化、土地改革、限制外资等一系列大刀阔斧的经济举措。1960年2月,古巴同苏联签订《苏古贸易协定》。根据协定,苏联承诺在此后的五年中,除1960年购买古巴食糖4.25万吨外,其余4年每年将采购100万吨,同时保证以低于美国价格的33%对古巴出售石油,并为古巴提供1亿美元的贷款帮助古巴进行工业化。[2] 在这个过程中,古巴经济改革触及了美国在古巴的私人投资和跨国公司的既得利益,损害了美国的经济安全。古巴同苏联扩大贸易往来,有力削弱了美国在拉美的经济控制力和战略利益。无疑,"随着卡斯特罗的到来,共产主义已经进入这个半球"[3]。第二届艾森豪威尔政府意识到单纯强调反共安全、一味追求经济私利的拉美政策已经无法适应当前的地区局势,因此,必须对现行的拉美政策做出较大幅度的调整,才有可能抑制拉美的革命倾向,将其引向发展的"正道"上。以下是第二次政策调整的主要内容。

第一,设立社会进步信托基金,切实加大对拉美的经援力度。1960年设立的社会进步信托基金是一个有实际内容的经援计划,美国不仅承诺了具体的援助金额、援助领域和项目,还表示会有后续资金。为表诚意,艾森豪威尔政府立即向美洲开发银行拨付了5亿美元。[4]此外,这也是战后美国政府第一次主动提出的针对拉美国家

---

[1] Robert Loring Allen, *Soviet Influence in Latin America: The Role of Economic Relations*, Washington D. C.: Public Affairs Press, 1959, p. 6.

[2] Philip W. Bonsal, *Cuba, Castro, and the United States*, Pittsburgh, PA: University of Pittsburgh Press, 1971, pp. 131 – 132.

[3] [美] 德怀特·D. 艾森豪威尔:《艾森豪威尔回忆录——白宫岁月 缔造和平:1956—1961年》(下册),第591页。

[4] Sidney Dell, *The Inter-American Development Bank: A Study in Development Financing*, p. 60.

的经济援助方案,并经过了精心策划,有着明确的政策目标,用于改善拉美国家下层民众的生活质量。

第二,大力支持拉美民选政府的社会经济改革。颇具讽刺的是,在美国政府的政策调整中,委内瑞拉政治家罗慕洛·贝坦库尔特(Rómulo Betancourt)完成了一个左派人物向反共产主义的右派人物的"蜕变"。在希门内斯的独裁统治下,贝坦库尔特作为政治左派人物被流放,他曾抨击美国政府和美国石油公司。1958年,当选总统的贝坦库尔特进行了一系列经济改革,提高外国石油公司的税率,但并没有没收外资公司的土地。基于此,贝坦库尔特成为美国政府口中值得表扬的榜样。

第三,积极发掘拉美军队的"建设"职能,军事援助的重点转变为内部防务。新的军援政策可以概括为"一减、一增、一转变"政策。"一减"主要指美国政府减少对拉美的军火贸易,并与拉美国家签署了限制军备条约,规定拉美国家须将减少的军费支出用于社会和经济改革上面。"一增"主要指美国政府增加了拉美军队的职能定位,强调军队除了保卫祖国、抗击外来入侵的"硬职责"外,还应履行促进当地经济发展等"软义务"。1960年8月,美国的军事顾问团会见了15个拉美国家的军官代表,向他们传达了美国政府的军援意图。同年年底,艾森豪威尔政府分别资助了玻利维亚和洪都拉斯的工程营,并派遣一个支援团前往危地马拉开展工作。[①]"一转变"主要指美国政府西半球防务安全观的转变。第二届艾森豪威尔政府开始注重军队的建设职能也就意味着对内部安全的关注,改善拉美军队的形象,争取民心。

如果说艾森豪威尔政府对拉美政策的第一次调整,是为了安抚拉美民众的权宜之计,那么第二次调整则深深地植根于美国政府决策层反共观念的转变。具体来说,是对什么类型的政府更有利于遏制共产主义发展的界定发生了变化。第一届艾森豪威尔政府的拉美

---

[①] Willard F. Barber, *Internal Security and Military Power: Counterinsurgency and Civic Action in Latin America*, Columbus: Ohio State University Press, 1966, p. 84.

政策主要是借助扶植独裁政权,采取高压的手段遏制共产主义的发展。然而,古巴革命的成功让美国政府顿悟,以往的政策只是治标不治本的下策,独裁统治只会恶化拉美国家的经济状况,客观上逼迫民众接受共产主义。只有国家经济发展、人民生活改善才能从根本上消除共产主义滋生的条件。所以,第二届艾森豪威尔政府开始摒弃原来借助高压手段的反共策略,转而大力支持拉美的改革派政治家、学者和军官,加强对拉美国家的控制和干涉。

## 结 论

综上所述,美国政府对拉美政策的转变和调整都与当时的国际、地区局势密切相关。"二战"确立了美国在西半球的绝对主导地位。在战后国际冷战格局形成的大背景下,杜鲁门政府通过积极组建美洲政治—军事集团、扩大军事援助完成了战后美国对拉美政策的第一次转变,即由反法西斯的外部入侵转向抵御共产主义的外部影响;同时,奠定了冷战时期美国对拉美政策的基调,即美国在拉美的战略利益是防止共产主义在拉美扩大影响,经济核心利益是促进美国对拉美的自由贸易和投资。后继的艾森豪威尔政府基本遵循了这一原则。50年代苏联的世界战略由斯大林时期的"积极防御"转变为赫鲁晓夫时期的"与美国平起平坐",苏联的政治军事实力日益增强,扩大对第三世界的影响,战略地位明显提高。与此相比,美国在这一时期则陷入内外交困的局面,国内经济疲软,国际和地区事务中又遭遇U-2飞机、古巴革命等突发事件,战略优势地位不断下滑,先前的军援扶植独裁政权、武力干涉别国内政、无视他国发展权益的拉美政策已经不能满足局势发展需求。在这种背景下,第二届艾森豪威尔政府开始调整冷战战略和对拉美的政策,完成了第二次转变。一方面是战略目光的横向转变,由重点关注冷战前线地区演变为前线和后方兼顾,开始更多地关注拉美等第三世界国家和地区的冷战形势;另一方面是战略手法的纵向转变,由强调军事援助,逐渐演变为突出经济援助和经济建设抵制共产主义的影响。经过艾森豪威尔政府对拉美政策的两次调整，冷战因素开始真正介入西半球国家的安全议题，反共再次为美国干涉拉美国家内政提供了合法的借口。从这个意义上讲，艾森豪威尔政府是实施美国冷战策略的过渡政府，为继任的肯尼迪总统在拉美实施反游击战政策打下了基石。①

(原载《世界历史》2014 年第 5 期)

---

① 20 世纪 60 年代初，拉美游击运动达到了其发展的第一次高潮。对此，肯尼迪政府采取了软硬兼施的反游击战政策。一方面，扩大对拉美国家亲美政府的军援和军售，采取准军事行动，并出台用于提高拉美国家内部安全的"协防"政策，以期从外部打击游击运动；另一方面，实施"争取进步联盟""市民行动""和平队"等发展援助计划争取民心，以期从内部瓦解游击组织。有关肯尼迪政府在拉美的反游击战政策，可参见杜娟《20 世纪 60 年代美国在拉美的反游击战政策》，《拉丁美洲研究》2010 年第 1 期。

# "墨西哥奇迹"与美国因素[*]

王文仙

"二战"结束到20世纪70年代，墨西哥逐渐从一个农业国家成功转型为现代国家，政治保持稳定，经济高速增长，与其他拉美国家的政局动荡形势形成鲜明对比，被称为"墨西哥奇迹"。就国际局势而言，此时正值冷战时期，美国为了自身利益，希望南部邻国墨西哥的政治能够保持稳定，而墨西哥的目标是维持政治稳定并实现经济增长，在这一点上，它们不谋而合。由于地缘关系，墨西哥的政治稳定及墨美外交关系的融洽对两国都很重要。为更好地解释这种天然影响对墨西哥的重要性，可以称之为"美国因素"，涵盖美国对墨西哥的外交政策、经济利益、信息传递的手段以及对墨西哥公共舆论的主导性影响等。[①]

中国学者对"墨西哥奇迹"的研究大多着眼于墨西哥国内因素，探析其形成与破灭对墨西哥社会的影响。[②] 本文结合前人研究成果，试图从外部美国因素的角度，探讨这个历史时期墨西哥政府如何以美国对墨西哥的外交政策为契机，实施进口替代工业化战略，实现

---

[*] 本文是中国社会科学院创新工程项目"近代以来国外社会变革与社会稳定专项研究"业非拉于项目阶段性成果之一。

① 关于对"美国因素"的分析，可以参考 Soledad Loaeza, "El Factor Americano", en Nexos, 1° de febrero de 1987, http://www.nexos.com.mx/? p=4734。

② 主要研究成果有：韩琦《"墨西哥奇迹"背后的六大隐忧》，《人民论坛》2007年第22期；杜娟《"墨西哥奇迹"破灭对我国经济发展的警示》，《环渤海经济瞭望》2009年第6期；韩琦《从"奇迹"到危机——墨西哥现代化转型的经验教训》，《世界近现代史研究》第6辑，中国社会科学出版社2009年版。

经济增长，维护革命制度党统治的合法性，实现政治稳定，从而出现"墨西哥奇迹"。

## 一 反共外交政策下的墨美"特殊关系"

墨西哥与美国有着3000多公里的边界线，历史原因造就了这种地缘邻国关系。墨西哥的稳定对美国南部边界的稳定及美国的国家安全具有重要的战略价值。在历史和地理因素共同作用下，美墨之间逐渐形成一种"特殊关系"，由于两国经济及军事实力的差异，这注定是一对严重不对称的国际关系。如何处理与美国的关系是墨西哥必须应对的问题：历史不能忘却，却又不得不面对现实。面对美国在拉美的"门罗主义"外交政策，1910年墨西哥革命后的墨西哥政府制定了"不干涉"和"民族自决"的外交原则。

20世纪30年代，世界经济大萧条以及法西斯主义在拉美地区的渗透，迫使美国放弃使用军事力量维持对外关系，转而实施"睦邻政策"，期望在拉美塑造全新的美国形象，以保证拉美国家全面对抗法西斯势力。墨西哥对美国十分重要，但1938年墨西哥石油国有化政策使墨美关系处于僵持状态。由于担心把墨西哥逼到法西斯国家行列而产生一个敌对邻国，罗斯福总统在对墨外交上选择了一条中间路线。由此，在两国谈判时，墨西哥的谈判能力因美国受到战争的威胁而增强，且在谈判过程中能够较好地维护本国利益。经过几年斡旋，美国石油公司从墨西哥政府获得420万美元的补偿。这个问题的和平解决成为墨美关系改善的新起点，也表明墨西哥开始避免与美国发生正面冲突，而倾向于通过协议方式解决国际问题。

"二战"期间，墨西哥和美国建立了战时合作关系。墨西哥的军事援助体现在两方面。一方面，墨西哥派军队直接参战，成为极少数参与"二战"的拉美国家之一。墨西哥空军201中队曾在美国接受训练，1945年被派遣到菲律宾战场参战，并配备P-47战斗机。另一方面，墨西哥政府允许其公民加入美国军队，大约超过25000

名墨西哥人参战，超过1000人战死沙场。① 不过，墨西哥在"二战"期间的贡献主要体现在经济和劳工方面。根据1941年7月两国签订的战略物资协定，墨西哥向美国出口大量战略及生活物资，以保障美国的战时需要。1942年8月2日，第一个关于墨西哥移民的《短工法案》生效，② 流入美国的墨西哥劳工数量迅速上升，从1942年的4000多人增至1945年的12万人左右。③ 这一移民举措不但解决了美国因战争引起的劳动力短缺问题，也有利于解决墨西哥北部地区劳动力的就业问题，还为墨西哥挣得一部分外汇收入，实现了两国利益的双赢。

"二战"结束后，美国面临新威胁，即美苏两极格局下共产主义的渗透。美国在20世纪20年代就开始将共产主义视为一个威胁而加以抵制，到杜鲁门和艾森豪威尔政府时期美国的反共意识越来越强烈。美国政府及社会普遍认为：共产主义是苏联发起的一项"世界性、连贯性和整体性的"运动，是有整体规划的；欧洲发生的一切事件都可能与亚洲和拉美的大事件存在千丝万缕的联系。④ 美国在拉美地区的外交政策优先考虑反共产主义，意图实现两个目标：第一，避免共产主义和苏联势力在拉美地区的扩张；第二，在拉美维持以美国霸权为核心的地区秩序稳定。⑤

冷战初期，墨西哥试图不介入美国和苏联两大强国之间的冲突。但是，美国的反共外交政策需要墨西哥在意识形态方面给予坚定的支持。鉴于美国对墨西哥经济发展的重要性，与美国保持友好关系

---

① Kyle Longley, *In the Eagle's Shadow: The United States and Latin America*, Wiley-Blackwell, 2008.

② 关于"短工法案"（bracero），墨美两国分别于1951年和1954年续签该协定，1964年取消。

③ Blanca Torres, *México y el Mundo Historia de sus Relaciones Exteriores*, Tomo VII: *De la Guerra al Mundo Bipolar*, México, D. F., El Colegio de México, 2010, p. 39.

④ Soledad Loaeza, "Estados Unidos y la Contención del Comunismo en América Latina y en México", en *Foro Internacional*, Vol. 53, No. 1, enero-marzo 2013, p. 14.

⑤ Mario Ojeda, "Los Cambios Cíclicos en las Relaciones Interamericanas (De Franklin D. Roosevelt a Gerald Ford)", en *Diálogos: Artes, Letras, Ciencias humanas*, Vol. 11, No. 3, mayo-junio 1975, p. 6.

有利于国内稳定与发展，墨西哥政府迎合了美国的外交需要。"二战"后墨西哥第一位文人总统阿莱曼（1946—1952年执政）积极发展与美国的外交关系。杜鲁门总统应邀出访墨西哥，"此次墨西哥之行系作'国际亲善'之游……此次赴墨访问将使两国业已友好之关系更趋巩固，并以此昭示世界其他国家，美国之睦邻政策依然有效"①。《纽约时报》称杜鲁门总统访墨"开启了墨美关系的新时代"②。3个月后，阿莱曼回访美国并发表演说，承认世界被划分成两个阵营，申明墨西哥将坚持民主制度，不可能与专制国家共存。反共是阿莱曼演说的另一个主要内容，这当然是为了获得美国的政治认同。墨美关系进入"蜜月"时期。

继阿莱曼总统之后的几届墨西哥总统都重视维护与美国相对和谐的外交关系。在外交方面，墨西哥政府坚持"不干涉"和"民族自决"原则，坚持对美关系的"相对独立性"。墨西哥所处的地理位置是一个筹码，墨西哥政府知道如何在"特殊关系"下运用这个筹码并将其转化为有利的行动。"当美国的外交政策触及墨西哥的根本利益底线时，墨西哥可以反对这项政策。如果这项政策涉及美国的重要利益，却不是根本利益，在这种情况下美国可以承认和接受墨西哥的要求；作为交换条件，在那些对美国来说是根本利益或者很重要的利益方面，墨西哥就需要配合美国。"③ 这可以视为墨西哥与美国交往的基本外交底线。由此，当美国利益受到威胁的时候，墨西哥的战略价值就会提升。美国政府于1951年明确表示，与墨西哥保持良好关系及宽容和理解的姿态非常重要。④

尽管20世纪50年代美国在中美洲势力加强，墨西哥在维护中美洲稳定方面仍然有效地坚持了自己的外交原则，在一些国际立场

---

① 《杜鲁门飞墨西哥　美墨友好关系将更趋巩固》，《申报》1947年3月4日第3版。
② Lorenzo Meyer, "Relaciones Mexico-Estados Unidos. Arquitectura y Montaje de las Pautas de la Guerra Fría, 1945 – 1964", en *Foro Internacional*, Vol. 50, No. 2, abril-junio 2010, p. 217.
③ Mario Ojeda, *Alcances y Límites de la Política Exterior de México*, México D. F., El Colegio de México, 1976. p. 93.
④ Soledad Loaeza, "Estados Unidos y la Contención del Comunismo en América Latina y en México", en *Foro Internacional*, Vol. 53, No. 1, enero-marzo 2013, p. 47.

上没有随同其他拉美国家听从美国的指挥，尤其是在危地马拉事件中。1954年6月，危地马拉总统被推翻前夕，美国驻墨西哥大使弗朗西斯·怀特访问墨西哥总统科蒂内斯（1952—1958年执政）并明确指出，是时候终结共产主义者在危地马拉的渗透影响了，而这离不开墨西哥对美国立场的支持。怀特试图让科蒂内斯总统对危地马拉政府的立场转变为对抗行动，但没有得到墨方的同意，因为这违反了墨西哥的外交原则。考虑到外交政策上需要墨西哥的支持，美国容忍了墨方的不同立场。不过，为了表示已经接受美国的批评，墨政府控制了一部分进入其境内的美国共产党成员，但墨政府并不愿意加入美国的反共军事组织。

古巴革命的发生是对美国拉美外交政策的重重一击，破坏了美国在拉美地区的领导权，也改变了西半球的地区秩序，对拉美社会产生重大影响。美国政府从两个方面作了努力以对抗共产主义：一是在西半球孤立古巴和诋毁古巴革命的形象；二是改善相关国家的内部安全能力。当时墨西哥总统洛佩斯（1958—1964年执政）刚上台不久，他的外交政策体现在两方面：第一，对美国努力维护相对独立的外交立场；第二，努力使墨西哥与外部世界的政治经济关系多元化。墨西哥坚持不干涉的外交原则，在大多数拉美国家支持美国将古巴从美洲国家组织中开除时，墨西哥仍然没有与古巴断交。为了抵消此事对墨美关系造成的威胁，洛佩斯首先强调古巴革命与墨西哥革命的相似性，否认古巴革命是共产主义，认为不管是否同意古巴的道路，都不能否认古巴人民自己的选择。墨西哥的立场让艾森豪威尔总统感到不悦，1961年肯尼迪总统在任时，两国关系相当冷淡。美国政府决定取消对墨西哥的所有经济合作，并将美国总统访墨的日期从1962年1月推迟到6月底。但10月古巴导弹危机发生后，墨西哥毫无保留地支持美国的决定，向古巴派遣海军舰队，要求苏联导弹立即撤退，因为这危及美国的根本利益。美国对墨西哥在危机中的公开支持表示满意。然而，在1964年美洲国家组织会议上，尽管其他拉美国家同意孤立古巴，墨西哥仍坚持与古巴保持外交关系。

1965年4月，美国以保护本国公民为由，对多米尼加的国内事务进行军事干预。时任墨西哥总统奥尔达斯（1964—1970年执政）委婉地表达了对美国干预他国内政的不满，认为虽然美国的行为具有"人道主义"特点，但采取了"勾起西半球其他国家痛苦回忆"的做法，对此表示遗憾。[①]

由此可以看到，墨政府充分利用了美国对墨西哥的外交需求，一方面配合美国的战争需要及反共外交；另一方面坚持维护墨西哥的根本利益，在不触动美国根本利益的前提下，坚持"不干涉"和"民族自决"外交原则。美国在得到墨西哥意识形态立场支持的前提下，也基本同意墨西哥的外交原则。

## 二 墨西哥政治稳定与美国因素

"墨西哥奇迹"时期，墨西哥执政党是革命制度党（PRI），学者一般将该党领导下的政府称为威权主义政府。如何维护国内政治稳定、维护革命制度党的合法性，成为历届墨西哥政府面临的要务之一。革命后的墨西哥政府高举革命民族主义大旗，对内注重经济发展；对外维护国家主权。在外交方面，与美国的关系也是一波三折。墨西哥政府清楚地知道：要想维持其对墨西哥的统治，必须获得美国的支持；与美国保持友善关系是维护本国国内政治稳定的一个条件，也是其执政长久有效的外部保证。美国也认识到：墨西哥的民族主义具有稳定器功能，有助于维护该国政治体制的平衡；应该尊重民族主义，因为墨西哥的稳定不仅符合美国的利益，也有利于墨西哥精英掌权。

自1910年墨西哥革命爆发以来，美国政府始终关注墨西哥的政治发展动向，希望墨西哥继任总统的政策立场符合美国的利益。革命后的几届墨西哥总统，包括卡兰萨、奥夫雷贡以及卡列斯等，执

---

① Blanca Torres, *México y el Mundo Historia de sus Relaciones Exteriores*, Tomo Ⅶ: *De la Guerra al Mundo Bipolar*, México, D. F., El Colegio de México, 2010, p. 183.

政时与美国关系发展不是特别顺利。20世纪30年代卡德纳斯总统在位时，墨西哥国内民族主义的表现越来越突出，尤其是1938年的石油国有化运动导致墨美关系陷入僵局，但美国不敢轻易干涉墨西哥的内政。鉴于当时法西斯势力的影响，美国希望加强与墨西哥的合作，而卡德纳斯总统也明确表示反对法西斯主义，这为改善两国关系提供了契机。

"二战"的爆发让美国担心轴心国势力在墨西哥的影响会越来越大，直接危及美国的安全，墨西哥革命制度党的执政动向也牵引着美国政府的神经。美国对墨西哥威权主义政府的容忍在于考虑到要维持南部边界的稳定，同时，墨西哥总统集权下的威权主义政府对意识形态和政策都有所限制，这样可以保证美国在"自由世界"的领导权。而墨西哥政府发现这种统治体制可以抵御美国的强势干预主义行为。[1]

美国对墨西哥革命制度党统治的关注主要体现在希望总统候选人符合美国的利益，1940年墨西哥总统换届选举是很好的例子。美国不希望左派卡德纳斯主义支持者上台，最终选举结果如美国所愿：胜利当选者是中间派的卡马乔。美国副总统率领代表团参加了墨西哥新总统就职典礼，"此举足以表示美政府正式承认卡马乔之当选为合法"[2]。卡马乔竞选总统时明确提出反对法西斯主义，并表明墨西哥政府没有与共产党人合作，指出共产主义思想不适用于墨西哥。[3] 这种立场带有讨好美国政府的味道。卡马乔比较合乎美国的政治利益，因为与偏激进的卡德纳斯总统不同，卡马乔执行的是中间路线，既不偏左，也不偏右；既不想支持共产主义，也不想支

---

[1] Soledad Loaeza, "La Política de Acomodo de México a la Superpotencia. Dos Epidosios de Cambio de Régimen: 1944 – 1948 y 1989 – 1994", en *Foro Internacional*, Vol. 50, No. 3/4, julio-diciembre 2010, p. 639.

[2] 参见《华莱士奉派赴墨西哥 庆祝卡玛卓就职》，《申报》1940年11月14日第4版；《美副总统赴墨任务》，《申报》1940年12月1日第8版。

[3] José C. Valadés, "Tres Horas con Ávila Camacho", en *Revista Hoy*, No. 187, 21 de septiembre de 1940. 转引自 Soledad Loaeza "Estados Unidos y la Contención del Comunismo en Améria Latina y en México", en *Foro Internacional*, Vol. 53, No. 1, enero-marzo 2013, p. 49。

持资本主义。卡马乔对美国来说不算是危险人物，于是美国不再给墨西哥施压。这说明，美国因素对墨西哥国家的未来以及政治体制的方向有决定性的影响。①

"二战"后，美国试图在全世界包括拉美地区推行双重自由主义：经济自由主义和政治民主。根据当时的国际局势，美国很难推翻苏联在其占领地区成立的社会主义国家，但它竭力避免苏联势力延伸到邻国，尤其是巴尔干半岛以及中东地区。杜鲁门总统宣布世界划分为"自由世界"和"社会主义世界"，认为后者施行的是以镇压和恐惧为基础的集权主义。美国国会同意总统的决定，支持那些反对建立集权主义政府的国家。美国对墨西哥意识形态的要求是希望墨西哥持反共立场。墨西哥意识到，美国在抵御社会主义扩张以及苏联在拉美的影响方面需要墨西哥的支持。美国政府对墨西哥的政治稳定表现出极大的兴趣，因为邻国的稳定和安全将有助于美国在拉美大陆建立西半球霸权。

"二战"结束时正值墨西哥1946年总统换届选举，总统继任问题被美国视为墨西哥右派和左派之间的一种对峙，它在很长一段时间内决定了墨西哥政治进程的特点。② 美国政府很担心墨西哥在苏联的影响下出现亲共产主义的政权，也担心卡马乔总统任期结束后在墨西哥出现一个左派政权。美国当时的理想候选人是亲美的驻美大使埃塞基耶尔·帕迪拉（Ezequiel Padilla）。但由于帕迪拉过于亲美，墨西哥人对他不怎么感兴趣。美国起初还担心卡德纳斯会支持左派候选人古兹曼（Miguel Henríquez Guzmán），最终卡德纳斯支持总统候选人阿莱曼。美国没有继续干预墨西哥的选举过程，怕刺激墨西哥人敏感的神经。阿莱曼表示他将延续卡马乔总统的外交政策，继续与美国保持合作关系，做出了符合美国冷战政策核心的外交姿态。冷战局面的形成导致美国更偏好和支持非民主政府，并且同资本主

---

① Soledad Loaeza, "Estados Unidos y la Contención del Comunismo en América Latina y en México", en *Foro Internacional*, Vol. 53, No. 1, enero-marzo 2013, p. 46.

② Lorenzo Meyer, "Relaciones Mexico-Estados Unidos. Arquitectura y Montaje de las Pautas de la Guerra Fria, 1945 – 1964", en *Foro Internacional*, Vol. 50, No. 2, abril-junio 2010, p. 210.

义阵营结盟。所以美国接受了阿莱曼政府的偏文人政权，认为这个政体会逐渐走向民主。

1952年墨西哥总统大选前夕，美国确定候选人来自革命制度党，但美国外交部发现墨西哥存在两个与当前政治相关的问题：第一，墨西哥政府的反共政策缺乏活力，基本上是消极被动的；第二，墨西哥政治缺乏民主。但让美国感到欣慰的是，官方候选人科蒂内斯的政治倾向比阿莱曼偏右，左翼卡德纳斯主义在墨西哥已经没有政治市场，墨西哥的政治正趋于多元化。由此，在美国看来，科蒂内斯作为总统候选人是可以接受的，也符合美国的利益。美国政府担心墨西哥对左派，尤其是对共产主义分子持容忍态度。1953年9月，科蒂内斯和艾森豪威尔总统会面，表明两国将继续发展友好关系。这次会面不排除科蒂内斯要维持国内稳定的意愿。会谈中，双方都认为社会主义国家和集权主义"很危险"。

1958年12月洛佩斯总统上任，1959年1月古巴革命爆发，古巴和美国的冲突几乎贯穿了洛佩斯执政时期墨西哥的对外关系。美国政府起初不太认同洛佩斯，认为他宣扬经济民族主义。洛佩斯坚决维护革命制度党的统治，力图维持国内政治平衡，在艰难的国际环境下处理与美国的关系。古巴革命让西半球的国际环境变得更加复杂，拉美国家被美国怀疑没有明确公开支持美国在西半球的外交政策。洛佩斯总统坚持必要的外交相对独立性，但避免与美国发生正面冲突。由于墨西哥与古巴保持了外交关系，在古巴和美国之间保持中立，这让墨西哥免于卷入外部冲突，而且避免了与国内保守派或左派的对立，有助于维护国内局势稳定。美国中央情报局认为，墨西哥政府本质上是亲西方的，对美国也比较友善，能够完全意识到本国的经济利益和政治利益与美国密切相关。最终，美国政府对墨西哥在古巴革命问题上的立场表示理解，认为墨西哥不是维护卡斯特罗政权，而是坚持自己的"不干涉"外交原则。①

---

① 具体分析参见 Josefina Z. Vázquez y Lorenzo Meyer, *México Frente a Estados Unidos: un Ensayo Histórico, 1776–1980*, México, D. F., El Colegio de México, 1982, p. 205。

1964年，墨西哥实现总统平稳换届，继任者是当时的内政部长奥尔达斯。虽然墨西哥民众普遍认为奥尔达斯是个没有魅力的普通政客，但美国政府没有对他的政治立场表示怀疑。奥尔达斯总统公开反对共产主义，正因为这一点，对于1968年墨西哥发生的特拉特洛尔科事件，美国没有表示任何责备之意。相反，美国总统约翰逊于1968年10月就奥运会的举办给奥尔达斯总统发去一封热情的私人祝贺信，称赞墨西哥是热情的东道主。①

综上所述，正是由于美国放弃对墨西哥总统选举的干预，没有了外部因素干扰，革命制度党选举的总统候选人得以顺利执政，维护了革命制度党执政的合法性，实现了国内政治稳定，并在外交政策方面基本满足了美国的要求。

## 三　墨西哥进口替代工业化战略与美国因素

"墨西哥奇迹"时期，墨西哥历届政府的核心目标是实施进口替代工业化战略，充分利用国际环境，借助于美国因素，实行工业保护主义，积极发展对外贸易。墨西哥经济实现了年均增长6%的奇迹。

自卡列斯总统以来，墨西哥政府的重心是以民族主义为依托，寻求经济发展。革命制度党的前身国民革命党（PNR）的第一个六年计划提出，墨西哥有义务采取经济民族主义政策，保卫国家资源。②卡德纳斯总统执政期间，由于经济结构的变化及世界经济危机的爆发，墨西哥的经济民族主义达到顶峰。

"二战"期间，卡马乔总统希望以墨美经济合作为基础，把墨美政治关系制度化，允许墨西哥走工业化之路。虽然这种构想不符合美国的意愿，但鉴于"二战"改变了国际秩序，美国不得不考虑墨

---

①　Lorenzo Meyer, México y la Soberanía Relativa, "El Vaivén de los Alcances y los Límites", en *Foro Internacional*, Vol. 48, No. 4, October-December 2008, p. 774.

②　Rafael Segovia, "El Nacionalismo Mexicano: Los Programas Políticos Revolucionarios (1929 – 1964)", en *Foro Internacional*, Vol. 8, No. 4, April-June 1968, p. 355.

西哥的需求。卡马乔没有继续执行卡德纳斯总统的"六年计划",而是将经济发展重心转移到发展工业,实行保护主义政策,这迫使墨西哥在邻国美国寻找消费品和工业产品市场。同时,对墨西哥来说也没有哪个国家比美国更重要。墨西哥要满足本国工业发展需要,而美国要满足战争需要,两国由此建立了经济合作关系。战争期间,两国政府首脑通过官方渠道举行会谈,墨西哥允诺支持美国矿产品、针织产品以及其他战略物资的需求。例如,根据1941年临时协议,美国可以进口墨西哥的铜、铅、锌、石墨以及其他金属。1942年12月,两国签署贸易协定,减少贸易壁垒,墨西哥向美国出口石油。1943年,墨美经济合作委员会成立,该委员会旨在尽量减轻两国利益冲突。

阿莱曼执政后提出以民族主义为核心,创造富裕经济作为公正独立国家的基础。通过发展对外贸易促进墨西哥工业化的发展,除了依靠国内资源外,还迫切需要外资的参与。墨西哥基础设施建设资金严重匮乏,急需大量国际贷款。墨西哥政府充分意识到美国的重要性。第一,至少在短期内,美国能继续为墨西哥产品提供广阔的市场,实际上,美国是墨西哥唯一的国际市场。此外,墨西哥只能从美国那里获得机器设备和资金,因为当时欧洲国家正陷入经济困境,没有能力满足墨西哥的要求。第二,若墨西哥向刚成立的世界银行申请贷款,美国是有力的支持,因为美国对该机构的贷款决策发挥着决定性的作用。第三,墨西哥旅游业的发展以及侨汇收入同样离不开美国。

外交是内政的延伸,墨西哥根据国内政策的要求制定了相应的外交政策:与美国建立良好关系,缓和两国因地理位置以及意见分歧引起的紧张关系。阿莱曼总统同美国谈判,希望得到资金支持来稳定比索的币值、资助其基础设施计划及增加美国私人投资的流入。当时美国政府及一些企业家并不看好墨西哥对发展工业化做出的努力,认为它违背了比较优势原则。但从1949年开始,这种看法开始改变,美国发现墨西哥的进口替代工业化战略为美国工业公司打开了门路,它们愿意在墨西哥登记注册成立分公司。

墨美经贸关系直接体现在三个方面：获得贷款、保护工业、签订移民劳工法案。墨西哥向美国提出1.8亿美元贷款用于公共项目[①]，得到美国的积极回应。美国通过美洲开发银行和进出口银行给墨西哥提供两笔贷款，每笔金额为5000万美元：第一笔用来维持比索币值的稳定；第二笔是资助墨西哥基础设施建设。1948年，第一笔美国贷款3000万美元到位。[②] 根据1942年贸易协定，墨西哥不能通过提高关税来保护本国工业。墨西哥政府试图修改协定、提高关税，但是美国坚决不同意。1949年夏天，为了保护国内工业，墨西哥不顾美国的反对而将关税提高了25%。1951年，墨西哥取消了战争期间与美国签订的贸易协定，从此，只要是墨西哥本国打算生产并且可以生产的工业产品都不必从美国进口了。在阿莱曼任期6年内，外国直接投资从5.76亿美元上升到7.3亿美元，1946年，25%的外国直接投资集中在工业制造业，6年后这一比重上升到30%。[③] 此外，美国坚持认为，墨西哥应该按照关贸总协定（CATT）条款制定自由贸易政策，但是墨西哥拒绝加入该协定。[④]

科蒂内斯总统上任后继续执行阿莱曼制定的政治、经济和社会政策。科蒂内斯政府的首要目标是稳定国内经济，尤其要稳定价格，为此减少公共开支以实现财政收支平衡，鼓励增加农业生产以满足国内市场需求。在外交方面，鉴于冷战局势，积极的外交政策可能会带来风险，科蒂内斯总统强调墨西哥应保持相对独立，虽然仍与美国保持良好关系，但会根据需要在适当时候保持一定的距离。在对美关系上，优先考虑将墨西哥的原材料（如棉花等）打入美国市场，就短工法案和外资政策进行重新谈判，并与美国签署新的贷款合同。科蒂内斯总统追求国内外微妙的平衡，希望其立场不会影响

---

[①] Blanca Torres, *México y el Mundo Historia de sus Relaciones Exteriores*, Tomo Ⅶ: *De la Guerra al Mundo Bipolar*, México, D. F., El Colegio de México, 2010, p. 72.

[②] Josefina Z. Vázquez y Lorenzo Meyer, *México Frente a Estados Unidos: un Ensayo Histórico, 1776–1980*, México, D. F., El Colegio de México, 1982, p. 190.

[③] Josefina Z. Vázquez y Lorenzo Meyer, *México Frente a Estados Unidos: un Ensayo Histórico, 1776–1980*, México, D. F., El Colegio de México, 1982, p. 194.

[④] 墨西哥直到1986年才加入关贸总协定。

或妨碍墨西哥利用地理位置优势。

由于实施刺激工业发展的措施、国内市场的增长以及经济发展营造的氛围,这些因素十分有利于外国投资,加上美国政府放松了要求墨西哥市场开放的压力,接受了墨西哥贸易协定的声明,美国企业家对墨西哥投资的兴趣大增。墨西哥制造业中的外国投资不断增长,1952年为2.26亿美元,1955年达到3.32亿美元;同期对外贸易从7000万美元上升到1.4亿美元。[1] 其中美国资本占绝对优势,主要集中在有活力的制造业部门,同时创新技术水平得以提高。

科蒂内斯执政期间唯一的亮点是开始实施经济货币战略,这一战略后来被人们熟知为"发展稳定器",直到20世纪70年代初仍在发挥效用。他利用预算平衡缓和公共开支困境,维持比索对美元的汇率[2],有时还利用外国贷款。朝鲜战争结束后,墨西哥的出口贸易局面开始恶化。1956年,墨西哥出口总值是8.07亿美元,两年后下降了1亿美元,直到1962年,墨西哥商品出口总值才超过了1956年的水平。

洛佩斯总统上台后注重经济增长,认为经济增长不但可以吸收就业人口,而且可以提高人们的生活水平。他们将外交政策视为整体发展的辅助手段,认为墨西哥不可以孤立地存在,而美国是墨西哥的天然背景,[3] 希望不仅在政治方面,而且在经济、社会以及文化方面同美国开展国际合作。洛佩斯总统坚持两个基本原则:第一,不接受任何破坏墨西哥国家主权的行为;第二,不遗余力地促进国内稳定,改善人民生活条件。这个时期,墨西哥外贸形势面临不利局面:进口越来越多,进口工业产品价格提升,但是原材料如棉花和糖类等的出口价格没有发生变化。洛佩斯政府试图采取措施刺激

---

[1] Blanca Torres, *México y el Mundo Historia de sus Relaciones Exteriores*, Tomo Ⅶ: *De la Guerra al Mundo Bipolar*, México, D. F., El Colegio de México, 2010, pp. 103–104.
[2] 1954年年初是1美元兑换12.5比索。
[3] Blanca Torres, *México y el Mundo Historia de sus Relaciones Exteriores*, Tomo Ⅶ: *De la Guerra al Mundo Bipolar*, México, D. F., El Colegio de México, 2010, p. 124.

出口，调整进口以维持贸易收支平衡，运用货币稳定措施来获得增长。

拉美国家坚持认为，预防共产主义渗透的最好办法是实现经济增长。但是美国一直没有制订经济合作的计划，直到古巴革命的爆发才迫使美国对拉美政策作出调整，改变经济合作方式，避免拉美其他国家模仿古巴而成为苏联在西半球的第二个桥头堡。1961年，美国发起的"争取进步联盟"（Alpro）在美洲经济社会理事会会议上正式成立，其主要目的有两方面：一方面，对拉美国家提供金融援助以支持其经济发展；另一方面，提供军事援助以维持受援国家的国内稳定。1963年6月，墨美两国总统会面时，肯尼迪同意给墨西哥提供2000万美元贷款。[①] 美国对墨西哥的直接投资从1959年的9.22亿美元上升到1964年的12.96亿美元。

奥尔达斯总统上任后明确指出，促进经济发展是墨西哥政府义不容辞的责任。经过近30年的发展，墨西哥完成了经济转型，从以农业和原材料出口为主导的国家转型为以现代工业资本主义为经济基础的国家。1940年，全国大约68%的劳动力集中在农业，1970年，这一比重减少到40%。1941年墨西哥的外国直接投资只有1700万美元，1950年达到1.24亿美元，1970年上升到3.23亿美元。1970年，美国资本占墨西哥全部外国直接投资的79%，主要集中在采矿业、制造业、公共服务等（见表1）。墨西哥大部分贸易产品出口到美国，虽然与20世纪40年代相比，墨西哥的外贸集中度已经有所降低，但仍然高达60%[②]。可以看出，墨西哥经济依附于美国是明显的事实，这也成为国内讨论关注的问题。

---

[①] Lorenzo Meyer, "Relaciones Mexico-Estados Unidos. Arquitectura y Montaje de las Pautas de la Guerra Fria, 1945 – 1964", en *Foro Internacional*, Vol. 50, No. 2, abril-junio 2010, p. 235.

[②] Josefina Z. Vázquez y Lorenzo Meyer, *México frente a Estados Unidos: un ensayo histórico, 1776 – 1980*, México, D. F., El Colegio de México, 1982, pp. 175 – 177.

1955—1968 年美国在墨西哥主要生产部门的直接投资

表1　　　　　　　　　　　　　　　　　　　　　　　　（单位：亿美元）

| 部门＼年份 | 1955 | 1960 | 1965 | 1968 |
| --- | --- | --- | --- | --- |
| 总投资 | 6.07 | 7.95 | 11.82 | 17.20 |
| 采矿业和冶炼 | 1.54 | 1.30 | 1.40 | 1.00 |
| 石油 | 0.15 | 0.32 | 0.48 | 0.30 |
| 制造业 | 2.74 | 3.91 | 7.56 | 12.90 |
| 公共服务 | 0.91 | 1.19 | 0.27 | — |
| 商业 | 0.50 | 0.85 | 1.38 | 2.40 |
| 其他，包括旅游业 | 0.30 | 0.38 | 0.73 | 0.60 |

资料来源：Miguel S. Wionczek, "La Inversión Extranjera Privada en México: Problemas y Perspectivas", en *Investigación Económica*, Vol. 30, No. 119, julio-septiembre 1970, p. 447。

"墨西哥奇迹"的另一方面表现在农业的增长。实施进口替代工业化战略期间，农业不但提供劳动力，而且农产品出口换来的外汇基本上用来补贴中间产品的进口，极大地推动了墨西哥工业化进程。墨西哥农业的发展主要得益于美国洛克菲勒基金会1943—1960年在墨西哥推行的农业计划，这就是墨西哥的"绿色革命"[1]。虽然学界对"绿色革命"产生的影响有不同看法，但有一点是肯定的：它有助于墨西哥城市和农村避免因饥饿和贫穷的加剧而陷入混乱。[2]

## 小　　结

美墨关系既重要，又复杂。有学者指出，墨西哥和美国是一种

---

[1] 参见徐文丽《洛克菲勒基金会与墨西哥农业计划》，《拉丁美洲研究》2011年第6期，第49—53页；徐文丽：《墨西哥绿色革命研究：1940—1982》，博士学位论文，南开大学，2013年。

[2] Harry M. Cleaver Jr., "Las Contradicciones de la 'Revolución Verde': Algunas Contradicciones del Capitalismo", en *Investigación Económica*, Vol. 32, No. 125, enero-marzo 1973, p. 164.

"权宜婚姻"①。墨西哥如何与美国共处确实是个问题：既夹杂着不愉快的历史记忆，又要面对现实的依存局面。有墨西哥学者指出，应该对美国怀有一种"既敬畏又恐惧"的心理，在这种心理状态下发展与美国的合作关系。②

从1910年墨西哥革命到20世纪30年代末卡德纳斯总统任期结束，对这期间的墨美关系应该在民族主义和反帝国主义框架下理解和分析。对墨西哥政治精英而言，民族主义是与外部世界关系稳定及平衡的天然基础。③从"二战"期间的战时合作开始，墨西哥政府开始避免与美国发生正面冲突，而是通过协议及其他更合适的方式处理墨美关系，在墨西哥利益和美国利益之间寻找和平解决方式。但是，墨西哥政府始终没有放弃外交的相对独立性，利用民族主义保卫国家主权和民族自决原则。美国虽然不太欢迎墨西哥的民族主义，但认为这是墨西哥稳定的主要基石，对美国同样有利。

"二战"改变了美国和墨西哥之间的关系，墨西哥第一次公开支持美国，并建立了军事和经济方面的战时合作关系。"二战"后冷战格局形成，美国在拉美地区的外交政策以反共为基调，预防苏联及共产主义的影响和渗透，更不希望在邻国墨西哥出现一个左派或敌对的政权。而墨西哥积极配合美国反共外交政策的原因在于：一是希望维护与美国的相对和谐的外交关系；二是希望得到美国在政治和经济方面的支持；三是为了巩固革命民族主义，维护国内稳定，避免由于国内冲突而引起美国干预。

"墨西哥奇迹"时期墨西哥历届政府的主要目标有两个。目标之一是维护执政党革命制度党的合法统治，实现政治稳定，而这离不开美国的支持。战后，美国试图在全世界推行政治民主化，这与墨

---

① Lorenzo Meyer, "Estados Unidos y la Evolución del Nacionalismo Defensivo Mexicano", en *Foro Internacional*, Vol. 46, No. 3, July-September 2006, p. 461.

② Josefina Zoraida Vázquez, "La influencia de Estados Unidos en México", p. 42. http://scholar.google.com.

③ Soledad Loaeza, "Estados Unidos y la contención del comunismo en América Latina y en México", en *Foro Internacional*, Vol. 53, No. 1, enero-marzo 2013, p. 46.

西哥的威权主义体制相违背。然而，冷战格局让美国更偏好非民主政权，革命制度党的威权主义统治在两极格局下对美国的资本主义意识形态非常有利，美国需要支持这样的政权以防墨西哥被共产主义意识形态同化。美国对墨西哥政权的关注主要体现在对墨西哥历届总统候选人及其对美国的外交政策方面的关注上。实际上，由于墨美两国的地缘关系以及双方经济和军事实力的严重不对称性，美国认为利益比朋友更重要。[1]"二战"后美国成为超级大国，增加了它在墨西哥政治进程中的影响力，而且随着战后两国贸易关系的发展以及美国主导的国际金融体系的确定，墨西哥政府在作出重大决策时不得不考虑到美国因素的存在。卡马乔、阿莱曼、科蒂内斯、洛佩斯及奥尔达斯总统无一例外得到了美国的政治认同，这是因为：一方面，墨西哥政府在卡德纳斯之后逐步从民众主义转向威权主义，接近战后美国的反共意识形态；另一方面，墨西哥革命制度党政府不是极右的、镇压性的专制政府，也不同于中美洲的独裁政权，其外交政策基本上符合美国的根本利益，同时没有损害到墨西哥的根本利益。革命制度党的合法统治没有遭遇美国的反对和干预，既维护了国内的政治稳定和民族自决的外交原则，又满足了美国对其南部边境安全的要求。同样，由于地缘政治因素，当美苏两国发生冲突时，美国必须与墨西哥保持良好而稳定的外交关系。

目标之二是实施进口替代工业化战略，实现经济增长，这同样离不开美国的支持。墨西哥的经济利益取决于美国的外交关系和经贸往来、旅游业合作以及美国的私人投资和经济援助。[2] 在这种情况下，对共产主义的态度同样影响着墨西哥的安全。墨西哥以支持美国的反共外交政策为砝码，换取美国的经济支持。战后，美国试图在全世界推行经济自由主义，希望墨西哥充分发挥比较优势，发展自由贸易。而墨西哥希望把宪法确定的国家干预主义与拉美经委会

---

[1] Ricardo Torres Gaitán, "La Relación Entre la Política Exterior de México y la Política de Comercio exterior", en *Investigación Económica*, Vol. 24, No. 93, Primer Trimestre de 1964, p. 4.

[2] Lorenzo Meyer, "Relaciones Mexico-Estados Unidos. Arquitectura y Montaje de las Pautas de la Guerra Fria, 1945–1964", en *Foro Internacional*, Vol. 50, No. 2, abril-junio 2010, p. 232.

提出的进口替代工业化战略相结合，引导经济民族主义成为一种发展模式，实施保护主义，推动国内市场的扩张，发展本国工业体系。鉴于墨西哥对美国的战略价值以及反共立场支持，美国需要维护与墨西哥的政治同盟；美国不想与穷国为邻，希望墨西哥经济繁荣，那么美国必须作出经济让步，基本满足墨西哥对外资的要求，而且墨西哥工业的发展也会给美国的企业家带来机遇。依赖与美国良好的经济关系，墨西哥的工业化发展从简易消费品生产阶段迈入耐用消费品生产阶段，实现了经济的稳定增长。但是，这种发展模式也导致墨西哥对美国的经济依附，20世纪70年代逐渐暴露出弊端。

在20世纪60年代，虽然其他拉美国家政局动荡、军人政变频仍，但墨西哥基本保持了政治稳定和经济增长，被称为"墨西哥奇迹"。革命制度党的成功执政固然是主要因素，但这个时期正值冷战，墨西哥及其他拉美国家难以摆脱美苏争霸的影响。美国希望墨西哥及拉美国家复制美国的政治及经济发展模式，并希望得到它们对其反共外交政策的支持。在这种两极格局冷战背景下，不管是维持革命制度党的合法性还是追求进口替代工业化战略，都强化了美国因素的存在。在60年代和70年代初期，美国许多学者认为，一国只有达到一定发展程度的情况下才能实行民主，而墨西哥及其他拉美国家还没有达到这个目标，因此，美国政府很长时间以来没有给墨西哥的民主进程施加太多压力，而是更加重视墨西哥的政治稳定，这种情况直到80年代才发生改变。

（原载《拉丁美洲研究》2015年第3期）

# 后　　记

为庆祝中国共产党成立一百周年，世界历史研究所决定选编一套学术文集，集中反映我所有代表性的科研成果，为中国共产党百年华诞献礼。鉴于我所成立五十周年时，已编辑出版了《中国社会科学院世界历史研究所学术论文集（1964—2004）》，故新编的这套学术文集收入的是2004—2019年这十五年间，我所科研人员（包括后来调到其他单位工作的同志和已离退休的同志）公开发表的科研成果，原则上每人选取一篇，汇编成《21世纪世界历史学探微——中国社会科学院世界历史研究所学术文集（2004—2019）》。该文集共分五卷，涵盖唯物史观与史学理论研究、世界古代中世纪史研究、苏俄东欧史研究、西欧北美史研究、亚非拉美史研究等世界史各分支学科和研究领域。这表明世界历史研究所的工作及产出的成果，是不断深化丰富发展、代代传承创新的历史过程，具有既一脉相承又与时俱进的本质特点。

世界历史研究所党委和领导班子对学术文集的选编出版工作高度重视，所长和书记任主编，其他所领导和所内的学术委员组成编委会，综合处的同志和若干青年科研骨干组成编辑组，共同推进和完成这部学术文集的编辑出版工作。具体分工如下：

主编：汪朝光、罗文东。

编委会（以姓氏拼音为序）：毕健康、高国荣、姜南、刘健、罗文东、孟庆龙、饶望京、任灵兰、汪朝光、俞金尧、张跃斌。

编辑组：刘健、任灵兰、刘巍、马渝燕、张然、张艳茹、张丹、王超、邢颖、鲍宏铮、信美利、孙思萌、郑立菲、罗宇维、时伟通、杨洁。

  中国社会科学出版社对这部学术文集的编辑出版给予了大力支持。感谢赵剑英社长，魏长宝总编辑，吴丽平、刘芳、耿晓明、宋燕鹏责任编辑等同志对文集提出了若干审改意见。编委会对文集编纂的总体思路、卷册内容进行细致讨论和设计，各研究室主任积极组织征集稿件，编辑小组成员认真整理、编辑、修改、校对文集稿件。全球史研究室副主任张文涛研究员和俄罗斯中亚史研究室主任王晓菊研究员还分别审核了文集第一卷（唯物史观与史学理论研究）和第三卷（苏俄东欧史研究）校样。

  最后，对所有参与和支持该文集编辑、审核和出版的同志一并表示诚挚的谢意！

世界历史研究所
2021 年 6 月 15 日